Zu diesem Buch

Die südafrikanische Regierung hat am 19. Oktober 1977 alle wichtigen Anti-Apartheid-Organisationen verboten. Von der gleichzeitig stattfindenden Verhaftungs- und Verbannungswelle ist kein führendes Mitglied irgendeiner politischen, liberalen oder christlichen Bürgerrechtsorganisation verschont. Alle führenden Oppositions-Journalisten wurden ebenfalls verhaftet. Das Eigentum der meisten Organisationen wurde beschlagnahmt. Damit hat die weiße Minderheitenregierung Südafrikas den Prozeß der Knebelung der farbigen Mehrheit des Landes, den sie durch ihre Apartheid-Politik in Gang gesetzt hat, zu einem endgültigen, totalitären Abschluß gebracht. Weitere blutige Aufstände in den schwarzen Vorstädten Südafrikas sind unabwendbar.

Gisela Albrecht, eine junge Berliner Journalistin, ist 1976 nach den ersten schweren Zusammenstößen zwischen Polizei und Jugendlichen durch Südafrika gereist und hat Gespräche mit schwarzen und weißen Südafrikanern geführt. Ihr bestürzendes Ergebnis: Die neue Bewegung des schwarzen Selbstbewußtseins als Reaktion auf jahrzehntelange Apartheid-Politik beschränkt den Dialog zwischen Schwarz und Weiß heute mehr denn je zuvor auf die geballten Fäuste der Demonstranten und die Waffen der Polizei. «Trotz täglicher hautnaher Kontakte am Arbeitsplatz, im eigenen Haus, auf der Straße ist die Trennung von Schwarzen und Weißen nahezu total, wissen die Weißen Südafrikas so gut wie nichts von Südafrikas Schwarzen.»

Die weißen Südafrikaner haben stets die Dialogangebote der Schwarzen abgelehnt. Sie haben vergessen, daß der heute verbotene, aber im Untergrund arbeitende ANC (African National Congress) schon 1912 entstanden ist als eine Bewegung, die den Schwarzen das Recht erkämpfen wollte, den Bürgersteig mitzubenutzen. Für die schwarze Bevölkerung Südafrikas ist, das zeigen diese Gespräche, die Zeit des Bittstellens endgültig vorbei. Aber sie verstehen ihr neues Selbstbewußtsein nicht als Gegenrassismus; sie verstehen ihn als einen Prozeß der Bewußtwerdung, der Identitätsfindung, bei dem der Weiße inzwischen abseits steht, ja irrelevant geworden ist. Heute müssen auch die weißen Liberalen – wie der im Gefängnis umgekommene Steve Biko sagt – «allein kämpfen und für sich selbst. Wenn sie wirklich Liberale sind, dann müssen sie erkennen, daß sie selbst unterdrückt sind.»

Gisela Albrecht, geb. 1941, Studium der Philosophie, Theologie und Literaturwissenschaft. Arbeitet zur Zeit vorwiegend als Autorin und Regisseurin für Funk und Fernsehen, hauptsächlich über Afrika.

Bände zu Südafrika bei rororo aktuell

Erika Runge:
Südafrika – Rassendiktatur zwischen Elend und Widerstand (rororo aktuell 1765)

Wieder aufgelegt wird in Kürze der seit langem vergriffene Band:

Kap ohne Hoffnung oder Die Politik der Apartheid
Herausgegeben von Freimut Duve (rororo aktuell 780)

Geplant für 1978:

Helmut Bley u. a.:
Die Bonner Afrika-Politik (vorläufiger Titel)

Gisela Albrecht

Soweto
oder Der Aufstand der Vorstädte

Gespräche mit Südafrikanern

Mit einer Einführung von Reinhard Brückner

Rowohlt

rororo aktuell – Herausgegeben von Freimut Duve

ERSTAUSGABE

Veröffentlicht im Rowohlt Taschenbuch Verlag GmbH,
Reinbek bei Hamburg, Dezember 1977
© Rowohlt Taschenbuch Verlag GmbH, Reinbek bei Hamburg, 1977
Übersetzung der südafrikanischen Texte: Gisela Albrecht
Redaktion Klaus Humann
Umschlagentwurf Werner Rebhuhn (Foto: associated press)
Alle Rechte vorbehalten
Satz Aldus (Linotron 505 C)
Gesamtherstellung Clausen & Bosse, Leck/Schleswig
Printed in Germany
580–ISBN 3499 14188 4

Inhaltsverzeichnis

Vorbemerkung 7

Reinhard Brückner
Soweto 1976 – Der Aufstand der Vorstädte 9

1. «Es sind ja nur Schwarze, die sterben»
Dokumente, Berichte und Gespräche über die Unruhen 29
Bericht über die Soweto-Ereignisse von Drake Koke,
Generalsekretär der Schwarzen Gewerkschaft Black Allied
Worker's Union 31
Bericht eines Pfarrers aus Soweto 34
Mit Barney Mokgatle, Mitglied des Soweto-Schülerrates 36
Brief aus dem Gefängnis von Oshadi Pakathi, Nationale Präsi-
dentin von Young Women's Christian Association 44
Streikaufrufe der Schüler von Soweto 47

2. «Ohne Kampf und Leiden gibt es keine Hoffnung mehr»
Gespräche mit schwarzen Südafrikanern 53
Mit Drake Koka 55
Mit Arbeitern aus Soweto 68
Mit einem indischen Studenten 73
Mit Flory K., einer farbigen Arbeiterin aus Kapstadt 76
Mit einer Krankenschwester aus Soweto 80
Mit Mrs. R., einer Hausfrau aus Soweto 85
Mit Deborah Mabiletsa, Vizepräsidentin von Black Women's
Federation 91
Mit M. Mogale, Arbeiter in Pretoria 95
Mit Studenten aus Soweto 101
Mit Bischof Dr. Manas Buthelezi 106

3. «Wir sind dabei, sie als Menschen zu behandeln»
Gespräche mit weißen Südafrikanern 109
Mit einer Gruppe von Lehrern und Geschäftsleuten aus
Pretoria 111
Mit einem Genetiker aus Pretoria 124
Mit einem Arzt aus Pretoria 130
Mit Bischof Giesecke von der lutherischen Kirche in Südafrika 138
Mit einem Kirchenältesten der Niederländisch-Reformierten
Kirche in Pretoria 141

Mit Mr. Duncan, Chef einer Leichtmetallfabrik in Kapstadt   144
Mit dem Generaldirektor eines großen deutschen
Unternehmens   148
Mit einer Studentin von der Witwatersrand-Universität in
Johannesburg   156

4. «Der Weiße braucht so sehr Befreiung wie wir selbst»
Gespräche mit schwarzen Südafrikanern und Berichte aus
dem Gefängnis   165
Mit Miriam G. und ein Brief von ihr nach Deutschland   167
Mit Indres Naidoo, ehemaliger Häftling von Robben Island   178
Mit Barney Ngakane, Mitarbeiter des Südafrikanischen
Kirchenrates   193
Mit einem Rechtsanwalt in Kapstadt   205
Gefängnisberichte von Studenten aus Soweto   212
Diskussion zwischen Studenten aus Soweto über ihre Strategie
im Kampf um ihre Rechte   217

Gisela Albrecht
Der Aufstand in den Köpfen. Steve Birko und die Bewegung der Black Consciousness   228

Literaturverzeichnis   250

Vorbemerkung

Die hier vorgelegten Gespräche wurden im August, September und Oktober 1976 in Südafrika geführt, zu einer Zeit, die von den «Soweto-Unruhen» geprägt war. Bezeichnend, daß alle meine schwarzen Gesprächspartner trotz drohender Verfolgung ohne weiteres zu einer Bandaufzeichnung des Gesprächs bereit waren, daß jedoch die meisten meiner weißen Gesprächspartner eine solche Aufzeichnung strikt ablehnten oder ihr erst nach langem Zögern zustimmten. «Die Weißen haben große Angst», kommentierte eine weiße Studentin dieses Verhalten ihrer weißen Mitbürger.

Wir sind daher aus naheliegenden Gründen übereingekommen, die Gesprächspartner bis auf wenige Ausnahmen zu anonymisieren.

Dieses Buch entstand aus dem Wunsch, die ungeheuerliche Mauer von Vorurteilen, Nichtwissen und Unverständnis, die den weißen Südafrikaner von seinem schwarzen Mitbürger trennt, ein wenig mit abbauen zu helfen. Denn das war die bestürzendste Erfahrung in Südafrika: Trotz täglicher hautnaher Kontakte am Arbeitsplatz, im eigenen Haus, auf der Straße ist die Trennung von Schwarzen und Weißen nahezu total, wissen die Weißen Südafrikas so gut wie nichts von Südafrikas Schwarzen. Dieses Nichtwissen erzeugt Angst, und es wird lebenswichtig für die weiße Gesellschaft sein, es abzubauen. Die Schwarzen haben aufgehört, das Wort an die Weißen zu richten. Noch jedoch sind sie zur Antwort auf Fragen bereit. Diese Antworten wollte ich sammeln für die Weißen. Auch für uns natürlich.

Die Entwicklung der letzten Monate weckt Zweifel, ob die weißen Südafrikaner noch in der Lage sind, den Antworten zuzuhören. Fast alle meine schwarzen Gesprächspartner sind inzwischen in südafrikanischen Gefängnissen gewesen oder haben ins Ausland fliehen müssen. Steve Biko, der geistige Führer des Selbstbewußtseinsprozesses in der schwarzen Gesellschaft, ist unter ungeklärten Umständen in einem Gefängnis in Pretoria ums Leben gekommen. Und gerade jetzt erreicht uns die Nachricht, daß so gut wie alle Widerstandsgruppen verboten worden sind, ihre Führer «gebannt» oder verhaftet wurden. Verhaftet wurde auch Quoboza, der zu Weihnachten 1976 in der *World* in einem Leitartikel schrieb: «Es mag sonderbar klingen, aber ich glaube, es liegt in eurer Macht, eure weißen Mitbürger vor den selbstzerstörerischen Gefahren zu bewahren, die ihnen drohen, weil sie eine zum Scheitern verurteilte Politik betreiben . . . Überlegt, wie ihr eure weißen Brüder befreien könnt aus den Ketten der Furcht. Sie brauchen eure Hilfe. Nehmt sie mit auf den Weg zu einem neuen Südafrika, in dem Menschen Menschen sind, unabhängig von der Farbe ihrer Haut.»

Reinhard Brückner
Soweto 1976 – Der Aufstand der Vorstädte

Zur Einführung

«Zur Hölle mit Afrikaans» und ähnliches stand auf den Plakaten, die am 16. Juni 1976 etwa 20000 schwarze Schüler durch die Straßen Sowetos trugen. Soweto – South Western Township –, schwarze Vorstadt von Johannesburg, ist mit seinen etwa eineinhalb Millionen Einwohnern die größte Wohnsiedlung Südafrikas. Die 1,5 Millionen Menschen leben hier in etwa 100000 regierungseigenen Behausungen, die eher Wellblechbaracken als Häuser im üblichen Sinne sind. Die Mehrzahl dieser winzigen Zwei- oder Vierraumhäuschen hat weder Elektrizität noch Wasser. «Matchboxes» (Streichholzschachteln) ist die Bezeichnung der Bewohner dafür, die oft zu acht, zehn oder mehr Personen vom Säugling bis zur Großelterngeneration zusammengepfercht darin leben müssen.

Am Vorabend des 16. Juni hatte die Nachricht: «Sowetos Oberschüler planen für morgen einen Protestmarsch gegen den Afrikaans-Erlaß» Unruhe und Besorgnis ausgelöst. Es wurden Befürchtungen laut, dies könnte den sprichwörtlichen «Funken im Pulverfaß Soweto» abgeben. Es lag in der Luft, daß etwas geschehen würde.

Seit Anfang Mai bereits streikten die Schüler der Phefeni Junior Secondary School im Bezirk Orlando West gegen die von der Regierung angeordnete Einführung von «Afrikaans» als Unterrichtssprache an den schwarzen Schulen in den Fächern Sozialkunde, Mathematik und Naturwissenschaften. Andere Schulen hatten sich dem Streik angeschlossen. Es gab zwei wesentliche Gründe für den Protest gegen den Afrikaans-Erlaß: sowohl die Schüler wie ihre Eltern beherrschen Afrikaans nur mangelhaft; zudem gibt es kaum Lehrer an den Schulen, die für einen Unterricht in dieser Sprache ausreichend vorgebildet sind. Daneben ist für den Schwarzen Afrikaans die Sprache, in der Polizisten und Verwaltungsbeamten ihnen täglich ihre Rechtlosigkeit demonstrieren, die Sprache des Systems, das sie unterdrückt und zu Menschen zweiter und dritter Klasse degradiert.

Mit der Ablehnung der Burensprache Afrikaans im Unterricht verbanden die schwarzen Schüler gleichzeitig ihren Protest gegen das gesamte System der sogenannten «Bantu-Erziehung», das ihnen von den Weißen aufgezwungen wurde mit dem Ziel, wie sie sagen, den Schwarzen zu nicht mehr als einem besseren Werkzeug der Weißen auszubilden, die schwarze Mehrheit im Lande zu einer «Dienstleistungsgesellschaft» der weißen Herren abzurichten.

Das Afrikaans, diese ausschließlich auf Südafrika beschränkte Sprache und auch hier von Haus aus nur von etwas mehr als 50 Prozent der 4,1

Millionen Weißen und von den 2,4 Millionen Farbigen gesprochen, hat sich aus dem Holländischen der ersten Siedler am Kap entwickelt. 1925 setzten die volkstumsbewußten und zielstrebigen Buren ihre Sprache als zweite Amtssprache neben dem Englischen für Parlament und Behörden durch. Mit dem Wahlsieg der (burischen) Nationalen Partei 1948 und ihrer seither ununterbrochenen Regierung ist Afrikaans zur Sprache der Verwaltung, der Polizei, der Armee und damit zugleich für die schwarze Mehrheit zu einem Symbol ihrer Unterdrückung geworden. Die Bemühungen der Regierung, Afrikaans als Unterrichtssprache an den schwarzen Schulen einzuführen, reichen ins Jahr 1955 zurück. 1955 ordnete die Regierung an, daß an allen Secondary Schools für Schwarze (9. bis 11. Schuljahr) außerhalb der «Homelands» der Unterricht je zur Hälfte in Afrikaans und Englisch stattfinden sollte. Der Erlaß scheiterte praktisch, weil es kaum geeignete Lehrer gab. Die Lehrerausbildungsanstalten unterrichten, mit einer Ausnahme, allein in Englisch. So wurde im Jahre 1968 erst an lediglich 26 Prozent der Schulen zweisprachig unterrichtet.

Als Pretoria zu Beginn der siebziger Jahre den Homeland-Verwaltungen begrenzte Entscheidungsbefugnisse einräumte, entschied sich eine Verwaltung nach der anderen für Englisch als Unterrichtssprache ab fünftem Schuljahr. Im März 1974, bei ihrem ersten Zusammentreffen mit Ministerpräsident Vorster, forderten die Chief-Minister der neun Homelands die gleiche Regelung für alle Schulen der Schwarzen auch außerhalb der Homelands – allerdings vergeblich. Das für die «Bantu-Erziehung» zuständige Ministerium bestand auf der Durchführung des Erlasses von 1955. Der für Soweto und die Nachbar-Townships zuständige Erziehungsdirektor W. Ackermann verlangte dementsprechend für Soweto die Unterrichtung der Fächer Mathematik, Geschichte und Geographie in Afrikaans. Die Südafrikanische Schwarze Lehrervereinigung protestierte und ließ den Minister wissen, der Erlaß sei «hart und kurzsichtig». Einmal abgesehen vom grundsätzlichen negativen Symbolwert des Afrikaans hat der Sprachenerlaß für die schwarzen Schüler die ganz praktische Konsequenz schlechter schulischer Leistungen und damit schlechter Abgangsnoten, weil sie gezwungen werden, den Unterricht in einer Sprache abzuwickeln, deren weder Lehrer noch Schüler ausreichend mächtig sind.

Verschiedene Schulvorstände (Boards) von Soweto, die für je 10 bis 14 Schulen der gleichen schwarzen Sprachgruppe zuständig sind, empfahlen Englisch als ausschließliche Unterrichtssprache. Daraufhin enthob die weiße Schulaufsichtsbehörde fünf Board-Vorsitzende kurzerhand ihrer Ämter.

Die Schüler des neunten und zehnten Schuljahres der Phefeni Junior Secondary School hatten Mitte Mai mit dem Streik begonnen, die Schüler von sechs weiteren Schulen schlossen sich dem Streik an; insgesamt waren es etwa zweitausend Schüler, die in der zweiten Maihälfte den Unterricht boykottierten.

Nach zehn Streiktagen kehrte Anfang Juni eine größere Anzahl der Schüler zum Unterricht zurück, nachdem den Streikenden für den Fall weiteren Fernbleibens vom Unterricht der Schulverweis angedroht, gleichzeitig die Rücknahme des Afrikaans-Erlasses versprochen worden war. Ein Teil der Schüler setzte den Streik fort. Schüler der Belle Higher Primary School bewarfen ihre Schulgebäude mit Steinen. Vor der Naledi High School setzten Schüler einen dort geparkten Volkswagen der Polizei in Brand, während die Polizisten in den Klassenräumen Mitschüler verhörten. Fünfzehn Schüler einer Higher Primary School wurden festgenommen. Die Tageszeitungen, vor allem die englischsprachigen, wie *Rand Daily Mail, The Star und The World*, mit Auflagenhöhen zwischen 140000 und 170000, berichteten ausführlich über diese und ähnliche Vorkommnisse. Die Eltern gründeten zu der Zeit eine Elternvereinigung, die spätere «Black Parents Association». Winnie Mandela war darunter, die Frau des zu lebenslänglicher Haft verurteilten legendären politischen Führers Nelson Mandela, den alle Schwarzen auch heute noch als ihren Sprecher anerkennen.

Lange vor dem 16. Juni gab es auf Grund der Ereignisse von Leuten, die die Stimmung in Soweto kannten, Warnungen und dringende Appelle an die weiße Regierung. Die Befürchtung wurde ausgesprochen, der Sprachenstreit könne sich zu einem neuen «Sharpeville» zuspitzen. Der Leiter des international renommierten Südafrikanischen Instituts für Rassenbeziehungen warnte den zuständigen Minister Dr. A. Treurnicht, der zugleich Führer des rechten Flügels der NP und Theologe ist, eindringlich, die Situation in Soweto sei «sehr ernst». Der schwarze Dekan der anglikanischen Diözese von Johannesburg, Desmond Tutu, schrieb in einem offenen Brief an Vorster, die Verzweiflung der Schwarzen sei dem Punkt nahe, «von dem aus es keine Umkehr mehr geben wird».

Am 16. Juni explodierte die Nachricht wie eine Bombe: «Polizei schießt in Soweto, es hat bereits Tote gegeben.» Wer die aktuelle Situation in den schwarzen Townships kannte, hielt den Atem an. War der auslösende Funke im «Pulverfaß Soweto» entzündet?

Geschehen war an dem Tag dies: Zwischen 10000 und 20000 Schüler, meist aus den Ober- und Mittelschulen, waren nach dem pflichtmäßigen Morgengebet nicht in ihre Klassenräume zurückgekehrt, sondern in Schuluniform protestierend auf die Straßen gezogen. Sie formierten sich zu ordentlichen, friedlichen Demonstrationszügen, ein Protest gegen die Einführung von Afrikaans als Unterrichtssprache an ihren Schulen. Sie sangen und hielten Plakate hoch – Schulheftdeckel, zerrissene Pappkartons, weiße Stoffetzen, auf denen zu lesen war: «Nieder mit Afrikaans», «Afrikaans ist dreckig», «Afrikaans als Unterrichtssprache wollen wir nicht», «Schwarze sind keine Mülleimer», «Afrikaans ist eine Stammessprache» usw. Die ganze Atmosphäre war eigentlich recht fröhlich, die Kinder bester Laune. Sie sangen *Gott segne Afrika* und andere Hymnen.

Einige Tausend sammelten sich vor der Phefeni Secondary School in Orlando. Ihre Sprecher verhandelten mit dem Schulleiter der benachbarten High School von Orlando-West. Er sollte seine Zustimmung dafür geben, daß sich seine Schüler dem Protestzug anschließen. Ziel der Demonstration sollte das Sportstadion von Orlando-West sein, wo man in einer Kundgebung die Regierung auffordern wollte, Afrikaans als Unterrichtssprache für die drei Fächer fallenzulassen. Der ängstliche, unsichere Schulleiter informierte die Polizei. Was dann geschah, berichtete Miss Tema, schwarze Reporterin der einzigen für Südafrikas Schwarze erscheinenden Tageszeitung *The World* als Augenzeugin:

Ungefähr dreißig Polizisten erschienen, die Mehrzahl Schwarze. Die weißen waren mit Revolvern und zwei Schnellfeuergewehren bewaffnet. Die schwarzen Polizisten trugen keine Schußwaffen. Ein Teil der Schüler empfing die Polizisten mit Spottversen, sie winkten mit ihren Plakaten, andere sangen einfach weiter. Ein weißer Polizist schoß eine Tränengasgranate in die Menge. Die Schüler reagierten wütend und warfen mit Steinen zurück. Die Polizisten hatten die Schüler nicht gewarnt, sie hatten sie nicht aufgefordert, sich zu zerstreuen. Ein weißer Polizist zog, als die ersten Steine flogen, plötzlich seinen Revolver, zielte und schoß. Da begannen auch andere Polizisten, das Feuer zu eröffnen. Die *World*-Reporterin Miss Tema sah einen Jugendlichen fallen, er war in die Brust getroffen. Die Schüler flohen in alle Richtungen auseinander, kleine Gruppen sammelten sich wieder in Seitenstraßen, kamen zurück, warfen Steine nach der Polizei und liefen wieder davon. Die Polizisten schossen in diese Gruppen. Miss Tema sah, wie ein siebenjähriger Junge fiel. «Er hatte blutigen Schaum auf den Lippen und schien schwer verletzt. Ich brachte ihn zur Phefeni-Klinik, aber als wir ankamen, war er tot.» Das berichtete Miss Tema. Als sie zurückkam, dauerte das Schießen an. Sie sah zwei erwachsene Schwarze tot auf der Erde liegen und weitere Schüler fallen.

An diesem und dem folgenden Tag starben, Ermittlungen von Schwarzen zufolge, in Soweto mehr als 500 fast durchweg Jugendliche im Alter von 11 bis 22 Jahren. D. Koka, schwarzer Gewerkschaftsführer und Berater des Gesamtschülerrates von Soweto, zählte persönlich am zweiten Tag vor der Polizeistation Orlando Ost innerhalb von vier Stunden 150 Leichen, in der Mehrzahl Jugendliche.

Die auseinanderfliehenden Schulkinder trugen die Nachrichten von den Ereignissen und ihren ohnmächtigen Zorn in Windeseile durch ganz Soweto. Ihre Empörung und ihr Zorn begannen sich wie automatisch gegen alle ihrem Zugriff erreichbaren Repräsentanten und Institutionen des verhaßten «Systems» zu richten.

Die wenigen in Soweto arbeitenden Weißen waren an diesem und den folgenden Tagen aufs höchste gefährdet.

Im Bezirk Jabavu setzten sie das flache eingeschossige Verwaltungsgebäude der staatlichen Bantu-Verwaltung in Brand, ebenso einen mit Bier beladenen Lastwagen. Niemand löschte das heftige, weithin sichtbare Feuer, auch nicht die Feuerwehrleute der nur wenige hundert Meter entfernten Feuerwehrstation. Wenig später brannten die kleinen Verwaltungsgebäude von Dube und Jabulani, zwei Stadtbezirken von 40000 und 60000 Einwohnern. Gegen Abend standen mehr als zwanzig Gebäude in Flammen, ausschließlich Bauten der Bantuverwaltung und Bierhallen. In den vielen kleinen Geschäften Sowetos verlangten die Jugendlichen vom Inhaber die Lizenz. War die Lizenz auf einen «Nichtschwarzen» ausgestellt, begannen sie mit der Zerstörung der Einrichtung. Später setzten sie diese Geschäfte auch in Brand. Ein einziges Geschäft eines Schwarzen war darunter, der Lizenzinhaber war Polizist.

Die am Abend von ihren Johannesburger Arbeitsplätzen zurückkehrenden Erwachsenen – ein täglicher Strom von rund 250000 – wurden an Sowetos vier Ausfallstraßen mit «Black Power»-Grüßen empfangen. Die Fahrer der Busse und Taxen wurden gestoppt und nach dem Eigentümer der Fahrzeuge gefragt: Schwarzer oder Weißer? War das Fahrzeug Eigentum von Weißen, mußten die schwarzen Fahrgäste aussteigen, der Wagen wurde unter «Hallo» zum Straßenrand gerollt, umgekippt und angezündet.

Soweto war bis zum Abend vollständig politisiert. Der Black Power-Gruß, die hochgereckte geballte Faust, mit dem die Jugendlichen sich untereinander und ihre heimkehrenden Eltern grüßten, war zum äußeren Symbol schwarzer Solidarität geworden. Eine Sekretärin hat später berichtet, daß drei ihrer Verwandten, die den von den Jugendlichen geforderten Black Power-Gruß erwiderten, unmittelbar darauf von am Straßenrand wartenden weißen Polizisten, die dies beobachteten, erschossen wurden wegen dieses Grußes. Andere haben solche Vorgänge bestätigt. Spät am Abend des ersten Tages erschienen die ersten vierzehn «Hippos» in den Straßen Sowetos, gepanzerte Mannschaftswagen der Armee, besetzt mit Polizisten. Sie wurden für Monate der Schrecken Sowetos, insbesondere seiner Schulkinder.

Am nächsten Tag waren die Zeitungen voll von Berichten über die Ereignisse. Die *Rand Daily Mail*, eines der auflagenstärksten Blätter, meldete: «Über tausend Polizisten mit Schnellfeuergewehren und Maschinenpistolen in Soweto.» Und in ihrem Kommentar heißt es: «Seit den Tagen von Sharpeville sah sich Südafrika nicht mehr einer so bedrohlichen Situation gegenüber . . . der Protest, der alles auslöste, richtete sich gegen etwas, was den Schwarzen aufgezwungen wurde. Ein Protest gegen Unterwürfigkeit. Die Buren mögen der vordergründige Gegner gewesen sein, aber das wirkliche Ziel waren weiße Vorherrschaft und rassische Ungerechtigkeit. Das geht uns alle an.»

Der *Star* meldete am Abend: 35 Tote und Hunderte von Verletzten; die Armee sei alarmiert, Reservisten hielten sich bereit.

An diesem Tag demonstrierten einige Hundert weiße Studenten der englischsprachigen Universität von Johannesburg, um ihre Solidarität mit den Jugendlichen in Soweto zu bekunden. Auf mitgetragenen Plakaten die Losung: *It's not Afrikaans, it's the System*. Schwarze mischten sich unter sie.

Die Polizei prügelte die Demonstranten auseinander, unterstützt von etwa 150 jungen Buren, vermutlich Eisenbahnarbeitern, mit Eisenstangen in den Händen und «White Power» schreiend.

Von diesem Ereignis und den beunruhigenden Zeitungsberichten abgesehen, verlief das Leben in Johannesburg ruhig wie immer. Die Weißen in der City und in den weißen Villenvororten hatten die furchtbare Tragödie, die sich im 16 Kilometer entfernten Soweto abspielte, wenn überhaupt, so nur durch die Zeitungen und als etwas wahrgenommen, was sehr weit entfernt stattfand und sie kaum betraf. Nichts jedenfalls davon, daß sich hier eine politische Wende anbahnte, auch ihre Zukunft betreffend.

Und darin spiegelt sich etwas wider von dem Charakter der schwarzen Townships rund um die «weißen» Städte Südafrikas. Arbeitslagern oder Zwangssiedlungen ähnlicher als Städten, sucht man Orte wie Alexandra, Tembisa mit je etwa 40000 Einwohnern – oder Mamelodi, Mabopane, GaRankuwa, Hammanskraal mit je etwa 100000 Einwohnern, von der Millionensiedlung Soweto ganz zu schweigen, auf den Land- und Straßenkarten vergeblich. Straßenhinweisschilder gibt es höchst selten. Zur Millionenstadt Soweto führen fünf Straßen und etwa sechs Hinweisschilder. Die meisten dieser Gettos sind bewußt, wie auch Soweto, außerhalb der Sichtweite der Weißen angelegt, versteckt hinter Hügeln und Buschwerk, weit entfernt von den Städten der Weißen.

Infrastrukturell und organisatorisch eingerichtet als «Fremdarbeitercamps», dementsprechend als solche gerade noch toleriert, aber auf der anderen Seite für das Funktionieren der weißen Städte, für die südafrikanische Wirtschaft, lebensnotwendig und unabdingbar. Die Bewohner dieser Camps werden den «Homelands» zugerechnet, die unabhängige Satelliten Südafrikas werden sollen.

Die Nachricht von den Ereignissen in Soweto sprang in den folgenden Tagen wie ein Buschfeuer von Township zu Township bis an die weit entfernten Landesgrenzen. Überall brachen Unruhen aus. Und der Ablauf war stets der gleiche: Jugendliche organisierten spontane Solidaritätsdemonstrationen für ihre Altersgenossen in Soweto, Polizei schoß Tränengas in die Menge, die Jugendlichen antworteten mit Steinwürfen, mit der Zerstörung der Symbole der verhaßten Bantu-Verwaltung und

14

der Bierhallen; die Polizisten schossen gezielt, es gab weitere Tote, meist Kinder und Schüler. In Alexandra, Johannesburgs ältestem Schwarzen-Getto, wo 40000 Menschen innerhalb einer Quadratmeile zwischen verfallenden Häusern und niedergerissenen Straßenzügen hausen – vor wenigen Jahren waren es noch etwa 100000, doch die Mehrzahl wurde inzwischen zwangsumgesiedelt –, wurden nach offiziellen Berichten 24 Bewohner erschossen, in der Mehrzahl Jugendliche. Die wahre Zahl der Toten liegt vermutlich viel höher. Die Zeitungen brachten Fotos von Polizisten, die aus zwanzig Meter Entfernung mit Schnellfeuergewehren auf fünfzehn- bis siebzehnjährige Jugendliche schossen, die lachend Müll-eimerdeckel wie Schilde schützend vor sich hielten. Der *Star* veröffent-lichte am 19. Juni ein Foto, das zeigt, wie ein weißer Polizist einen fliehenden schwarzen Jungen in den Rücken schießt. Verwaltungsgebäude, Bierhallen, Busse der halbstaatlichen Gesellschaft PUTCO und Geschäfte von «Nichtschwarzen» gingen auch hier in Alexandra in Flammen auf.

In Tembisa, in der Nähe des südafrikanischen Zentralflughafens Jan Smuts, in Vooslorus bei Bocksburg, in Kagiso bei Krügersdorp und in zahlreichen anderen Townships kam es zu Unruhen, immer nach dem gleichen Muster, ausgelöst durch gezielte Schüsse der Polizei in die Menge demonstrierender Jugendlicher.

In den großen Zeitungen erschienen zahlreiche Berichte von Augen-zeugen und anwesenden Reportern über Polizisten, die ohne jeden er-sichtlichen Grund Kinder niederschossen, wie zum Beispiel bei der Anti-Kissinger-Demonstration. In einem anderen Fall wird berichtet, wie Polizisten zwei Jungen am 17. September in Orlando Ost (Soweto) auf der Straße niederschossen, die gerade Fußball spielten. Ein achtzehnjäh-riger Schüler wurde am 23. September von hinten erschossen, als die Polizei in der Mara Higher Primary School in Naledi (Soweto) erschien und die Klassenräume stürmte. Nach dem Bericht des Reporters spran-gen die Schüler in panischer Angst aus den Fenstern, um sich vor den Schüssen in Sicherheit zu bringen.

Auch in den Universitäten der Schwarzen kam es zu Unruhen, gab es Tote. In Turfloop sammelten sich die etwa 2000 Studenten auf dem Sportplatz zum Gebet und Protest. Als die Polizei erschien und sie umringte, begann die nebenan gelegene Erholungshalle zu brennen – von Polizisten selbst provokativ angezündet, sagen die Studenten. Augenzeugen berich-ten, daß Polizisten zwei von Angst gepeinigte Studenten jagten, in die Enge trieben und zum tödlichen Sprung aus dem hochgelegenen Fenster eines Wohnheimes nötigten – eine nach Berichten in südafrikanischen Gefäng-nissen an Schwarzen öfters praktizierte Todesart.

500 Studenten wurden in Turfloop an diesem Tag verhaftet. Ähnliches ereignete sich in Ngoya, schwarze Universität im Süden oder Tribal College der Zulus, wie es die Studenten sarkastisch bezeichnen. Am 18. Juni versammelten sich dort morgens 2000 Studenten auf dem Sportplatz

und beteten kniend für die «in Soweto unschuldig getöteten Brüder und Schwestern». Anschließend zogen sie, die Fäuste zum Black Power-Gruß erhoben und Hymnen singend, mit Plakaten wie «Hitler lebt noch, er muß vernichtet werden» durch den Campus. Sie brannten ein Verwaltungsgebäude, die neue Kapelle und einen Teil der Bibliothek nieder und steinigten Personenwagen von Weißen. Das weiße Personal floh.

Ngoya wie Turfloop wurden daraufhin geschlossen, wenig später auch die dritte Universität für Schwarze, Fort Hare, sowie Belleville am Kap, die den Farbigen zugewiesene Universität mit auch etwa 2000 Studenten. An der für die etwa 700000 Inder bestimmten Universität in Durban – der einzigen Hochschule, an der Schwarze Medizin studieren dürfen – organisierten einige Hundert indische und schwarze Studenten einen Protestmarsch in die Stadt.

87 der 210 immatrikulierten schwarzen Medizinstudenten wurden verhaftet.

In Hebron, der für Schwarze zuständigen Lehrerbildungsanstalt bei Pretoria mit 1300 Studenten, brannte die zentrale Versammlungshalle nieder. Daraufhin wurden die Studenten nach Hause geschickt.

Die nach dem 16. Juni überall im Land ausbrechenden Unruhen waren ganz offensichtlich Konsequenz und logische Folge der blutigen Ereignisse in Soweto. Dies brachten die demonstrierenden Jugendlichen auch klar zum Ausdruck mit Plakaten wie: «Amandla Soweto», «Wir kämpfen für unsere schwarzen Schwestern und Brüder, die in Soweto starben» oder «Soweto ist unser Blut». Und auch nach den Erfahrungen in Soweto war es immer noch das Verhalten der Polizei, das den Ablauf der Unruhen bestimmte. Das zeigen die wenigen Fälle, in denen die Polizei besonnen blieb. In Durban zum Beispiel hatte es auch Demonstrationen gegeben. Die Polizei hatte zwar Teilnehmer verhaftet, verzichtete aber auf direkte Gewaltmaßnahmen. Die Folge war, daß hier die Demonstrationen friedlich verliefen.

Die Auswahl der Objekte, an denen die Jugendlichen ihren Zorn ausließen, demonstriert, daß ihre Aktionen, durch den Polizeiterror provoziert, nicht Handlungen waren, in denen sich nur lange aufgestauter emotionaler Haß unreflektiert entlud, sondern daß dahinter durchaus politisches Bewußtsein – bei aller Spontaneität – und eine Zielvorstellung stand. Bei den Angriffen gegen Geschäfte fiel Augenzeugen auf, daß selten Plünderungen stattfanden – trotz der Armut dieser Schwarzen –, daß bei den Angriffen gegen die Bierhallen der Alkohol fast nie getrunken oder weggeschleppt, sondern vernichtet wurde. Bezeichnend für die Art der Aktionen ist ein Flugblatt, mit dem in Soweto Bierhallenbesitzer von den Schülern vorher gewarnt wurden. So heißt es in einem: «Mit Bedauern müssen wir Sie davon in Kenntnis setzen, daß wir ihren Schnaps nicht mehr benötigen. Beenden sie den Verkauf des Giftes an unser Volk».

Für Sonntag, den 3. Juli, hatte Sowetos schwarze Elternvereinigung die gemeinsame Beisetzung aller Soweto-Opfer und eine große Trauerfeier geplant. Aus Angst vor weiteren politischen Demonstrationen verbot der weiße Johannesburger Magistrat die Trauerfeier. Die Folge war, daß seitdem alle Beerdigungen von Getöteten in immer stärkerem Maße zu politischen Demonstrationen mit Transparenten, Freiheitshymnen und Black Power-Grüßen wurden. Mehrfach schoß die Polizei in solche Trauerversammlungen, so am 23. Oktober 1976 auf dem Friedhof Avalon in Soweto, wo sie neun Teilnehmer tötete und 51 verwundete.

Die Beerdigung vieler Opfer war gar nicht möglich. Oft suchten Eltern wochen- oder monatelang ihre vermißten Kinder. Beobachtungen, daß die Polizei Getötete heimlich und an Ort und Stelle begrub, machten die Runde. Die Polizeiführung unternahm nichts, um dies zu dementieren; im Gegenteil, der Justiz- und Polizeiminister J. Krüger verweigerte, wie auch die zuständigen Polizeidienststellen, lange jede Veröffentlichung über Zahlen und Namen der Getöteten. Ende Juni nannte Krüger lediglich die Zahl von 176 Toten im ganzen Land und hielt lange Zeit an dieser Angabe fest. Von diesen waren nach seiner Angabe nur zwischen 30 und 40 Prozent durch Polizeikugeln getötet worden, die übrigen durch Auseinandersetzungen der Schwarzen untereinander. Ein staatlicher Pathologe dagegen bezifferte die Zahl der Toten allein im Großraum Johannesburg für die Zeit vom 18. 6. bis 18. 8. mit 229, davon 80 mit Einschüssen von hinten, 28 von der Seite, 42 von vorn. Am 22. Juni meldete der *Star* 1128 Verletzte. Diese Zahl ergab sich aus Recherchen in den Krankenhäusern, und man hat dabei zu berücksichtigen, daß viele Verletzte den Krankenhausaufenthalt aus Angst vor möglicher Verhaftung vermieden.

Nach anderen Untersuchungen des Christlichen Instituts von Südafrika und des Instituts für Rassenbeziehungen wurden von Mitte Mai bis Oktober 1976 im Zusammenhang mit den Unruhen zwischen 5000 und 6000 Personen verhaftet, überwiegend Jugendliche. Hunderte von Schwarzen wurden von der Polizei legal wochen- und monatelang ohne richterliche Vorführung festgehalten und später einfach wieder entlassen. Mehrere hundert Minderjährige wurden zu Stockschlägen verurteilt, in einem bekanntgewordenen Fall ein Achtjähriger.

Mitte Juli meldete der *Star*, unter den seit Wochen im Johannesburger Polizeipräsidium am John Vorster Square festgehaltenen Jugendlichen befänden sich auch achtjährige Kinder, in zerrissenen Kleidern, wie man sie von der Straße weg festgenommen habe, ohne jeden Elternkontakt, auf winterkalten Betonfußböden ihres Schicksals harrend. Der zuständige Polizei-Brigadier stritt das ab, um aber kurz darauf zu erklären: «Wir können sie nicht entlassen, bis die Untersuchungen abgeschlossen sind.»

Daraufhin kommentierte der *Star*: «Man stelle sich den Aufschrei vor, wenn nur ein einziges weißes Kind unter solchen Umständen festgehalten würde» (9. August 1976).

Inzwischen liegen zahllose vor Gerichten und Anwälten abgegebene Erklärungen von Jugendlichen über Prügel und Folterungen auf Polizeistationen und bei Verhören vor.

Südafrikas schwarze, farbige und indische Jugendliche vergessen die persönlichen und die von Freunden gemachten Erfahrungen nicht. Sie sind dabei, die menschlichen und politischen Konsequenzen zu ziehen. Die Entrechtung und Entwürdigung ihrer Eltern und Nachbarn, die sie in den Jahren ihres Heranwachsens Tag und Nacht als Augenzeugen erlebt haben, trägt dazu bei. «Die Tatsache, daß allein zwischen 1948 und 1973 im Zusammenhang mit der von der Regierung der Nationalen Partei verschärften Paßgesetzgebung 10,5 Millionen Schwarze gerichtlich verfolgt wurden, bei einem schwarzen Bevölkerungsanteil von 10,8 Millionen im Jahre 1960, besagt alles» (*Rand Daily Mail*, 8. Februar 1975).

Ende Oktober 1976 schätzten die Versicherungsfirmen den durch die Unruhen seit Mitte Juni entstandenen Sachschaden auf 35 Millionen Rand. Zeitungsberichten zufolge wurden bis Ende Oktober 1976 im ganzen Land an Baulichkeiten ganz oder teilweise zerstört: Über 100 Gebäude der Bantu-Verwaltung, etwa 250 Bierhallen und Alkoholgeschäfte, 170 andere Geschäfte, 25 kleine Kliniken, acht kleine Bankgebäude, 150 Schulen, mehrere Postämter, Gerichte und sogenannte Hotels. Ferner wurden 926 Busse der halbstaatlichen Busgesellschaft PUTCO beschädigt oder zerstört und 40 Schulen in den Homelands verbrannt.

Unruhen von der rhodesischen Grenze bis hin zum Indischen Ozean, von Durban bis an den Rand der Kalahari-Wüste, meist in den Townships, aber auch in den Homelands, waren innerhalb von Wochen aus dem blutigen Zusammenstoß zwischen Schülern und Polizei in Soweto am 16. Juni erwachsen. Die Weißen begriffen in der Mehrzahl nicht einmal ansatzweise, worum es bei den Auseinandersetzungen ging. Sie begriffen nicht, warum die schwarzen Jugendlichen ihre Angriffe gerade gegen Einrichtungen der Bantu-Verwaltung und der Bantu-Erziehung konzentrierten. Man warf ihnen vor, ihre eigenen Bildungseinrichtungen mutwillig zu zerstören.

Daß sie Schulen in Brand gesteckt hätten, bestritten die Schüler Sowetos allerdings selbst energisch und bezichtigten die Polizei. Die Mehrzahl der Weißen billigte die brutalen Gewalteinsätze der Polizei. Es war sogar hier und da der Kommentar zu hören: «Man sollte einfach eine Bombe auf Soweto werfen.» Weit entfernt davon, nach Ursachen und Hintergründen zu fragen, erregten sich die meisten Weißen lediglich über die «mutwillige» Zerstörung von, wie sie meinten, mit ihren Steuergeldern finanzierten öffentlichen Einrichtungen; und sie nahmen dies als gewichtiges Indiz für die «politische Unreife der Schwarzen». Die Argumentation zeigt die vollständige Unkenntnis über die Lebensumstände der Schwarzen. Richtig ist nämlich, daß Schwarze in Südafrika Jahreseinkommen von 360 Rand aufwärts versteuern müssen, ohne Rücksicht auf die Anzahl der zu versorgenden Kinder, während Weiße – wie auch Farbige und Inder – erst von einem Jahreseinkommen von 700 Rand ab steuerpflichtig werden, ein Verheirateter mit drei Kindern zum Beispiel gar erst ab 2800 Rand Jahreseinkommen.

Am 20. Juni sollten die Schulen der Schwarzen in der Provinz Transvaal, die bei Ausbruch der Unruhen geschlossen worden waren, ihren Unterricht wiederaufnehmen. Inzwischen aber hatten die Schüler Sowetos einen Gesamtschülerrat für alle Schulen gebildet und den charismatischen achtzehnjährigen Tsietsi Mashinini zum Vorsitzenden gewählt. Dieser Schülerrat, der Soweto Student Representative Council, (SSRC) forderte alle Schüler auf, nicht zum Unterricht zu erscheinen, sondern aus Protest gegen die Haft von Hunderten ihrer Mitschüler den Schulbeginn zu boykottieren. Sowetos Schüler – nach offiziellen Angaben 170000, verteilt auf rund 250 Schulen – blieben dem Unterricht fern.

Für die nachfolgende Woche jedoch rief der Schülerrat dazu auf, den Schulbesuch wiederaufzunehmen. Die Schüler kamen. Die Schulen wurden zu Informationszentren für einen geplanten dreitägigen Streik der Soweto-Arbeiter, für einen *stay away*, wie die Initiatoren dieses Wegbleiben von den Arbeitsplätzen der Weißen nannten. Die Schüler trugen den Aufruf zum *stay away* vom 4. bis 6. August an ihre Eltern weiter. Am ersten Tag blieb 60 Prozent der etwa 500000 schwarzen Arbeitnehmer zu Hause, am zweiten und dritten Tag etwa 80 bis 90 Prozent. Die Jugendlichen riefen auf zur Trauer um die Toten und forderten die Freilassung der Gefangenen. Sie halfen dem Arbeitsausstand nach, indem sie den Schienenstrang von Sowetos unzureichendem Eisenbahnring unterbrachen und einen zentralen Signalmast zerstörten.

Lange vor Morgengrauen erschienen sie an den Bahnhöfen, den Bus- und Taxihaltestellen, und erklärten den überraschten Erwachsenen, daß sie nicht zur Arbeit gehen sollten. «Bleibt zu Hause, heute wird nicht gearbeitet» und: «*Daddy, it's power-time*», sagten Kinder ihren Eltern, die sich morgens aufmachten. An den Bahnhöfen und Bushaltestellen trafen die Eltern auf tumultartige Auseinandersetzungen mit der Polizei und kehrten verstört zurück. Die Kinder empfingen sie mit der lakonischen Feststellung: «Wir hatten euch doch gesagt, daß nicht gearbeitet wird.»

Die Jugend, an strikten Gehorsam gegenüber Eltern und Älteren gewohnt, traf nun Entscheidungen von großer politischer und wirtschaftlicher Tragweite, ohne den Rat der Eltern vorher einzuholen. Völlig überrascht und zunächst widerstrebend sahen sich die Eltern diesem Bruch mit der Tradition gegenüber, erkannten dann aber entschlossen die Führung ihrer Kinder an. Ihre Resignation wandelte sich in Hoffnung. «Die Jugend hat uns den Weg gewiesen», sagten sie.

Am zweiten Tag dieses ersten *stay away* begannen ca. 10 000 Soweto-Schüler einen friedlichen Marsch zum Polizeipräsidium John Vorster Square in Johannesburg – drei bis vier Fußstunden von Soweto entfernt, um die Freigabe der Verhafteten zu fordern. Rund 10 000 Erwachsene folgten ihnen. Polizisten eröffneten das Feuer bei Sowetos Außenbezirk New Canada, töteten drei und verletzten zwölf Jugendliche. Danach begannen die Unruhen und Brände aufs neue. Die Polizeiführung bot 500 Rand für Angaben, die zur Verhaftung des Schülerratsvorsitzenden T. Mashinini führen würden und forderte ihn auf, sich zu stellen, da er bei ihr am sichersten sei. Mashinini und seine Freunde vom SSRC wechselten wochenlang Tag und Nacht ihr Quartier, von der Bevölkerung verborgen.

Vom 23. bis 25. August riefen die Jugendlichen zum zweiten *stay away* auf. Sie forderten abermals die Freilassung der Verhafteten und die Abschaffung der Bantu-Erziehung. Zu 80 bis 90 Prozent folgte Sowetos Arbeitsbevölkerung ihrem Aufruf. Doch die Jugendlichen hatten die innerhalb Sowetos in elf Barackenlagern hausenden 40 000 Fremdarbeiter vergessen. Meistens Analphabeten aus den Homelands, arbeiten sie Jahr um Jahr ihres Lebens für kümmerliches Geld, um ihre fernen Familien zu ernähren. Die Aufstandspolizei (*riot police*) nutzte die Chance. Als die Arbeiter des 11 000-Männer-Lagers Mhzimlope aus Johannesburg zurückkehrten, fanden sie zwei, drei ihrer Baracken angezündet. In Soweto weiß man, daß Polizisten den Brand gelegt hatten. Die aufgebrachten Arbeiter wurden nun von Polizisten per Megafon aufgefordert, mit Gewalt gegen die Streikenden vorzugehen. «Wenn ihr die (dem Staat gehörenden) Häuschen beschädigt, zwingt ihr uns, gegen euch vorzugehen. Euch ist lediglich befohlen worden, die Unruhestifter zu töten» («*to kill the troublemakers only*») (*Rand Daily Mail*, 28. Juni 1976). Englischsprachige Tageszeitungen berichteten davon in Wort und Bild. Schwarze Journalisten hatten inmitten der Fremdarbeiter die Ereignisse verfolgt und hatten fotografiert. Wenige Tage später waren sie verhaftet. Soweto-Bewohner berichteten, daß die Polizei die Fremdarbeiter zum Teil in Lastwagen zu den «Einsatzplätzen» fuhr. Offenbar fanden sich auch schwarze Polizisten unter den Fremdarbeitern, die sie zu den Gewalttaten anstachelten und anführten. Tausend Zulus folgten der Aufforderung mit Schlagstöcken, Messern und Äxten. Sie plünderten, vergewaltigten und töteten. Sechsunddreißig Tote meldete die Polizei – mehr als hundert sagen Beerdigungsteilnehmer. Der Justizminister erklärte, die um ihren Lohnausfall besorgten Arbeiter hätten aus berechtigtem Selbstschutz gehandelt. Ministerpräsident Vorster verkündete: «Es gibt keine Krise in Südafrika.»

Während in immer neuen Townships Unruhen ausbrachen, Verwaltungsgebäude, Bierhallen und Schulen brannten, Jugendliche getötet und verhaftet wurden, rief Sowetos Schülerrat vom 13. bis 15. September zum dritten *stay away* auf. Wieder folgten ihnen die Erwachsenen zu 80 bis 90 Prozent. Dieses Mal forderten auch Fremdarbeiter die wenigen Arbeitswilligen auf, zu Hause zu bleiben. Die Polizei nahm 826 Personen fest, überwiegend Jugendliche. Nach diesem dritten Ausstand gerieten verschiedene kleinere und mittlere Textilbetriebe in Johannesburg an den Rand des Ruins.

Erstmals schlossen sich auch in den Gettos der Schwarzen und Farbigen von Kapstadt 150000 Arbeitnehmer dem Soweto-Streik an. Sie blieben am 15. und 16. 9. ihren Arbeitsplätzen fern, trotz massiver Drohungen mit Lohnausfall und Entlassung. Am 20. 9. begannen auch Tausende von Arbeitern in Johannesburgs Township Tembisa zu streiken.

Sowetos Jugendliche versuchten abermals, die Freilassung ihrer verhafteten Mitschüler zu erreichen. Am 23. September strömten 2000 Jugendliche mit Zügen und Bussen nach Johannesburg City. Sie hatten zuvor der Polizei ihre Bereitschaft zu friedlicher Demonstration erklärt, hatten jedoch gleichzeitig gewarnt, daß Schüsse der Polizei schwerwiegende Konsequenzen für die weißen Straßenpassanten haben würden. Die Polizei schoß nicht. Sie ließ die Jugendlichen sich formieren und nahm nach einem durch einen weißen Passanten ausgelösten tumultartigen Zwischenfall über 400 Jugendliche fest.

Anfang Oktober veröffentlichten Johannesburger Zeitungen ein in Soweto erschienenes Flugblatt, das ultimativ zum 15. Oktober die Freilassung der Gefangenen forderte und die Soweto-Bevölkerung für den Fall der Nichterfüllung zur Bewaffnung und Mord an der weißen Bevölkerung aufrief. Der Schülerrat von Soweto distanzierte sich sofort und erklärte: «Unser Kampf ist gewaltlos.»

Die Freilassung der Gefangenen erfolgte nicht.

Der Gedanke kam auf, die Verhandlungsbereitschaft der weißen Regierung durch einen Generalstreik im ganzen Land zu erzwingen. Geplant wurde ein fünftägiger nationaler *stay away* vom 1. bis zum 5. November. Boten brachten die Nachrichten in die Townships der Industriezentren, die besonders getroffen werden sollten: Johannesburg und Pretoria, die Hafenstädte Kapstadt, Port Elizabeth, East London und Durban sowie New Castle. In Soweto sollte die Information der Bevölkerung wieder über die Schüler laufen. Eine Flugblattaktion kam kaum in Frage, nur wenig Flugzettel konnten unter größter Gefahr hergestellt und verteilt werden.

Sowetos Schülerrat rief zum Schulbesuch auf. Am Morgen des 22. Oktober wurde die Morris Isaacon High School, eine der politisch aktivsten Schulen in Soweto, von Polizei umstellt. Als sich etwa 60 der insgesamt tausend Schüler und 16 ihrer Lehrer auf dem Schulgelände einfanden, wurden sie sofort verhaftet. Derselbe Vorgang ereignete sich an zwei, drei weiteren Schulen. Kein Soweto-Schüler wagte daraufhin noch, zur Schule zu gehen. Die Schulen fielen als Kommunikations- und Nachrichtenzentren aus. Jugendliche, die nächtlich Streikaufrufe unter die Türen von Sowetos Barackenhäuschen schoben, wurden verhaftet. Über Presse und Radio Bantu drohte die Polizei strengste Maßnahmen gegen jede Behinderung von Arbeitswilligen an. Unternehmer, die während der ersten *stay aways* zum Teil die Löhne weitergezahlt hatten, drohten nun am Freitag vor Streikbeginn durch in die Lohntüten gelegte Mitteilungen mit Lohnausfall und Entlassung.

Sowetos Bevölkerung wurde verwirrt. Viele waren schlecht informiert. Andere verdächtigten die Polizei der Inszenierung des Fünf-Tage-Streiks, an die dreitägigen *stay aways* des Schülerrats gewohnt. Eine volle Woche Lohnausfall war für die Mehrheit, die unter dem Existenzminimum bezahlt wird (im August 1976 129 Rand für eine Soweto-Familie mit drei Kindern), kaum zu bewältigen. Dazu kam die Angst um den Arbeitsplatz. Dennoch blieben an den ersten zwei Tagen 20 bis 30 Prozent von Sowetos Arbeitsbevölkerung den Arbeitsplätzen fern. Sowetos 1500 kleine Einzelgeschäfte, fast ausnahmslos Lebensmittelhändler, folgten dem Streikaufruf und öffneten ihre Läden während dieser Woche nur von acht bis zwölf Uhr. Die Bevölkerung vermied auch ihre sonst üblichen Einkäufe in Johannesburgs billigeren und reichlich sortierten Einkaufszentren. Die Mehrzahl der Hunderte von Shebeens, illegale, doch tolerierte private Alkohol-Verkaufsstellen in Soweto, schlossen ihren Ausschank. Die Taxifahrer stellten ihre Fahrten ein. Die Kriminalität sank während dieser Woche fast auf Null. Der Streikaufruf hatte auch die Diebe, *tsotsis*, aufgefordert: «*Tsotsis*, bitte begeht keine Räubereien!»

Doch der Streik kam weder in Soweto noch in den Townships von Pretoria, Kapstadt oder anderswo über die Anfänge hinaus. Seine Initiatoren hatten gehofft, notfalls durch mehrere nationale *stay aways*, Südafrikas Wirtschaft in die entscheidende Krise zu zwingen. Man hoffte, den weißen Bevölkerungsteil und seine Politiker verhandlungsbereit zu machen, die unterdrückte Mehrheit, alle Schwarzen, Farbigen und Inder, als gleichberechtigte Staatsbürger und ebenbürtige Partner zu akzeptieren. Der Nationalstreik war die letzte Chance für eine relativ friedlich zu vollziehende Veränderung. Das Mißlingen des November-*stay away* bedeutet nach Einschätzung der Kenner der Situation die Unausweichlichkeit des langen, blutigen Machtwechsels.

Ende Oktober rief Sowetos Schülerrat zur nationalen «Trauerperiode für die Toten» auf, in Solidarität mit den Verhafteten und Gefolterten, mit den Arbeitern und Geschäftsleuten, die während der Streiks Verdiensteinbußen erlitten hatten. «Keine Weihnachtseinkäufe, keine Weihnachtskarten, keine Weihnachtsgeschenke, keine Weihnachtsfeiern, kein Ausschank bei den Shebeens!» hieß die Losung. «Wir können im Tod kein Glück finden, wir können nicht feiern!» In Soweto und anderen Townships schlossen über Weihnachten alle Geschäfte. Sämtliche Shebeens stoppten ihren Ausschank. Die einflußreichen schwarzen Sportverbände ließen die beliebten Fußball- und Rugbykämpfe ausfallen. Johannesburgs Einzelhändler klagten über die seit vielen Jahren schlechteste Saison.

Einem Aufruf des Schülerrates folgend, boykottierte Sowetos Schuljugend die im Oktober/November in allen südafrikanischen Schulen üblichen Jahresschlußexamina hundertprozentig. In Townships wie Tembisa, Mamelodi, am Kap und anderswo war die Beteiligung ebenfalls minimal oder gleich Null.

Seit Mitte August hatten sich Kapstadts Townships zum zweiten blutigen Unruheherd entwickelt. Am 11./12. 8. zündeten Jugendliche in Langa, Nyanga und Guguletu Alkohol- und andere Geschäfte, öffentliche Versammlungshallen und eine Bücherei an. Polizei riegelte alle drei Townships hermetisch ab und meldete am Ende ihrer Aktion siebenundzwanzig Tote, mehr als hundert Verletzte und zahlreiche Verhaftete. Die farbige und schwarze Jugend am Kap, dem zentralen Wohngebiet von Südafrikas Farbigen, solidarisierte sich. Hunderte von jungen Farbigen bewarfen im ausgedehnten Farbigenviertel Benteheuwel durchfahrende Fahrzeuge mit Steinen. Das symbolische Steinewerfen griff auf immer mehr farbige Gettos über. Am 2. und 3. September zogen zweitausend junge farbige Jugendliche friedlich demonstrierend durch Kapstadts Innenstadt. Polizei warf Tränengas in die Menge und prügelte die Jugendlichen. In der City brannten Geschäfte, weiße Passanten wurden ohnmächtig. In Aufstandsbekämpfung erfahrene Polizisten wurden aus Johannesburg eingeflogen. Schulen der Farbigen brannten nieder, Hunderte von Jugendlichen wurden verhaftet. Mit Erstaunen bemerkten Kapstadts und Südafrikas Weiße den lange aufgestauten Zorn der Farbigengesellschaft.

Bezeichnend und symbolisch für die Solidarisierung aller von den Weißen unterdrückten Jugendlichen wurde ein Vorgang in Graff-Reinet, einem kleinen Landstädtchen in der weiten Karoo, bei den Buren seiner Tradition wegen besonders beliebt. Dort demonstrierten Ende August 1200 schwarze Jugendliche, setzten Bierhalle und Schule in Brand. Daraufhin formierten sich 500 sympathisierende Jugendliche aus dem Farbigengetto und begannen zum Township der Schwarzen zu marschieren. Polizei jagte beide Kolonnen mit Tränengas auseinander. Hunderte von Schwarzen formierten sich erneut und versuchten, ein Kreuz vor sich her tragend, zum Wohnbezirk der Farbigen zu gelangen. Die Polizei jagte sie auseinander.

Auch am Kap folgten die Schwarzen und Farbigen dem von Soweto ausgehenden Aufruf zur Weihnachtstrauer. Schwarze und farbige Jugendliche riefen zum Unterlassen von Einkauf und Feier, Alkoholausschank und Sportveranstaltungen auf. Die Erwachsenen folgten ihnen.

Doch wie zuvor in Soweto waren schwarze Fremdarbeiter (*migrant labourers*), Xhosas aus der Transkei, ungenügend informiert. Sie feierten und tranken. Es kam zum Streit mit Jugendlichen, die auf Einhaltung der Trauer bestanden. Wie zuvor in Soweto forderte die Polizei auch hier die Fremdarbeiter auf, gewaltsam gegen ihre Mitschwarzen vorzugehen. Sie transportierte die Fremdarbeiter zum Einsatz, leitete sie an, auch in der Herstellung von Benzinbomben, und deckte Mord und Brandstiftung. Auf Grund von Zeugenaussagen verfaßten Pfarrer der betroffenen Townships einen Bericht über die Ereignisse in Nyanga, den sie veröffentlichten und u. a. weißen Parlamentariern zuschickten. Doch die Behörden verdrehten und deckten das Vorgehen der Polizei. Der Sekretär der Pfarrerbruderschaft wurde verhaftet.

Auch in Port Elizabeth, einer am Indischen Ozean gelegenen Hafenstadt, in deren Nachbarort Uitenhage das südafrikanische Volkswagenwerk täglich zweihundert Wagen montieren läßt, gärte es. Mitte September demonstrierten Hunderte von Schülern, wurden Alkoholgeschäfte und Verwaltungsgebäude niedergebrannt und starben, Zeitungsberichten zufolge, mindestens dreiunddreißig Jugendliche. Einzig die Townships im Gebiet um Durban blieben, von einigen Demonstrationen und Bränden abgesehen, ruhig. 1973/74 hatten hier Hunderte von kurzen, gesetzlich verbotenen Lohnstreiks schwarzer Belegschaften stattgefunden. Die Streikwelle hatte sich bis Johannesburg und Port Elizabeth ausgeweitet und die Wirtschaft des Landes spürbar getroffen. Ursache für die jetzige Zurückhaltung der um Durban wohnenden Zulus war offensichtlich der starke Einfluß von Gatsha Buthelezi, dem Chief-Minister des den 5 Millionen Zulus zudiktierten Homelands Kwazulu. Buthelezi, schärfster Kritiker der Apartheidpolitik unter den Homeland-Führern, setzte den Einfluß seiner 40 000 Mitglieder zählenden Hausmachtorganisation Inkatha Yesizwe ein und hielt die Jugend zurück. Vermutlich wollte Buthelezi sich einen Verhandlungsspielraum mit der Regierung offenhalten. Er versuchte die Bildung einer Black United-Front. Die politisch sensible schwarze Jugend jedoch lehnt seine Funktion als Homeland-Chief ab, wirft ihm Kollaboration mit dem System vor und befindet sich deshalb in scharfer Gegnerschaft zu ihm. Sie wird darin von einem großen Teil der erwachsenen Bevölkerung unterstützt.

Diesen grundsätzlichen Protest gegen die Homelandpolitik brachten auch die Unruhen in Mafeking zum Ausdruck. Mafeking ist der «Regierungsort» des den 2 Millionen Tswanas aufgezwungenen Homelands Bophuta Tswana nahe der Kalahari, das am 6. Dezember «unabhängig» werden soll. Schüler setzten das «Parlamentsgebäude» der Homeland-Regierung, Schulen und Fahrzeuge in Brand und protestierten damit gegen eine «Unabhängigkeit», die, wie das Beispiel der Ende Oktober unabhängig gewordenen Transkei zeigt, lediglich die Überführung in eine vertraglich geregelte totale wirtschaftliche, politische und militärische Abhängigkeit von Pretoria bedeutet. Brandstiftungen in der zweiten Junihälfte im nördlichen Homeland der Vendas nahe an der rhodesischen Grenze signalisierten, daß die Bevölkerung mit Aufmerksamkeit die blutige Befreiung von Zimbabwe verfolgt, daß sie Schlußfolgerungen daraus auch für ihre eigene Situation in Südafrika zieht und daß der Widerstand gegen die Politik der weißen Regierung durchaus nicht nur eine Sache der Townships ist.

Auf dem Höhepunkt der Unruhen fand sich die Regierung zwar zu einigen kleinen Konzessionen bereit, hielt aber unbeirrbar an der Politik der getrennten Entwicklung fest. Die Konzessionen waren eher zur Stützung dieser Politik durch eine möglichst schnelle «Befriedung» der Opponenten gedacht als zu ihrer Korrektur. Treurnicht sprach davon, daß sich das weiße Südafrika in den politischen Forderungen der Schwarzen einer neuen Art eines schwarzen Imperialismus gegenübersähe, Botha erinnerte seine weißen Mitbürger daran, daß sich die städtischen Schwarzen ausschließlich zum Zweck des Verkaufs ihrer Arbeit im weißen Gebiet aufhielten, und sogar relativ liberale Weiße, die die Regierung zu einer raschen Verbesserung der Lebensbedingungen für Schwarze aufforderten, wiesen die Diskussion um eine politische Beteiligung der Schwarzen als eine Lebensbedrohung der Weißen zurück. Es lag auf der Hand, daß Konzessionen, wie zum Beispiel die Diskussion um den Abbau der «Petty-Apartheid», nur zur Stützung des Systems gedacht waren.

Kurz nach Ausbruch der Soweto-Unruhen nahm die Regierung den Afrikaans-Erlaß zurück und räumte die Wählbarkeit der Unterrichtssprache ein. Die überwiegende Mehrheit der Secondary Schools im weißen Gebiet wählte daraufhin Englisch als ausschließliches Sprachmedium. Auch eine gewisse Reform des schwarzen Schulwesens wurde in Angriff genommen. Seit Januar 1977 müssen sich die Eltern schwarzer Schüler schriftlich zu einem vierjährigen Schulbesuch ihrer Kinder verpflichten – eine Vorstufe zur geplanten Einführung der seit Jahrzehnten von Schwarzen geforderten allgemeinen Schulpflicht. 68 000 Lehrer sollen verstärkte Ausbildungsmöglichkeiten erhalten. Knapp 50 Prozent von ihnen besitzen nur den Schulabschluß einer Higher Primary School (achtes Schuljahr), knapp 10 Prozent haben den Schulabschluß der Higher School (Matrik) und keine 2 Prozent (1143) einen Universitätsgrad. Ab 1978 sollen schwarze Schüler vom fünften Schuljahr an kostenlose Textbücher erhalten.

Bei der weißen Bevölkerung besteht seit langem allgemeine Schulpflicht, Schulgeld- und Lernmittelfreiheit. Sie erhalten hohe Regierungsunterstützungen, pro Schüler 605 Rand im Jahr (1976). Schwarze Schüler dagegen haben keine Schulpflicht, sie müssen Schulgeld zahlen und erhalten eine Regierungsunterstützung von nur 39 Rand pro Schüler (1976). Obwohl die Schüler oft schon nach dem zweiten Schuljahr die Schule wieder verlassen, fehlten in Soweto 1976 800 Schulklassen. Von den 9009 schwarzen Oberschulabsolventen der Republik Südafrika stellte Soweto 1975 901. (In Namibia kamen 1975 auf 850 weiße Oberschulabgänger 45 schwarze.)

Die Gesamtzahl der schwarzen Studenten an den Stammesuniversitäten und an der Korrespondenzuniversität UNISA (Universität von Südafrika) betrug 1976 rund 12 000. 103 000 Studenten gab es dagegen bei den Weißen, die mit einer Bevölkerungszahl von 4,1 Millionen gegenüber den 18,1 Millionen Schwarzen nur 20 Prozent der Bevölkerung ausmachen. In ganz Südafrika gibt es zur Zeit vermutlich keinen schwarzen Ingenieur, nachdem der einzige in Soweto lebende Ingenieur im Dezember 1976 einen Tag nach seiner Verhaftung im Polizeipräsidium von Johannesburg umgebracht wurde. Südafrika hat etwa 200 schwarze Anwälte, Farbige und Inder eingeschlossen, jedoch keinen einzigen schwarzen Richter. Gerichtet wird nur von Weißen. Die Zahl der schwarzen Ärzte beträgt etwa 400, knapp 20 davon arbeiten in der Millionenstadt Soweto.

Der Schulstreik seit Juni 1976 und der Boykott der Jahresabschlußexamina bedeutete für Sowetos Schüler den Verlust des gesamten Schuljahres 1976. Trotzdem hielt der Schulboykott in begrenztem Umfang an. Zum Jahresbeginn 1977 erschienen in Sowetos Primary Schools und in den Higher Primary Schools nur 50 Prozent der Schüler, in den High Schools sogar nur 20 Prozent. In anderen Townships, aber auch in den Farbigen-Schulen am Kap war die Beteiligung ähnlich.

Zahlreiche Schüler blieben auch den im Februar und März von der Schulbehörde angebotenen Ersatzexamina fern. 6000 Schüler demonstrierten in Soweto, verbrannten ihre Schulbücher und bekundeten damit, daß ihr Protest gegen die Bantu-Erziehung im Juni 1976 kein spontaner vorübergehender Aufstand gewesen war, sondern eine geplante langfristig durchgehaltene politische Aktion auf dem Weg ihres Widerstands gegen die Rassentrennungspolitik der Regierung.

Zum Jahrestag der Unruhen verschärfte sich der Schulboykott erneut und nahm bedrohliche Formen an. Erneut fallen Schüler den Schüssen der Polizei zum Opfer. Andere werden verhaftet, gefoltert oder fliehen in die Nachbarstaaten Botswana und Swaziland. Viele Schüler im ganzen Land scheinen entschlossen, auch die Abschlußexamina von 1977 wiederum zu boykottieren und hoffen, auf diese Weise die Bantu-Erziehung zu Fall zu bringen.

Als der West Rand Board, die Verwaltungsbehörde für Soweto und die umliegenden Townships, im April 1977 eine vierzig- bis achtzigprozentige Mieterhöhung für die staatseigenen Baracken (80 Prozent ohne Strom, Wasser im Hinterhof) ankündigte, gingen etwa 6000 bis 10000 Jugendliche und Erwachsene auf die Straßen und forderten die Aufhebung des Beschlusses. Die Mieterhöhung, in anderen Townships zum Teil schon durchgesetzt, mußte bis Jahresende verschoben werden.

Seit Ende 1976 verspricht die Regierung, den städtischen Schwarzen ein größeres Maß an Selbstverwaltung einzuräumen.

Konkrete Äußerungen liegen bisher nicht vor. Sowetos Schülerrat zwang den Urban Bantu Council (UBC), einen kompetenzlosen Verwaltungsbeirat, vom Volksmund «Useless Boys Club» (Nutzloser Jungenclub) genannt, zum Rücktritt, ebenso mehrere Schulvorstände. Eine private Initiativgruppe unter Leitung des Arztes Motlana, der sogenannte Zehnerrat von Soweto, arbeitete einen Vorschlag aus, Soweto in einen Stadtstaat mit echter Selbstverwaltung umzuformen und seinen Einwohnern Recht auf Grunderwerb zu geben. Diesen Vorschlag wies die Regierung zurück, ohne das detaillierte Konzept gesehen zu haben . . .

Statt dessen kündigte sie Neuwahlen zu dem von der Bevölkerung abgelehnten UBC an.

Den Farbigen wurden Konzessionen eingeräumt. Die Theron-Kommission, von der Regierung 1973 zur Untersuchung der Situation der Farbigen eingesetzt, legte ihre Empfehlungen Ende Juni 1976 vor, unmittelbar nach Ausbruch der Unruhen. Die wichtigsten, Gewährung des aktiven und passiven Wahlrechts und Aufhebung des Verbots der Eheschließung zwischen Farbigen und Weißen, verwarf die Regierung sofort. Farbige und Weiße sollen sich parallel entwickeln, und «parallele Linien begegnen sich nie», hatte Innenminister Mulder schon 1974 verdeutlicht. Die von Außenminister Botha im Juli 1977 geäußerte Ansicht, das gesetzliche Verbot sexueller Beziehungen zwischen Weißen und «Nichtweißen» sei zum Überleben der weißen Gesellschaft nicht notwendig, paßt durchaus in diese Richtung. Die Trennung der Rassen ist in jeder Hinsicht eingespielt, und die «Nichtweißen» legen keinen Wert auf derartige «Beziehungen» zu ihren Unterdrückern.

Die Regierung will jetzt den von ihr geschaffenen Nationalen Räten der Farbigen und Inder (Coloured Representative Council und Indian Representative Council) eine Art Parlamentscharakter verleihen. Diese sollen dann Vertreter in einen gemischtrassigen Kabinettsrat entsenden, das Parlament der Weißen sechs, das der Farbigen vier und das Inder-«Parlament» zwei. Dieser «erweiterte Kabinettsrat» soll unter Vorsitz des Staatspräsidenten, womöglich Vorster selbst, mit Vollmachten bezüglich der die drei Rassengruppen gemeinsam angehenden Probleme ausgestattet werden. Die Schwarzen bleiben völlig ausgeschlossen. Sie sind den zehn Homelands zugeordnet, werden baldmöglichst ausgebürgert, bleiben aber wirtschaftlich und politisch abhängig. Bei dieser Machtkonstellation – unverändert zugunsten der Weißen – sollen die Farbigen und Inder assistieren. Dafür erhalten sie einige kontrollierbare Privilegien. Die Rassengruppen werden gegeneinander ausgespielt und so in Schach gehalten. Das Ziel, Herrschaft der weißen Gesellschaft mittels Trennung der Rassen, bleibt unverändert. Nur die Taktik wird flexibler.

Mit ihrer Strategie *divide et impera* jedoch scheinen sie gescheitert zu sein. Seit Juni 1976 durchkreuzen die «Schwarzen» Südafrikas – Schwarze, Inder und Farbige – zunehmend bewußter die alten Pläne. Sie sind entschlossen, ihre Solidarität nicht mehr brechen zu lassen. Die Jugend der Weißen ist auf die Veränderung im politischen Bewußtsein der Schwarzen nicht vorbereitet.

«Wenn die Aufständischen nicht hören wollen, muß die Regierung es ihnen zeigen», «Gott hat einen Plan für den Weißen im südlichen Afrika und wir werden hier bleiben – bis ans Ende», «Schwarze und Weiße können nicht zusammen leben in Südafrika». Mit solchen typischen Äußerungen reagierten weiße Jugendliche zwischen 18 und 22 Jahren auf die Todesopfer ihrer schwarzen Altersgenossen und zeigten damit weniger ihre Unmenschlichkeit als ihre Ahnungslosigkeit den Kampf betreffend, den die gleichaltrigen schwarzen Jugendlichen nur 16 Kilometer entfernt von ihnen in Soweto führen, in diesem Getto, das ihnen, den weißen Jugendlichen, gänzlich unbekannt ist, da ohne behördliche Genehmigung es zu betreten ihnen nicht gestattet ist.

Zum Jahrestag der Unruhen rief der SSRC, unterstützt von der schwarzen Elternvereinigung, von SASO und von Black People's Convention sowie von kirchlichen Organisationen vom 16. bis 21. Juni 1977 zur Trauer auf. Sie forderten Geschäftsschließung und proklamierten einen zweitägigen *stay away*. Unternehmer hatten kurz zuvor Lohnerhöhungen angekündigt. Nun drohten sie mit Rücknahme der Lohnerhöhung und mit Entlassung. Trotzdem blieben 50 Prozent von Sowetos Arbeitern am ersten Tag den Arbeitsplätzen fern, am zweiten Tag, einem Freitag mit Lohnzahlung, waren es 20 Prozent, die dem Streikaufruf folgten.

Die Polizei nahm den gesamten Schülerrat fest, tötete zwei Demonstranten und verletzte vierzehn. Mehrere hundert Schüler aus Soweto protestierten daraufhin Ende Juni unmittelbar vor dem Polizeipräsidium in Johannesburg, vor dem berüchtigten John Vorster Square, gegen die Verhaftung ihrer Repräsentanten. Es kam dabei nicht zu ernsthaften Zwischenfällen, denn Berichten zufolge hatten inzwischen westdeutsche Experten die südafrikanische Polizei in subtileren Bekämpfungsmethoden von Unruhen geschult (*Der Spiegel*, 23. Juni 1977).

In Pretorias Townships boykottierten 20000 Schüler den Unterricht. Schwere Zusammenstöße zwischen demonstrierenden schwarzen Jugendlichen und Polizei ereigneten sich auch in den Townships von Uitenhage bei Port Elizabeth, Sitz des südafrikanischen VW-Werkes, wo Verwaltungsgebäude und Geschäfte, Bier- und Gemeindehallen niederbrannten. Polizei tötete sieben Schwarze, verwundete 33 und nahm etwa 300 fest. Der Aufstand der Vorstädte geht weiter.

1. «Es sind ja nur die Schwarzen, die sterben»
Soweto, 16. Juni 1976
Dokumente, Berichte und Gespräche über die Unruhen

Bericht von Drake Koka, Generalsekretär der Schwarzen Gewerkschaft Black Allied Worker's Union

Morgendämmerung des 16. Juni 1976, alles verlief friedlich, normal: Arbeiter beeilten sich, an den verschiedenen Bahnhöfen ihre Pendelzüge zu erreichen. Keiner hätte gedacht, heute könne es Unruhen in Soweto geben.

Um zehn Uhr morgens fuhr ich aus der Stadt nach Soweto zurück. Bei der Ankunft in Dube begegnete ich einer Kinderschar, Hauptschüler zwischen zehn und fünfzehn Jahren, die ordentlich und friedlich durch die Straßen zogen, ein Protest gegen die Einführung von Afrikaans als Unterrichtssprache in ihren Schulen.

Als ich in ihre Mitte hineinfuhr, machten sie höflich Platz und standen auf beiden Straßenseiten Spalier, eine lustig-spöttische Ehrengarde mit hochgehobenen Fäusten und dem Schrei «Power» aus voller Kehle. Ihre Plakate hielten sie hoch – Schulheftdeckel, abgerissene Pappkartons, weißer Stoff usw. Eigentlich waren sie bester Laune, die ganze Atmosphäre war recht fröhlich, ganz der verspielten Einstellung ihres jungen Alters gemäß. Sie genossen den Moment, und ich natürlich auch, als ich durch die «Power-Ehrengarde» durchfuhr.

Auf den Plakaten stand: «Nieder mit Afrikaans», «Afrikaans ist dreckig», «Afrikaans als Unterrichtssprache wollen wir nicht», «Zur Hölle mit Afrikaans», «Schwarze sind keine Mülleimer, Afrikaans stinkt», «Afrikaans ist eine Stammessprache» usw.

Dann fuhr ich wieder in die Stadt, fast hatte ich vergessen, daß es einen Kinderprotest gegeben hat.

Unterwegs in Orlando-West in der Nähe des Gymnasiums begegnete ich einem Polizeikonvoi, der zum Ort der Demonstration raste. Es war der Anblick der Polizisten mit ihren Wagen, der die Kinder in Wut versetzte. Die Polizei feuerte in die Luft und befahl den Schülern auseinanderzugehen. Die Kinder erwiderten mit Steinen, die sie auf die Polizisten warfen, die Polizei schoß daraufhin scharf: die ersten vier Schüler wurden getötet, darunter ein Dreizehnjähriger.

Durch dieses Ereignis wurden die Unruhen ausgelöst, innerhalb von Minuten wurden Autos, Streifenwagen und Geschäftsfahrzeuge mit Steinen beworfen, beschädigt und verbrannt, das Werk der aufständischen Oberschüler.

Am ersten Tag fuhr ich durch die Townships:

1. Einige Male wurde ich angehalten und gefragt, ob das Auto mir gehöre. Mit dem Power-Zeichen (der hochgehobenen Faust) ließen sie mich weiterfahren.
2. Die Demonstranten erklärten, sie suchten Fahrzeuge des weißen Mannes, die sie zu Asche vernichteten. So wurden fast alle Geschäftswagen

zerstört oder schwer beschädigt. Die Fahrer wurden aus den Wagen gezogen, aber nur dann mißhandelt, wenn sie Widerstand leisteten.

3. Keine Schule, keine Kirche, keine Klinik, kein Laden wurde beschädigt oder in Brand gesteckt, obwohl sich einige in nächster Nähe städtischer Ämter oder Spirituosengeschäfte befanden.

4. Alle Verwaltungsämter, Postämter, Bierhallen und Spirituosenläden wurden zerstört. Die tobenden Kinder waren sich einig, an welchen Stellen sie ihre Wut ausließen, eine Wut, die durch die Anwesenheit der Polizei und das Erschießen schwarzer Kinder entflammt wurde. Der Aufstand geriet außer Kontrolle, und die Zerstörung breitete sich aus. Aber die meisten Gebäude wurden am hellen Tage zerstört – ab zwölf Uhr bis in die Nacht hinein.

5. Das sogenannte «Plündern» am ersten Tag richtete sich gegen die Spirituosenhändler. Ich sah, wie Pappkisten mit Bierflaschen auf den Gehsteig gezogen und dort zerschmettert wurden. Einige schrien: «Weniger Alkohol, bessere Bildung» oder «Wir wollen mehr Schulen und keine Bierhallen»! Natürlich bedienten sich andere der Beute.

In der Nacht des 16. Juni wurde Soweto zu einem Inferno, als die Amtsgebäude niederbrannten. Wohnhäuser wurden nicht angezündet, schwarze Beamte, Lehrer oder Führer usw. nicht verletzt.

Wir bewegten uns frei, ohne Angst – wir hatten nur Angst vor der Polizei, die auf das Auto des Vorsitzenden der Schwarzen Volkskonvention (Black Peoples Convention), Mr. Kenneth Rachidis, schoß und auch einen sich auf dem Heimweg befindenden Lehrer, Mr. Kgonqwane, in seinem Auto erschoß.

Der zweite Tag, der 17. Juni 1976, war durch unkontrollierbare Wut und brennende Feindseligkeit der Bevölkerung gekennzeichnet. Andere Elemente, hauptsächlich die *tsotsi* (jugendliche Randalierer), fuhren fort, wo die Schüler aufgehört hatten.

An diesem Tag wurden bestimmte Läden zerstört. Die Aufständischen gingen zu den Geschäftsleuten und verlangten ihre Handelslizenz. Gehörte das Geschäft teilweise oder gar ganz einem Weißen, wurde es sofort in Brand gesteckt. Alle Geschäfte, die in Verdacht standen, von oder in Partnerschaft mit Weißen betrieben worden zu sein, wurden zerstört. Schwarze Geschäftsleute wurden nur verletzt, wenn sie sich wehrten.

An diesem Tag nahm auch die Polizei eine andere Haltung ein. Sie schoß wahllos und auf jeden, der seine Faust hob und ihnen ins Gesicht «Power» schrie. Ich kam in einen Ortsteil, wo die Bewohner behaupteten, junge weiße Polizisten (Durchschnittsalter 18 bis 25 Jahre) hätten geschossen und auf der Stelle die gefallenen Leichen verbrannt. Einige schwarze Polizisten protestierten gegen diese grausame Methode des kaltblütigen Mordes. Das habe ich persönlich nicht gesehen, aber das Gerücht war stark verbreitet. In einer spektakulären Kettenreaktion verbreitete sich der Aufstand in die restlichen Reef-Townships – Alexandra, Krugersdorp, Springs, Germiston, Pretoria usw.

Wir (Schwarze Vereinigte Arbeiterunion/BAWU, Schwarze Volks-
konvention/BPC, Schwarzes Gemeinwesenprojekt/BCP, Südafrikanische Studentenbewegung/SASM und Südafrikanische Studentenorgani-
sation/SASO) setzten unsere Leute «im Feld» ein, um den Verwundeten
und Gefallenen des Kampfes zu helfen. Sie assistierten einigen tapferen
schwarzen Ärzten, die ihre Praxis verlassen hatten, um den Verwundeten Hilfe zu leisten.

Zur Aufgabe unserer Leute im Feld gehörte es auch, die Toten zu
zählen und zu notieren, wie sie starben. Ich persönlich verbrachte vier
Stunden in dem Orlando-Polizeipräsidium, wo ich die Leichen zählte,
wie sie auf Polizeilastwagen geladen und zur städtischen Leichenhalle
gebracht wurden. In dem Zeitraum zählte ich über 150 Personen, meist
Jugendliche unter 19 Jahren. Die meisten starben an Schußwunden,
unter ihnen ein nacktes siebenjähriges Kind mit einem Kopfschuß.

Ich sah Verletzte, die zur Polizeiwache gebracht wurden. Alle hatten
Schußwunden. Ich zählte über 200 davon. In der Woche wurden sie
festgehalten, bis zur Anklage wegen schwerer Körperverletzung, Plündern und Sabotage. Ich habe diese Anklagen im Register gelesen. Einige
schwarze Polizisten haben beim Feststellen der Fakten meine Mitarbeit
erbeten.

Dem Bericht unserer Leute im Feld entnahmen wir, daß allein in den
ersten zwei Tagen mehr als 500 Leute in Soweto getötet wurden, von den
Verletzten gar nicht zu reden.

Daraufhin wurden von den fünf Gruppen (BAWU, BCP, BPC, SAM
und SASO) in Zusammenarbeit mit der Elternvereinigung von Soweto
und anderen Organisationen folgende Schritte unternommen:

1. Ein Massentreffen aller Bewohner, um die Pläne für eine Massenbeer-
digung zu schmieden, wurde geplant; das Treffen wurde am Sonntag,
dem 21. Juni 1976, verboten.

2. Alle Vereine und Ausschüsse des schwarzen Volkes wurden zusam-
mengerufen und ein Zentralkomitee gewählt, die für die Beerdigung
der Toten und Beihilfe zur Bestattung in Notfällen verantwortlich ist.
Es wurde beauftragt, für die Bestattungsbeihilfe und Nothilfe der
Hinterbliebenen Gelder zu sammeln.

3. In der Stadtmitte von Johannesburg haben wir Büroräume gemietet.
   a) Dort bieten wir Rechtsberatung und -hilfe für die Festgenomme-
   nen. Wir sorgen auch für Rechtsvertretung.
   b) Dort sammeln wir alle Fakten bezüglich der Unruhen, deren Ursachen, des Polizeiverhaltens und anderer Faktoren. Diese werden der
   Untersuchungskommission vorgetragen.
   c) Die Forschungsergebnisse werden dokumentiert und herausgegeben.

4. Der Stab unseres Büros wird von fünf Treuhändern (schwarzen Pfar-

rern und auch Laien) beraten und verwaltet.

5. Eine Reihe von Rechtsanwälten wird engagiert, um die Opfer der Unruhen zu beraten.

6. Die Vereine werden für die laufenden Unkosten dieses Unternehmens, das von großem Wert für das Volk sein soll, aufkommen.

Das Büro wird ab 1. Juli 1976 offiziell eröffnet. Bis dahin haben wir eine provisorische Unterkunft in der St. Mary's Anglican Church in Orlando (Soweto) gefunden. Das Echo ist überwältigend.

Johannesburg, den 26. 6. 1976   AMANDLA! (Power!)

Pfarrer aus Soweto

Ich denke, die meisten Leute wissen, wie die ganze Sache in Soweto begann. Die Schüler demonstrierten friedlich gegen den Gebrauch von Afrikaans als Sprachmedium. Auf ihrem Wege zum Fußballstadion, wo sich alle Gruppen treffen und ihre nächsten Schritte diskutieren wollten, begegnete ihnen bewaffnete Polizei. Die Polizisten begannen, auf die Kinder zu schießen. In dem Augenblick schlug der friedliche Protestmarsch um in eine heftige Konfrontation der Gewalt. Die Schüler flohen in die verschiedensten Teile Sowetos und begannen alle Verwaltungsgebäude niederzubrennen. Sie steinigten jedes in weißem Besitz befindliche Fahrzeug und zündeten es an. Es ist ganz klar, daß die Schüler niemals irgendeine Schule anzündeten. Die Schulen – wie man später herausfand – wurden von einigen Gruppen in Brand gesetzt, die versuchten, die Leute von dem, was geschah und worauf die Schüler hinweisen wollten, abzulenken. In Soweto ist es eine bekannte Tatsache, daß einige Polizisten im Gelände von Schulen und Fremdarbeiterlagern gesehen wurden und im Begriff waren, diese anzuzünden, um dann hinterher auf die Schüler zeigen zu können und sagen zu können: ihre Aktionen sind zerstörerisch.

Eines Tages, als ich an einer Bushaltestelle vorbeikam, ging gerade eine Gruppe von Schülern dort entlang. Zwei Polizeiwagen kamen. Ganz plötzlich hielten sie an, die Polizisten sprangen heraus, ließen die Wagentüren offen und fingen an zu schießen. Ein Schüler wurde direkt vor mir erschossen. Er wurde fünfmal getroffen und starb auf der Stelle. Manchmal geschah es auch, daß die Leute auf Polizeistreifen trafen, wenn sie von der Arbeit nach Hause kamen. Ganz unvermittelt fing die Polizei an, in die Menge zu schießen, ohne auch nur zu prüfen, ob sie an irgendwelchen Unruhen beteiligt oder nur auf dem Wege nach Hause von der Arbeit waren.

In einem Viertel von Soweto stachelte die Polizei Insassen eines Fremdarbeiterlagers dazu an, Schüler anzugreifen. Die Schüler hatten tatsächlich vorher versucht, Leute von der Arbeit zurückzuhalten, sie zum Streik zu überreden. Sie hatten Flugblätter an die Arbeiter verteilt mit dem Aufruf, der Arbeit fernzubleiben. Die Polizei fürchtete, daß die Schüler mit diesem Aufruf Erfolg haben würden. Um das zu hintertreiben, gingen sie in eines der Fremdarbeiterlager, provozierten die Arbeiter und sagten ihnen, daß sie es sich nicht bieten lassen könnten, daß Schüler sie von der Arbeit zurückhalten wollten. Sie befahlen ihnen, die Schüler daran zu hindern.

Es kam zu schrecklichen Ausschreitungen bei dieser von der Polizei angestachelten Provokation zwischen Schülern und Fremdarbeitern. Viele Menschen wurden getötet. Viele wurden erschossen. Die Polizei ging mit einer Gruppe von Fremdarbeitern von Haus zu Haus. Die Arbeiter waren mit Hacken, Knüppeln und Messern bewaffnet. Es war schrecklich. Sie drangen in die Häuser ein, und wo immer sie ein Kind im schulpflichtigen Alter fanden, verletzten sie es. Einige Kinder wurden im Haus ihres eigenen Vaters getötet. Ich selbst weiß von einem Fall, wo bei dieser Aktion drei junge Männer im Haus ihres Vaters umgebracht wurden. Sie schliefen in ihren Betten.

In einer Mittelschule hielten sich die Kinder auf ihrem Schulhof auf. Sie hatten beschlossen, das Schulgelände nicht zu verlassen, weil alle Protestmärsche verboten waren. Die Polizei kam, durchschoß das Schultor, drang in den Schulhof ein, stürmte die Schule und eröffnete das Feuer. Eines der Kinder, die dabei getötet wurden, kannte ich.

Auch bei Beerdigungen griff die Polizei ein. Man hat mir von einem Vorfall berichtet, bei dem ich selbst nicht dabei war. Soweto-Bewohner waren dabei, jemanden zu beerdigen, der bei den Unruhen von der Polizei getötet worden war. Plötzlich sahen sie Polizei anrücken. Die Polizisten kamen immer näher. Und dann eröffneten sie das Feuer ohne jede Vorwarnung.

Viele Menschen wurden dabei verletzt und getötet.

Barney Mokgatle, führendes Mitglied des Schülerrates von Soweto. Im September 1976 nach London geflohen

Es fing damit an in Soweto, daß die Bantu-Verwaltungsbehörde die Schüler zwingen wollte, in Fächern wie Physik und Mathematik und auch noch in anderen Fächern Afrikaans als Unterrichtssprache zu akzeptieren.

Unterrichtssprache an den Schulen war immer Englisch gewesen.

Afrikaans war Unterrichtsfach.

Aber nun wollten sie plötzlich Afrikaans auch als Unterrichtssprache einführen.

Sie begannen mit der Afrikaans-Verordnung in den untersten Klassen der Grundschule, dann gingen sie zu den oberen Klassen über, und anschließend wollten sie Afrikaans auch in den Mittelschulen einführen.

Die meisten Mittelstufen traten deshalb im Juni 1967 in den Streik. Die Schüler drohten, nicht in die Schulen zurückzukehren, bevor nicht der Afrikaans-Erlaß zurückgenommen worden sei. Nach etwa sechs Wochen begannen einige Schüler, den Streik abzubrechen und in die Schulen zurückzukehren.

Aber es gab eine Schule – Puthi –, an der die Schüler konsequent blieben und weiterstreikten. Sie waren nicht bereit, den Streik zu beenden, bevor nicht Afrikaans wieder zum normalen Fach gemacht worden war, ganz gleich, ob sie durch diesen Streik ihre Examen versäumen würden. Sie waren entschlossen, Afrikaans als Unterrichtssprache nicht zu akzeptieren.

Wir selbst waren Schüler der Oberschule. Uns betraf die Sache also noch nicht unmittelbar. Aber wir sahen, daß es auch auf uns zukam. Wir sagten also zu unseren Mitschülern: Es ist Unsinn, die Hände in den Schoß zu legen, den Schülern der Mittelstufe zuzuschauen und selbst nichts zu unternehmen. Denn wenn diese Schüler die Mittelstufe absolviert haben, werden sie zu uns auf die Oberschule kommen. Und wenn sie erst einmal dort sind, müssen sie auch mit Afrikaans als Unterrichtssprache weitermachen. Sie werden dann nicht wieder plötzlich von Afrikaans auf Englisch zurückwechseln. Und dann wird es immer so weitergehen, auch auf der Universität. Wir sagten uns also, daß es besser sei, sich gleich den Demonstranten gegen Afrikaans anzuschließen und der Regierung klarzumachen, daß wir Afrikaans nicht wollen.

Wenn man verhaftet wird, wenn man gefoltert wird, wenn man auf der Straße nach seinem Paß gefragt wird: wann immer ein Weißer einem etwas Schlimmes antut, spricht er gewöhnlich in Afrikaans zu uns. Afrikaans ist so für uns zum Symbol unserer Unterdrückung geworden.

Die Einführung von Afrikaans konnten wir nur als Verschärfung unserer Unterdrückung verstehen. Und deshalb beschlossen wir zu demonstrieren. Wir wußten nicht, daß diese Demonstration in Gewalt umschlagen würde.

Am 16. Juni 1976 gingen wir auf die Straße. Wir wollten zu dieser Schule – Puthi – gehen, aber bevor wir überhaupt hinkommen konnten, fanden wir heraus, daß die Polizei bereits dort war, mit Hunden und Schußwaffen. Wir gaben ein Statement an die Schüler heraus, sich friedlich auf die verschiedenen Schulen zu verteilen, sobald die Polizei Anstalten machen würde, die Versammlung mit Gewalt aufzulösen. Wir sagten den Schülern, daß sie in diesem Fall in ihren Schulen auf unsere weiteren Anweisungen warten sollten.

Als wir aber mit der Polizei zusammentrafen, warfen die Polizisten sofort Tränengas, anstatt mit uns zu sprechen.

Wir liefen weg, griffen uns Steine und kehrten um. Als sie uns mit Steinen sahen, warfen sie noch mehr Tränengas. Dann plötzlich fingen sie an zu schießen. Fünf bis zehn Minuten herrschte ein derartiges Chaos, daß wir nichts sehen konnten. Dann bemerkten wir, daß Schüler blutend und schreiend zu Boden stürzten. Das war der Punkt, an dem wir außer uns gerieten vor Zorn. Wir fingen an, sie unter Druck zu setzen. Zu der Zeit waren noch normale Polizisten in Uniform im Einsatz. Sie konnten der Situation nicht Herr werden. Sie zogen sich zurück und forderten Spezialeinheiten zur Verstärkung an.

Als diese Leute kamen, schossen sie sofort auf alles, was ihnen vor die Flinte kam. Auf alles, was schwarz war. Sie machten überhaupt keinen Unterschied, ob es ein Kind oder jemand anderes war. Sie schossen einfach auf jeden, der schwarz war.

Unsere Eltern wußten überhaupt nichts von dem, was in Soweto geschah. Sie hatten nur Nachrichten im Radio gehört. Als sie von der Arbeit aus Johannesburg zurückkamen, wartete schon die Polizei auf der Bahnstation auf sie. Aber anstatt nun unseren Eltern aufzutragen, dafür zu sorgen, daß wir sofort Ruhe geben, anderenfalls sie weiter auf uns schießen würden, fingen sie an, auf unsere Eltern zu schießen, die völlig ahnungslos waren. Unsere Eltern stellten sich deshalb sofort auf unsere Seite.

Drei Tage lang ging das so weiter. Niemand ging zur Schule, denn sobald die Polizei irgendwo auf der Straße eine Schuluniform sah, fingen sie an zu schießen. Mit unseren Eltern war es dasselbe. Auch sie wagten sich nicht mehr auf die Straße. Die einzigen Leute, die auf der Straße waren, waren Angehörige der Spezialtruppe der Polizei.

Am zweiten Tag begannen in einigen anderen Townships Solidaritätsaktionen für uns, am 17. Juni also – das war ein Donnerstag. Die Polizei fing auch in den anderen Townships an, die Leute sofort niederzuschießen, sie einfach zu töten. Sie behaupteten dann nach drei Tagen, sechs Menschen seien getötet worden. Das ist natürlich lächerlich. Jeder weiß, daß es mehrere Hundert waren. Aber wenn sie Leute erschossen hatten, ließen sie sie nicht liegen, ließen sie uns sie nicht beerdigen, sondern zerrten sie in ihre Wagen und nahmen sie mit.

Sie verhafteten ganz willkürlich sehr viele Menschen. Vor allem Schüler und Studenten. Sie verhörten sie und wollten wissen, wer hinter den Unruhen steckte. Sie folterten sie, um sie zu der Aussage zu zwingen, daß wir, der Schülerrat von Soweto, die Unruhen angezettelt hätten. Dann fing die Polizei an, uns zu jagen. Sie jagten uns wie Ratten. Wir waren ständig auf der Flucht, zwei oder drei Monate lang. Wir mußten jede Nacht woanders schlafen.

Uns wurde natürlich klar, daß es so nicht weitergehen konnte. Wir sagten zu den Schülern: Es ist sinnlos, die direkte Konfrontation mit diesem System jetzt zu erzwingen. Es ist sinnlos, die Weißen zum gegenwärtigen Zeitpunkt direkt anzugreifen. Laßt uns statt dessen ihre Wirtschaft angreifen. Denn wir haben keine Waffen. Wir forderten also die Schüler auf, ihre Eltern von der Arbeit zurückzuhalten. Aber als die Schüler zu den Bahnstationen gingen, um ihre Eltern zum *stay-away* zu veranlassen, war auch dort Polizei und schoß auf sie. Wir sagten den Schülern: Eure Eltern sollen zu Hause bleiben, wenn sie euch lieben, wenn sie nicht wollen, daß ihr erschossen werdet.

Gut, die Eltern folgten unserem Aufruf. Sie hielten zu uns. Aber die Polizei war immer noch nicht zufrieden. Sie fuhren in den Townships herum, warfen Tränengas in die Häuser, und als die Menschen aus den Häusern stürzten, schossen sie auf sie.

Wir wußten keinen Ausweg mehr, wir konnten nur noch die Flucht nach vorn antreten und diese Sache bis zum Ende durchkämpfen – sagten wir uns. Wir brannten die Bierhallen und die Verwaltungsgebäude nieder, da diese Verwaltungsgebäude für uns das System repräsentieren. Und die Bierhallen demoralisieren uns. Sie brechen uns, körperlich und geistig. Wir wollen nämlich lieber mehr Erziehung und weniger Alkohol. Sie dagegen haben in den Townships mehr Bierhallen als Schulen gebaut. Es gibt viele Kinder, die nicht zur Schule gehen können, weil es zuwenig Schulen in Soweto gibt.

Wir lehnen die Bantu-Erziehung ab. Sie macht uns nicht schöpferisch. Wir werden bewußt in Unwissenheit gehalten. Erziehung darf nicht weiß oder schwarz sein, sie muß schöpferisch sein. Für jeden Menschen, gleich, welche Hautfarbe er hat.

Wann haben Sie den Schülerrat von Soweto gebildet?

MOKGATLE: Wir haben den Schülerrat unmittelbar nach den ersten Schüssen der Polizei ins Leben gerufen. Uns war klar, daß wir uns unbedingt organisieren mußten, um der Polizei etwas Konkretes entgegenstellen zu können. Wir haben die Unruhen nicht begonnen. Wir haben lediglich angefangen zu demonstrieren. Die Regierung selbst hat die Unruhen in den Townships ausgelöst. Wir haben friedliche Demonstrationen organisiert. Wir wußten nicht, daß sie schießen würden.

Damit haben wir niemals gerechnet. Wir hatten in den Zeitungen über die Studentenunruhen in Amerika und Europa gelesen. Und wir hatten gelesen, daß die Polizei dabei vorübergehend Studenten in Gewahrsam genommen hatte, um sie besser unter Kontrolle zu haben. Wenn wir überhaupt mit einer gewaltsamen Reaktion der Polizei gerechnet hatten, dann allenfalls mit solcher Art von Gewalt. Daß sie auf uns schießen könnten, daran haben wir niemals gedacht.

Aber sie haben auf uns geschossen. Sie haben also die Konfrontation provoziert.

Zu dem Zeitpunkt waren Sie noch überzeugt, ohne Anwendung von Gewalt etwas zu erreichen?

MOKGATLE: Damals haben wir an Ausübung von Gewalt bei Protestmärschen nicht gedacht. Denn die Freiheitsbewegungen in unserem Land sind immer gewaltlos gewesen.

Erst als die Polizei geschossen hatte, sagten wir uns: Gewalt ist die einzige Sprache, die der Weiße in Südafrika versteht. Lange, lange Zeit haben unsere Eltern nicht aufgehört, zu reden und zu reden und um Freiheit und Achtung ihrer Menschenwürde zu bitten. Sie haben nichts anderes getan, als zu bitten. Und allein dafür, daß sie um das Gespräch baten, hat man sie ins Gefängnis geworfen, hat man sie nach Robben Island geschickt oder ins Exil.

Wir sind entschlossen, das nicht zu wiederholen. Jetzt müssen wir kämpfen. Und wir müssen es bis zum Ende durchkämpfen. Wir haben die Erfahrung gemacht, daß Kampf etwas ist, das sie verstehen. Sie haben den Afrikaans-Erlaß zurückgenommen. Diese Leute verstehen die Sprache der Gewalt – das wurde uns daran klar. Wir müssen also weitermachen.

Glauben Sie, daß Ihre Eltern Ihr Vorgehen verstanden haben?

MOKGATLE: Ja, nachdem wir ihnen erklärt hatten, was wir tun und warum wir es tun. Aber eigentlich brauchten wir kaum etwas zu erklären. Sie konnten ja mit ihren eigenen Augen sehen, was los war: daß Weiße auf jeden schwarzen Menschen schossen. Der Kampf ist nicht länger auf Soweto beschränkt. Er hat auf ganz Südafrika übergegriffen. Wir sind entschlossen, unser Land zurückzugewinnen. Wir haben sehr lange gelitten unter der Unterdrückung, die sie mit dem Namen «Apartheid» versehen haben; jetzt müssen wir kämpfen. Wir werden nicht mehr aufhören. Der Kampf hat gerade begonnen. Er wird weitergehen bis zum Ende.

Was heißt das: das Land zurückzugewinnen? Meinen Sie damit, die Schwarzen sollten in Südafrika allein leben? Oder gibt es nach einer Revolution noch eine Chance, zusammen zu leben?

MOKGATLE: Oh – wir wollen die Weißen nicht vertreiben. Das haben wir nicht vor. Alles, was wir wollen, ist schwarze Mehrheitsregierung. Jeder Weiße, der in Südafrika bleiben will, ist uns willkommen. Aber jeder, der glaubt, es nicht ertragen zu können, neben einem schwarzen Menschen zu sitzen, mit ihm zusammen zu essen, mit ihm zu sprechen, ist aufgefordert, das Land zu verlassen. Wir werden uns nicht weiter um ihn kümmern.

Wir wollen nichts anderes, als friedlich leben, denn wir achten das Leben eines Menschen sehr hoch.

Könnten Sie versuchen zu erklären, was Black Consciousness wirklich meint?

MOKGATLE: Der Weiße hat es fertiggebracht, das Denken des Schwarzen zu verändern. Der Geist des Schwarzen ist eine Art Roboter geworden. Die Erziehung, die man ihm aufgezwungen hat, war darauf ausgerichtet, aus ihm ein besseres Werkzeug des Weißen zu machen. Die Black Consciousness-Bewegung versucht, das schwarze Volk dahin zu bringen, sein Schwarzsein zu lieben. Mit «schwarz» meine ich nicht die Hautfarbe, aber wir glauben, daß es wichtig ist, sich der eigenen Kultur bewußt zu sein und die eigene Tradition zu schätzen, die dem Schwarzen genommen wurde und vom Weißen begraben worden ist.

Black Consciousness ist eine Geisteshaltung, die für die schwarze Bevölkerung lebensnotwendig ist.

Diese Art zu leben und zu denken ist durch die geschichtliche Erfahrung bedingt, die Schwarze auf der ganzen Welt gemacht haben. Dasselbe gilt für die Schwarzen in Südafrika; Black Consciousness ist ein Sich-selbst-Erkennen des schwarzen Menschen, seines innersten Wesens, seiner Möglichkeiten, Fähigkeiten, seines Stolzes und seiner Bedeutung innerhalb der menschlichen Gesellschaft. Black Consciousness beinhaltet das Sich-Bewußtwerden der Würde, die den Menschen aller Rassen zukommt. Dieses Bewußtsein der Würde eines jeden anderen Menschen führt gleichzeitig zum Selbstbewußtsein, führt dazu, sich auch selbst wirklich wichtig zu nehmen. Denn im Moment sind sich die Schwarzen gar nicht bewußt, daß auch sie wichtig sind. Sie glauben, daß sie irgendwelche unwichtigen Leute sind. Black Consciousness will sie davon überzeugen, daß sie wichtig sind. Sie haben Fähigkeiten und Begabungen. Sie haben das Recht, diese in Südafrika voll zu entfalten und anzuwenden. Black Consciousness will ihnen sagen, daß Südafrika nicht nur ein Land für Weiße ist, sondern ebenso ein Land für Schwarze.

Erst wenn ein Mensch erkannt hat, wer er selbst ist und herausgefunden hat, was sein eigenes Leben bedeutet, erst dann kann er beginnen, auch nach anderen Dingen zu suchen.

Ich könnte mir vorstellen, daß nach allem, was geschehen ist, Schwarze Weiße hassen. Glauben Sie, daß es eines Tages möglich sein kann, diese innere Entfremdung wieder zu überwinden?

MOKGATLE: Das hängt von den Erfahrungen ab, die die jeweiligen Menschen mit Weißen gemacht haben. Es hängt davon ab, ob man sein ganzes Leben lang nur furchtbare Erfahrungen mit ihnen gemacht hat oder ob man, zeitweise wenigstens, Freunde unter ihnen hatte. Wenn es jemals einen Weißen gegeben hat, der dich geliebt hat, dann wirst du auch lieben können. Deshalb sagte ich – es hängt von den Erfahrungen ab. Letztlich werden wir zusammenkommen.

Aber heute gibt es einfach Leute, die die Weißen zutiefst hassen; und auch das Gegenteil: es gibt immer noch Menschen, die Weiße lieben.

Wir müssen miteinander leben. Das Wichtigste, das es auf der Welt gibt, ist das Leben eines Menschen, es ist wichtiger als alles andere auf der Welt.

Wir müssen den weißen Menschen in Südafrika von seinem imperialistischen Denken befreien, das ihm suggeriert, er sei der Überlegene. Das müssen wir durch gleiche Erziehung erreichen, so daß der Weiße sich selbst versteht, aber gleichzeitig sieht, daß ein schwarzer Mensch ebenso wichtig ist wie er. Erst dann wird er sich ändern können. Nur wenn es uns gelingt, dieses Denken zu ändern, glaube ich, daß sich die Situation eines Tages normalisieren wird.

Kann man dieses Denken ändern, solange die Struktur der Rassentrennung besteht?

Mokgatle: Ich glaube, die Solidarität von Menschen aus anderen Ländern der Welt könnte hier wichtig sein. Sie wissen sicher, daß in Südafrika Menschen aus Amerika leben, aus England und Deutschland – Menschen aus aller Welt. Vielleicht können Weiße aus anderen Ländern mit den Weißen Südafrikas wirklich zu sprechen versuchen. Vielleicht erreichen sie sie. Vielleicht gelingt es ihnen, die Weißen hier die Situation erkennen zu lassen.

Denn wir können nicht einfach zu dem Weißen gehen und ihm sagen: Bitte, ändere dich doch! Wir können nicht in Südafrika eine Versammlung abhalten und rufen: Weißer Mensch, bitte ändere dich.

Der Schwarze hat langsam angefangen einzusehen, daß das weiße Südafrika Gewalt braucht. Ein sinnvolles Gespräch ist kaum noch denkbar. Denn schauen Sie, viele, viele, viele Jahre lang haben wir versucht, mit den Weißen zu reden, und sie haben uns niemals verstanden. Das einzige, was helfen zu können scheint, ist Gewalt.

Wenn wir die Masse der Bevölkerung erreichen können und die Leute sich dessen wirklich bewußt werden – die Mehrheit der schwarzen Bevölkerung von Südafrika – ich spreche bewußt von der Mehrheit und nicht von der Minderheit, denn ich weiß, daß nur die Minderheit sich der Unterdrückung voll bewußt ist –, also, die Mehrheit unserer Leute ist sich unserer Unterdrückung nicht bewußt, sie fühlt sie nur. Hintergründe und Bedingungen ihrer Unterdrückung kennen sie nicht. Es ist aber entscheidend, daß die Mehrheit der Bevölkerung erkennt, daß es bedeutet, ein neuer Mensch zu werden, wenn man kämpft. Wenn ich sage: «Ein neuer Mensch», dann meine ich einen Menschen mit klarerem Durchschauen der Situation. Das kann nur geschehen, wenn man weiß, wofür man kämpft. Daß wir für unsere Freiheit kämpfen, wissen viele schon heute. Aber sie wissen nicht, daß, wer die Freiheit erkämpfen will, das wirtschaftliche, soziale und politische System in Südafrika bekämpfen muß. Das wissen die meisten nicht. Solange es uns nicht gelingt, das den Menschen klarzumachen, daß wir nicht abstrakt für Freiheit kämpfen, sondern ganz konkret um Befreiung von diesem wirtschaftlichen und politischen System, wird es schwer sein, diesen Kampf erfolgreich zu führen.

Wie eng sind die Verbindungen zwischen Stadtbevölkerung und Landbevölkerung in den sogenannten Homelands?

MOKGATLE: Nehmen wir als Beispiel die Transkei, die jetzt «unabhängig» geworden ist. Viele Leute dort sind sich nicht klar darüber, daß die südafrikanische Regierung lediglich die Bezeichnung geändert hat; sie hat an Stelle des Namens «Homeland» das Wort «unabhängig» gesetzt. Das ist alles. Die Transkei bleibt weiterhin von Südafrika völlig abhängig, denn alle entscheidenden Funktionen nimmt Südafrika weiterhin wahr.

Die ganze sogenannte Unabhängigkeit dient nur dazu, daß man sagen kann: Dies ist euer Land. Und wenn ihr in eine südafrikanische Stadt kommt, dann seid ihr dort Einwanderer. Euer Platz ist nicht in der Stadt, sondern im Homeland, wo es einfach keine Möglichkeit zum Überleben gibt. Nur einige sind sich klar darüber, daß nicht die Transkei, sondern Südafrika ihr Land ist. Daß die Transkei also lediglich ein Teil ihres Landes ist. Sobald man die Unabhängigkeit der Transkei akzeptiert, bestätigt man den Weißen das Recht auf diese ganze Homeland- und Apartheid-Politik. Aber das einzige, was der Weiße mit seiner Politik erreichen will, ist, die Arbeitskraft der Schwarzen billig zu bekommen. Denn alle Industrie, alle Minen und Bergwerke sind im sogenannten weißen Gebiet. In den sogenannten Homelands gibt es nichts, wovon man leben könnte. Der Weiße weiß genau, daß die sogenannten Bürger der Transkei deshalb gezwungen sind, weiterhin im weißen Gebiet zu arbeiten und dort ihr Geld zu verdienen; in einem Gebiet, in dem sie nichts zu sagen haben, keinerlei Rechte besitzen und an der Gesetzgebung nicht beteiligt sind.

Sie wollen uns einfach hinauswerfen, in die Homelands abschieben. Und viele Leute durchschauen das nicht einmal. Nur einigen ist es klar. Die haben die Transkei verlassen und sagen: Wir akzeptieren die Transkei nicht als unser Land.

Unser Kampf darf nicht mehr aufhören. Wann immer die Regierung irgendeine Verordnung erläßt, die die Bevölkerung nicht gutheißt, dann muß die Bevölkerung diese Verordnung über Bord werfen. Und das wird sie mit Gewalt tun müssen. Deshalb wollen wir, daß die Menschen im Ausland erkennen, daß es nicht unser Kampf allein ist, sondern daß er alle Menschen angeht. Der Kampf muß in den internationalen Zusammenhang gestellt werden. Dann wird auch die südafrikanische Regierung aufmerksam.

In Südafrika kämpfen wir im Moment ausschließlich gegen die weißen Südafrikaner. Aber wirtschaftlich gesehen kämpfen wir gegen einen großen Teil der Welt. Verstehen Sie, was ich damit meine? Die wirtschaftliche Struktur ist im Hinblick auf unsere Unterdrückung wichtiger geworden als die Rasse.

Denn sehr viele Länder verfolgen ihre wirtschaftlichen Interessen in Südafrika. Sie investieren hier. Nur durch ihre Interessen läßt sich das System noch erhalten.

Ich fürchte, daß auch der individuelle Rassismus eine wichtige Rolle dabei spielt. Es gibt doch Menschen, die geradezu religiös von der eigenen Überlegenheit überzeugt sind.

MOKGATLE: Das ist nur ihre Erziehung. Als sie aufwuchsen, hat man sie das gelehrt. Schauen Sie, ein weißes Kind von zwei oder drei Jahren spielt ganz freundschaftlich mit einem schwarzen Kind zusammen. Es kennt keine Feindschaft. Erst wenn das weiße Kind aufwächst und ständig hört: ein schwarzer Mensch ist so und so, erst dann wird es indoktriniert und übernimmt fremde Meinungen als eigene. Man erzieht die Kinder dazu, einen schwarzen Menschen zu hassen. Wenn man sie frei aufwachsen lassen würde, gäbe es diese Vorbehalte nicht. Aber man trichtert ihnen falsche Vorstellungen ein, und das prägt sich tief in ihr Denken und Fühlen ein.

Ich habe aber den Eindruck, daß der Schwarze trotz allem nicht zum Haß auf den Weißen erzogen wurde.

MOKGATLE: Nein, vielleicht finden Sie das jetzt hier und da, denn dem Schwarzen wurde so viel vom Weißen angetan. Aber selbst wenn die Gelegenheit für ihn käme, es dem Weißen zurückzuzahlen, würden Sie erleben, daß er es nicht tut, weil er sich klarmacht, auch der andere hat Gefühle, hat Nerven und fühlt Schmerzen, wie er selbst. Bestimmte Umstände haben ihn gezwungen, so zu werden, wie er ist und so zu handeln, wie er jetzt handelt. Er ist aber nicht von Natur so ; man hat ihn dazu gebracht, so zu werden.

Wie ist es möglich, daß der Schwarze in dieser Situation äußerer Unfreiheit soviel innere Freiheit aufbringt, selbst dem Weißen mit einem Versuch des Verstehens zu begegnen?

MOKGATLE: Ich glaube, das ist seine Art. Er hat von Natur aus ein Gefühl für jedes menschliche Wesen, ganz gleichgültig, ob dieser Mensch weiß, braun, gelb oder rot ist. Ein Mensch ist ein Mensch. Er hat Gefühl und Geist wie jeder andere. Der einzige Unterschied ist die Hautfarbe. Innerlich sind wir alle gleich. Wenn wir also gleich auf die Welt kamen, dann müssen wir einen Menschen, der anders geworden ist als wir selbst, nicht hassen.

Den Schwarzen wird oft unterstellt, sie seien kommunistisch beein-

flußt. Würden Sie Hilfe aus Rußland begrüßen?

MOKGATLE (lacht): Jede Hilfe, die wir bekommen können, begrüßen wir. Uns ist es völlig gleichgültig, wer hilft. Wir akzeptieren jede Hilfe.

Das schwarze Volk kämpft für ein Ziel. Die weißen Soldaten tun das nicht. Was wollen diese Soldaten erreichen? Nichts anderes, als die Interessen einiger Leute schützen, die selbst nicht aufs Schlachtfeld gehen. Die Soldaten kämpfen nicht so wie wir. Es hat keinen Sinn, für nichts zu sterben.

Ich bin sicher, daß wir siegen werden, welche Waffen auch immer die Gegenseite einsetzt. Es kommt nicht auf das an, was man hat, um etwas zu tun, sondern darauf, wie man etwas tut. Wir werden ihre Quantität mit Qualität besiegen.

Man hat uns dieses Land mit Blutvergießen weggenommen. Sehr viele Leute wurden dabei getötet. Viele wurden 1960 in Sharpeville getötet. Sehr viele wurden im Juni 1976 in Soweto getötet. Uns bleibt nichts anderes mehr, als das Land mit Blut zurückzugewinnen. Es wurden schon so viele geopfert, warum sollten nicht auch wir uns opfern und geopfert werden?

Als sich der Weiße das Land nahm, hat er nicht verhandelt. Er hat gekämpft und getötet. Wir werden dasselbe tun. Verstehen Sie? Was uns durch Blut genommen wurde, können wir nur durch Blut zurückgewinnen.

Im Zentrum des christlichen Glaubens gibt es einen ähnlichen Gedanken – und viele Leute glauben ja an Christus. Als Christus die Welt erlösen wollte, mußte er sterben. Sein Blut mußte vergossen werden. Dasselbe gilt für uns, wenn wir unser Land zurückhaben wollen, es befreien wollen. Es wird nur durch Blut befreit werden können.

Brief aus dem Gefängnis von Oshadi Pakathi, Mitarbeiterin des Christlichen Instituts und Präsidentin von Young Women's Christian Association

Ich sitze in einer vor Schmutz starrenden Gefängniszelle der Polizeistation in Orlando (Soweto).

Die ganzen drei Tage habe ich nach Wasser geschrien, aber niemand hat es gehört.

Wenn es schon kein Wasser gibt, wäre es zu viel gewesen, auf etwas zum Essen zu warten? Es wurde uns nichts gebracht.

Dadurch wurde ich aber nicht entmutigt, weil ich dieses vielleicht schon erwartet habe als Schwarze in Südafrika.

Jedoch was ich nicht erwartete und was mich zutiefst aufwühlte, war dies, daß drei Teenager, von hinten gestoßen, blutüberströmt, hereinkamen und Gott dankten, daß sie eingesperrt worden sind. Wie kann man Gott dafür danken, ins Gefängnis eingesperrt zu sein!

Ja, sie beglückwünschten sich, weil ihre Freunde, mit denen sie von der Polizei auf der Straße festgenommen worden waren, entweder erschossen oder verwundet waren ... Sie erzählten ihre traurigen Erlebnisse, als in dem Eingang der Polizeistation die Verwundeten angebracht wurden, eingepfercht mit Leichen im gleichen Lastwagen.

Die Leichen wurden dann auf einer Seite aufeinandergestapelt, während man sich die Verwundeten auf den Bauch legen ließ und sie sich unter keinen Umständen bewegen durften. Polizisten liefen dann mit ihren Stiefeln über sie hinweg, bis einige starben. Wer hätte da Gott nicht gedankt, eingesperrt zu werden, wenn man dadurch diesem Schicksal entgehen konnte. Auch ich habe Gott gedankt, daß ich eingesperrt wurde, selbst ohne einen Tropfen Wasser.

Wir hörten die Gewehrschüsse die ganze Nacht hindurch, nicht nur in den Straßen, sondern auch in den umliegenden Zellen ... auch eine Stimme, die wiederholt rief:

Wozami nimkhiphe, usefile nimbulele! Das heißt, ihr habt ihn getötet, kommt und nehmt seine Leiche weg.

Ich höre dies Schreien heute noch.

Ich selbst mußte über Leichen vor meiner Zellentür hinwegsteigen, als ich am dritten Morgen um drei Uhr früh aus meiner Zelle gestoßen wurde, um mich einer Anklage wegen Sabotage zu stellen.

Ich wundere mich, daß der Fall bisher noch nicht vor Gericht gebracht wurde. Ach, all diese Qualen!

Wir wissen, daß es diese Dinge sind, um deretwillen wir zum Schweigen gebracht werden, damit man behaupten kann, es sei friedlich hier. Frieden? Wir müssen der Welt sagen: es ist nicht so!

Wer weiß schon, ob er seine Familie jemals wiedersehen wird, wenn er erst einmal unter diesen drakonischen Gesetzen verhaftet wurde. Wie glaubt man, daß man zurückkommt von Folterungen mit Elektroschock und wenn man wie ein Stück Fleisch eingefroren wurde? Stundenlanges Stehen, ohne sich auszuruhen! Bis man schließlich Erklärungen unterschreibt, von denen man zutiefst weiß, daß sie unwahr sind!

Ich kann dies alles bezeugen!

Sie haben mich wegen der Dinge, die ich weiß, zum Schweigen bringen wollen, aber ich werde die Wahrheit erzählen, wie auch immer.

Wir haben lange genug gelitten, wir müssen alle Anstrengungen unternehmen, um das Leiden zu verkürzen, und das geschieht nicht, wenn wir im Gefängnis sitzen und verrotten.

Es gibt bereits genug Leute in unseren Gefängnissen.

Wenn Weggehen noch mehr Leiden bedeutet, dann ist es mein Trost, daß wir die letzte Meile gegangen sind wie Christus und daß auf der anderen Seite die Auferstehung wartet.

Mit anderen Worten: ohne Kampf und Leiden gibt es keine Hoffnung. Das glaube ich fest.

April 1977

Dokument

Aufruf der Soweto-Schüler vom 23. August 1976

Das Volk Südafrikas geht jetzt in die dritte Phase seines Kampfes gegen die Unterdrücker; sie heißt: Operation AZIKHWELWA! (Streik!).

Die Rassisten verloren durch unsere letzte Demonstration – von Zynikern als Krawall bezeichnet – Millionen von Rand, weil das Volk nicht zur Arbeit ging. Deshalb planten sie ohne Verzug, das Bündnis zwischen Arbeitern und Studenten zu brechen. Sie riefen sofort die Arbeiter dazu auf, sich mit Keulen und Spießen zu bewaffnen, um ihre eigenen Kinder zu ermorden – die doch für eine gerechte Sache protestierten.

Arbeitende Eltern, nehmt die Tatsache zur Kenntnis, daß ihr, wenn ihr zur Arbeit geht, Vorster dazu auffordert, uns – eure Kinder – zu erschlagen, wie er es schon getan hat. Vorster und seine Gangster haben schon behauptet, daß die Schießereien der vergangenen Woche dazu dienten, unsere eigenen Kinder zu ermorden. Laßt ihn seine dreckige und mörderische Arbeit tun, aber weigert euch, den Sündenbock für ihn zu spielen. Wir wollen weitere Schießereien vermeiden – und das können wir nur dann erreichen, wenn ihr zu Hause bleibt und euch nicht erst auf dem Weg zur Arbeit stoppen laßt.

Wir wollen Examensarbeiten schreiben, aber wir sind nicht so egoistisch, sie auch dann zu schreiben, wenn unsere Brüder im John-Vorster-Gefängnis getötet werden. Eltern, ihr solltet stolz sein, solche Kinder gezeugt zu haben: Ein Kind, das es vorzieht, den Kampf gegen die Unterdrückung durchzuhalten anstatt in betrunkener Frustration und Banditentum unterzugehen; ein Kind, das es vorzieht, durch eine Kugel zu sterben anstatt eine vergiftete Erziehung zu schlucken, welche es selbst und seine Eltern in die Position ständiger Unterordnung verweist. Seid ihr nicht stolz über die Kämpfer der Befreiung, die eure Kinder sind? Wenn ihr stolz seid, unterstützt sie! Geht nicht zur Arbeit am Montag!

Fürchtet euch nicht, denkt nicht, daß wir ein ganzes Jahr verschwendet haben. Die Geschichte wird dieses Jahr als den Anfang vom Ende des unterdrückerischen Systems bezeichnen, als den Anfang vom Ende der ausbeuterischen Arbeitsbedingungen in Südafrika einordnen.

Vorster spricht davon, daß Schwarze in Soweto Hauseigentümer sein sollen. Dieser Sieg wurde errungen, weil wir, die Schüler, eure Kinder, beschlossen haben, unser Blut zu vergießen. Und nun auf zu größeren Siegen:
- Abschaffung des Bantu-Schulsystems
- Freilassung der Gefangenen, die während der Demonstration verhaftet wurden
- Sturz des Unterdrückungsregimes.

Wir, die Studenten, rufen euch, unsere Eltern, dazu auf, zu Hause zu bleiben und ab Montag nicht zur Arbeit zu gehen. Eltern und Arbeiter, folgt unserem Aufruf, streikt! Wir, die schwarze Gesellschaft, haben durch die

Operation AZIKHWELWA nichts zu verlieren; aber unsere Ketten lassen den Unterdrücker zittern. Das Volk von Südafrika hat sich entschlossen. Es wird mit einer Stimme schreien:

Krüger, laß unsere Kinder frei!

Rassisten, wir werden unsere Kinder nicht abweisen, indem wir zur Arbeit gehen!

– Wir werden unsere Kinder nicht mit Keulen erschlagen!

Unsere Parole ist: Weg mit Vorster! Nieder mit der Unterdrückung! Alle Macht dem Volk!

Wann hat dieser Kriminelle, Vorster, für euch gesorgt? War er es nicht, der die Erschießung der 12 Arbeiter in Carltonville anordnete? Wurden nicht Hunde auf die Streikenden von Croesis losgelassen? Wurden nicht schwangere Frauen in der Heinemann-Fabrik von Vorsters Polizeistrolchen erdrosselt und zu Tode geprügelt?

AZIKHWELWA MADODA! Männer, es wird gestreikt!

Dokument

Flugblatt der Schüler von Soweto vom 7. September 1976

Azikhwelwa! Streik!

Eltern: Arbeitet mit uns zusammen! Arbeiter: Geht nicht zur Arbeit! Hostel-Bewohner: Nicht kämpfen!

Der Studentenrat von Soweto.

Noch einmal appellieren wir an die Eltern und alle, die mit uns zusammenarbeiten: Wir rufen unsere Eltern und Arbeiter auf, nicht zur Arbeit zu gehen am Montag, dem 13., bis Mittwoch, dem 15. September 1976. Das wird ein Beweis dafür sein, daß ihr mit uns die beweint, die von der Polizei grausam getötet oder überall im Lande in verschiedenen Gefängnissen ohne Verhandlung in Haft gehalten werden.

Wir sagen allen Bewohnern von Soweto, Reef und Pretoria und den Arbeitern in den Baracken:

1. Erinnert euch: Ihr seid alle Schwarze, gleich ob ihr Zulu, Mosotho, Mopedi, Xhosa, Shangaan, Motswana, Venda usw. seid. Ihr habt alle eins gemeinsam: Ihr seid Söhne und Töchter der schwarzen Wiege.

2. Ihr werdet euren schwarzen Bruder nicht töten, weder Vater, Mutter, Sohn noch Tochter; hört auf, untereinander zu kämpfen. Hört auf, euch gegenseitig zu töten während der Feind mächtig ist.

3. Gestattet euch nicht, euch spalten zu lassen. Seid einig gegenüber dem gemeinsamen Feind: Apartheid, Ausbeutung und Unterdrückung. Einheit ist Stärke! Solidarität ist Macht!

4. Hütet euch vor falschen Führern! Im Dunkeln werden sie immer zu Jimmy Krüger laufen, um die wahren Söhne und Töchter der schwarzen Nation zu verkaufen. Sie sind Werkzeuge und Marionetten des Unterdrückungssystems.

5. Hütet euch vor politischen Opportunisten! Sie werden immer die Schwarzen für ihre eigenen Ziele benutzen. Sie sind Feiglinge, die sich nicht trauen, sich dem Feind zu stellen. Sie wollen uns mißbrauchen. Sie werden falsche Gerüchte im Namen der Studenten verbreiten.

6. Wir sagen allen schwarzen Studenten, den Bewohnern der Städte und Baracken: Ihr kennt eure wahren Führer. Hört auf eure Führer, unterstützt eure Führer, folgt euren Führern.

7. An Vorster und Krüger! Wir wiederholen unsere Forderung:
   - entlaßt alle Studenten und schwarzen Führer aus der Gefangenschaft,
   - streicht «Bantu-Education», es ist Gift für unseren Geist,
   - weg mit dem unterdrückerischen System der Apartheid. Getrennte Entwicklung bedeutet für das wirtschaftliche und pōlitische Leben der Schwarzen den Tod,
   - beratet euch mit unseren Eltern und den schwarzen Führern zur Beilegung der gegenwärtigen schulischen und politischen Krise.

8. Alle Schüler der Hauptschulen, Realschulen und Höheren Schulen müssen in die Schulen zurückkehren. Die Lehrer sollen mit dem Unterricht beginnen und sollen aufhören, Zeit zu verschwenden, indem sie über uns und nicht mit uns diskutieren.

Unser Kampf ist gewaltlos. Ihr seid weder ein Duplikat noch eine Kopie eurer Väter und Mütter. Wo unsere Väter versagt haben, werden wir Erfolg haben. Unsere Zukunft ist in unserer Hand!

> Vereinigt sind wir stark!
> Zerspalten gehen wir unter!
> Der Studentenrat von Soweto, 7. 9. 1976

Dokument

Azikhwelwa

1. Vom Montag den 1. November bis Freitag den 5. November 1976.
2. Anweisungen:
   a) Alle Arbeiter bleiben für 5 Tage zu Hause.
   b) Schwestern und Ärzte gehen ihrer täglichen Routinearbeit nach.
   c) Schwarze Lebensmittelgeschäfte (Gemüsehändler, Fleischer, Milchgeschäfte) öffnen während des *stay aways* von acht bis zwölf Uhr täglich.
   d) Kein Trinken bei Sheebeens – alle Sheebeens sollen schließen.
   e) Kein Einkaufen in weißen Geschäften während der ganzen Woche.
   f) Eltern, Arbeiter und alle Schulkinder müssen in den Häusern bleiben. Vermeidet es, in Gruppen auf den Straßen zu stehen.
   g) Arbeiter sollen ihr Bestes tun, diesem Aufruf zu folgen, um Gewalt und Blutvergießen zu verhindern.
   h) Insassen von Barackenlagern (*hostels*) sollen ebenfalls in ihren Lagern bleiben. Achtet auf Polizeispitzel. Laßt euch nicht anstacheln, eure eigenen Leute zu bekämpfen.

i) *Tsotsis*, bitte begeht keine Räubereien.

j) Kirchen und Familien sollen am 31. Oktober Gebete zum Gedächtnis der Kinder halten, die im ganzen Land durch die Polizei getötet wurden.

k) Das Zuhausebleiben soll gewaltlos und friedlich sein. KEINE EINKÄUFE VON IRGENDWELCHEN WEIHNACHTSKARTEN ODER WEIHNACHTSSCHMUCK, KEINE WEIHNACHTSFEIERN.

SCHWARZE TRAUERN UM IHRE TOTEN.

3. VORSTER UND KRÜGER:

a) TRETET ZURÜCK, IHR HABT AZANIA SCHLECHT VERWALTET. IHR HABT DAS LAND IN GEWALT UND VERLUST VON MENSCHENLEBEN GESTÜRZT.

b) ENTLASST ALLE HÄFTLINGE.

c) POLIZISTEN, BLEIBT IN EUREN KASERNEN UND BITTE BENEHMT EUCH.

WIR SIND ENTSCHLOSSEN, UNS VON DEN FESSELN UNSERER UNTERDRÜCKER SELBST ZU BEFREIEN.

DER KAMPF IST IM GANGE!

N. B. Dieser Aufruf gilt landesweit.

Dokument

An alle Väter und Mütter, Brüder und Schwestern, Freunde und Arbeiter in allen Städten und Dörfern der Republik Südafrika

Wir fordern euch auf, euch mit dem Kampf für eure eigene Befreiung zu verbinden. Beteiligt euch und vereint euch mit uns, denn es ist euer eigener Sohn oder eure Tochter, die wir jedes Wochenende beerdigen. Der Tod ist für uns alle in den Townships zu einer normalen Sache geworden. Es gibt keinen Frieden und es wird keinen Frieden geben, bis wir alle frei sein werden.

1. In Soweto und allen schwarzen Townships wird es eine TRAUERPERIODE für die Toten geben. Wir müssen allen Studenten und Erwachsenen Respekt erweisen, die von der Polizei ermordet wurden.

2. Wir müssen unsere Solidarität mit allen geloben, die in Polizeizellen festgehalten werden und die für uns die Folter erleiden.

3. Wir sollten unsere Sympathie und Unterstützung all den Arbeitern zeigen, die Lohnausfall und den Verlust der Arbeitsstelle erlitten, weil sie unsere Aufforderung, für drei Tage der Arbeit fern zu bleiben, befolgten.

4. Wir sollten zusammenhalten und geeint fordern:

BRINGT ALLE POLITISCHEN GEFANGENEN VOR GERICHT ODER LASST SIE FREI!

5. WIR MÜSSEN FREI SEIN! WIR RUFEN AUF: LASST UNS AUF ALLES, WAS UNS FREUDE MACHT, AUS TRAUER UM UNSERE KINDER, DIE DURCH POLIZEIKUGELN STARBEN, VERZICHTEN.

KEINE WEIHNACHTSEINKÄUFE

KEINE WEIHNACHTSKARTEN

KEINE WEIHNACHTSGESCHENKE

Keine Weihnachtsfeiern
Kein Trinken in den Sheebeens

Laßt uns, eure Kinder, zum erstenmal zu Weihnachten oder Neujahr weder irgendwelche neuen Kleider kaufen noch anziehen.

Das Jahr 1976 soll in unsere Geschichte als Jahr der Trauer eingehen, als das Jahr des Blutes und der Tränen für unsere Befreiung.

Unsere Solidarität und Sympathie mit denen, die ihr Leben verloren und mit denen, die ihren Lohn und ihre Arbeit verloren, werden wir folgendermaßen zeigen:

> Keine Einkäufe mehr in:
> Allen Bekleidungsgeschäften
> Allen Möbelgeschäften
> Allen Getränkeläden
> Allen Spielzeugläden
> Allen Schallplattengeschäften etc.

Wir fordern alle Eltern, Arbeiter und Studenten und alle Sheebeen-Besitzer auf, diesem Aufruf zu folgen. Wir können im Tod kein Glück finden. Wir können nicht feiern!

P.S. Eure Söhne und Töchter und alle schwarzen Führer sollen auf der Hut sein vor Ausverkäufern und Verrätern des schwarzen Kampfes!

«Vereint sind wir stark!!!»

Soweto Students Repräsentative Council, 15. Oktober 1976

Dokument

Presseerklärung vom 4. November 1976

Alkoholverkauf in Soweto

Alle Studenten und die Jugend in Soweto und anderen Gebieten des Landes vertreten den Standpunkt, daß der Verkauf jeder Art von Alkohol verboten bleibt. Wie wir in unseren früheren Erklärungen gesagt haben, kann es keine Trinkereien und Feiern irgendwelcher Art geben, solange die schwarze Gemeinschaft sich in der Trauerzeit für ihre tapferen Söhne und Töchter befindet. Diese Kinder, unsere Kameraden, sind nicht umgekommen, weil sie kriminell waren, sondern weil sie um die Befreiung aller Schwarzen dieses Landes gekämpft haben. Ihr Blut ist für uns alle vergossen worden. Sie gaben ihr Leben, damit wir frei sein können. Viele Sheebeen-Besitzer und -Besitzerinnen haben flehend gebeten, verkaufen zu dürfen, weil sie ein oder zwei Studenten auf der Schule mit dem Geld unterstützen, das sie durch den Alkohol einnehmen. Wir schätzen ihre Freundlichkeit und Großzügigkeit, aber sie sollten daran denken, daß der Zweck nicht die Mittel heiligt.

2. «Ohne Kampf und Leiden gibt es keine Hoffnung mehr»
Gespräche mit schwarzen Südafrikanern

Drake Koka, Generalsekretär der Black Allied Worker's Union, erster Generalsekretär der Black People's Convention – Ende 1976 nach London geflohen

KOKA: Der Montag war in Ordnung, aber die Polizei war nicht sehr glücklich darüber, daß der Streik erfolgreich verlaufen war, denn sie hatte ein Anti-Streik-Flugblatt herausgegeben, in dem sie die Leute aufforderte, zur Arbeit zu gehen und in dem sie ihnen Polizeischutz zusicherte.

Auch die Studenten veröffentlichten ein Flugblatt, ein ganz einfaches Flugblatt, in dem sie an ihre Eltern appellierten: «Hört auf uns! Seid ihr nicht stolz, daß ihr so tapfere Kinder habt? Seid ihr nicht stolz, daß ihr Kinder habt, die bereit sind, ihr Leben zu opfern? Seid ihr nicht stolz, daß wir es auf uns nehmen, euch zu befreien?» So einfach sagten sie es. Aber es war sehr erfolgreich.

An jenem Montagnachmittag fuhr ich von Soweto zur Stadt. Als ich an den Baracken der Wanderarbeiter vorbeikam, war Polizei dort. Ich hielt, um zu beobachten, was los war. Die Polizei rief die Wanderarbeiter zu einem Treffen zusammen. Später, als ich auf meinem Weg zurück aus der Stadt wieder an den Baracken der Wanderarbeiter vorbeikam, war die Polizei gerade dabei, die Arbeiter in Lastwagen zu laden. Ich wunderte mich und überlegte mir, was sie mit den Arbeitern vorhätten. Sie werden sie zu strategisch wichtigen Punkten von Soweto bringen, sagte ich mir. An diesem Abend mußte ich noch mal nach Johannesburg, und währenddessen griffen die Fremdarbeiter einige Wohnbezirke von Soweto an. Die Polizei hatte sie mobilisiert, die Einwohner zu schlagen, vielleicht weil sie nicht zur Arbeit gegangen waren. Am folgenden Tag ging ich dorthin, um Fotos zu machen. Es gab viele Verletzte, zu Tode Geschlagene, zertrümmerte Haustüren und Fenster. Wir wollten von den Leuten, die dort wohnten, herausbekommen, was geschehen war. Sie bestätigten, daß die angreifenden Wanderarbeiter tatsächlich von Polizei begleitet worden waren.

Die Polizei hatte mit Fackeln geleuchtet, und diese Leute waren in die Häuser eingedrungen, hatten alles zertrümmert, waren dann zur nächsten Straße gebracht worden usw. Es war schrecklich.

Der eigentlich so erfolgreiche Streik wandelte auf einmal sein Gesicht. Schwarze kämpften gegen Schwarze. Die Bewohner der Wohnbezirke setzten die Baracken der Fremdarbeiter in Brand, und die Fremdarbeiter ermordeten die Einwohner. Als die Auseinandersetzungen weitergingen, versuchten die Schüler, dem Streik wieder ein anderes Gesicht zu geben. Sie gaben ein Flugblatt heraus und richteten es an die Wanderarbeiter mit folgendem Appell:

Gestattet nicht, daß man euch aufspaltet. Ihr seid alle schwarz, ob Zulu oder Nichtzulu, Sotho oder Shangaan – ihr seid alle eins, ihr gehört zusammen. Hütet euch vor den Leuten, die dem Gegner in die Hände arbeiten, indem sie versuchen, im Namen der Schüler die Bewohner irrezuleiten. «Laßt unsere Führer frei» – forderten sie Vorster und Jimmy Krüger auf, «diskutiert mit unseren Eltern, um eine Lösung für die gegenwärtige politische Krise zu finden.»

Dann gaben sie noch ein anderes Flugblatt heraus: «Bleibt zu Hause; Montag, Dienstag und Mittwoch, vom 13. bis 15. September.» Am Ende dieses sehr einfachen Flugblattes hieß es: «Keine Gewaltanwendung! Kein Blutvergießen!» Sie verbreiteten es, und alles lief wunderbar gut. Der Spaß war, daß die Fremdarbeiter, die noch kurz zuvor die Einwohner angegriffen hatten, anschließend in Soweto herumliefen und nun ihrerseits die Leute von der Arbeit zurückzuhalten versuchten. Sie sagten ihnen: «Die Kinder haben euch aufgefordert, nicht zu gehen.» Das war wirklich ein wundervoller Streik!

Er war weit besser als der erste Streik. Ich kann wirklich sagen, die Beteiligung war 99 Prozent. Und kein Blutvergießen! Absolut keins! Die Polizei war hilflos. Sie war ganz frustriert. Sie hatte vergeblich auf Aktionen gewartet. Ich traf auf einen Polizisten, der ganz mißgelaunt war, daß nichts passiert war. «Ich bin so müde», sagte er gequält. «Aber ihr hattet doch gar nichts zu tun, es ist doch gar nichts passiert», sagte ich. Sie waren müde, weil alles gewaltlos verlaufen war.

Ich denke, es war ein Marsch nach Johannesburg in die City geplant?

KOKA: Nein, nein. Dazu komme ich gleich. Das nächste, was kam, war der Kissinger-Besuch. Die Polizei hatte lange auf Kissingers Besuch gewartet, denn es gingen Gerüchte um: Johannesburg wird angegriffen werden, Kissinger wird am Flughafen mit Gewaltaktionen empfangen werden. Schreckliche Gerüchte kamen auf. Aber sie gingen nicht von den Studenten aus. Kissinger kommt, der Protest muß also weitergehen, sagten sich die Schüler, entschieden aber, nicht in die Stadt zu marschieren, da ihnen klar war, daß die Polizei schießen würde. Sie gingen also nicht in die Stadt und gaben folgende Information an alle Schulen: Die Schüler sollen die Schulen besuchen, sollen sich aber innerhalb des Schulgeländes aufhalten. Niemand soll den Schulhof verlassen!

Die Schüler sollen innerhalb des Schulgeländes gegen den Kissinger-Besuch demonstrieren.

Das geschah. Aber die Polizei war nicht zufriedengestellt. Sie ging zu den Schulen, fand Plakate, die an den Schulzäunen befestigt waren. Die Polizei durchschoß die Torschlösser, öffnete, drang in den Schulhof ein, wo die Schüler demonstrierten. Die Version der Polizei ist, daß die Schüler anfingen, mit Steinen auf sie zu werfen. Sie begannen auf die Kinder zu schießen, und zwar auf dem Schulhof! Innerhalb des Schulgeländes! Nicht nur innerhalb des Schulgeländes. Einige Kinder flohen in die Klassenräume, verbarrikadierten sich dort. Die Polizisten schossen auch dort die Schlösser auf, drangen in die Klassenzimmer ein und erschossen einige Kinder in ihren Klassenräumen! Das ist wirklich wahr. Alles war friedlich gewesen, aber allein an diesem einen Tag starben sechs Schüler in verschiedenen Schulen. Sie waren von Polizisten erschossen worden. Aber nicht nur Schüler waren erschossen worden. Sogar eine alte Frau, in einem Haus neben der Schule, wurde von der Polizei getötet.

Später erhielten wir unbestätigte Berichte von Krankenschwestern aus dem Hospital, daß neunzehn Menschen im Krankenhaus gestorben waren, zusätzlich zu den sechs.

Südafrika hat also Kissinger ein Opfer gebracht von 25 Menschenleben.

Danach kam der Marsch in die Stadt. Die Schüler sagten: jetzt seht ihr, was die Polizei tut. Sie greift zu Gewalt, während wir gewaltlos handeln. Sie treiben uns zum Äußersten. Jetzt werden wir in die Stadt gehen. Sie gaben eine Warnung heraus, die auch die Polizei erreichte. Sie sagten: wir werden nach Johannesburg marschieren, durch die Eloff-Straße und von da zum John Vorster, dem Gefängnis, wo unsere Mitschüler festgehalten werden. Wenn die Polizei nur einen einzigen Schüler in der Stadt erschießt, wird es ein Blutbad geben. Es gibt viele Weiße dort, und wir werden alles zertrümmern. Ich denke, das war eine Lektion für die Polizei und sie hat diese Warnung ernst genommen.

Aber die Schüler haben keine Waffen.

KOKA: Nun – Waffen kann man anfertigen. Meinen Sie nicht, daß wir eine Menge Munition haben, kalte Getränke, Flaschen und so etwas?

Man braucht nur ein Geschäft aufzubrechen und man hat eine Menge Waffen. Die Schüler waren vorbereitet, das zu tun. Jedenfalls – sie hatten die Polizei gewarnt, und die Polizei war vorbereitet. Sie hatte vor, die Schüler am Marsch in die Stadt zu hindern. Sie wollte jeden Weg von Soweto nach Johannesburg blockieren. Aber das klappte nicht. Die Schüler begannen bereits um Mitternacht in die Stadt zu kommen, mit dem ersten Zug, der Soweto verläßt. Um 12 Uhr nachts. Und ich weiß auch, daß bestimmte Personenwagen sie ebenfalls von 12 Uhr nachts an in die Stadt brachten.

Einige Schüler berichteten, daß sie zwei Züge entführten und damit in die Stadt kamen; sie erzählten den Lokomotivführern: «Wir sind in Eile!» Und sie ließen die Zugsirene heulen, die ganze Strecke lang, von Soweto bis Johannesburg! Niemand kümmerte sich darum. So kamen sie in die Stadt.

Ich selbst war erschrocken über ihre große Zahl. Ich war etwa um sieben Uhr morgens in die Stadt gekommen. Um diese Zeit war die Stadt schon voller Schüler, die hier umherliefen. Aber sie gingen getrennt voneinander. Gegen acht Uhr waren mehr als zweitausend Schüler hier. Zur gleichen Zeit wurde eine andere Schüleransammlung, die in die Stadt zu kommen versuchte, an einer Bahnstation von Polizei aufgehalten. Die Polizei schoß. Aber die Mehrzahl war bereits hier in der Stadt. Während wir überlegten, wo es wohl anfangen würde, ging es in der Eloff-Straße los. Die Schüler marschierten durch die Eloff-Straße und schwenkten dann in die Jeppe-Straße. Dort war keine Polizei, sie hatte sich anständig zu benehmen! Und sie benahm sich anständig! Bis die Schüler zur Van-Brandis-Straße kamen, direkt hinter dem Hauptpostamt.

Ein Weißer machte einen Fehler. Er schoß in die Luft. Damit brachte er den ganzen Marsch zum Zusammenbrechen und löste ein Chaos aus. Die Schüler stoben auseinander und zertrümmerten die Geschäfte in der Jeppe-Straße. Ein alter Mann erhielt einen Messerstich, eine alte Frau wurde in dem Tumult zu Boden getrampelt. Damit brach die Hölle los. Polizei kam, Ambulanzwagen rasten herbei, alles tobte durcheinander, die Polizei startete Massenverhaftungen – ich denke, zwischen vierhundert und fünfhundert Schüler wurden verhaftet.

Sind sie inzwischen wieder frei?

KOKA: Einige sind noch in Haft, andere sind schon entlassen.

Aber die Polizisten haben nicht geschossen?

KOKA: Nicht ein Schuß – die Polizei benahm sich (lacht). Das ist sehr interessant. Nicht ein einziger Schuß.

Setzten sie Tränengas ein?

KOKA: Nicht einmal das. Kein Tränengas. Nichts. Sehen Sie, sie waren vorgewarnt und Dank sei Gott, daß sie sich entsprechend verhielten, andernfalls hätte es mehr Unruhe gegeben. Später entdeckte ich, daß die Polizei geplant hatte, den Marsch nicht zu unterbrechen. Sie hatten vor, die Schüler unbehelligt bis zum John Vorster Square (Polizeipräsidium) kommen zu lassen. Dort hatten sie das Erdgeschoß, eine sehr große Parkgarage, von allen Wagen räumen lassen. Sie wollten den Studenten erlauben, bis in dieses Parkgeschoß zu gehen und wollten sie dort einschließen. Nun, das kam nicht zustande, weil jemand den Marsch unterbrochen hatte und ihnen einen Strich durch die Rechnung gemacht hatte.

Aber der Marsch war herrlich.

Und er war ein Erfolg, denn zum erstenmal erlebten Weiße, was in Soweto geschah. Wenn sie sonst Nachrichten aus Soweto hören, dann ist das weit entfernt für sie, wie Angola oder Rhodesien. Sie haben es niemals für möglich gehalten, daß so etwas direkt bei ihnen passieren könnte. Der Marsch in die Stadt versetzte ihnen einen furchtbaren Schock. Einen wirklich furchtbaren Schock. Er rüttelte sie auf. Sehen Sie, wir waren hier in der Stadt, wir konnten es sehen. Die meisten Weißen waren völlig verstört. Zum erstenmal waren sie konfrontiert mit dem, was geschah. Und das zeigte ihnen, daß sie bei weitem nicht so geschützt sind, wie die Regierung sie das glauben machen will. Sie sind es wirklich nicht. Sie waren ganz ungeschützt. Und noch etwas sahen sie: die Schwarzen sind nicht solche blutrünstigen Barbaren, wie sie glauben.

Wir hätten die Weißen völlig fertigmachen können. Die Studenten hatten nämlich einen Plan, als sie hier waren. Auf zwei Schüler sollte immer ein Weißer kommen, sagten sie sich. Dann kann die Polizei nicht schießen. Sie beschützten sich also auf der Straße gegen die Polizei mit den Körpern von Weißen, taten ihnen aber nichts zuleide. Wenn die Schwarzen wirklich so gewalttätig wären, wie die Weißen glauben, hätten sie ihnen die Kehle durchschneiden können. Sie hatten sie nämlich ganz in ihrer Gewalt. Sie hätten sie erwürgen können, einfach so erwürgen können, ohne Waffen. Aber sie haben ihnen kein Haar gekrümmt. Alles blieb friedlich.

Halten Sie es für möglich, mit gewaltlosen Aktionen fortzufahren?

Koka: Das ist möglich. Es hängt davon ab, wer das Ganze leitet.

Aber viele der Führer sind eingesperrt.

Koka: Das spielt letztlich keine Rolle, das ist nicht wirklich ein Problem. Je mehr Leute festgenommen werden, desto mehr Überraschungen wird es geben. Es heißt ja auch nicht, daß die Verhafteten alles kontrollierten. Sie waren da. Sie nahmen teil. Es kommt aber darauf an, wer das Ganze kontrolliert. Denn es bedarf großer Disziplin, das Ganze in der Hand zu behalten. Und es wird immer jemand da sein.

Wie viele der Arbeiter folgten dem Streikaufruf?

Koka: Der Streik wäre kein Erfolg gewesen ohne die Arbeiter. Wenn die Schüler sagen: «Bleibt zu Hause» oder «Wir planen dies oder das» – wen benutzen sie zum Durchsetzen ihrer Pläne? Die Arbeiter müssen auf den Streikaufruf reagieren. Wenn sich die Arbeiter nicht klar gewesen wären, wäre der Streik kein Erfolg gewesen.

Wir hier bei der Gewerkschaft bekommen ständig Besuch von Arbeitern. Auch mit unseren Mitgliedern sind wir ständig im Gespräch. Wir besuchen sie in der Fabrik, an ihrem Arbeitsplatz, um herauszufinden, wie sie die ganze Sache sehen, was sie wirklich denken.

Die meisten Arbeiter sagten einfach: «Ich gehe nicht zur Arbeit.» Spontan sagten sie das. Ich habe selbst Kontakt mit ihnen aufgenommen. Es ist nicht wahr, daß sie aus Angst vor den Schülern zu Hause blieben, aus Angst, daß sie verletzt werden könnten oder daß ihr Haus angezündet werden könnte. Das ist einfach nicht wahr. Ja, ein oder zwei solcher Fälle hat es gegeben. Aber die meisten Arbeiter, mit denen ich selbst gesprochen habe, waren sich ganz klar. Sie sagten: jetzt ist die Zeit da. Unsere Kinder rufen uns auf, für unsere Befreiung zu kämpfen, und wir werden sie unterstützen. Und sie sagten einfach: Wir werden drei Tage lang nicht zur Arbeit gehen. Das ist alles. Das war klar.

Meinen Sie, die Arbeiter könnten wirtschaftlich überleben, wenn sie einen Streik länger ausdehnen als drei Tage?

Koka: Nein. Das könnten sie nicht überleben. Die Nahrungsvorräte wären erschöpft. Das ist ein Problem.

Haben die Gewerkschaften eine Möglichkeit, die Arbeiter während des Streiks finanziell zu unterstützen?

KOKA: Nein, soweit sind wir nicht organisiert. Aber ich würde die Arbeiter auch nicht für einen Streik bezahlt wissen wollen. Das würde den Kampf demoralisieren. Ich würde das nicht tun, solange ich bei den Gewerkschaften bin. Ich würde Menschen nicht für ihren Kampf bezahlen, ich würde sie nicht dafür bezahlen, daß sie auf ihren Lohn verzichten. Ich würde den Kampf, der ihr eigener Kampf ist, damit demoralisieren. Sie würden das nicht verstehen. Man muß ihnen danken, daß sie den Kampf unterstützen. Das ist ein Opfer. Wir arbeiten daran, daß die Menschen den Ruf nach Freiheit erheben. Aber dieser Ruf muß von dem einfachen Mann selbst kommen, von der Basis, nicht von den Intellektuellen. Die Leute müssen es spüren, sie müssen es fühlen, daß es ihr Opfer ist. Es ist ihnen nicht befohlen worden, etwas zu tun. Aber sie müssen wissen, daß sie etwas tun können, daß ihre Befreiung in ihren eigenen Händen liegt.

Das ist es, was wir erreichen wollen.

Also, diese Funktion von Gewerkschaften fällt weg. Natürlich haben wir das finanzielle Problem des Streiks mit den Arbeitern diskutiert. Wir überlegten, was zu tun sei, wenn die Firmenleiter eine harte Linie einschlagen würden, wenn es zur Konfrontation kommen würde. Wir wollen keinen Krieg aufkommen lassen zwischen uns und den Firmenchefs. Sie sind unbedeutend, und es würde einen unnötigen Brennpunkt schaffen. Wir wollen auch nicht unsererseits für sie zum Brennpunkt werden. Wenn wir sie erfolgreich aufweichen können, ist das viel besser, denn dann werden sie unsere Verbündeten sein. Der einzige Weg, um das zu erreichen, ist, den Firmenleitern zu sagen: eure Arbeiter haben Anspruch auf zwei bis drei Wochen Urlaub im Jahr. Sie werden wegen des Streiks für drei oder fünf Tage der Arbeit fernbleiben. Bitte, zieht diese Tage von ihrem Urlaub ab, bezahlt sie aber dafür an den Tagen, an denen sie abwesend sind, normal weiter. Anstatt daß also die Arbeiter für drei Wochen in Urlaub gehen, werden sie einen um drei Tage gekürzten Urlaub nehmen. Das bedeutet, daß der Arbeiter während der drei Streiktage normal bezahlt werden kann. Das funktioniert ohne jeden Schaden. Das schadet weder dem Firmenleiter noch dem Arbeiter.

Wenn es trotzdem zum Zusammenstoß kommt und der Firmenleiter nicht hören will, kann er schlimmstenfalls sein Geld behalten. Das ist alles.

Haben Sie den Eindruck, daß die Firmenleiter zu erkennen beginnen, daß sie mit Ihnen verhandeln müssen?

KOKA: Ja, seit dem Streik waren wir in den meisten Fällen erfolgreich im Gespräch mit den Firmenchefs. Sie verstanden unseren Standpunkt und stimmten zu. Als Gegenleistung erlaubten wir unseren Arbeitern, auf Wunsch ein paar Überstunden zu machen, um die Produktion vor dem Zusammenbrechen zu bewahren. Einige Firmenchefs waren ganz zufrieden mit dieser Lösung; sie hatten auch gar keine andere Alternative.

Während des Streiks fuhr ich nach Braamfontein, Doorfontein und Boysens; das sind die größten Industriegebiete von Johannesburg. Ich ging zu drei Textilfabriken, gab vor, etwas wissen zu wollen und beobachtete unterdessen die Situation. Die Arbeiter waren abwesend. Und wenn 85 Prozent der Arbeiter nicht arbeiten, dann ist eine Produktion nicht möglich. Wenn dann die Arbeiter zurückkommen, kann man nicht alle hinauswerfen, das ist nicht möglich; sie können nicht entlassen werden, es sind zu viele. Die Produktion würde zusammenbrechen. Sie haben also wirklich Macht. Der Firmenleiter ist nur zu froh, eine Lösung zu finden. Und wir bieten ihm eine. Wir sagen ihnen: erlaubt den Arbeitern, drei Tage abwesend zu sein. Streicht drei Tage von ihrem Urlaub und alles ist in Ordnung.

Wie reagieren die weißen Gewerkschaften?

KOKA: Sie waren sehr stumm, sehr, sehr stumm, wirklich sehr stumm. Sie hätten als registrierte legale Gewerkschaften Stellung beziehen müssen. Aber sie haben nur geschwiegen.

Gibt es überhaupt eine Möglichkeit für Solidarität zwischen schwarzen und weißen Gewerkschaften?

KOKA: Nein. Ich will Ihnen auch sagen warum.

Die weißen Gewerkschaften sind Teil des wirtschaftlichen Systems Südafrikas. Wenn es also zu einer wenn auch noch so beschränkten Solidarität zwischen Schwarzen und Weißen käme, hätten die weißen Gewerkschaften das Gefühl, wirtschaftlichen Selbstmord zu begehen. Und es ist menschlich, sich selbst zu beschützen. Deshalb kommt es nicht zur Solidarität.

Aber genau aus diesem Grund müssen sich die schwarzen Gewerkschaften ganz allein auf sich selbst stellen und sich mit denen zusammen tun, die zum Handeln aufrufen.

Und andere weiße Organisationen – Kirchen –, wie haben die reagiert?

KOKA: Die einzige Reaktion, die seit Beginn der Unruhen wirklich von Weißen unternommen wurde, war, Waffen einzukaufen und auf uns zu schießen.

Glauben Sie, daß Sie Unterstützung von Gewerkschaften anderer Länder erhalten könnten?

KOKA: Ja, daran zweifle ich keinen Augenblick. Wenn ich an den Internationalen Gewerkschaftsbund ICFTU appellieren und ihn um Unterstützung bitten würde, bin ich überzeugt, daß er uns helfen würde. Ich zweifle auch nicht daran, daß die deutschen Gewerkschaften uns helfen würden, wenn wir sie darum bäten.

Aus strategischen Gründen tun wir das nicht. Denn die Regierung hier hält ihre Augen offen, besonders wenn es um unsere Gewerkschaft geht, um die Black Allied Workers Union, und ganz besonders, wenn es um mich geht. Deshalb haben sie mich noch nicht verhaftet, glaube ich. Sie wollen uns bannen und wollen uns deshalb eine Gelegenheit geben, Fehler zu begehen und unseren Kopf selbst in die Schlinge zu legen. Darüber sind wir uns im klaren, aber den Gefallen werden wir ihnen nicht tun. Wir passen auf.

Es ist also einfach für uns als Gewerkschaft, an andere Gewerkschaften der Welt zu appellieren. Aber wenn wir das tun, wird das unsere letzte Handlung sein. Und dieses Stadium haben wir noch nicht erreicht, denke ich. Es ist noch zu früh. Zum gegenwärtigen Zeitpunkt sollen wir den Ruf nach Freiheit unterstützen, der von unserer Jugend erhoben wird. Und wir sollten unseren Arbeitern helfen, auf diesen Ruf zu antworten.

Noch haben wir den Höhepunkt der Krise nicht erreicht. Noch ist es nicht so weit, daß wir von diesem Tisch aus zur direkten Konfrontation aufrufen könnten. Es ist noch zu früh.

Gibt es eine realistische Chance, diesen Kampf allein zu führen?

KOKA: Bis zu einem gewissen Grad, würde ich sagen, daß dieser Kampf ausschließlich auf den Schultern der schwarzen Bevölkerung ruht. Aber natürlich kann ein Kampf nicht isoliert geführt werden, denn unser Ziel ist es, Druck auszuüben hier im Land und dieser Druck muß vom Ausland unterstützt werden.

Innerer Druck und äußerer Druck müssen zusammentreffen. Erst dann bricht das System zusammen. Und das ist unser Ziel: den Druck von allen Seiten zu eskalieren bis zum Krisenpunkt. Das habe ich 1974 vor Gericht als unsere Strategie geschrieben. Wir sagten: Unser Ziel ist, Druck auf allen Ebenen gegen das System zu verursachen, so daß eines Tages die Regierung keine Alternative mehr haben wird.

Meinen Sie, daß die Homeland-Bevölkerung versteht, was hier vor sich geht?

KOKA: Ja, sie verstehen sehr gut. Ausgenommen die bezahlten Führer der Homelands, die versuchen, die Bevölkerung dumm zu halten. Sie wollen nicht, daß die Bevölkerung die Homeland-Politik durchschaut. Die Gebiete der Homelands sind ein Teil unseres Landes. Mein halbes Leben habe ich dort verbracht. Ich bin nicht in der Stadt aufgewachsen. Und meine Eltern leben heute noch dort.

Ich habe Berichte aus meinem Heimatort aus Nordtransvaal erhalten, daß dort einige frühere ANC-Mitglieder verhaftet worden sind. Darunter ein paar alte Damen. Das besagt also, daß es im Homeland durchaus Leute gibt, die politisch ganz klar denken. Aber, wie ich sagte, die Führer der Homelands sind bezahlte Agenten der südafrikanischen Regierung und sie werden alles tun, was in ihrer Macht steht, die Leute daran zu hindern, sich ihrer Lage bewußt zu werden. Sie tun so, als ob sie für ihre Leute kämpften, tun aber das Gegenteil.

Können Sie diese Blockade durchbrechen und Kontakt mit den Men-

schen in den Homelands aufnehmen?

KOKA: Das geschieht bereits. Ich kann natürlich nicht sagen, daß es schon ausreichend geschieht, denn das bedarf einer ungeheuren Organisation und Untergrundarbeit. Entscheidend ist, daß wir jede Unterstützung der Homeland-Führer unterbinden. Und das braucht Zeit.

Würden Sie eine Unterstützung von Schulen und Krankenhäusern in den Homelands durch das Ausland als Sabotage dieser Absicht empfinden?

KOKA: In diesem Punkt ist ein Mensch zerteilt in politischen Verstand und menschliches Gefühl. Unterstützung für Schulen und Krankenhäuser in den Homelands werden aus rein humanitären Gründen gegeben. Aber es ist nicht zu vermeiden, daß solche Unterstützung dann eben über einen gewissen Herrn Buthelezi, einen Herrn Mangope oder Kaiser Matanzima als Vermittlungsperson läuft. Sie bedient sich dieser Agenten. Und die Leute in den Homelands sind ganz erfreut darüber, was diese Herren für sie tun. Das hat niemand vor ihnen für sie getan. Eine Unterstützung sozialer Projekte in den Homelands durch das Ausland führt also unweigerlich zu dem Mißverständnis, daß die Homeland-Führer gute Leute sind, und dadurch sabotiert sie gleichzeitig unsere Arbeit.

Trotzdem können wir nicht sagen: «Unterlaßt diese Hilfe» – denn es ist meine Mutter und meine Schwester, die in diesem Krankenhaus Hilfe bekommen werden.

Das ist wirklich ein schmerzlicher Konflikt für uns. In der Transkei zum Beispiel gibt es eine Klinik, die von schwarzen Projektgruppen gegründet worden ist. Steve Biko hat sie geleitet, auch ich habe mitgearbeitet. So eine Klinik könnte zu einem Zentrum werden, wo die Menschen aufgeklärt werden, sobald es ihnen bessergeht. Dort könnten sie zu verstehen lernen: Dies ist ein Kampf der Schwarzen, getragen von der Initiative von Schwarzen – wie diese konkrete Klinik. Sie wissen, daß das nichts mit der Regierung zu tun hat. Solche Centren sollten eingerichtet und unterstützt werden.

Wir haben unsere Gewerkschaft, die Black Allied Workers Union, 1972 gegründet. Die meisten Leute waren ganz entsetzt über unsere Absicht, eine Gewerkschaft zu organisieren und bezeichneten das Vorhaben als ein totgeborenes Kind. Wir jedoch meinten, daß es auf jeden Fall erst einmal geboren werden sollte – ganz gleichgültig, was danach mit ihm passiert. Im August 1972, sechs Monate nach der Gründung, wurde unsere Arbeit unterbrochen. Ich wurde unter Bann gestellt, einige meiner Mitarbeiter auch. Natürlich bekamen die Leute Angst wegen dieser Bannverordnungen. Aber wir machten trotzdem weiter, auf unsere eigene Weise – wie ich das auch jetzt tue. Im September 1973, als wir zum erstenmal eine wirklich finanzielle Hilfe aus Deutschland bekamen, fingen wir mit ernsthafter Gewerkschaftsarbeit an. 1974 war ein schweres Jahr. Zum erstenmal hatten wir Leute voll einstellen können, und wir arbeiteten sehr hart. Unglücklicherweise wurde im September das ganze Personal unseres Büros verhaftet. Ich wurde auch verhaftet. Ein anderer unserer Mitarbeiter floh ins Ausland. Das hat uns sehr zurückgeworfen, wir waren praktisch wieder am Anfang angelangt. Acht Monate war ich im Gefängnis und kam erst im Juli 1975 an meine Arbeit zurück. Vor dieser Welle von Verhaftungen hatten wir etwa 3000 Mitglieder gehabt; nun merkten wir, daß die Leute erneut Vertrauen zu uns faßten, und die Mitgliederzahl stieg auf etwa 6000.

Unser Problem war, daß wir niemals genügend Arbeitskräfte hatten. Das Verhalten der Regierung erlaubt uns nicht, unsere Leute offen auszubilden, denn jeder meiner Mitarbeiter hier ist schon im Gefängnis gewesen. Wir arbeiten also mit lauter Ex-Sträflingen. (Lacht.)

Wir versuchen, unsere Arbeit nicht auf die Gewerkschaftsorganisation zu beschränken, sondern an allen Projekten mitzuarbeiten, die von Schwarzen initiiert werden: Krankenhäuser, Heimindustrie, Alphabetisierungsprogramme und ähnliches. Dadurch kommen wir den Menschen nahe und können ihre Bedürfnisse wirklich kennenlernen. Umgekehrt lernen auch sie uns kennen, gewinnen Vertrauen zu uns und werden dann auch unseren politischen Kampf unterstützen. In diesen Projekten zum Beispiel könnte die Kirche mit uns zusammenarbeiten. Ich selbst beziehe die Pastoren immer mit ein. Ich gehe manchmal von Gemeinde zu Gemeinde und predige von der Kanzel, um den Leuten die Situation der Arbeiter zu erklären und ihnen zu erzählen, was sie dabei tun können. Auch wenn wir einen Streik planen, nehmen wir sofort Kontakt mit den Gemeinden auf und bitten die Pastoren, ihre Gemeindemitglieder über den Streik zu informieren und sie zur Teilnahme aufzurufen. Die Kirche kann also eine lebenswichtige Rolle spielen.

Glauben Sie, daß auch die weißen Mitarbeiter der Kirche das tun können?

Koka: Ja, allerdings nicht direkt. Sie sollten im Hintergrund bleiben und uns von dort unterstützen.

Opfern müssen wir uns selbst. Wir werden die sein, die erschossen werden. Unser Blut wird vergossen werden.

Wir sind darauf vorbereitet, uns preiszugeben, uns allem entgegenzustellen. Aber unsere weißen Mitarbeiter wollen wir nicht in die vorderste Linie rufen. Unser Volk würde das nicht verstehen. Es gibt sehr viel Bitterkeit jetzt. Sehr, sehr viel Bitterkeit.

Meinen Sie, daß es nach einer politischen Veränderung des Systems noch möglich sein wird, daß Schwarze und Weiße zusammen leben?

Koka: Ja. Weiße werden ganz sicher später wieder akzeptiert werden. Davon bin ich überzeugt.

Ich bin ganz ehrlich in diesem Punkt: wenn unsere weißen Freunde heute an unserem Kampf teilnehmen wollen, dann sagen wir ihnen: das wollen wir nicht. Dasselbe mit unserer Gewerkschaft. Es ist eine rein

schwarze Gewerkschaft. Wir wollen keine weißen Verwaltungsange-
stellten oder sonstige weiße Mitarbeiter. Darin sind wir ganz klar.

Warum?

KOKA: Ohne es zu wollen, würden die Weißen alles, was wir tun,
neutralisieren. Der Kampf wäre nicht mehr klar. Das hat nichts mit
Feindseligkeit den Weißen gegenüber zu tun, sonst würde ich ja auch
nicht mit Ihnen reden. Das würde ich dann ganz sicher nicht tun. Sie
müssen das verstehen: hier ist ein Mensch, der sich befreien will; er will
aber keine Feindschaft aufrichten. Das ist unsere Haltung. Die Weißen
werden ganz bestimmt akzeptiert werden. Wir wissen genau, was für
eine wichtige Rolle sie in der Wirtschaft dieses Landes spielen und was sie
zur Stabilität der Verwaltung beitragen. Wir vergessen auch nicht, daß
sie ein Teil dieses Landes sind und hierhergehören.

Das einzige, wogegen wir kämpfen, ist das System, von dem wir
regiert werden. Das ist alles.

*Ich fürchte, daß die Gefühle der Schwarzen durch alles, was geschehen
ist, so verletzt worden sind, daß die Schwarzen ein weißes Gesicht nicht
mehr sehen können.*

KOKA: Nein, das würde ich nicht sagen. Natürlich gibt es so etwas, aber
das ist die Ausnahme. Ich weiß definitiv, daß die Mehrheit der Schwarzen
bereit ist, mit den Weißen zusammen zu leben. Prinzipiell gibt es keinen
Haß gegen Menschen, immer noch nicht. Und wenn das System heute
geändert wird, gibt es eine reale Chance, wieder zusammenzufinden. Ich
kann Ihnen ein Beispiel nennen. Es gibt Kirchen in Soweto, Krankenhäuser und andere Einrichtungen, in denen sogar jetzt, während der Unruhe,
Schwarze und Weiße zusammengearbeitet haben. Nicht eine Kirche ist
zerstört worden. Auch kein Krankenhaus. Und wir haben Ambulanzkli-
niken in Soweto, die von weißen Ärzten geführt werden; sie sind nicht
angezündet worden. Das ist ein Beweis, daß ein Zusammenleben noch
möglich ist, wenn natürlich auch auf dem Höhepunkt der Unruhen weiße
Gesichter aus Soweto verschwanden, da die Weißen Angst hatten vor
einem Angriff. Mein weißer Gemeindepfarrer hält jetzt noch Messen in
Soweto ab, und die Leute gehen zu ihm und haben Vertrauen zu ihm.

Und denken Sie an den Marsch der Schüler in die Stadt! Auch schwarze Erwachsene waren zur gleichen Zeit dort. Johannesburg war voll von
Schwarzen. Drei verschiedene schwarze Gruppen hielten sich in der City
auf: Die Schüler, die Arbeiter und die sogenannten *tsotsies*, Jugendliche,
die zu Kriminellen geworden sind. Sie alle waren in der Stadt und es
herrschte totale Verwirrung. Weiße waren in ihrer Gewalt. Aber sie
wurden nicht verletzt. Weder von den Schülern noch von den Arbeitern,
noch von den *tsotsies* – bis auf einen alten Mann. Aber das fällt nicht ins
Gewicht, wenn man bedenkt, was alles hätte geschehen können. Wenn
die Haltung der Schwarzen wirklich so bitter wäre, hätten sie die Gelegenheit zu einem Blutbad genutzt.

Wir können zusammen leben, das ist mein Standpunkt und der Standpunkt von SASO und BPC (Black People's Convention).

Man kann also nicht sagen, daß Feindschaft ein Zusammenleben zwischen Schwarzen und Weißen nicht mehr erlaubt.

Den Befreiungsprozeß jedoch müssen wir allein führen. Wenn zum Beispiel die Schüler von Soweto einen Demonstrationsmarsch in die Stadt ankündigen und die weißen Studenten der weißen Witwatersrand-Universität in Johannesburg sich dem anschließen wollten – dann würden wir ganz ehrlich sagen: wir wollen das nicht. Nicht weil wir sie nicht akzeptieren, sondern weil wir unseren eigenen Weg zu unserer Befreiung gehen müssen. Und das kann kein anderer für uns tun.

Haben Sie eine Vorstellung, wie lange dieser Weg dauern wird?

KODA: Da muß ich Ihnen eine Geschichte erzählen.

Am 10. Juli 1972 hatten wir eine Konferenz, auf der wir die konkreten Schritte unserer Arbeit diskutierten. Ich habe den Bericht der Planungskommission hier vorliegen.

Wir legten vier Phasen fest, in die wir unsere Arbeit aufteilten. Die erste Phase: Aufklärung der Bevölkerung über das, was Black Consciousness meint. Wir mußten den Menschen eine philosophische Orientierung geben, damit sie sich selbst als das akzeptieren können, was sie sind: schwarze Menschen.

Die zweite Phase: Wir mußten Strategien entwickeln, einzelne Fortschritte in der Entwicklung zu erreichen, ohne eine direkte Konfrontation mit dem System herbeizuführen, denn eine solche Konfrontation darf nicht zu früh kommen. Uns war klar, daß es innerhalb dieser Phase nicht zu einer Konfrontation kommen dürfte.

Die dritte Phase: Black Consciousness in die praktische Arbeit an konkreten Projekten umzusetzen, in denen Schwarze mit Schwarzen und für Schwarze arbeiten.

Die vierte Phase: Krisensituation.

Etwas anderes sagten wir dort nicht. Das haben wir nicht weiter ausgeführt. Wir haben diese Krise nicht näher definiert. Wir haben nichts über die Art dieser Krise ausgesagt; wir haben nicht gesagt, wir werden Häuser zerstören, wir haben überhaupt nicht gesagt, was wir tun werden. Nur eines war klar: Im vierten Jahr unserer Black Consciousness-Arbeit wird eine Krise auf uns zukommen.

Wir hatten vor Augen: nach einigen Jahren der Orientierung an dem, was schwarzes Selbstbewußtsein meint, werden die Arbeiter ihre Situation erkannt haben und werden sie verändern wollen. Die Schüler werden ihre Situation erkannt haben und werden sie verändern wollen. Lehrer, Forscher, Politiker und Kirchenleute – jeder wird dann den Gedanken des schwarzen Selbstbewußtseins erkannt haben. Wir wußten also, daß es erst dann zu einer Krise kommen würde, wenn diese Krise mit dem Erwachtsein der Bevölkerung zusammentrifft.

Was ich Ihnen damit sagen wollte: am 16. Juni 1976 war es genau dreieinhalb Jahre her, seitdem wir 1972 diese Krise für das vierte Jahr unserer Arbeit vorausgesagt hatten.

Wir haben die Krise nun erreicht und werden sie lösen, wie die konkrete Situation, in der wir uns befinden, es vorschreibt. Lösen werden wir sie ganz bestimmt. Wir müssen uns daranmachen, unsere Leute zu politischen Führern zu erziehen, zu Führern, die fähig sind, das Land aus der Krise wieder herauszuführen.

Die Krise ist da, das Land ist in Aufruhr, überall herrscht Verwirrung. Sogar Vorster und Krüger sind verwirrt.

Immer hat man uns gefragt, was wir gemeint haben, als wir die Krise vorausgesagt haben. Die meisten haben das so verstanden, daß wir zu den Waffen und dann die Regierung angreifen werden. Nein, das haben wir nicht gemeint. Wir haben uns niemals festgelegt. Man kann die Art einer Krise nicht voraussehen. Wir haben immer gesagt: wenn eine Krise kommt, wird sie nicht von Schwarzen verursacht worden sein; es wird eine Krise sein, die eine Reaktion ist darauf, was die Regierung auf unseren Ruf nach Befreiung antwortet. Wenn es keinen Widerstand gegen unseren Befreiungsversuch gibt, wird es auch keine Krise geben; das heißt, daß es nicht die schwarze Bevölkerung ist, die die Krise heraufbeschwört. Wir haben immer erwartet, daß die Regierung die Krise auslösen wird. Und jetzt hat sie sie ausgelöst.

Und war es eine spontane Reaktion der Bevölkerung, die auf die Aktionen der Regierung geantwortet hat? War Soweto ein spontanes Aufbegehren der Jugend?

KOKA: Spontaneität folgt immer einer Richtung, die vorgeschrieben ist. Seit einigen Jahren war uns klar, daß wir uns von dem System, das uns unterdrückt, befreien müssen; uns allen war aber auch klar, daß wir diese Befreiung planen müssen, daß sie sich in bestimmten Schritten vollziehen muß. Spontane Reaktion ist niemals ein Traum, der vom Himmel fällt, sie ist die Erfüllung einer Richtung, die schon lange eingeschlagen ist. Das ist Spontaneität. Menschen handeln spontan. Aber sie folgen dabei bestimmten Gesetzen. Und die Gesetze, denen die Studenten gefolgt sind, als sie in die Stadt marschierten, waren kein Zufall. Dieser Marsch war vorbereitet durch die Idee von Black Consciousness, und er war kontrolliert durch diese Idee, die sich nicht gegen Menschen richtet, sondern gegen ein System. Aber natürlich kann kein Mensch garantieren, was wirklich in einer Krisensituation geschieht. Menschen können einen Grad von Bitterkeit und Trauer erreichen, daß nichts sie mehr kontrollieren kann.

Kein Gesetz Südafrikas kann die schwarzen Menschen noch aufhalten, eine Bewegung zu ihrer Befreiung zu organisieren.

Arbeiter aus Soweto

1. Arbeiter

Wie viele Räume haben Sie?

ARBEITER: Vier Räume für sechs Kinder.

Wieviel müssen Sie dafür bezahlen?

ARBEITER: Ich habe am Ende des Monats 10 Rand (30 DM) zu bezahlen.

Und wieviel müssen Sie für die Fahrt in die Stadt zur Arbeit bezahlen?

ARBEITER: Wir müssen 11 Rand für das Zugticket bezahlen.

Und wieviel müssen Sie für die Schulbildung Ihrer Kinder bezahlen?

ARBEITER: Dafür muß ich 175 Rand im Jahr bezahlen.

Wie hoch ist Ihr Lohn?

ARBEITER: 39 Rand in der Woche (DM 120,–).

Wann müssen Sie morgens aus dem Haus?

ARBEITER: Um 5 Uhr 30 morgens.

Und wann kommen Sie zurück?

ARBEITER: Um 17 Uhr 30. Es kommt darauf an, welchen Zug man bekommt. Nicht jeder Zug geht nach Soweto. Einer geht nach Kliptown, ein anderer nach Naledi. Den Zug 16 Uhr 30 kann man nicht bekommen. Wenn ich in Soweto ankomme, muß ich den Bus zu meinem Haus nehmen und komme also etwa um achtzehn Uhr bei mir zu Hause an.

Was arbeiten Sie?

ARBEITER: Ich tue alles, was ich kriegen kann.

Arbeiten an Ihrem Arbeitsplatz auch Weiße oder nur schwarze Kollegen?

ARBEITER: Unser Senior ist weiß.

Haben Sie irgendwelche Vertreter, die Ihre Rechte vertreten?

ARBEITER: Nein. Wir haben so eine Art Aufsichtsbeamte (*superviser*).

Haben Sie Arbeitsverträge?

ARBEITER: Nein, Arbeitsverträge haben wir nicht, aber einen Eintrag in unserem Paß für Johannesburg von der Influxkontroll.

Wenn Sie zum Beispiel einen höheren Lohn wollen, können Sie mit Ihrem Chef verhandeln?

ARBEITER: Ja, wir können mit ihm sprechen, aber wenn er «nein» sagt, können wir nichts machen. Da haben wir keinerlei Rechte. Manchmal können wir erreichen, daß wir einen oder zwei Rand mehr bekommen, das ist alles.

Sie haben keinerlei Vertrag, auf Grund dessen Ihnen ein Recht zugesichert wird, innerhalb einiger Jahre Ihren Lohn zu erhöhen?

ARBEITER: Nein.

2. Arbeiter

Wo leben Sie?

ARBEITER: Ich lebe in Tladi Location.

Sind Sie verheiratet?

ARBEITER: ja.

Wie viele Kinder haben Sie?

ARBEITER: Ich habe vier Kinder.

Wie viele Räume haben Sie?

ARBEITER: Vier Räume.

Wann müssen Sie morgens weggehen?

ARBEITER: 5 Uhr 30 Uhr morgens. Und ich komme so etwa um 6 Uhr abends zurück.

Arbeiten Sie mit Weißen zusammen?

ARBEITER: Ja.

Auf gleicher Ebene?

ARBEITER: Ja, aber wir bekommen nicht den gleichen Lohn. Ich bekomme 45 Rand die Woche. Ich muß 15 Rand für die Miete des Hauses bezahlen.

Haben Sie irgendwelche privaten oder sonstigen Kontakte zu Ihren weißen Kollegen?

ARBEITER: Nein.

Könnten Sie einen Streik überleben? Sie würden ja während des Streiks nicht bezahlt werden, würden Sie das überleben können?

ARBEITER: Nein – es sei denn, wir würden alle zusammen sein und unser Geld sammeln und gemeinsam davon das Essen kaufen – nein, ich glaube, wir könnten das niemals überleben.

Was glauben Sie, was für Hilfe könnten Sie von einer schwarzen Gewerkschaft bekommen?

ARBEITER: Ich weiß nicht. Sie könnten vielleicht etwas tun, ich weiß es nicht.

Arbeiterin

ARBEITERIN: Das, was man in Soweto Häuser nennt und Räume, das ist alles furchtbar klein. Ein Raum ist halb so groß wie dieser hier. Sie können nicht alles in einen Raum tun, und trotzdem noch bequem darin leben können, das ist unmöglich.

Leben Sie in Soweto?

ARBEITERIN: Ja.

Und arbeiten hier in Johannesburg?

ARBEITERIN: Ja, hier in Johannesburg. Ich muß um 6 Uhr morgens aus dem Haus und ich komme so um halb sieben oder sieben Uhr abends zurück, wenn die Züge normal verkehren.

Und wer kümmert sich um Ihre Kinder?

ARBEITERIN: Sie kümmern sich um sich selbst. Wir sagen ihnen nur:

wenn du aus der Schule kommst, geh zum Nachbarn und hol dir den Schlüssel, und wenn der auch nicht da ist, geben wir ihnen den Schlüssel oder wir legen ihn irgendwo unter einen Stein. Und dann gehen sie rein ins Haus und nehmen ein Stück Brot und schwarzen Tee.

Sind Sie Gewerkschaftsmitglied?

ARBEITERIN: Ja.

Glauben Sie, daß die Gewerkschaften einen politischen Wandel erreichen könnten, damit sich Ihre Lebensbedingungen verändern?

ARBEITERIN: Hm – (lange Pause) –, wir fühlen, das könnte vielleicht sein, aber so wie ich das sehe, machen sie keine Politik.

Was halten Sie von der augenblicklichen Situation? Meinen Sie, daß Sie Druck ausüben könnten auf die weiße Regierung?

ARBEITERIN: Ja, wir könnten Druck ausüben; aber wir haben damit ganz schlechte Erfahrungen gemacht, wir sind damit gescheitert, denn sie haben auf uns geschossen. Und wir haben kein Gewehr, wir haben nichts als Steine. Wir müssen sehen, sie schießen auf uns, sie töten uns. Wir verlieren unsere Kinder jetzt. Und die meisten von ihnen sind verhaftet. Gerade jetzt haben sie ein Kind im Gefängnis getötet. Das ist eine Art, uns zu entmutigen.

Haben Sie irgendwelche Beziehungen zu weißen Kollegen am Arbeitsplatz?

ARBEITERIN: Nein. Nein. Wir tun nur das, was die Regierung entscheidet, das wir tun sollen, und es kommt darauf an, wie man das hinnimmt, weil Sie mit der Regierung nicht diskutieren können. Die Regierung macht einfach die Gesetze.

Können Sie über Ihren Lohn verhandeln?

ARBEITERIN: Nein. Nein. Sie sagen einfach: ich bezahle dir 10 Rand und dann hast du es zu nehmen. Wenn du das nicht machst, kannst du dir irgendwo einen anderen Job suchen.

Gibt es keine geschriebenen Verträge, die Sie schützen?

ARBEITERIN: Kann sogar sein. Der Schutz ist groß. Aber wenn du das in Anspruch nehmen willst, merkst du jedes Mal, daß du scheiterst.

Haben Sie irgendwelche Vertreter, die in Ihrem Auftrag mit weißen Managern verhandeln?

ARBEITERIN: Wir haben unseren Ältesten (Senior). Aber der hat auch nie Erfolg.

Glauben Sie, daß die Gewerkschaften einen politischen Wandel erzwingen könnten?

ARBEITERIN: Ich glaube, daß, wenn wir, die schwarze Bevölkerung, die Gewerkschaften unterstützen würden und wirklich zu Hause bleiben würden, dann würden sie (die Weißen), es wirklich fühlen, weil sie verlieren würden. Aber der Fehler liegt bei uns. Viele kommen zur Arbeit und schlafen vor Hunger. Es ist also unser Fehler, wir arbeiten ja immer noch, wir unterstützen sie (die Weißen) ja immer noch. Wir haben nicht genug Geld, um zu Hause zu bleiben.

Was ist jetzt in der augenblicklichen Situation los in Soweto? Gibt es einen Konflikt zwischen den Eltern und den Kindern, die mit dem Kampf begonnen haben?

ARBEITERIN: Als das alles im Juni anfing, hatten wir Eltern keine Ahnung, bis die Kinder anfingen; aber jetzt wissen die Eltern, daß sie den Kindern folgen müssen. Und wir wissen das jetzt, weil wir so viele Kinder verloren haben, und nichts hat sich geändert, gar nichts.

Und Sie glauben, die Mehrheit der Eltern versteht die Kinder?

ARBEITERIN: Jetzt verstehen wir sie, jetzt verstehen wir sie. Jetzt ist das einzige Problem, daß wir kein Geld haben, deshalb sind wir gezwungen, zur Arbeit zu kommen, sogar in der Zeit der Unruhen (*riots*).

Meinen Sie, daß die Leute auf dem Land wissen, was hier in der Stadt vor sich geht?

ARBEITERIN: Ja, das wissen sie, eine Menge von ihnen weiß das.

Haben Sie Kontakt mit den Leuten auf dem Land?

ARBEITERIN: Der einzige Kontakt, den wir mit ihnen haben, ist durch unsere Kinder. Sie können den anderen in den Schulen weitersagen, was passiert und was geschehen soll. Und das ist der Platz, wo man Informationen ausstreuen kann, und das tun die Kinder, darin sind sie sehr schnell. Und sie sind aktiver als die Eltern. Die Kinder sind dabei, uns jetzt zu führen, würden wir sagen.

Aber wir brauchen Hilfe. Wir haben nichts. Wir haben nichts, um uns zu beschützen. Und wir haben eben einfach kein Geld. Und das wissen die Weißen. Wir haben überhaupt kein Geld. Und wir werden gezwungen sein, zur Arbeit zu kommen, weil wir sonst verhungern.

Glauben Sie, daß es für Sie als Schwarze jemals wieder möglich sein wird, nach einem politischen Wechsel mit Weißen wirklich zusammenzuarbeiten, nach allem, was Sie gelitten haben?

ARBEITERIN: Ich würde sagen – der Stachel sitzt jetzt tief im Fleisch. Und wir sind nicht sicher, daß wir wirklich fähig sein werden zusammenzukommen, nach allem, was wir erlebt haben. Ich kann mir vorstellen, in dem anderen Menschen nur den Menschen zu sehen, aber man kann niemanden anderen zwingen, das, was man selbst für richtig hält, auch für richtig zu halten.

Haben Sie Hoffnung, daß sich jetzt etwas ändern wird durch die letzten Ereignisse?

ARBEITERIN: Wir sehen überhaupt nichts. Es hat sich überhaupt nichts geändert. Noch nicht. Alles ist sogar teurer geworden, der Bus kostet mehr, alles ist seit den Unruhen teurer geworden, nur unser Lohn ist nicht gestiegen. Es ist sehr schwer für uns. Manchmal, wenn wir zu Hause bleiben und dann zurückkommen, dann werden wir einfach herausgeschmissen. Wir können jeden Augenblick herausgeworfen werden. Viele sind während der Unruhen hinausgeworfen worden, das ist Befehl der Regierung.

Als Ihre Kinder Ihnen sagten, Sie sollten zu Hause bleiben, haben Sie das befolgt?

ARBEITERIN: Einige Tage haben wir es getan. Dann konnten wir es nicht mehr, weil wir hinausgeworfen worden wären.

Wieviel verdienen Sie im Monat?

ARBEITERIN: 86 Rand (Existenzminimum liegt bei 129 Rand). Wir arbeiten mit weißen Leuten zusammen, aber wir bekommen nicht den gleichen Lohn. Sie haben die höheren Stellungen, sie sind uns übergeordnet.

Haben Sie jemals versucht, mit den Weißen zu reden und ihnen klarzumachen, wie es um Sie steht, was Sie dabei fühlen?

ARBEITERIN: Das dürfen wir nicht.

Was würde denn passieren, wenn Sie zu einem weißen Kollegen gingen und ihm erzählen würden, was Sie fühlen?

ARBEITERIN: Das will ich Ihnen sagen: wenn ich mit einem Weißen so zusammensitze, wie wir jetzt und so mit ihm reden würde – in der nächsten Nacht würde ich aufgegriffen werden und ins Gefängnis kommen. So – wir können überhaupt nichts mit Weißen diskutieren.

Es gibt nichts, was Sie schützt? Man kann Sie einfach hinauswerfen?

ARBEITERIN: Ja. Ja. Sogar jetzt. Jetzt, wo wir mit Ihnen reden. Sie können uns hinauswerfen. Wenn wir jetzt 15 Minuten zu spät kommen würden, würden sie sagen: wo kommt ihr her? Ihr müßt um zwei Uhr hier sein – und sie würden uns hinauswerfen. Es ist zu schlimm. Es ist wirklich zu schlimm.

Aber wenn Sie nur bis zwei Uhr frei haben, dann müssen Sie jetzt doch etwas essen, wenn Sie nun mit mir reden, dann kommen Sie ja nicht zum Essen?

ARBEITERIN: Nein, wir essen keinen Lunch. Wir haben um drei Uhr Tee.

Aber Sie müssen doch etwas essen. Wann essen Sie?

ARBEITERIN: Wir essen nicht. Wir haben Tee um drei. Und abends essen wir.

Wann?

ARBEITERIN: Wir kommen um halb sieben etwa nach Hause. Dann machen wir Feuer und fangen an zu kochen, und etwa um neun oder zehn Uhr abends können wir essen. Das früheste ist neun Uhr abends.

Und Ihre Kinder müssen sich tagsüber selbst etwas zu essen machen?

ARBEITERIN: Die schlafen am Tag. Wenn wir nach Hause kommen, rütteln wir sie auf und sagen: Schlaft nicht! Sie warten aufs Essen und dann schlafen sie dabei ein.

Als die Unruhen anfingen – was war mit Ihren Kindern? Hatten sie Angst?

ARBEITERIN: Ich glaube, die Kinder sind dieses ganzen Lebens furchtbar müde. Diese ganzen Gesetze hier in Südafrika. Alles, was sie jetzt tun – sie sind bereit zu sterben.

Indischer Student in Johannesburg, Mitglied von SASO

INDISCHER STUDENT: Zum gegenwärtigen Zeitpunkt wünschen wir die Teilnahme von Weißen an unserem Kampf um unsere Rechte nicht. Viele der weißen Studenten wollen uns unterstützen, aber für ein gemeinsames Vorgehen von Schwarz und Weiß ist jetzt nicht der Zeitpunkt.

Bevor SASO (schwarze Studentenorganisation) gegründet wurde, haben wir versucht, mit NUSAS, der weißen Studentenorganisation, zusammenzuarbeiten. Aber wir haben die Erfahrung gemacht, daß die weißen Studenten, sobald sie die Universität verlassen, in das südafrikanische System integriert werden. Jahre und Jahre haben wir mit ihnen zusammengearbeitet. Diese Erfahrung jedoch hat sich ständig wiederholt. Die weißen Studenten sind große Liberale, sie wollen für unsere Rechte kämpfen. Sie machen mehr Unruhe und Demonstrationen als wir selbst. Aber sobald sie die Universität verlassen haben, vollziehen sie oft eine Kehrtwendung um 180 Grad.

1974 hatte die Studentenvertretung einen Vizepräsidenten, der ganz auf unserer Seite stand. Heute ist er Leutnant beim Staatssicherheitsdienst. Wenn man sich mit Weißen einläßt, kann man niemals sicher sein. Deshalb wollen wir den Kampf der Schwarzen allein führen. Und mit «Schwarzen» meine ich Afrikaner, Inder und Farbige. Bevor SASO gegründet wurde, haben diese Gruppen alle isoliert voneinander gekämpft. Jetzt jedoch haben wir uns zusammengeschlossen. Die südafrikanische Regierung hat ihre Politik der Trennung so erfolgreich praktiziert, daß es ihr wirklich gelungen war, die Menschen voneinander zu trennen; daß jede einzelne unterdrückte Gruppe schon anfing, die andere unterdrückte Gruppe zu hassen. Es bestanden schwere Spannungen zwischen den verschiedenen rassischen Gruppen, als die Idee von Black Consciousness aufkam und die Barriere zwischen Afrikanern, Indern und Farbigen endlich niederriß. Die künstliche Trennung nach Hautfarben wurde in der Black Consciousness-Bewegung in eine alle Unterdrückten zusammenfassende Solidarität umgewandelt. Diese Solidarität ist jetzt so stark geworden, daß heute Afrikaner, Inder und Farbige gemeinsam den Kampf als Schwarze miteinander führen. Das hat natürlich zu einer Polarisation geführt. Es gibt nur noch zwei Gruppen in Südafrika: Schwarze und Weiße.

Meinen Sie nicht, daß eine partielle Zusammenarbeit mit linken weißen Gruppen trotz aller Vorbehalte für Ihren Kampf sehr wichtig sein könnte?

INDISCHER STUDENT: Sie wollen sagen, wir sollten unsere Reihen für linke weiße Gruppen öffnen? Wissen Sie, in diesem Land gibt es kaum 1 % von Weißen, die ernsthaft am Sieg unseres Kampfes interessiert sind. Der Weiße führt ein sehr gutes Leben hier in Südafrika. Und jeder Weiße weiß genau: am Tag der Befreiung der Schwarzen in Südafrika wird notgedrungen der Lebensstandard der Weißen niedriger werden müssen. Und der Weiße ist ganz einfach nicht bereit dazu, freiwillig seinen Lebensstil zu senken. In diesem Land lebt der Weiße ein Leben, das einzigartig ist auf der Welt. Und er will dieses Leben nicht opfern. Deshalb will er seinerseits seine Türen den Schwarzen nicht öffnen.

Jeder Schwarze weiß: obwohl die Unruhen jetzt begonnen haben, wird die endgültige Befreiung noch auf sich warten lassen. Wir alle rechnen mit etwa zehn Jahren. Sehen Sie, der weiße Südafrikaner hat kein anderes Zuhause als Südafrika. Wo sonst sollte er hingehen? Und er ist so töricht, daß er für die Herrschaft in diesem Land kämpfen wird bis zum letzten Blutstropfen. Der Kampf um Befreiung wird also lange dauern. Ich glaube nicht, daß die Befreiung schon in den nächsten fünf Jahren gewonnen werden kann. Aber der Schwarze hat einen Punkt erreicht, an dem er nicht mehr umkehren kann. Wenn Sie ständig jemanden schlagen und schlagen und immer wieder schlagen, dann kommt plötzlich ein Punkt, wo er sich aufrichtet und sagt: jetzt ist es zuviel. Und dann verliert er jede Angst. Der Schwarze in diesem Land hat nichts mehr zu verlieren. Nur seine Fesseln.

Das System kann einsperren, wen es will; wir werden niemals ohne Führer sein. Der Schwarze weiß jetzt, was er will. Der Beweis liegt ja auf der Hand. Die meisten schwarzen Führer sind im Augenblick im Gefängnis. Es gab eine Zeit, wo fast jeder von uns im Gefängnis war, ich auch. Der Prozeß ist nicht mehr aufzuhalten.

Warum wurden Sie verhaftet?

INDISCHER STUDENT: Sie gaben keinen Grund an. Aber ich kann mir schon denken, was der Grund war. Wenn es eine Gruppe gibt, in der acht oder neun Schwarze zusammenarbeiten und nur ein Inder dabei ist, dann verhaften sie diesen. Deshalb nahmen sie mich mit. Sie versuchten die ganze Zeit, mich einer Gehirnwäsche zu unterziehen. Sie sagten mir, daß ich kein Schwarzer sei, daß ich in einem Boot mit jedem Weißen säße; daß an dem Tag der Befreiung ich ebenso niedergeschossen werden würde von den Schwarzen wie jeder Weiße.

Sie haben sehr wirksame Methoden der Gehirnwäsche. Aber sie haben nichts bei mir erreicht.

Gibt es konkrete Schritte, die die Schwarzen bei ihrem Kampf planen?

INDISCHER STUDENT: Ja, bei dem SASO-Prozeß, der jetzt gerade in Pretoria geführt wird, kam zur Sprache, daß ein ganz konkretes Arbeitsprogramm von SASO vorliegt. Die erste Stufe im Kampf ist die Bewußtmachung der Bevölkerung: dem Schwarzen zu sagen, daß er dem Weißen völlig ebenbürtig ist, ihm sein Selbstvertrauen zurückzugeben, ihn dazu zu bringen, die Haltung eines Dieners abzulegen.

Die zweite Stufe ist gewaltfreie Konfrontation. Und Sie haben ja konkrete Schritte dieser Phase verfolgen können. 1974 organisierte SASO in Durban eine Frelimo-Solidaritätskampagne. Hunde wurden dabei gegen uns eingesetzt. Wir liefen weg. Aber viele von uns wurden verhaftet.

Die dritte Stufe ist gewaltsame Konfrontation. Ich glaube, in dieser Phase befinden wir uns jetzt.

Können Sie sich Sabotageakte ohne Blutvergießen vorstellen?

INDISCHER STUDENT: Ich glaube nicht, daß das möglich ist, Gewalt ohne Blutvergießen. Um 1960 herum hat der ANC so etwas ja ständig versucht. Sabotageakte gegen Elektrizitätseinrichtungen und lauter solche Sachen. Aber das hatte keinerlei Erfolg. In diesem Land wird ein Kampf ohne Blutvergießen uns nicht mehr weiterbringen. Es gibt keinen anderen Ausweg mehr.

Die Regierung hat sehr hochentwickelte Waffen –

INDISCHER STUDENT: Ja, das ist wahr. Das hat sie wirklich. Aber die Situation ist so, daß sie diese Waffen nicht ohne weiteres einsetzen kann. Die Regierung wird auch mit diesen Waffen der Unruhen nicht Herr werden können. Es wird allerdings der Tag kommen, an dem sich die Regierung in einer so ausweglosen Situation befinden wird, daß sie nicht davor zurückscheuen wird, Soweto einfach zu vernichten, was sie nur zwei bis drei Minuten kosten wird. Sie haben Militärbasen rund um Soweto errichtet. Und sie werden Bomben auf Soweto werfen. Das kann passieren, wenn die Unruhen so eskalieren, daß die Regierung nicht mehr weiter weiß.

Welche Hilfe würden Sie für wichtiger halten – die Unterstützung sozialer Projekte wie Schulen und Krankenhäuser oder direkte finanzielle Unterstützung von Befreiungsgruppen?

INDISCHER STUDENT: In einer Situation wie der unsrigen könnte es richtig sein, zu handeln nach dem Wort: «Laßt sie hungern!» Wenn nämlich ein Mensch hungrig ist, dann ist er motiviert. Verstehen Sie, was ich meine? Man kann ein solches System nicht zerschlagen, wenn man einen vollen Bauch hat. Kämpfen kann man, wenn man hungrig ist. Es ist einfach eine Frage der Motivation. Sie finden sich in einer Position, in der sie sich fragen: «Warum hat der weiße Mann zu essen und ich nicht»? Und da gibt es eben nur eine Antwort. Und dann unternehmen sie ganz automatisch Schritte, das zu ändern. Denn sie sind hungrig, sie müssen etwas zu essen besorgen. Deshalb, glaube ich, sollte man den Befreiungskampf unterstützen, wenn man wählen muß.

Können Sie sich vorstellen, nach der Befreiung mit Weißen zusammen zu leben?

INDISCHER STUDENT: Ich würde hoffen, daß wir nach der Befreiung mit Weißen zusammen leben könnten. Aber ich glaube kaum, daß das Wirklichkeit werden kann. Ich glaube, die Schwarzen sind an einen Punkt gedrängt worden, an dem sie die weiße Haut so sehr hassen, daß ein

Zusammenleben vielleicht nicht mehr möglich ist. Sie müssen das verstehen. Man lebt hier als Schwarzer sein Leben unter totaler Kontrolle des Gesetzes. Völlig unterworfen und eingeschränkt in jeder Minute seiner Existenz. Es ist einfach kein Leben. Und wer hat das alles zu verantworten? Der Weiße. Und es kann sein, daß der Schwarze den Weißen nun fühlen lassen will, wie es ist, unter solchen Bedingungen zu leben. Denn die Weißen sagen ja immer: «Die Schwarzen leben doch gar nicht so schlecht»! Also – sagen sich die Schwarzen – dann sollen die Weißen doch einmal in dieser Situation leben, damit sie die Erfahrung machen, wie es sich unter diesen Bedingungen lebt. Dann können sie wiederholen, ob der Schwarze tatsächlich keinen Grund zur Klage hatte. Also, ich fände es nicht schlecht, wenn der Weiße die Situation, in die er die Schwarzen zwingt, am eigenen Leib erfahren würde, damit er endlich versteht.

Flory K., Arbeiterin aus einer Vorstadt von Kapstadt

FLORY: Seit langer Zeit überlegen wir, wie wir als Frauen für die Gemeinschaft eine Hilfe sein können. Unsere Männer verdienen sehr wenig, es war niemals genug, um die Familie zu ernähren und zu kleiden. Wissen Sie, die Preise steigen ständig. Niemand kann unter den Bedingungen leben, unter denen wir leben müssen. Es ist ein schrecklicher Druck.

Zum Beispiel, du hast die gleichen Gefühle wie ein weißer Mensch. Du würdest deinem Kind so gern dieselben Dinge geben, die eine weiße Frau ihrem Kind gibt. Nicht weil du das siehst und dann neidisch bist, nein, du hast dein eigenes Gefühl, das sich äußern möchte.

Wenn deine Kinder größer werden, brauchen sie eine bessere Erziehung. Du, die Mutter, weißt, daß du selber solche Erziehung nicht hast. Du möchtest, daß dein Kind ein besseres Leben hat, als du es hattest. Und deshalb fängst du an nachzudenken, was du tun kannst, damit dein Kind ein leichteres Leben führen kann. Du denkst an die Zukunft deines Kindes, und ich glaube fest daran, daß es an dir selbst liegt, wie das Leben deiner Familie verläuft; das hängt allein von dem Vater und der Mutter ab. Du trägst die Verantwortung für die Familie, denn ihre Zukunft hängt wirklich von dir ab, hängt davon ab, wie du voran kommst. Du mußt dir also Mühe geben, daß du dein Kind nicht fehlleitest, daß es nicht eines Tages auf dich zeigt und sagt, daß du nicht fähig warst, ihm die eigentlichen Dinge zu geben. Damit es nicht auf dich schaut wie auf etwas, von dem keine Hoffnung kommt.

Und Sie meinen, Sie müssen das ganz allein schaffen?

FLORY: Ja, es passiert oft, daß Weiße zu uns kommen und uns fragen:

Wie geht es? Was macht die Familie? Aber du kannst dem Weißen nicht verständlich machen, was du wirklich brauchst. Denn du willst ja nicht, daß die Menschen Mitleid mit dir haben. Du möchtest nur die Chance haben, dich selbst im Leben zu beweisen, und diese Chance haben wir niemals bekommen. Das, was wir an Einrichtungen und materiellen Dingen gebraucht hätten, um uns als menschliche Wesen zu beweisen, ist uns niemals zugestanden worden.

Zum Beispiel, wenn du in einem Gebiet wohnst und all das kaufst oder überall zusammensuchst, was du brauchst, um dir damit ein Haus zu bauen, und dann hast du es dir endlich gebaut und wirst dann vor die Tatsache gestellt, daß dieses Gebiet nächstes Jahr zum weißen Gebiet erklärt wird, dann mußt du aufgeben. Denn der Preis für all diese Dinge wird im Laufe des Jahres so gestiegen sein, daß du nicht noch einmal anfangen kannst, daß du also einfach in das andere Gebiet gehst, in das sie dich tun. Und das nimmt dir allen Mut, den du hast – einige Leute geben einfach auf –, verstehen Sie? Es hat einfach keinen Zweck, weiter zu kämpfen, für nichts; niemals weißt du, wo sie dich als nächstes hinschieben werden. Ständig fragen wir uns: Was können wir als Frauen tun, um einander zu helfen? Denn es betrifft jeden Schwarzen. Wir können es nicht als ein Problem betrachten, das auch Weiße betrifft, denn die Menschen, die wirklich betroffen sind, sind die Schwarzen. Die weißen Frauen sollen das nicht falsch verstehen. Sie sollen nicht denken, daß wir nicht mit ihnen zusammenarbeiten wollen. Aber wir haben schon so lange mit ihnen zusammengearbeitet, und immer haben sie für uns gedacht und sie haben uns niemals verstanden. Deshalb haben wir das Gefühl, daß es jetzt an der Zeit ist aufzustehen und die Dinge selber zu tun. Wir müssen uns selbst erziehen, damit wir unsere Familie erziehen können.

Sie tun sich zusammen, die Mütter untereinander?

FLORY: Ja, aber da ist immer diese Mauer, die uns trennt, zum Beispiel hier in Kapstadt. Es gibt die farbige Gemeinschaft, die Bantu-Gemeinschaft und die indische Gemeinschaft. Wir sind so sehr geteilt, daß es schwer ist, zusammenzuarbeiten. Aber wir fühlen, daß wir nun zusammenarbeiten müssen als Eltern, weil wir alle von den gleichen Bedingungen betroffen sind. Und wir denken darüber nach, was wir tun können, um den Weißen nicht das Gefühl zu geben, daß wir sie in Zukunft draußen lassen wollen; sie müssen uns die Chance geben, uns selbst als Menschen zu beweisen. Wir merken, daß sie uns in der Vergangenheit die Freiheit zu denken, weggenommen haben. Verstehen Sie, sie haben immer für uns denken wollen, haben uns niemals die Möglichkeit gegeben, uns selber zu erklären.

Die Weißen kennen uns nicht. Sie wissen nichts von uns. Und wir halten still und sagen: Ja, ja – nein, nein. Aber dann gehen sie zurück nach Hause und gehen ihren eigenen Angelegenheiten nach und wir sitzen da mit unseren Problemen. Du magst als Weißer dich noch so sehr betroffen fühlen, aber du hast nicht wirklich die Erfahrung des Leidens. Das ist nicht möglich. Du weißt nicht wirklich, wie es ist, ohne Essen zu sein für deine Familie mit sieben Kindern. Da ist immer diese Angst – du lebst hier in diesem Gebiet und im nächsten Moment mußt du in ein anderes gehen.

Es gibt überhaupt keine Freiheit; in nichts bist du frei, zu tun, was du willst; das ist furchtbar entmutigend, weil du niemals weißt, was du als nächstes zu tun gezwungen wirst – verstehen Sie, es ist einfach ein Gefühl von Hoffnungslosigkeit. Und wir fühlen, daß wir nur, wenn wir selber etwas tun, unsere Probleme lösen können.

Meinen Sie, daß die Mehrheit der Menschen jetzt so denkt wie Sie? Daß sie verstehen, was sich abspielt?

FLORY: Ja, das tun sie. Sie haben jetzt verstanden, daß, ganz gleich, wie hart die Eltern dafür in der Vergangenheit gekämpft haben, dem Kind ein besseres Leben zu ermöglichen, daß all das dem Kind nicht die Freiheit geben kann, die es braucht und nach der es jetzt verlangt. Die Kinder werden nicht mehr auf die Eltern hören, wenn diese in der Vergangenheit leben. Und die Kinder haben etwas, was wir niemals hatten. Sie haben diesen Glauben, daß es sich jetzt ändert, also ändert es sich auch wirklich für sie. Sie wollen einfach nicht länger leben wie Menschen in einem Gefängnis. Die Kinder werden einfach die Führung übernehmen – die meisten von ihnen.

Sehen Sie im Moment eine Chance für eine Veränderung bei den Weißen?

FLORY: Mir tut es leid, das sagen zu müssen – aber die meisten Weißen haben niemals realisiert, daß Gott sichtbar wird auch durch den Geist schwarzer Menschen und sie waren immer die einzigen, die alles wußten und uns sagen mußten, was wir zu tun hätten. Wir konnten die Dinge niemals selber tun. Und irgendwann hast du das alles so schrecklich satt. Die, die es ertragen können, ertragen es, aber die anderen, die es nicht ertragen können – sie fangen an zu trinken und haben das Gefühl, daß es nichts gibt, was wirklich der Mühe wert ist.

Haben Sie Beziehungen zu Leuten auf dem Land, können Sie mit ihnen diskutieren und ihnen erklären?

FLORY: Ja, es gibt Leute, die rausgehen und das tun. Und wir haben viele Freunde dort. Was uns tatsächlich trennt, ist, daß man nicht hingehen kann, wohin man will, als sogenannter «Farbiger» oder als «Bantu». Deshalb haben wir niemals die Gelegenheit, wirklich miteinander zu reden. Sogar in den Städten wollen sie nicht, daß wir zusammenkommen. Wenn ich zum Beispiel nach Langa will, brauche ich eine offizielle Erlaubnis – um nach Langa zu kommen, in eine afrikanische Township. Wenn ich diese Genehmigung nicht habe, können sie mich bestrafen, wenn sie mich in diesem Gebiet antreffen.

Man kommt nur zusammen, wo man zusammenarbeitet. Man kommt nicht einmal in der Kirche zusammen. Nein, da ist eine Schranke; die Schwarzen sitzen auf der einen Seite und die Farbigen auf der anderen. Das Ergebnis ist, daß das so perfekt funktioniert, daß die Menschen sich dieser Trennung unterwerfen und noch nicht einmal fragen, warum das so ist. So kam es, daß die Kinder anfingen.

Und die Eltern stimmen zu?

FLORY: Die Entschlossenheit der Kinder erschafft die Dinge so, wie sie sie haben wollen; das ändert auch die Eltern.

Sehen Sie eine Chance, daß Schwarze und Weiße nach einem politischen Wandel wirklich miteinander leben können? Nach allem, was geschehen ist?

FLORY: Wenn man mitten im Kampf ist – vielleicht werden Sie es nicht für möglich halten, aber es ist wirklich so –, fühlt man großes Mitleid mit den Weißen. Man sieht, daß sie sich so furchtbar töricht verhalten. Was immer der Weiße zu erreichen sucht, was immer er tut, es ist so schrecklich falsch, daß wir Mitleid für ihn empfinden. Ganz gleich, was die Zukunft bringen wird, was sie uns noch antun wird, wenn irgendein Weißer morgen in mein Haus käme, ich würde ihn als meinen Bruder oder als meine Schwester empfangen.

Du kannst Menschen nicht deshalb hassen, weil du weißt, sie haben falsch gehandelt. Das ist unmöglich. Das Gefängnis, das man uns aufgezwungen hat, hat uns weiser gemacht, hat das schwarze Volk so viel weiser gemacht, daß wir niemals mehr die gleichen Dinge tun können, die Weiße getan haben. Niemals werden wir den Weißen den gleichen Schmerz zufügen können. Ich weiß, daß das ganz unmöglich ist. Und die meisten von uns fühlen so. Sogar die Kinder. Ja. Es gibt Menschen, die das falsch verstehen. Aber wir haben aus dem Kampf gelernt; wir können unseren Nächsten nicht beiseite schieben. Im Kampf muß man näher aneinanderrücken. Und du weißt, wie sehr du selbst gelitten hast. Deshalb wirst du nicht wollen, daß der andere dasselbe erleiden muß. Du wirst nicht wollen, daß dasselbe der anderen Gruppe auch geschieht.

Haben Sie jemals die Erfahrung gemacht, daß Sie die Schranke zu einem Weißen durchbrechen konnten, daß Sie jemals diese Dinge einem Weißen erklären konnten, der von der Apartheid überzeugt war?

FLORY: Ganz bestimmt kann man das. Ja, es hängt ganz allein von dir ab, wie du den weißen Menschen annimmst. Und es hängt von dem Weißen ab, wie er dich als Menschen annimmt, so daß du die Hautfarbe ganz vergessen kannst, wenn du mit ihm sprichst. Niemals solltest du die Teilung «weiß, farbig, schwarz» hineinbringen. Du mußt zum Menschen sprechen . . . wie zu einem Menschen. Du mußt dem Menschen sagen, was er dir angetan hat. Denn er ist ganz blind gegenüber den Tatsachen. Und du mußt ihm darüber die Augen öffnen. Es hängt auch von dem weißen Menschen ab, ob er fähig ist, sich als Person zu geben und nicht als Weißer. Es ist nicht leicht für uns, aber wir müssen uns ständig dessen bewußt sein, daß wir eine Veränderung wollen. Und wenn wir eine Veränderung wollen, müssen wir uns selbst als Menschen verändern.

Glauben Sie, daß ein Wandel ohne Gewalt noch möglich ist?

FLORY (lange Pause): Ich weiß nicht. Das ist eine Antwort, die ich ihnen nicht geben kann. – Aber ich sehe keine Zukunft mehr, wenn wir uns nicht verstehen lernen.

K., Krankenschwester in Soweto

K.: Ich kann nicht sagen, was die Leute in Soweto ganz allgemein denken. Ich habe den Eindruck, daß sie ziemlich verwirrt sind. Es gibt dort Leute, die nur wenig Ausbildung haben, die kaum verstehen können, was jetzt eigentlich vor sich geht. Aber sie sind trotzdem bereit, sich der Mehrheit anzuschließen. Sie wollen eine Veränderung, aber sie wissen nicht, wie sie diese Veränderung erreichen können. Die meisten von ihnen denken, daß das Leben, das sie führen, das normale Leben ist. Nur etwa ein Viertel der erwachsenen Bevölkerung in Soweto ist sich klar darüber, daß dieses Leben nicht das wirkliche Leben ist.

Die Kinder haben angefangen zu demonstrieren. Sie wollten eine friedliche Demonstration. Ich habe oft gedacht, daß Südafrikas Schwarze zu friedlich sind für die Weißen. Sie sind friedlich in einem gewalttätigen Land. Ich habe über die Vergangenheit nachgedacht. Als 1948 die Politik der Nationalen Partei begann, waren die Kinder von heute Babies. Die ganzen letzten 25 und 27 Jahre waren sie diesem Gewaltsystem ausgesetzt. Dieses Baby, das sein ganzes Leben unter dieser Gewalt verbracht hat, ist jetzt ein Erwachsener und hat nun begonnen zu realisieren, daß alle gewaltlosen Anstrengungen, die die Älteren unternommen haben, nichts ausgerichtet haben. Trotzdem versuchen sie selbst auch immer noch, gewaltlose Mittel zu wählen. Die Jugend heute versucht immer noch, etwas mit Gewaltlosigkeit zu erreichen. Als sie nämlich demonstrierte, war das eine friedliche Demonstration – die Jugendlichen waren innerlich friedlich. Aber dann sind sie mit diesem gewalttätigen System zusammengestoßen, mit diesen Polizisten, die, sobald sie einen schwarzen Menschen sehen, an nichts anderes denken als an Gewalt. Das ist tatsächlich unser Leben. Ich kenne zum Beispiel einen Polizisten, der ganz zu Anfang dabei war, als die Ereignisse in Soweto begannen. Er ist ein naher Freund unserer Familie. Er versuchte mit den Kindern zu sprechen, als alles anfing. Die Kinder stoppten ihren Marsch, weil sie ihn kannten. Aber als die anderen Polizisten das sahen, beschuldigten sie ihn, ein Aufrührer zu sein, einfach deshalb, weil er mit den Kindern gesprochen hatte. Für drei Tage wurde er deshalb zum Verhör mitgenommen. Sie wollten nicht, daß er mit jemandem redet, sondern nur, daß er Gewalt anwendet. Wenn er zu den Leuten gehört hätte, den wenigen schwarzen Polizisten, die in Soweto Waffen tragen dürfen, wenn er dann, ohne ein Wort zu sagen, zu schießen begonnen hätte, wäre er jetzt nicht in Schwierigkeiten.

Es ist schwer für die Jugend, auf diese Gewalt mit Gewalt zu antworten. Sie haben keine Waffen.

K.: Ja. Sie wissen, daß sie hilflos sind, wenn es zur Gewalt kommt. In einer Situation, in der der eine Mensch eine Waffe hat und der andere nicht, wird natürlicherweise der Mensch mit der Waffe der Gewinner sein. Ein halbwegs empfindsamer Mensch würde in dieser Situation nicht mit Gewalt beginnen, wenn er der Mensch mit der Waffe ist. Aber Gewalt in Südafrika kommt immer nur von der bewaffneten Seite. Natürlich muß jeder daran denken, wie er sich dagegen schützen kann.

Haben Sie noch eine Hoffnung, daß nach der Befreiung Schwarze und Weiße jemals wieder werden zusammen leben können?

K.: Ich zweifle wirklich daran. Ich bin nicht sicher, daß das noch möglich ist. Schauen Sie, die letzten Jahre waren voll von Gewalt. Die Jugendlichen sind in einer gewalttätigen Gesellschaft groß geworden. Und es ist natürlich, daß sie Gewalt für eine normale Sache halten. Sie haben Gewalt gelernt. Sie kennen nichts anderes. Sogar ihren eigenen Leuten gegenüber sind sie voller Gewalt. Lassen Sie ein Kind im Dschungel aufwachsen. Wenn es dort die Erfahrung macht, daß es sich nur durch Kampf Nahrung verschaffen kann, dann wird dieses Kind sein ganzes Leben lang kämpfen.

Sehen Sie keine Möglichkeit mehr für eine Veränderung ohne Gewalt?

K.: Nein, da habe ich keine Hoffnung. Veränderung ohne Gewalt sehe ich nicht. Wirklich nicht.

Aber welche Macht haben Sie? Die Demonstrationen können leicht zerschlagen werden.

K.: Ich glaube, die einzige Möglichkeit, uns zu befreien, liegt im Ausland.

Die einzige?

K.: Ja, die einzige. Wir wissen, daß Tausende unserer Jugendlichen das Land heimlich verlassen haben. Und wir hoffen, daß sie sich im Ausland organisieren und eines Tages zurückkommen, mit Gewalt. Denn man wird ihnen nicht erlauben, friedlich zu kommen.

Uns ist es gleichgültig, wie sie kommen. Meinetwegen auch als Kommunisten. Wenn Sie Leute in Soweto nach dem Kommunismus fragen, wird man Ihnen keine Zeit lassen zu erklären, was Sie mit Kommunismus meinen.

Die Leute aus Soweto werden sagen: Kommunismus wird auf jeden

Fall eine Veränderung sein. Und es ist uns völlig gleichgültig, was für eine Veränderung; ob sie gewaltsam ist, ob sie westlich ist oder sonst was – es wird eine Veränderung sein und das ist im Augenblick alles, was wir wollen.

Gehört die Homeland-Politik zu den Dingen, die Sie ändern möchten?

K.: Ich bin hundertprozentig gegen die Homelands. Neulich habe ich davon geträumt, daß ich zu den Leuten gehöre, die das Land regieren, und die Weißen waren meiner Führung unterstellt. Ich dachte mir, wie ich ihnen sagen würde: Ihr habt versucht, so gut zu uns zu sein. Ihr habt uns ein Homeland gegeben, wo wir eurer Meinung nach hingehören und wo wir unsere Kultur bewahren können und unsere Tradition. Eure Tradition und eure Kultur leitet sich von einer Farmgesellschaft her. Eure Leute waren Farmer, als sie hierherkamen. Jan van Riebeck war ein Farmer. Was haltet ihr davon, wenn ihr ins Homeland geht, um die Tradition eurer Großväter zu erhalten? Ich wünsche nicht, einen Afrikaner (Buren) an der Universität anzutreffen. Ich will ihn hinter dem Traktor sehen. Das ist der Platz, wo er hingehört.

Was meinen Sie konkret, wenn Sie sagen, eine Lösung sei nur noch durch Gewalt möglich? Wären Sie bereit, sich selbst zu opfern, Ihren Sohn, Ihre Tochter, Ihre Enkel sterben zu sehen?

K.: Ja, in einer Situation wie unserer erwarten wir, daß Menschen sterben werden. Und wenn ich sage «Menschen», dann meine ich auch mich, meine Kinder und meine Enkel. Es gibt keine andere Antwort mehr auf diese Situation als Gewalt. Wir müssen uns opfern.

Ja, ich kenne kein Land in der Welt, das einen Wandel friedlich erzwingen konnte. Es gab immer Blutvergießen. Es gab immer Tod. Deshalb bereite ich meine Kinder darauf vor. Wenn sie sterben, sollen ihre Seelen in Frieden ruhen.

Ich glaube, daß wir es bis 1980 geschafft haben werden. Ich hoffe sogar eher. Wenn sich bis 1980 nicht alles geändert hat, dann müssen wir aufgeben.

Was für konkrete Schritte stellen Sie sich vor, um das zu erreichen?

K.: Die Gewalt, die jetzt in Soweto begonnen hat, darf nicht auf Soweto beschränkt bleiben. Sie muß aufs weiße Gebiet übertragen werden. Wenn auch nur einige Weiße sterben – und wenn es auch nur 30 sind –, dann werden die Weißen vielleicht zur Besinnung kommen. Im Augenblick jedoch sind sie völlig beruhigt, weil es ja nur die Schwarzen sind, die sterben. Sie selbst fühlen sich nicht betroffen.

Und die schwarzen Hausangestellten in den weißen Häusern? Könnten sie den Kampf unterstützen?

K.: Ich glaube nicht, daß man sie gegen ihre weißen Herrschaften organisieren könnte, dazu sind sie zu eng mit der Familie, für die sie arbeiten, verbunden. Selbst wenn sie schlecht behandelt wird, fühlt sich die Hausangestellte «ihrer» Familie zugetan. Eine Bewegung wie die

Mau-Mau-Bewegung kann ich mir hier in Südafrika nicht vorstellen. Denn da die Hausangestellte im Haus der Familie lebt, betrachtet sie sich irgendwie als Teil der Familie, auch wenn umgekehrt die Familie sie nicht als zugehörig ansieht. Wenn ich in ein Haus gehen würde und versuchen würde, den weißen Bewohner zu töten, würde mit Sicherheit die schwarze Hausangestellte mich daran hindern, auch wenn sie ganz unglücklich dort ist. Sie liebt ihren weißen Herrn nicht einmal wirklich – aber sie wird mich trotzdem hindern, ihn zu töten. Das war es, was ich meinte, als ich vorhin sagte, die Schwarzen seien so friedlich, daß es ihnen zum Verhängnis wird.

Und die Arbeiter in der Fabrik?

K.: Die Arbeiter sind meistens Leute aus der Stadt, und sie für den Befreiungskampf zu organisieren, ist natürlich leichter. Sie leben zusammen in Soweto, sie können sich an verschiedenen Orten treffen, in Shebeens zum Beispiel oder in Clubs. Man kann dort mit ihnen sprechen und sie motivieren, etwas zu tun. Und sie sind in der Mehrheit; wenn man sie dazu bringen könnte, etwas zu tun, dann würde die Sache laufen.

Ich fürchte, die Regierung versucht, die Bildung einer Mittelklasse unter den Schwarzen zu begünstigen, um diese dann von den übrigen Schwarzen zu isolieren.

K.: Ja, das ist richtig, aber ich finde das schlimm. Die Bildung einer privilegierten Klasse ist nur eine andere Spielart des Prinzips: «Teile und herrsche!» Es zerstört die Solidarität. Mir ist das neulich durch den Kopf gegangen, als ich die Leute beobachtete, wie sie während der Unruhen die Autos angezündet haben und die Verwaltungsgebäude. Ich habe den Haß beobachtet, mit dem sie das taten. Ich fürchte, das nächste Ziel ihrer aufgestauten Aggression könnte die eigene Mittelklasse sein; ihr Zorn wird sich gegen die eigenen Leute richten, gegen die, die in irgendeiner Form mit Weißen zu tun haben. Das werden die nächsten sein, die sie töten. Nicht weil sie wirklich diese Leute töten wollen, sondern weil sie das Bild der Weißen in ihnen zu entdecken glauben. Ich selbst sehe das nicht so. Aber bei dem, was vor kurzem in Soweto geschah, hatte ich den Eindruck, daß die Wut der Schwarzen bald an einen Punkt geraten könnte, wo sie sich gegen ihresgleichen richten wird, gegen schwarze Pastoren, Ärzte und Rechtsanwälte.

Versetzen Sie sich einmal in eine Lage, in der Sie außer sich sind vor Zorn, in der Sie fast wahnsinnig sind vor Zorn: Sie werden anfangen, gerade das zu zerstören, was Sie haben wollen. Sie werden einen Stock nehmen und die Dinge zertrümmern, an denen Sie selbst hängen. Das ist die Situation, von der ich fürchte, daß sie auf uns zukommt. Die Schwarzen werden ihre Leute nicht umbringen, weil sie sie wirklich ablehnen, sondern sie werden nur an einen derartigen Siedepunkt von Zorn, Frustration und Verzweiflung geraten, daß sie nicht mehr wissen werden, was richtig und was falsch ist.

Wenn Weiße greifbar wären, würde sich ihr Zorn gegen diese richten, aber da sie Weiße nicht erreichen können, werden sie ihren Zorn gegen das nächstbeste Objekt richten, das ihnen vor die Augen kommt. Es wird ein Zeitpunkt kommen, wo die Unruhen so eskalieren, daß sie alles und jedes töten, was gerade vor ihnen ist. Soweit wird es kommen, wenn sie keinerlei Reaktion von der anderen Seite spüren, wenn nichts besser wird.

Die Chance, weiße Einrichtungen zu zerstören, haben sie einfach nicht. Die Regierung war so klug, sich eine starke Verteidigung aufzubauen. Ich versichere Ihnen, daß sonst die Situation in Johannesburg eine ganz andere wäre.

Aber wenn Sie keine Chance sehen, die Weißen mit dem Angriff zu erreichen – warum glauben Sie, daß die Befreiung bis 1980 erzwungen werden könnte?

K.: Wir hoffen, daß von draußen Hilfe kommt.

Viele Leute fürchten die Herrschaft der Kommunisten. Wie ist das mit Ihnen? Mögen Sie sie?

K.: Nein, ganz sicher nicht. Ich würde gar nichts von ihnen wissen wollen, wenn ich meinen Weg frei wählen könnte. Aber mir scheint, die Kommunisten sind im Moment die einzige Macht, die Interesse für uns aufbringt. Natürlich sind sie nicht wirklich an uns interessiert; wir wissen, daß sie ihre eigenen Machtinteressen dabei verfolgen – aber ich gebe immer folgendes Bild für unsere Situation: Da ist ein kleiner schwacher Mann; ein großer Mann kommt, überfällt ihn und schlägt ihn; schlägt ihn jeden Tag. Der kleine schwache Mann kann sich nicht helfen, aus der Situation herauszukommen. Ein Dritter, noch größerer, kommt dazu, schlägt den kleinen Mann, aber auch den großen – und der kleine ist glücklich, daß auch sein Peiniger geschlagen wurde. Das ist die Situation.

Ich bete darum, daß die Russen kommen. Wenn die anderen um Frieden für das Land beten, dann bete ich: Gott, laß mich bitte die Marschtritte russischer Soldaten auf dem Pflaster der Eloff-Straße hören, das ist die Hauptstraße von Johannesburg. Darum bete ich.

Wir werden dann zwar weiterhin in Schwierigkeiten sein, aber die Weißen, die uns ständig schlagen, nicht minder. Sie werden endlich fühlen, wie das ist.

Ich glaube, ich kann nicht mehr warten. Ich bin so ungeduldig jetzt. Mein Großvater hat versucht, Frieden zu predigen. Mein Vater hat versucht, Frieden zu predigen. Ich habe versucht, das zu tun. Und nun soll mein Kind wieder warten, bis sein Kind groß geworden ist?

Gibt es Möglichkeiten, eine bessere Erziehung der schwarzen Jugend durchzusetzen, um sie auf eine Mitbeteiligung an der Regierung vorzubereiten?

K.: Wenn es nach mir ginge, würde ich die ganze Bantu-Erziehung abschaffen. Wir hatten eine bessere Erziehung früher. Ich würde es lieber sehen, daß unsere Jugend ins Ausland geht, um diese ganze Sklavenmentalität erst einmal loszuwerden, diese Vorstellung, daß jeder Weiße ein Gott ist – diesen Glauben, den die Weißen ihnen aufgezwungen haben. Selbst wenn man hier in Südafrika bessere Schulen einrichten würde, mit besseren Ausbildungsmöglichkeiten – solange die Kinder jedoch in Soweto bleiben, sind sie weiterhin erschrocken, wenn ihnen ein Weißer begegnet. Mit jedem Schritt, den sie hier in Südafrika tun, stoßen sie an ihre Grenze als Schwarze und nehmen einfach wie in einer Gehirnwäsche das Bewußtsein in sich auf, minderwertig zu sein. Nur wenn sie erst einmal ganz raus könnten aus dieser Situation, könnten sie eines Tages zurückkommen als freie Menschen, ausgebildet dafür, auch Führer zu sein.

Aber es ist ja nicht nur der Schwarze, der durch diese Situation verbogen wird. Der Weiße ist doch genauso gefangen. Manchmal haben wir fast Mitleid mit den Weißen und betrachten sie als ein bißchen versponnen. Sie sind so unfrei. Sie sind nicht einmal frei genug, um mit uns reden zu können. Sie sind so wenig gewohnt, mit Schwarzen zusammenzutreffen, daß sie ganz schockiert reagieren, wenn sie einen Schwarzen vor sich sehen. Ich habe das neulich erlebt. Am Mittwoch traf ich einige Afrikaaner-Frauen. Sie waren völlig verkrampft und wußten gar nicht, wie sie sich verhalten sollten. Die schwarzen Frauen waren dagegen viel offener, mit den weißen Frauen zu reden. Aber die Weißen saßen da – so –, als ob sie einen Stock verschluckt hätten; ganz erschrocken in einer Situation, die doch eigentlich ganz harmlos war. Sie sind einfach nicht an Schwarz-Weiß-Begegnungen gewöhnt.

Das ist also die Situation hier im Land. Und es kann sich nur ändern, wenn wenigstens die Jugend die Chance bekommt, freundschaftliche Beziehungen untereinander anzuknüpfen.

Mrs. R., Hausfrau in Soweto

Mrs. R.: Die ältere Generation hat jahrzehntelang an das Gespräch, an den Dialog geglaubt – auch ich. Von 1908 an, von der Zeit, als der ANC begann, sich zu treffen, um eine Konstitution für die Einheit von Südafrika auszuarbeiten. Niemand hat ihnen zugehört. Alle Generationen haben von dieser Zeit an ständig versucht, mit dieser Methode, mit den ständigen Diskussionen, ihren Kummer und ihre Probleme zu äußern in der Hoffnung, daß sich die Situation dadurch zum Besseren verändern würde. Nun, die Jugend hat das lange Zeit beobachtet, sie hat Geschichte studiert, sie hat Anthropologie studiert, und sie hat dabei entdeckt, daß diese ganzen Diskussionen eine reine Zeitverschwendung waren; denn gerade die Leute, die mit uns diskutiert haben, die Liberalen, haben unsere Freiheit verzögert, haben sie immer weiter hinausgeschoben. Heute will die Jugend auf keinen Liberalen mehr hören – ich auch nicht. Sie haben uns genug Zucker zu kosten gegeben, während wir blieben, wo wir waren und sie den Status quo verfestigt haben. Sie haben nichts getan, um die Notlage des schwarzen Mannes zu erleichtern. Nun wollen wir für uns bleiben und allein um unsere Rechte kämpfen. Die Jugend hat die Führung übernommen. Dank sei Gott, daß sie es getan hat. Und die Jugendlichen fühlen, daß Diskussionen und Organisationen, in denen Weiße und Schwarze zusammenarbeiten, sinnlos sind, da all die Jahre in der Vergangenheit solche Zusammenarbeit nichts genützt hat. Sie hat die Schwarzen nicht befreit.

Würden Sie in der gegenwärtigen Phase des Kampfes akzeptieren, wenn Weiße sich diesem Kampf anschließen wollten?

MRS. R.: Es gibt sehr wenige Weiße, sehr, sehr wenige – ich glaube, es gibt nicht mehr als zehn –, die aufrichtig am Kampf des schwarzen Volkes teilnehmen könnten, am Kampf des Schwarzen in Südafrika. Ich könnte weniger als zehn aufzählen, die ehrlich sich mit uns verbinden würden und für die Befreiung des Schwarzen kämpfen würden. Die anderen geben nur vor, auf unserer Seite zu sein.

Aber diese zehn könnten Sie akzeptieren?

MRS. R.: Diese zehn könnte ich persönlich akzeptieren, weil ich sie kenne und weiß, daß sie aufrichtig sind.

Ich habe den Eindruck, daß eine große Zahl von Schwarzen im Moment sogar zu diesen wenigen sagen würde: Wir wollen zum gegenwärtigen Zeitpunkt keinerlei Zusammenarbeit mit Weißen.

MRS. R.: Das stimmt. Denn die Weißen, die jetzt an der Macht sind und von ihren weißen Mitbürgern an die Macht gebracht worden sind, haben ein reines Versteckspiel gespielt. Wenn sie zur Wahl gehen, stimmen sie für die schlimmsten Unterdrücker und dann kommen sie zurück zu mir und sagen mir, daß sie mit mir zusammenarbeiten wollen.

Wie wollen sie also beweisen, daß sie aufrichtig sind? Wie ich schon gesagt habe – das alles geht schon eine so lange Zeit und ohne jedes Ergebnis. Das bedeutet, daß diese zehn Weißen nichts sind angesichts der großen Zahl der Schwarzen; sie fallen überhaupt nicht ins Gewicht. Deshalb ist es besser, daß wir uns den Tatsachen stellen ohne unsere Freunde. Denn für sie würde es nur Kummer und Bedrängnis bedeuten. Nicht alle anderen Schwarzen würden begreifen, warum gerade sie mit uns zusammenarbeiten, obwohl sie doch gleichzeitig zwangsläufig zu dem System gehören, das uns unterdrückt. Deshalb ist es für sie besser, ganz draußen zu bleiben. Wenn ich zu bestimmen hätte, würde ich diese wenigen Weißen jedem Schwarzen ans Herz legen, ich würde sie jedem empfehlen, weil ich weiß, daß sie ehrlich sind. Aber sie sind zu wenige. Ich sagte ja, nicht mehr als zehn.

Jeder, der uns helfen will, sollte uns helfen, den Analphabetismus unter unserem Volk auszumerzen. Solche Hilfe würde ich sehr begrüßen, denn es werden die Kinder sein, die fähig sein müssen, zwischen den Zeilen zu lesen, damit sie nicht getäuscht werden. Im Moment ist es so, daß der Weiße lesen kann und ihnen deshalb vorschreibt, was sie zu denken haben und was sie zu tun haben; sie sind einfach die Schafe, die zur Schlachtbank geführt werden. Ich glaube, wenn wir mehr Menschen hätten wie diese aufgeklärte Jugend in Soweto, dann würde es einen Fortschritt geben, ob sie das nun wollen oder nicht.

Meinen Sie, daß die Bevölkerung auf dem Land verstehen kann, was hier in den Städten jetzt vor sich geht?

Mrs. R.: Nein, das können sie nicht. Denn die Mehrheit hat noch nicht einmal das Geld, sich eine Zeitung zu kaufen. Und wenn sie sie kaufen können, dann können sie sie nicht lesen. Es herrscht auf dem Land also ziemliche Unaufgeklärtheit. Sie verlassen sich darauf, was sie hören, meistens darauf, was aus dem Radio kommt; und das meiste in diesem «Radio Bantu»-Programm ist Propaganda.

Wie kann man denn diese Informationsbarriere überwinden?

Mrs. R.: Im Moment ist das sehr schwierig, weil wir einfach nicht genug ausgebildete Leute haben, die diese Arbeit der Aufklärung übernehmen könnten. Aber ich bin froh, daß einige Studenten aufs Land gegangen sind und den Leuten die Situation so weit klargemacht haben, daß sie gesehen haben, daß sie das Recht haben, notfalls sogar ein Parlament in Brand zu stecken im Homeland. Die Schüler in den Schulen der Homelands sind überraschend gut informiert, und die Ereignisse, die dort neulich an den Schulen stattgefunden haben, haben sie noch weiter politisiert. Diese Schüler sind die zukünftigen Führer des Landes. Deshalb kommt es heute vor, daß die Eltern nicht zur Arbeit gehen, wenn die 15jährige Tochter sagt: «Mutti, morgen wird nicht gearbeitet.» Und die Eltern, die nicht lesen und schreiben können, nehmen die Anweisung ihres Kindes an, denn sie wissen, daß ihr Kind Bücher lesen kann. Deshalb führen die Kinder heute uns und nicht wir die Kinder.

Aber beschränkt sich das nicht auf die Eltern in den Städten?

Mrs. R.: Nein, auch die auf dem Land. Was geschah in der Secondary School in Barrolo und in der High School von Maroka? All diese Schulen liegen in den sogenannten Heimatländern –

Und wie reagieren die Erwachsenen darauf?

Mrs. R.: Ich würde sagen 50 Prozent zu 50 Prozent akzeptieren oder weisen zurück, was die Schüler sagen und tun.

Gibt es im Moment Möglichkeiten, Organisationen aufzubauen, die systematisch Aufklärung in den Homelands betreiben?

Mrs. R.: Im Moment haben wir dafür kein Programm, muß ich

gestehen. Die Leute, die dort im Moment von Einfluß sind, sind Schüler und Studenten. Vor allem die Schülerorganisation SASM (South African Student's Movement) und SASO (South African Student's Organisation). SASM ist die Jugendorganisation von SASO. Sie arbeiten zusammen. SASM ist im Moment am aktivsten. Die sogenannten Unruhen in den städtischen Gebieten sind von SASM ausgegangen, nicht von SASO. SASO hat SASM unterstützt, sie gehören zusammen, aber die Initiative ging von der Schülerorganisation aus. Beide Organisationen haben eine breite Gefolgschaft. Die Polizei will uns immer weismachen, daß die Gefolgschaft dieser Organisationen sehr gering ist, aber sie ist sehr stark in der Stadt wie auf dem Land. SASO hat eine Klinik aufgebaut. In Durban zum Beispiel führen sie eine Klinik ganz allein. Sie haben den südafrikanischen Kirchenrat um finanzielle Unterstützung dafür gebeten; das Geld kommt vorwiegend aus Deutschland. Die Medizinstudenten von hier und die Studenten der High School von Durban helfen ihnen dabei, diese Klinik zu betreiben. Dann haben sie auch ein Krankenhaus auf dem Land eingerichtet mit finanzieller Hilfe aus Deutschland, aber sie haben augenblicklich große Schwierigkeiten, den Krankenhausbetrieb durchzuführen, weil alle Ärzte, die dort freiwillig gearbeitet hatten und Mitglieder von SASO waren, im Gefängnis sind. Sie haben noch eine andere Klinik in Winterfeld, haben aber große Schwierigkeiten dort, weil sie nicht die finanzielle Unterstüzung bekommen, die sie brauchen, um den Klinikdienst aufrechtzuerhalten.

Meinen Sie, daß Sie nach einem politischen Wandel die Weißen jemals wirklich akzeptieren könnten und wirklich mit ihnen zusammen leben könnten, nach allem, was geschehen ist?

MRS. R.: Das ist die Frage. Die ältere Generation wird, wenn man ihr die Chance gibt, versuchen, in Frieden miteinander zu leben, und die Jugend hat ganz klargemacht, daß sie niemanden töten will, niemanden ins Meer jagen will. Aber sie will gleiche politische Rechte, gleiche wirtschaftliche Rechte und absolut gleiche Rechte im sozialen Bereich. Sie will in all diesen drei Bereichen endlich einen anderen Platz haben, als sie ihn jetzt hat.

Meinen Sie, daß es psychologisch möglich ist, nach allem, was passiert ist, wirklich wieder zusammenzukommen?

MRS. R.: Ich glaube, es ist möglich. Ich denke es wirklich. Ich glaube es deshalb, weil, wer nach einem politischen Umbruch hiergeblieben sein wird, akzeptiert haben wird, daß der Schwarze regieren wird. Und wenn er das einmal akzeptiert hat, sehe ich überhaupt kein Problem. Ich persönlich nicht. Ich war in Kenia, in Tansania, in Sambia und Malawi. Ich habe Weiße und Schwarze dort gesehen – Weiße, die jahrzehntelang die Schwarzen beherrscht hatten, jetzt leben sie zusammen als Nachbarn, spielen zusammen, einige sind miteinander verheiratet. Ich weiß nicht, warum das hier ein Problem sein sollte. Das einzige Problem ist, daß die weiße Bevölkerung hier in Südafrika ein Leben in derartigem Luxus geführt hat, daß sie im Himmel lebte – ich glaube nicht, daß sie einen anderen Himmel braucht – und ich kann mir denken, daß die Weißen es sich nicht werden vorstellen können und es auch nicht werden akzeptieren können, daß ein Schwarzer ebenso wie sie lebt; sie werden auch schwer aufhören können, einen Schwarzen von 80 Jahren «Boy» zu nennen und eine Frau von 60 Jahren «Girl». Sie haben bisher ein Leben gelebt, völlig behütet von Geburt bis zum Tod; und es wird ihnen sehr schwerfallen, Anweisungen anzunehmen von einem schwarzen Menschen. Gesetzlich ist es im Moment nicht erlaubt, daß eine Institution einem schwarzen Mann über einen weißen Mann die Befehlsgewalt, die Kontrolle gibt, ganz gleichgültig, ob der Schwarze die bessere Qualifikation hat.

Wenn Sie einen Weißen treffen, der wirklich weiß ist, auch innerlich, mit all seinen Verschiedenheiten, seinem verschiedenen sozialen und kulturellen Hintergrund, seiner ganz anderen Erziehung usw. – könnten Sie ihn als Freund akzeptieren, obwohl er völlig anders ist als Sie?

Mrs. R.: Biologisch gesehen sind Sie und ich völlig gleich. Wir können zu jedem Arzt gehen – wir sind gleich, wir sind beide Frauen und biologisch gesehen exakt gleich gebaut. Wir unterscheiden uns in der Pigmentierung unserer Haut. Wir unterscheiden uns durch die Umgebung, aus der wir kommen. Aber das meint für mich nicht, daß wir nicht zusammen leben können. Wenn Sie meinen Hintergrund akzeptieren und ich akzeptiere Ihren Hintergrund, indem wir wissen, daß wir beide uns unterscheiden, daß wir aber beide Menschen sind, von Gott geschaffen, jeder von uns nach seinem Ebenbild, dann sehe ich nicht, warum Sie mich nicht als Ihre Schwester annehmen könnten und ich Sie nicht als meine Schwester.

Man hat mich oft gefragt, ob die Bevölkerung hier auf dem Land es eigentlich wünscht, in einem nach europäischem Muster industrialisierten Land zu leben. Was meinen Sie?

Mrs. R.: Die Leute leben nicht auf dem Lande, weil sie dort leben wollen. Sie haben keine der Einrichtungen, die die Weißen auf dem Land haben. Sie leben unter den kärgsten Bedingungen, die Sie sich gar nicht vorstellen können. Sie leben auf Farmen, die von Weißen besessen werden. Und sie werden behandelt wie Tiere. Das ist es, was sie verschieden macht. Denn das weiße Kind, das auf dem Land lebt, ist verschieden von dem schwarzen Kind, das auf dem Land lebt, weil die Bedingungen und Einrichtungen, unter denen das weiße Kind lebt, meilenweit verschieden sind von den Bedingungen des schwarzen Kindes. Sie sagen, der Schwarze stinkt, er wäscht sich nicht, besonders auf dem Land. Aber sie vergessen dabei, daß sie eine einzige Wasserstelle eingerichtet haben für ein Dorf von ungefähr 1000 Einwohnern. Die Leute müssen zum Fluß gehen, um sich dort zu waschen und dort ihr Wasser zu holen. Sie werden so niedrig bezahlt, sie können sich noch nicht einmal Kleider kaufen, um sich anzuziehen. Und es ist ihnen nicht erlaubt, Tiere zu jagen, sonst könnten sie sich aus den Fellen ordentliche Kleider machen. Also – was erwartet man eigentlich von diesen armen Leuten? Nicht nur dort auf dem Land. Sogar hier in Johannesburg leben wir in zwei Räumen – in Soweto –, in Zwei-Raum-Häuschen. Ein Mann mit seiner Frau und vier, fünf, sechs Kindern. Eine gemeinsame Waschgelegenheit draußen. Keine Badeeinrichtungen. Wenn sie morgens aufstehen, der Mann oder die Frau, haben sie eine Schüssel, um sich darin zu waschen, die ganze Familie. Und wenn sie dann in die Büros kommen hier in Johannesburg, dann denken die Weißen, diese Leute waschen sich nicht. Und denken: Weil sie aus dem Busch kommen. Sie selbst aber kommen von einem schönen Villenvorort, wo sie drei Badezimmer und zwei Toiletten im Haus haben; sie haben sogar noch Wasserleitungen draußen im Garten, um ihre Blumen zu besprengen, Wasserleitungen, die ich als Schwarzer nicht einmal für mich selbst im Haus habe.

Meinen Sie, daß das gegenwärtige Wirtschaftssystem von Südafrika unter einer schwarzen Regierung fortgesetzt würde, obwohl es doch sehr vom europäischen Denken geprägt ist?

Mrs. R.: Ich sehe nicht, warum es nicht weiterbestehen kann. Ich kann das wirklich nicht sehen. Erstens: Sie können gehen, in welche Firma Sie wollen, Sie werden sehen, daß die Arbeit von den Schwarzen getan wird. Der Weiße ist nur der Aufseher. Einige von ihnen haben nicht einmal die nötige Qualifikation; ihre Haut ist ihre Qualifikation. Deshalb haben sie auch die *job-reservation* eingeführt. Sie müssen das weiße Kind beschützen, das noch nicht einmal Standard acht durchlaufen hat. Aber seine Hautfarbe macht es jedem Schwarzen überlegen, sogar einem Schwarzen mit einem Universitätsgrad. Deshalb kann ich nicht sehen, warum die Wirtschaft dieses Landes nicht überleben sollte.

Glauben Sie nicht, daß das Wirtschaftssystem nach einem politischen Umbruch geändert werden müßte, weil die schwarze Bevölkerung eine andere Form gesellschaftlichen Zusammenlebens vorziehen würde?

Mrs. R.: Das hängt von der Regierung ab, die wir nach einem solchen politischen Umbruch wählen würden. Sollen wir das traditionelle Gemeinschaftsleben praktizieren, das wir Jahrhunderte vor unserer Zeit lebten, sollen wir das ins 20. Jahrhundert verpflanzen? Oder sollen wir Teile der politischen Gesellschaften von heute übernehmen, Sozialismus, Kapitalismus, Kommunalismus? Das wird abhängen von der Regierung, die uns dann führt, die wir uns gewählt haben.

Und Sie persönlich, welche Form politischer Struktur würden Sie vorziehen?

Mrs. R.: Bevor ich das beantworte, muß ich zugeben, daß sich die schwarze Bevölkerung, besonders in den städtischen Gebieten, in einer Übergangsphase befindet. Wir leben teilweise noch nach unseren alten

Sitten, haben aber gleichzeitig einige westliche europäische Sitten angenommen. Wir haben beide verbunden. Ich kann nicht sagen, daß ich völlig westlich geworden bin, ich habe immer noch meine Wurzeln in meinem Volk, trotz der Erziehung, die ich hatte. Wenn ich also frei wäre, müßte ich wählen zwischen dem kapitalistischen und dem sozialistischen Modell.

Ist das ein Konflikt für Sie?

MRS. R.: Ja, es ist ein Konflikt für mich, weil man mir jemals die Chance gegeben hat, an dem kapitalistischen System, das sie Demokratie nennen, teilzuhaben. Ich habe über die sozialistische Gesellschaftsform gelesen und über den Kommunismus. Aber weder im Kommunismus noch im Sozialismus habe ich je gelebt. Ich will weder mich noch mein Volk einem dieser beiden verschreiben. Ich werde ständig angeklagt, kommunistisch infiziert zu sein. Aber ich weiß nicht, was Kommunimus ist. Ich habe in diesem System nicht gelebt. Ich habe die Kapitalisten beobachtet. Sie leben hier in Südafrika, und ich verabscheue ihre Lebensweise. Ich verabscheue ihre Lebensweise, in der jeder alles anhäuft auf Kosten des anderen. Deshalb laßt uns andere Lebensweisen kennenlernen. Laßt sie uns verbinden oder eine davon wählen.

Mrs. Deborah Mabiletsa, Vizepräsidentin von Black Women's Federation

D. MABILETSA: Ich bin Leiterin der Frauenabteilung des Südafrikanischen Kirchenrates. Bis vor kurzem bestand unsere Hauptaufgabe in der Betreuung der *domestic workers* (Hausangestellten). Ihnen ist vielleicht bekannt, daß vier Fünftel aller berufstätigen schwarzen Frauen als Hausangestellte beschäftigt sind. Zwischen 70 Prozent und 80 Prozent aller schwarzen beschäftigten Frauen arbeiten in weißen Haushalten. Ihre Kinder sind inzwischen allein. Diese Frauen sind die soziale Gruppe, die am stärksten unter der Ausbeutung zu leiden hat. Es gibt für sie zum Beispiel kein festgelegtes Lohnminimum. Jeder Arbeitgeber zahlt einen Lohn nach eigenem Gutdünken. Wir haben gerade eine Studie erarbeitet über die Entlohnung der Hausangestellten, und wir haben dabei schokkierende Dinge herausgefunden. Es gibt Frauen, die für 15 Rand (45 DM) im Monat schuften. Viele arbeiten für 20 oder 25 Rand im Monat. Das ist einfach zuwenig Geld, wie kann man davon eine Familie ernähren? Ich glaube, Sie verstehen, was ich meine, wenn ich sage, diese Frauen sind eine ökonomisch extrem ausgebeutete Gruppe. Außerdem ist Geld natürlich nicht alles. Es kommt die Frage der Arbeitsbedingungen dazu. Dazu gehört auch die Arbeitszeit, weiter die Verhältnisse am Arbeitsplatz. Wir haben ermittelt, daß sehr viele dieser Frauen vom Morgengrauen bis in die Nacht für diesen Lohn arbeiten. Daß sie kaum eine Stunde Freizeit haben. Weiter haben wir gefunden, daß die meisten in fast völliger Isolation arbeiten: sie sind den größten Teil des Tages ganz allein im Haus ihrer Arbeitgeber. Sie haben niemanden, und dies ist der Grund, warum der Südafrikanische Kirchenrat sein *domestic worker*-Projekt in Gang brachte.

Wir richteten Treffpunkte ein, die wir *centers of consent* nennen und die meist in Räumen einer Kirche untergebracht sind. Dort können sich diese Frauen als Gruppe treffen; meist donnerstags, denn das ist allgemein der einzige freie Tag, den sie haben. In diesen *centers* können sie sich einmal in ihrem Job weiterbilden, aber viel wichtiger ist, hier können sie sich mit jemandem treffen und mit Leuten sprechen, denen es wie ihnen ergeht, anders als an ihrer Arbeitsstelle, wo sie immer nur arbeiten, arbeiten, arbeiten. Ganz allein. Wenn sie krank sind, bekommen sie keinen Pfennig. Es wird gar nicht für sie gesorgt. Es gibt keinerlei soziale Sicherheit für sie. Sie sind wirklich eine ausgeraubte und verlorene Gruppe.

In den von uns eingerichteten Zentren können sie mit anderen Hausangestellten zusammentreffen, können ihre Probleme besprechen, Erlebnisse austauschen. Wir machen jetzt eine kleine Zeitung, die wir dort an sie verteilen. In Sesotho, in Zulu und in Englisch. Dabei haben wir festgestellt, daß viele Analphabeten unter ihnen sind. Wir haben daraufhin Alphabetisierungskurse in den *centers* eingerichtet, damit sie Lesen und Schreiben lernen können.

Der Schwerpunkt unserer Arbeit besteht inzwischen darin, diese Frauen miteinzubeziehen in unsere Arbeit an *self awarenes* und *self identity*. Denn alle diese Hausangestellten, die völlig isoliert arbeiten, sind ja zugleich Teil der Gemeinschaft der Schwarzen. Und sie brauchen unsere Hilfe, um ihre wichtige Rolle innerhalb unserer Gemeinschaft zu erkennen.

Wie können Sie das? Sie leben doch völlig integriert in der weißen Gesellschaft?

D. MABILETSA: Da liegt eben unsere Aufgabe. Wir müssen sie ständig daran erinnern, daß sie zu der Gemeinschaft der Schwarzen gehören. Wir haben einen Slogan geprägt: *domestic worker*, trage deinen Kopf hoch! Sie müssen sich bewußt werden, daß sie auch Wichtiges leisten. Die Tatsache, daß sie die Dreckarbeit machen, darf nicht dazu führen, daß sie sozial unten stehen. Sie tun einfach einen Job. Das Wichtige also ist, sie erkennen zu lassen, daß das Wesentliche in ihrem Leben ist, daß sie zur Gemeinschaft der Schwarzen gehören. Wenn wir erst einmal befreite Frauen haben, wird der weitere Kampf gegen soziale Diskriminierung um vieles einfacher und leichter. Die Frauen sind ein großer Teil der schwarzen Gemeinschaft überhaupt. Frauen sind in der Mehrheit. Und wenn nur die Männer allein sich der Lage bewußt sind, dann wird ihnen eine zu schwere Bürde damit aufgeladen. Wenn die Frauen die Last mittragen, dann wird es ein wenig leichter.

Ein wichtiger Schritt innerhalb unserer Arbeit war die Zusammenfassung aller Einzelaktivitäten im Zusammenhang mit den Problemen schwarzer Frauen. So entstand 1975 die Black Women's Federation mit Fatima Meer als Präsidentin und mir als Vizepräsidentin. Der Regierung ist nicht entgangen, daß unsere Arbeit wirkungsvoll ist. Sie sehen das daran, daß Fatima Meer inzwischen unter Bann steht. Und auch mich hält die Polizei unter Beobachtung. Wir bilden die Dachorganisation aller Organisationen schwarzer Frauen. Zur Zeit sind wir darum bemüht, einen legalen Status für die schwarze Frau zu erreichen. Die schwarze Frau ist in dieser Gesellschaft bis heute ihr ganzes Leben lang ohne eigentlichen rechtlichen Status, vom Tag der Geburt an bis zum Tod ist sie abhängig. Als Kind steht sie unter dem Vater als dem Familienoberhaupt; wenn sie heiratet, steht sie gesetzlich unter ihrem Ehemann; wenn der stirbt oder sich von ihr scheiden läßt, dann muß sie irgend jemanden finden, «unter» dem sie lebt. Das ist eine schlimme Art von Existenz. Es gehört zum Allerdringlichsten, daß die Regierung hier endlich etwas ändert, weil wir das nicht länger hinnehmen. Wir sind diese Art Leben so überdrüssig. Wir akzeptieren das nicht länger.

Und all diese Frauenorganisationen sind zugleich Teil der Black Consciousness-Bewegung?

D. Mabiletsa: Natürlich! Sehen Sie, die umfassende Idee, die die Grundlage aller schwarzen Organisationen bildet, ist Black Consciousness. Als wir die Black Women's Federation gründeten, wurde das von unseren weißen Freunden total verurteilt. Jetzt übertreibt ihr, sagten sie uns, das ist ja Rassismus in extremer Form. Wir antworteten: nein, wir brauchen eine Zeit, um allein zu bleiben, damit wir als Schwarze zu unserer eigenen Identität finden können, damit wir als Schwarze uns über unsere Rolle im Rahmen unserer eigenen Befreiung klarwerden können. Denn eine Menge von den Problemen, die wir als schwarze Frauen haben, habt ihr nie kennengelernt als Weiße. Vielleicht ist es gerade wichtig, daß wir eine Zeitlang allein bleiben, damit wir uns später in der erweiterten Gemeinschaft von Schwarz und Weiß als gleiche gegenüberstehen. Das ist sehr wichtig.

Akzeptiert die ältere Generation so ohne weiteres die Führungsrolle der Jugend in der gegenwärtigen Situation?

D. Mabiletsa: Ja, wenn diese Entwicklung auch einen Schock ausgelöst hat bei den Älteren. Ich weiß nicht, ob man sagen kann, sie akzeptieren es. Die Führung durch die Jugend ist einfach eine Tatsache.

Gibt es deshalb einen Konflikt zwischen Eltern und Jugend?

D. Mabiletsa: Nein, überhaupt nicht. Die Eltern stehen jetzt voll zu dem, was ihre Kinder tun. Folgendes ist vielleicht ganz interessant für

Sie: Bei den kürzlichen Streiks kamen die Kinder aus der Schule und sagten ganz einfach: Mama, Papa, am Montag, Dienstag und Mittwoch gehen wir nicht zur Schule. Ihr tätet gut daran, auf Vorrat einzukaufen, denn an diesen drei Tagen bleibt ihr auch zu Hause und geht nicht zur Arbeit. So geschah es, die Eltern blieben zu Hause. Die Kinder kämpfen einfach.

Hatten Sie in der Zeit ausreichende Verbindung zu den schwarzen Hausangestellten in den Häusern der Weißen? Waren sie informiert über die Vorgänge?

D. Mabiletsa: O ja. Und hier liegt der Grund, warum die weißen Behörden über die Arbeit unserer Organisation nicht gerade glücklich sind. Aber wenn die Polizei Fragen stellt, sage ich: nun, wir tun nichts Schlimmes. Wir treffen uns mit unseren schwarzen Schwestern, um ein wenig zu schwatzen und neue Kochrezepte auszutauschen.

Sind die schwarzen Hausangestellten so weit, daß sie sich im Konflikt-fall von der emotionalen Beziehung zu der weißen Familie lösen können und den Befreiungskampf der schwarzen Gesellschaft konkret unterstützen würden?

D. Mabiletsa: Aber natürlich. Unsere Arbeit hat ja gerade zum Ziel, ihnen klarzumachen, wie wichtig ihre Rolle in diesem Zusammenhang ist.

Sie befürchten nicht, daß sie zu eng mit den Weißen leben und zu abhängig von diesen sind, um ihrer Rolle im Kampf der Schwarzen gerecht werden zu können?

D. Mabiletsa: Wissen Sie, die waren genauso lange «zu eng mit den Weißen verbunden», wie wir zu weit entfernt waren. Je näher wir ihnen kommen, desto mehr können wir sie aus der engen Beziehung zu ihrer weißen Herrschaft herauslösen. Dann wird ihnen langsam bewußt, daß sie manipuliert und ausgebeutet werden.

Meinen Sie, die Schwarzen werden das Unrecht vergessen können, das sie von den Weißen erfahren haben und werden sie trotzdem eines Tages wieder als Partner akzeptieren?

D. Mabiletsa: Eine schwierige Frage. Alles was ich sage, kann ich nur unter der Voraussetzung sagen, daß es nicht mehr lange so weitergeht. Denn, wissen Sie, die jetzige Verbitterung dürfte nicht weitere fünf Jahre anhalten. Wenn es zu keiner Änderung kommt, könnte uns die Verbitterung eines Tages zu dem Punkt treiben, daß wir in die totale Konfrontation gedrängt werden. Sehen Sie, bei den jetzigen Forderungen geht es doch um das elementare Recht, als menschliches Wesen anerkannt zu werden. Es geht um nichts anderes, als um Grundbedürfnisse und Lebensbedingungen, die man jedem menschlichen Wesen zugestehen müßte. Es geht um die Achtung unserer Würde als Menschen. Ich glaube nicht, daß wir zuviel verlangen. Wie gesagt, Ihre Frage ist schwer zu beantworten. Die Entwicklung ist nicht vorhersehbar. Schauen Sie, so um den 16., 17., 18. Juni, da hätten Sie ein Dr. Kissinger, eine Königin Elisabeth oder sogar ein Beyers Naudé sein können, sie wären getötet worden, wenn sie nach Soweto hineingegangen wären. Es war nur noch eine Frage der Hautfarbe. Das war ein Augenblick, in dem die Menschen erlebten, wie die Mächtigen ohnmächtig wurden; sie mußten Soweto verlassen. Kein Weißer konnte Soweto betreten.

Nur Soldaten in ihren Panzerwagen. Und selbst die mußten nachts herausfahren. Nachts wären auch sie nicht sicher gewesen. Nur tagsüber fühlten sie sich geschützt. Aber kein normaler Weißer konnte Soweto betreten.

Das liegt erst zwei Monate zurück. Können jetzt Weiße schon wieder ohne Lebensgefahr nach Soweto hinein?

D. MABILETSA: Ja, und für mich ist das ein Zeichen. Jetzt muß die Regierung auf unsere Forderungen mit Verhandlungen antworten. Die Jugendlichen – und die ältere Generation steht dabei hinter ihnen – haben klargemacht, daß wir jetzt Verhandlungsbereitschaft erwarten. Sie haben sogar erklärt, daß wir bereit sind, mit A oder B oder C oder D zu verhandeln. Wir befinden uns also gewissermaßen in der Phase eines Waffenstillstands, einer Interimsperiode. Und daran können Sie auch erkennen, daß wir Schwarzen in keiner Weise solche Forderungen haben, wie «Treibt die Weißen ins Meer».

M. Mogale, Arbeiter in Pretoria*

Wie lange leben Sie schon in diesem Haus?

MOGALE: Seit siebzehn Jahren. Das war früher eine Mission hier.

Haben Sie für die Mission gearbeitet?

MOGALE: Nein, ich arbeite in der Stadt als Headboy, ich habe die Putzmänner zu beaufsichtigen.

Wann müssen Sie morgens anfangen zu arbeiten?

MOGALE: Um Viertel vor fünf Uhr. Ich habe zwei Stunden Pause am Tag, ich arbeite bis fünf Uhr nachmittags. Dann komme ich hierher; um halb sechs Uhr fange ich hier im Garten an zu arbeiten und arbeite dann oft bis acht Uhr abends.

Und wieviel verdienen Sie?

MOGALE: Oh, sie geben mir ein gutes Gehalt, ich bekomme 160 Rand im Monat.

* Lebt unter den Bedingungen eines *domestic servant* in einer Hütte im Garten eines Weißen in Pretoria, arbeitet aber in der Stadt.

Haben Sie irgendeine Organisation, die Ihre Interessen vertritt? Haben Sie eine Gewerkschaft?

MOGALE: Nein, in einer Gewerkschaft bin ich nicht. Aber wir treffen uns manchmal mit den anderen Arbeitern und bereden, wie wir arbeiten müssen. Und am Ende des Monats zahle ich ihnen ihren Lohn aus.

Haben Sie keine Familie?

MOGALE: Meine Familie lebt in Sekukuni-Land. Das ist weit weg. Aber ich sehe sie fast jeden Monat. Und nächsten Monat habe ich Urlaub. Dann gehe ich für drei Wochen nach Hause. Dann kann ich drei Wochen mit meiner Familie zusammen sein.

Und wie viele Kinder haben Sie?

MOGALE: Vier Jungen und zwei Töchter; aber sie sind schon fast alle verheiratet. Nur meine eine Tochter ist noch auf dem College. Sie wird Lehrerin werden.

Müssen Sie Ihre Ausbildung bezahlen?

MOGALE: Ja, das muß ich bezahlen, aber im Dezember ist sie fertig.

Es ist sicher nicht leicht für Sie, getrennt von Ihrer Familie zu leben?

MOGALE (lacht): Das bin ich nicht allein. So lebt der größte Teil unseres Volkes. Wo wir leben, gibt es nicht viele Städte. Wir leben weit entfernt und kommen nur in die Städte, um zu arbeiten.

Und mit Ihren Kollegen ist es dasselbe? Haben die ihre Familie auch weit weg auf dem Land?

MOGALE: Einige von ihnen leben auch hier in den Lokationen. Ich mag aber diese Lokationen nicht. Ich bin daran gewöhnt, auf der Farm zu leben.

Ich glaube, die anderen mögen diese Lokationen auch nicht!

MOGALE (lacht): Nein, überhaupt nicht. Die meisten haben ihr Zuhause auch auf dem Land.

Was halten Sie von den Unruhen? Wie schätzen Sie das ein, was im Moment in den Townships vor sich geht?

MOGALE: Oh, diese Unruhen sind zu schlimm. Aber ich weiß überhaupt nichts davon. Ich weiß nur, daß sie gegeneinander kämpfen und einander töten. Aber ich mag da nicht hingehen. Nein, ich mag diese Townships nicht.

Haben Sie eine Ahnung, was die Jugendlichen mit den Auseinandersetzungen erreichen wollen?

MOGALE: Ich weiß nicht. Ich weiß es tatsächlich nicht. Man hat mir erzählt, daß das ganze Unglück damit anfing, daß sie Afrikaans lernen sollten. Und sie mögen diese Sprache nicht. Das ist alles. Sie mögen nur Englisch, Afrikaans nicht. Das ist es, was ich gehört habe, was sie sagen. Aber wissen tue ich nichts. Ich hab das nur gehört. Ich habe nur von diesen Unruhen gehört. Und ich mag – ich weiß sonst wirklich nichts darüber. Ich habe immer Angst, dorthin zu gehen. Man kann dort angegriffen werden. Ich habe Freunde, die haben dort einen Besuch

gemacht. Sie sind überfallen worden, man hat ihnen die Kleider weggenommen. Die jungen Leute von Soweto haben mir gesagt, sie wollen
nicht länger in den Townships wohnen und sie wollen gleiche Rechte wie
die Weißen haben. Ja, das sagen sie. Einige Leute haben mir das erzählt.
Ich wußte nicht, wofür sie kämpfen.

Ich weiß nicht, was wir tun können. Ich würde sagen – wir sind in
diesem Land geboren. Aber mit den Eingeborenen ist es ein bißchen
schwierig, sie haben keinerlei Rechte bekommen. Es gibt verschiedene
Gesetze für die Weißen und die Eingeborenen, wissen Sie. Die Gesetze
gegen uns sind sehr schwer. Aber diese Europäer haben diese Art von
Gesetzen nicht. Für sie gelten sie nicht. Die Gesetze sind nicht gleich.
Und das ist das Unglück.

Was ich jetzt in den Zeitungen lese – sie versuchen, die Gesetze zu
verändern, sie glauben, daß es dann besser wird. Ich glaube nicht, daß es
weitere Unruhen geben wird.

Erwarten Sie, daß die Regierung die Gesetze verändern wird?

Mogale: Ich glaube schon, daß sie das tun wird. Sehen Sie, es kann
nicht immer so weitergehen mit dem Sterben. Ich glaube schon, daß die
Leute an der Spitze versuchen werden, daß alles ein bißchen leichter
wird. Dann wird alles in Ordnung sein. Sehen Sie, seit ich geboren bin,
bin ich niemals verhaftet worden, niemals im Gefängnis gewesen.

Haben Sie ein Paßbuch?

Mogale: Ja. Aber ich bin niemals verhaftet worden. Wenn ich die
Straße entlanggehe – die Polizei hat mich niemals angesprochen. Ich habe
also nicht so viele Schwierigkeiten in meinem Leben gehabt.

*Empfinden Sie es nicht als sehr ungerecht, daß für Schwarze andere
Gesetze gelten als für Weiße?*

Mogale: Ja, ja. Aber Schwarze haben keine Rechte, wissen Sie. Die
meisten hier im Land haben keine Rechte. Diese Lokationen . . . die
Weißen wissen nichts. Diese Sache ist zu schwierig für sie. Man kann
nicht sein eigenes Haus bauen – man muß alles bezahlen, aber sein
eigenes Haus bauen, nein, das darf man nicht. Das ist es, was die Leute
nicht mögen, wenn ich sie frage. Aber was können wir tun?

*Was glauben Sie, was denken die Leute in den Lokationen, was sie tun
können?*

Mogale: Wissen Sie, ich kann Ihnen darüber nicht die Wahrheit
sagen. Ich besuche sie ja nicht. Ich bin niemals dort. Ich habe Angst,
dorthin zu gehen. Das ist die Situation. Manchmal, wenn ich dort Freunde habe, dann gehe ich dorthin; aber wenn ich dort auf der Straße gehe,
können mich Leute angreifen. Und davor habe ich Angst. Sie haben doch
sicher bemerkt, daß ich samstags und sonntags immer hier bin. Ich bleibe
einfach zu Hause. Ich mag nicht rausgehen.

Was halten Sie denn von dem Verhalten der Polizei?

Mogale: Ich weiß nicht. Ich glaube, sie versuchen, solche Dinge zu verhindern. Aber nun wird es etwas ruhiger. Ich glaube, jetzt wird es keine Probleme mehr geben.

Aber ich habe gehört, die Polizei hat Kinder erschossen?

MOGALE: Ja, das habe ich auch gehört. Ich habe es in der Zeitung gelesen. Ja. Ich hab es nur in der Zeitung gesehen. Nicht mit meinen eigenen Augen. Ich habe Angst. Ich mag nicht in die Lokationen gehen. Ich weiß wirklich nicht, was wir tun können. Wenn sie uns auf diese Weise beherrschen und regieren, dann haben wir einfach nicht die Möglichkeit, «nein» zu sagen. Wir müssen akzeptieren, was sie sagen.

Ja? Warum?

MOGALE: Wir können nicht «nein» sagen.

Warum nicht?

MOGALE (lacht): Nein. Die Gesetze – ich wünschte, sie würden sie ändern.

Sie glauben, Sie müssen die Gesetze akzeptieren?

MOGALE: Wir müssen ihnen gehorchen, das ist alles.

Ich glaube, die jungen Leute wollen diesen Gesetzen nicht länger gehorchen.

MOGALE: Ja, ich glaube, das ist richtig.

Finden Sie, daß die jungen Leute recht haben?

MOGALE: Nein – ich weiß es nicht – ich weiß es wirklich nicht. Sehen Sie, als ich aufwuchs, waren die Gesetze nicht so schlimm. Jetzt sind sie schlimmer. Die Gesetze, jetzt, sind wirklich schwer für sie. Das ist der Grund, weshalb ich nicht in die Lokationen gehen mag.

Fühlen Sie sich bei den Weißen zu Hause?

MOGALE: Ich habe nicht das Gefühl, daß es ein Heim ist. Ich lebe hier friedlich. Niemand macht mir hier Kummer. Die Leute hier sind gut zu mir.

Wenn Sie Probleme haben, mit wem können Sie die besprechen?

MOGALE (lacht): Ich hatte niemals Probleme.

Ich meine persönliche Probleme?

MOGALE: Ja, da haben Sie völlig recht. Manchmal habe ich ein Problem. Letzten Monat ging ich zu meinem Freund. Dann sind wir nach Hause gefahren. Und als wir zurückkamen, sind wir zu ihm gefahren, nach Atteridgeville (Lokation bei Pretoria). Da haben sie mir mein ganzes Geld gestohlen. Sehen Sie, das ist das Problem, das ich hatte.

Wir haben Gottesdienst hier. Sonntags nachmittags. In der Garage.

Wie viele Leute kommen denn zu diesem Gottesdienst?

MOGALE: Oh, das ist ganz verschieden. Manchmal 20, 25, 15, manchmal sogar 50. Das sind alles die Dienstboten, die hier in den Häusern der Weißen arbeiten, die an diesen Gottesdiensten teilnehmen (Pause).

Die Gesetze sind das Problem. Nehmen Sie die Lokationen, man darf sie nicht verlassen, das Gesetz verbietet das. Wenn Sie zum Beispiel in die Kirche gehen wollen, dann können Sie das tun. Aber anschließend dürfen

Sie nicht in der Lokation herumgehen und Leute dort besuchen. Sie müssen nach dem Gottesdienst gleich wieder zurück in die Stadt.

Schauen Sie sich die Taxis an. Sie können schwarze Taxifahrer finden, die schreiben an ihren Wagen «Für Europäer». Und wenn ein Weißer mit einer schwarzen Frau im Wagen sitzt, sagt man, ein Schwarzer darf mit einer weißen Frau nicht im Wagen fahren.

Was denken Sie darüber?

MOGALE: Das ist eben so. Das sind natürlich die Dinge, an denen Auseinandersetzungen entstehen. Sogar jetzt, wenn sie kommen würden und uns beide hier so sitzen sehen würden, würden sie das nicht mögen. Ja, wenn sie uns hier sitzen und reden sehen würden, würden sie wissen wollen, was wir sprechen.

Sehen Sie, Sie sind jetzt hier. Aber es geht nicht, daß wir zusammen ins Haus gehen und dort mit den anderen Europäern zusammen sitzen. Sie dürfen das Haus nur betreten, wenn ein Treffen ist. Wenn kein Treffen ist, dürfen Sie nicht in das Haus hineingehen. Nein, nein, das mögen sie nicht.

Sie haben keinen persönlichen Kontakt?

MOGALE: Nein, nein, nein. Das ist eben das Problem. Wenn sie Leute so zusammen reden sehen, denken sie gleich, die wollen eine Veränderung herbeiführen. Das ist nichts Normales für sie.

Ich muß zugeben, daß ich die jungen Leute verstehen kann, daß sie all das ändern wollen.

MOGALE: Ich habe Angst vor den jungen Leuten. Ich weiß nicht, was mit ihnen los ist. Ich habe oft gehört, daß sie sich gegenseitig getötet haben, in den Lokationen. Sogar hier habe ich Angst, wenn ich spät nach Hause komme und sehe junge Leute an der Bushaltestelle. Sie können mir alles wegnehmen.

Und Weiße greifen sie nicht an?

MOGALE: Nein, Weiße greifen sie nicht an. Weiße nicht.

Dürfen denn nachts die jungen Leute aus den Lokationen hier ins weiße Gebiet kommen?

MOGALE: Nein, das dürfen sie nicht. Nur die, die hier arbeiten. Um 22.30 Uhr findet man keinen Schwarzen mehr auf der Straße hier. Danach darf man nicht mehr auf die Straße. Man muß bleiben, wo man wohnt.

Warum?

MOGALE: Das sind die Gesetze. Das ist sehr schwierig. Aber es wird sich ändern. Es wird sich ändern. Es kann nicht so bleiben. Sehen Sie, wenn man in die Zeitungen schaut, dann liest man, daß Leute kommen aus Amerika und aus England. Sie kommen, um Frieden zu bringen. Sie reden schön. Sie sagen: Ihr müßt die Gesetze ändern, ihr müßt nicht weiter Unruhen machen. Ich glaube, es wird sich ändern.

Aber wie, meinen Sie, könnte eine friedliche Veränderung kommen?

MOGALE (lacht): O ja, es wird kommen.

Wie?

MOGALE: Es wird kommen. Es wird kommen.

Man versucht jetzt, miteinander zu reden. Auch mit schwarzen Führern. Ein wenig ändert es sich schon. Und dann wird es besser werden.

Glauben Sie, daß die weiße Regierung bereit sein wird, die Politik zu ändern?

MOGALE: Ich weiß nicht, sie werden miteinander reden. Sie werden zu ihnen sagen: macht nicht solche Gesetze. Ändert diese Gesetze, damit es keine verschiedenen Gesetze mehr gibt für Schwarze und Weiße.

Schauen Sie, ich höre, was die schwarzen Leute sagen. Diese Ziegelleger zum Beispiel sagen: Wenn du Ziegelleger bist, mußt du den gleichen Lohn bekommen wie ein Weißer, wenn du Putzmann bist, mußt du den gleichen Lohn bekommen wie ein Weißer. Wenn du Doktor bist, mußt du den gleichen Lohn bekommen wie ein Weißer. Das ist es, was ich sagen höre.

Meinen Sie, daß die Mehrheit der Schwarzen bereit ist, noch lange zu warten auf eine friedliche Veränderung?

MOGALE: Ich weiß das wirklich nicht. Ich höre, daß sie Mehrheitsregierung in Rhodesien einführen wollen und in Deutsch-Süd-West. Wenn sie also Veränderung einführen wollen, müssen sie Recht auf Mehrheitsregierung geben. Aber hier habe ich noch nichts davon gehört.

Würden Sie das wünschen?

MOGALE: Ich weiß nicht. Ich weiß das nicht. Die Führer haben das zu beraten. Wir sind ihnen unterlegen. Wir werden es sehen, wenn es sich wirklich ändert. Ich kenne ja die Führer nicht. Nur ihre Namen. Ich lese sie in der Zeitung. Ich weiß nicht, wie sie aussehen. Ich hab niemals mit ihnen geredet.

Hat sich in den letzten Jahren etwas geändert?

MOGALE: Es ist etwas besser geworden. Man kann heute zu einem weißen Mann sprechen, und wenn man ihn um etwas bittet, hilft er einem. Und er spricht nett zu einem. Das ist eine kleine Änderung. Vorher konnte man mit dem Weißen gar nicht sprechen. Er dachte einfach nicht, daß man auch eine Person ist. Aber nun hat sich das geändert. Wenn man in der Stadt ist, da, wo ich arbeite, und wenn man dort eine Tasse Tee bekommt, kann man einfach die Tasse nehmen und Tee daraus trinken; die gleiche Tasse, aus der auch Weiße trinken. Früher ging das nicht.

Es ändert sich jetzt, es ändert sich ein bißchen, es ändert sich ein bißchen. Es ist nicht mehr so schlimm. Was all diese Gesetze anbetrifft, ich weiß nicht viel davon, ich bin nicht dabei, wenn die Führer sich treffen.

Und die schwarzen Arbeiter? Treffen sie sich, um zu diskutieren, was zu tun ist, um eine Änderung herbeizuführen?

MOGALE: Nein – die Schwarzen hier –, den Schwarzen ist es nicht erlaubt, sich zu treffen. Nur die Führer dürfen Treffen abhalten.

Vielleicht, wenn die Arbeiter streiken würden – könnte das eine Änderung bringen?

MOGALE: Nein, sie hatten Streik in Johannesburg. Große Streiks, zweimal. Aber dann habe ich gehört, es ist wieder ruhig. Da ist jetzt Friede, Friede, Friede. Keine Probleme.

Glauben Sie, daß es etwas ändern würde, wenn man streiken würde?

MOGALE: Ich glaube, wenn sie streiken, damit ist nichts geholfen. Das ist Kampf, die Menschen werden erschossen. Das ist nicht gut. Man muß einfach versuchen, nett zu reden. Streik ist nicht gut, wissen Sie. Ich muß jetzt wieder arbeiten.

Interview mit Studenten aus Soweto

STUDENTEN: Die Mehrheit weiß genau, worum es geht. Jeder erlebt täglich dieses System, in dem er einfach wegen seiner Hautfarbe benachteiligt, ausgestoßen und mit Rassengesetzen belegt wird. Jeder leidet täglich unter den verschiedenen Formen des Rassismus.

Natürlich reagiert man auf die tägliche Erfahrung von Rassismus, und die Reaktion der Bevölkerung von Soweto ist ein zunehmendes Nachdenken über die Situation, in der sie sich befindet, ist automatisch auch eine zunehmende Politisierung, der Wunsch, diese Situation zu verändern. Durch jeden Menschen, der im Gefängnis stirbt, werden zehn oder zwanzig Leute dazu gebracht, sich ihrer Situation bewußt zu werden. Es ist eben der Junge aus der Nachbarschaft, der da gestorben ist. Wenn ich zum Beispiel morgen verhaftet werde, werden die Leute aus meiner Nachbarschaft sehr betroffen sein. Sie werden sich daran beteiligt fühlen.

Was ist mit den älteren Leuten? Verstehen sie eure Aktionen? Unterstützen sie euch?

STUDENTEN: Sie verstehen genau und sie unterstützen uns auch. Das Problem ist nur, daß sie nicht mehr die Kraft haben, selbst zu kämpfen. Sie haben ihr Teil geleistet, als sie noch jünger waren. Ich glaube, jeder Mensch verliert irgendwann einmal die Kraft, weiterzukämpfen, wenn er älter wird. Aber die Jüngeren geben ihnen wieder neuen Mut.

Wie viele Leute hier in Soweto wären nach euren Schätzungen bereit, für eure Forderungen zu kämpfen?

STUDENTEN: 80 bis 90 Prozent, das ist ganz sicher.

Obwohl sie wissen, daß das in der jetzigen Situation bedeutet, sich selbst zu opfern?

STUDENTEN: Sie wissen genau, was sie erwartet, aber sie sind bereit zu kämpfen: sie tun es ja schon.

Wie gelingt es euch, den politischen Widerstand zu organisieren? Organisationen aufzubauen und zusammenzuhalten muß doch in der gegenwärtigen Situation ungeheuer schwer sein – bei dem bestehenden Versammlungsverbot?

STUDENTEN: Ja, es ist tatsächlich sehr schwierig, eine Organisation aufzubauen und eine effektive Strategie zu entwickeln und diese dann auszuführen. Immer wenn sich eine Gruppe daranmacht, das in die Praxis umzusetzen, was sie in ihren Diskussionen beschlossen hat, ist die Polizei sofort da, bestens informiert über die geplanten Aktionen.

Dieses System benutzt konsequent die Menschen, kauft sich Verräter, kauft und erpreßt Informationen. Es bedeutet für jeden ein Risiko, politische Arbeit zu tun, und es ist ein sehr großes Risiko, ein Führer in der politischen Arbeit zu sein. Aber wir lassen uns dadurch nicht hindern. Der Widerstand ist dadurch nicht zu stoppen. Wer sich in diesem Land für die schwarze Bevölkerung politisch engagiert, muß sich dessen bewußt sein, daß er alles einsetzt, daß er sich preisgibt. Das Informationssystem der Polizei ist lückenlos; sie erfahren so gut wie alles. Das wissen wir. Wir setzen unseren Widerstand trotzdem fort, was uns persönlich auch immer zustoßen mag.

Das bedeutet doch, daß ihr ziemlich geheim arbeiten müßt. Wie gelingt euch trotzdem die Information der Bevölkerung?

STUDENTEN: Wir haben den Ausweg gefunden, die notwendigen Informationen über die Schulen zu verbreiten. Schüler und Studenten der politischen Gruppen gehen in die Schulen, sprechen dort zu den Schülern, und die Schulkinder tragen die Informationen weiter zu ihren Eltern, Geschwistern und Verwandten. Wenn wir gegenwärtig die Leute erreichen wollen, etwa um sie aufzurufen, sich an einer Aktion zu beteiligen, so tun wir das über die Schulkinder.

Sich in Form einer Gruppe zu organisieren ist äußerst gefährlich. Das betrifft nicht nur eine politische, sondern auch jede andere Gruppe, die sich für nichts anderes als für Gerechtigkeit einsetzt oder nur jemandem helfen will, zum Beispiel eine Gruppe von Leuten, die sich zusammentut, um Geld zu sammeln für jemanden, der in Not geraten ist. Sofort ist die Polizei darüber informiert und kommt und stellt Fragen.

Seht ihr nach den jahrzehntelangen negativen Erfahren noch irgendeinen Weg zur politischen Veränderung unter Ausschluß von Gewalt?

STUDENTEN: Ich glaube, so etwas wie den friedlichen Weg zur politischen Veränderung hat es, genaugenommen, nie in der Geschichte gegeben. Wo immer sogenannte «friedliche Verhandlungen» stattfanden, war auch Gewalt präsent. Es kommt wohl vor, daß Menschen durch «friedliche» Verhandlungen zu einer Einigung kommen. Sobald aber ernsthafte Differenzen die Parteien trennen, sind politischer Druck und

Gewalt die nächsten Stufen zur Beilegung des Konflikts. Andererseits: Wo immer Gewalt zur Beseitigung von Unrecht geschieht, ist der Friede im Spiel.

Welche Art von Gewalt ist nach euren Vorstellungen sinnvoll und wirkungsvoll für die Durchsetzung eurer politischen Ziele?

STUDENTEN: Das einzig sinnvolle Machtmittel, das uns zur Verfügung steht, ist friedlicher Streik, Kampf auf dem ökonomischen Sektor.

Wie lange können schwarze Arbeiter, die ja oft unterhalb des Existenzminimums leben, ohne Arbeit und Lohn überleben?

STUDENTEN: Unsere Kampagnen werden immer nur für kurze Zeit angesetzt. Zwei oder drei Tage. Wir berücksichtigen also sehr genau die materielle Situation der Leute. Andererseits geht es einfach nicht anders, als daß die Bevölkerung Opfer bringt, wenn sie erreichen will, wonach sie sich sehnt. Man kann von einem Acker keine Ernte erwarten, wenn man ihn nicht vorher gepflügt hat.

Sieht die Mehrheit der Bevölkerung die Notwendigkeit solcher Opfer ein?

STUDENTEN: Die Leute sehen das ganz klar. Es ist etwas anderes, das den Erfolg unserer Streikprogramme beeinträchtigt, nämlich die unterschiedliche Haltung der Unternehmen. Es gibt einige, die bezahlen die Arbeiter sogar weiter während des Streiks, andere zahlen keinen Pfennig, viele entlassen die beteiligten Leute einfach. Darunter leidet die Geschlossenheit. Das zeigt, daß die Arbeiter der Willkür der Unternehmer rechtlos ausgesetzt sind, ohne Interessenvertretung, ohne Gewerkschaften.

Welche Reaktionen hat es bei den Weißen gegeben angesichts der vielen Toten in Soweto?

STUDENTEN: Die Haltung ist unterschiedlich. Die Liberalen etwa an der Universität stehen im Grunde meist auf unserer Seite. Sie kritisieren die Regierung. Aber die Mehrheit rechtfertigt natürlich das System. So erscheinen zum Beispiel in diesen Tagen in den Zeitungen immer wieder Leserbriefe über die Vorgänge mit dem Tenor: Warum haben es die Schüler in Soweto darauf angelegt, daß die Polizei eingreift und auf sie schießt? Haben sie denn geglaubt, die Polizei komme mit Spielzeugpistolen? Auf diese für die «Verkrampften» typische Art der Arroganz trifft man zur Zeit bei den meisten Weißen.

Dazu kommt: jede Information, die die Leute auf normalem Wege erhalten, ist zensiert. Alle Medien werden von der Regierung kontrolliert. Über die aktuellen Vorgänge in Soweto zum Beispiel wird zwar berichtet, aber die Berichterstattung ist völlig verzerrt und verfolgt eindeutig die Absicht zu zeigen: von den Schwarzen kommt nur Böses, so daß am Ende die Weißen, denen Tag für Tag von der Presse die Schwarzen als Rechtsbrecher vorgeführt werden, glauben, was sie lesen: daß wir Rechtsbrecher sind.

Die liberalen Weißen sind wenigstens so weit, daß sie argumentieren: diese Schwarzen sind Rechtsbrecher, natürlich; aber sie haben ernsthafte Gründe, diese Gesetze zu mißachten.

Würdet ihr eine Zusammenarbeit mit Weißen akzeptieren? Traut ihr überhaupt noch einem Weißen?

STUDENTEN: Der einzige ernsthafte Beitrag der Weißen für unseren Kampf um unsere Rechte könnte darin bestehen, für eine andere Regierung in Pretoria zu sorgen. In Amerika haben auch Weiße sich eingesetzt für die Bürgerrechte der Neger. Das Mittel im Kampf um die Bürgerrechte war in Amerika der Marsch nach Washington D.C. Aber hier in Südafrika ist es undenkbar, daß Weiße gegen das Unrecht im System aufstehen, nach Pretoria marschieren, um dort mit Vorster zu diskutieren. Nur im Nebel ihres Schweigens aber ist es Vorster doch möglich, daran zu glauben, er handle richtig. Er meint, er handelt rechtmäßig, weil alle schweigen; und er glaubt, ihr Schweigen bedeutet Zustimmung.

Was für uns zählt, und was darüber entscheidet, ob wir einem Weißen trauen können, ist, daß er das, was er tun kann, auch wirklich tut mit seinen eigenen Händen, daß er nicht nur theoretische Analysen anfertigt und Predigten hält. Die meisten sympathisierenden Weißen beschränken sich auf schöne Theorien, und wir haben genug von ihrer Anteilnahme und ihren Gebeten. Wenn sie uns helfen wollen, so sollen sie es praktisch tun, dort, wo die Polizei auf uns schießt.

Kann Black Consciousness nicht nur ein Schritt zum persönlichen Selbstbewußtsein der Schwarzen sein, sondern auch ein Schritt zu ihrer politischen Befreiung?

STUDENTEN: Genau das ist die Absicht. Es ist ja gerade dieser Minderwertigkeitskomplex, dieses Gefühl, nur ein Schwarzer und minderwertiger zu sein, diese Ideologie ist es, die verhindert, daß sich politisch etwas ändert. Es gibt den Minderwertigkeitskomplex immer noch, aber er verliert zunehmend an Bedeutung, vor allem bei den Jüngeren. Man trifft zwar immer noch Schwarze, die einen Weißen für etwas Besseres halten, aber das sind alte Leute, und auch da werden es immer weniger.

Die jüngere Generation hat mittlerweile eine ganz normale Haltung gegenüber einem Weißen. Wenn Sie etwas anderes beobachten, dann steckt nicht dieser Komplex dahinter, sondern Furcht, begründete Furcht. Und das ist etwas ganz anderes.

Wie kann es gelingen, diesen Komplex endgültig zu zerstören?

STUDENTEN: Wir Jüngeren kämpfen dafür. Wir diskutieren pausenlos und überall mit unseren Leuten darüber. Und wir haben ziemlichen Erfolg damit. Auch die Ereignisse seit dem Juni haben dazu beigetragen, ihr Selbstbewußtsein zu stärken. Die Leute erfahren, daß sie Rechte haben und eigene Bedürfnisse. Sie beginnen, ihre Bedürfnisse zu formulieren, und sie erfahren, daß sie selbst etwas tun können und daß sie selbst es tun müssen.

Es ist doch wichtig, daß man sich selbst als Mensch wichtig nimmt, ganz für sich, ohne sich ständig mit anderen zu vergleichen. Daß man froh ist, auf der Welt zu sein. Daß man seinen eigenen Wert nicht an Dingen mißt, die man nicht hat, wie materielle Güter oder Wissen oder Ausbildung. Davon besitzen die Schwarzen wenig. Und daß man begreift, daß man selbst etwas erreichen kann, durch die eigenen Anstrengungen. Das ist eine Sache, für die wir jetzt kämpfen, daß sich die Schwarzen zusammenschließen gegen die Weißen. Gegen die Weißen, nicht damit sie Feinde der Weißen werden, sondern damit sie sich selbst als autonome Wesen zu erfahren, die selbst für ihre Zukunft verantwortlich sind.

Kann man später das Stadium des «Anti-Weiß-Seins» einfach wieder hinter sich lassen?

STUDENTEN: Das ist schon ein Problem. Wir haben uns so lange Zeit darum bemüht, von den Weißen ernstgenommen zu werden, von ihnen angehört zu werden. Es ist uns nicht gelungen. Nachdem alles gescheitert ist, ist die gegenwärtige Stimmung natürlich «Anti-Weiß».

Sind denn die Schwarzen ernsthaft bereit, mit den Weißen nach einer politischen Veränderung im Land noch zusammen zu leben?

STUDENTEN: Sicher, das ist für uns gar kein Problem. Daß diese Frage überhaupt gestellt wird, zeigt nur die Kluft zwischen Weißen und Schwarzen. Die Skepsis der Weißen im Hinblick auf die Zukunft beruht auf ihrem «Superioritätskomplex», der sie nichts Gutes von den Schwarzen erwarten läßt. Wir meinen, daß ein menschliches und friedliches Zusammenleben in einem Staat mit den Weißen überhaupt erst nach einer politischen Änderung möglich ist. Die Weißen aber, die uns immer nur Unrecht zugefügt haben, erinnern sich jetzt daran, und sie fürchten, daß die Schwarzen, wenn sie eines Tages die gleiche Macht besitzen, handeln werden wie sie, wenn nicht schlimmer.

Macht ihr den Versuch, mit Weißen in einen Dialog zu kommen und sie auf diese Weise auf eure Seite zu bringen?

STUDENTEN: Kein einziger verantwortlicher Weißer ist bereit zu einem Dialog mit uns. Sie gehen hin und reden mit den politischen Führern anderer schwarzer Staaten, mit Kaunda z. B., über Pläne, die unsere Zukunft betreffen. Aber das ist genau der falsche Weg. Wir leben hier, und darum sind wir die geeigneten Partner für die weiße Regierung. Die Probleme dieses Landes können so nicht gelöst werden. Die Verhältnisse hier sind nicht zu vergleichen mit denen, unter denen andere Länder ihre Freiheit erkämpften.

Und falls ein Weißer glaubt, daß er die Angelegenheiten des Landes in die Hände der Amerikaner legen könnte, so täuscht er sich. Wenn er einen echten Dialog sucht, kann er ihn sofort hier beginnen. Wir sind bereit, und wir haben das auch klar gesagt. Der Weiße aber war nie bereit dazu.

Die Realität ist einfach die, daß ich gegen das Gesetz verstoße, wenn ich mit einem Afrikaner das Gespräch suche. Es sei denn, er kommt zu mir und fordert mich dazu auf. Und in diesem Fall sind wir auch bereit, ihm unsere Vorstellungen klarzumachen, mit ihm zu diskutieren. Aber in den wenigen Fällen, wo es überhaupt so weit kommt, verhaften sie unsere Leute, wie zum Beispiel die Mitglieder der Black Parent's Association (schwarze Elternvereinigung). Die Black Parent's Association ist eine sehr liberale Organisation. Nach unserer Einschätzung sind das schwarze Liberale. Und die hat man verhaftet, einzig wegen Verstoßes gegen eben jenes Gesetz, das es einem Schwarzen verbietet, einen Weißen über seine politischen Ansichten aufzuklären. Nun, es wäre doch Aufgabe der Weißen, endlich von ihrem Podest herunterzusteigen und den Dialog zu suchen.

Bischof Dr. Manas Buthelezi, Vorsitzender von Black Parent's Association

BUTHELEZI: Ich glaube, der Prozeß der Veränderung ist schon von der schwarzen Bevölkerung selbst begonnen worden. Alles, was die Kirche zu tun hat, ist, sich mit der Bevölkerung zu verbinden. Die Kirche sollte nichts Neues anfangen, sie sollte das unterstützen, was die Menschen hier selber angefangen haben zu tun. Die Jugend hat den Kampf begonnen. Der Ball rollt. Und die Kirche muß mitgehen.

Gibt es einen Generationenkonflikt zwischen der Jugend und ihren Eltern?

BUTHELEZI: Es gibt diesen Konflikt nicht mehr. Es ist einfach so, daß die jungen Leute eine Bewegung in Gang gesetzt haben, die eine ganz ungeheure Wirkung hat. Wenn es zu den fundamentalen Forderungen kommt, unterstützen die Eltern ihre Kinder jetzt ganz. Die Eltern sind sogar dem Streikaufruf der Jugend gefolgt. Die Jugend hat die Führung im Kampf um eine Veränderung unserer Gesellschaft übernommen, und ihre Eltern stehen hinter ihr.

Glauben Sie, daß die schwarze Bevölkerung immer noch zur Zusammenarbeit mit Weißen bereit ist oder ist ein Grad von Bitterkeit erreicht, an dem Schwarze die Zusammenarbeit mit Weißen ablehnen?

BUTHELEZI: Ich glaube, es gibt in diesem Punkt sehr viele Mißverständnisse. Was die Zusammenarbeit mit Weißen betrifft, so meine ich, daß die meisten Menschen das Verhalten besonders der schwarzen Jugend in dieser Frage falsch verstehen. Sie gehen da schon von der völlig falschen Vermutung aus, daß es Weiße gibt, die begierig darauf warten, mit Schwarzen zusammenzuarbeiten. Das ist aber nicht der Fall. Das ist falsch. Wir leben in einer Apartheid-Situation, in der Leute zwangsweise voneinander getrennt wurden; und die Schwarzen leben isoliert für sich nicht durch ihren eigenen Entschluß, sondern gezwungen durch die weiße Politik der Apartheid. Was also die schwarze Jugend sagt, ist folgendes: Seht, wir sind hierhin versetzt worden, in diese Isolierung; zwangsweise. Laßt uns nun also unsere eigenen Kräfte entwickeln, anstatt unsere Zeit damit zu verschwenden, wieder und wieder und immer wieder zu bitten: Seid doch eins mit uns! Seid doch bitte eins mit uns! Und diese Bitte auch noch an Leute zu richten, die Gesetze gemacht haben, die es uns unmöglich machen, mit ihnen eins zu sein. Also, sobald diese Leute die Gesetze ändern und die Apartheid über Bord werfen, dann ändert sich die ganze Situation des Getrenntseins organisch von selbst. Wenn alle Universitäten, Schulen, Hotels, Cafés usw. offen sind für alle, dann ist das eben eine andere Situation. Aber solange sie Gesetze haben, wo all das unmöglich ist, ist es Zeitverschwendung, die Schwarzen zu fragen: Wollt ihr mit den Weißen zusammen sein? Die Weißen wollen mit uns nicht zusammen sein. Das ist die Realität.

Viele Jahre lang hat es immer nur eine verschwindend kleine Minderheit gegeben, die bereit war, mit Schwarzen zusammenzuarbeiten. Und die junge Intelligenz fühlt endlich, daß die Zusammenarbeit mit diesen Weißen sie trunken Macht, ihnen etwas vorspiegelt, was es gar nicht gibt, ihnen eine Illusion vorgaukelt: Die Illusion nämlich, daß alles in Ordnung ist. In Ordnung, weil es diese paar Leute gibt. Es ist aber nicht in Ordnung, nichts ist in Ordnung. Denn diese paar Weißen, die zur Zusammenarbeit bereit sind, haben keine politische Macht, sie können die Gesetze nicht verändern. Die Leute, die die politische Macht in ihren Händen haben, arbeiten eben nicht mit Schwarzen zusammen. Und genau darum geht es. Deshalb sagt die schwarze Jugend, daß die Zusammenarbeit mit den paar Weißen keine Beziehung zur Realität hat, sie ist unrealistisch, sie schafft nur Illusionen über das, was wirklich ist. Wenn sie diese Beziehung zu der Handvoll Weißen haben, vergessen sie möglicherweise die Realität. Und das ist gefährlich. Anstatt daß sie für eine Veränderung kämpfen, sagen sie dann: Diese Weißen sind nette Leute, wir wollen glücklich über die Beziehung mit ihnen sein. Laßt uns damit zufrieden sein! Aber eine solche Zufriedenheit ist schlimm, weil sie nichts tut, den Status quo zu verändern.

Die Kirche hat eine wichtige Rolle bei der Erziehung der Weißen zu spielen; aber eigentlich kann man sagen, daß sie daran gescheitert ist. Es ist ihr ja nicht gelungen, die weißen Parlamentarier zu erziehen, die die Gesetze machen. Sie machen ja immer noch diese unmenschlichen Gesetze. Die Kirche scheint sie nicht dazu gebracht zu haben, diese Dinge wirklich zu begreifen.

Das Problem in Südafrika ist nicht die schwarze Gesellschaft, das

Problem in Südafrika ist die weiße Gesellschaft. Das Problem ist nicht, wie man die Schwarzen zum Akzeptieren der Weißen erzieht, sondern es ist genau umgekehrt.

Wir haben schon lange das Zusammenleben mit Weißen akzeptiert. Für uns ist das überhaupt kein Problem. Aber die Leute, die erzogen werden müssen, sind die Weißen. Wenn sie erzogen sind, wenn sie sich geändert haben, wenn sie auch die Gesetze geändert haben, werden wir sie sehr willkommen heißen.

3. «Wir sind dabei, sie als Menschen zu behandeln»
Gespräche mit weißen Südafrikanern

Gruppe junger weißer Lehrer und Geschäftsleute in Pretoria

Sie haben davon gesprochen, daß Sie als Weißer bis heute «der Boss» gewesen sind und deshalb nicht einfach darauf verzichten können und sagen: von heute an will ich nicht mehr «der Boss» sein. Wie meinen Sie das?

W 1: Nun, es ist doch prinzipiell so – und vielleicht kann ich es so erklären: ich meine eben, ich bin auch ein menschliches Wesen und habe doch auch grundsätzlich einen Anspruch darauf, als solches behandelt zu werden. Es ist ein wichtiger Punkt . . . genauso wie meine – und ich glaube das –, daß der Schwarze einen Anspruch darauf hat, als menschliches Wesen behandelt zu werden. Der wichtige Unterschied zwischen uns besteht darin, daß Sie diesen Anspruch einseitig formulieren würden, ich aber hier bewußt trenne, denn hier liegt, wie wir alle glauben, das Grundproblem Südafrikas. Wir trennen hier, einfach weil ich eben eine weiße Haut habe und der andere eine schwarze Haut hat. Was die politischen Rechte betrifft, so fordert die ganze Welt, der Schwarze solle als menschliches Wesen behandelt werden. Aber eine Person als menschliches Wesen zu behandeln, bedeutet doch noch nicht, daß sie jetzt das Land regieren muß. Wenn ich jemanden als menschliches Wesen behandle und er und ich sind auf dem gleichen sozialen Niveau, dann spielt es keine Rolle, wer von welcher Hautfarbe an die Spitze gelangt. Aber zur Zeit haben wir in dieser Hinsicht eine ziemlich komplexe Situation, weil ich unter ganz anderen Bedingungen aufgewachsen bin als der Schwarze – ich will versuchen, es Ihnen zu erklären: Wenn Sie einen Säugling nehmen und stecken ihn in eine französische Familie, dann spricht er französisch. Geben Sie ihn in einen deutschen Haushalt, dann spricht er deutsch. Die Versorgung ist zwar immer die gleiche, aber die Lebensumstände bedingen eine unterschiedliche Entwicklung.

Zum jetzigen Zeitpunkt glaube ich, denken wir alle so: wenn wir in diesem gegenwärtigen Stadium alles den Schwarzen übergeben und sagen «gut, wir geben der Forderung nach *majority rule* nach» dann werden uns unsere Menschenrechte genommen. Aber das kann ich doch nicht erlauben, schließlich bin ich ein intelligenter Mensch und möchte mir meine Zukunft angenehm gestalten. Ich habe ein Interesse daran, an der Spitze zu stehen. Ich kann zu diesem Zeitpunkt keine Mehrheitsregierung zulassen, wenn ich weiß, daß ich mich ihr politisch unterordnen muß.

Sind Sie an einer Entwicklung interessiert, die dahin führt, daß die Mehrheit der Schwarzen eines Tages das gleiche Bildungsniveau erreicht und dann die Führungspositionen übernehmen kann?

W 1: Ich habe nicht nur ein Interesse daran, wir arbeiten daran. Wir tun es. Auf eine Weise, die Sie nicht akzeptieren. Auf unsere Weise. Aber wir denken, wir haben recht, mögen Sie auch denken, wir haben unrecht. Nehmen wir doch zum Beispiel die Transkei, die Ende Oktober ihre Unabhängigkeit erhalten soll. Sie gehört zu den ökonomisch stärksten schwarzen Staaten im heutigen Afrika. Das ist eine Tatsache, die niemand wahrhaben will; und wir geben ihnen alle ökonomischen Mittel, damit sie sich selbst entwickeln können. Genau das brauchen sie – Geld.

Ich glaube, das große Problem sind die städtischen Schwarzen. Einerseits ist die Wirtschaft der Weißen in Südafrika auf ihre Arbeitskraft angewiesen, andererseits haben sie keinerlei Rechte in diesem Raum.

W 1: Sicherlich. Ich glaube, wir sind wirtschaftlich sehr stark, aber wir sind abhängig von den Schwarzen. Ziehen Sie heute die Schwarzen ab und wir hätten keine Wirtschaft mehr. Was die städtischen Schwarzen betrifft, stimme ich mit Ihnen überein. Sie sind bis zum heutigen Tag ziemlich unmenschlich behandelt worden. Wenn Sie mal in die Townships gehen, sehen Sie, daß dort unvorstellbare Lebensumstände herrschen.

Solche Lebensumstände zerstören jede eigene Initiative, die Menschen dort können sich nicht entwickeln. Wenn man in einem armen Haus aufwächst, sind die Entwicklungschancen natürlich viel geringer, als wenn man in einer schönen Umgebung heranwächst; das ist schon psychologisch erklärlich.

Was verstehen Sie unter Entwicklung? Verstehen Sie darunter lediglich einen besseren materiellen Lebensstandard oder stimmen Sie der Forderung nach vollständiger Rechtsgleichheit zu, damit eines Tages ein Schwarzer die gleiche Chance hat, in Spitzenpositionen zu gelangen wie ein Weißer – vorausgesetzt, er hat die gleichen Qualifikationen?

W 1: Ja, das meine ich. Ich meine, wir sind zur Zeit dabei, sie als Menschen zu behandeln. Aus meiner eigenen Erfahrung kann ich sagen: vor zehn Jahren habe ich selbst noch vollständig anders gedacht als heute. In der letzten Woche – das muß ich Ihnen erzählen – haben wir Fußball gegen sie gespielt und nach dem Spiel haben wir uns die Hände geschüttelt und Bier miteinander getrunken. Das ist etwas, was vor fünf Jahren noch niemand vorausgesehen hätte. Ich selbst hätte mir das nicht vorstellen können. Als diese Unruhen anfingen, war es phantastisch, mit den Schwarzen darüber zu diskutieren. Und wir sprachen mit den einfachen Arbeitern darüber, nicht etwa mit ihren Vorgesetzten oder Führern, sondern direkt mit den Arbeitern. Noch vor kurzer Zeit hätten wir niemals mit ihnen diskutiert, wir haben sie nie als Menschen gesehen. Aber heute gehen wir hin und reden mit ihnen. Und dabei verändert sich, glaube ich, im Augenblick eine Menge. Darin, daß wir sie als Menschen sehen und sie auch so behandeln.

W 2: Als gleiche, nicht als Menschen. Als Menschen haben wir sie immer gesehen, aber nicht als gleiche, weil sie eben anders waren. Jetzt beginnen wir, freundlich zu ihnen zu sein, mit ihnen zu reden, in den Dialog mit ihnen zu kommen. Das ist alles.

Glauben Sie, daß die weißen Südafrikaner ernsthaft bereit sind, den wirtschaftlichen Wohlstand mit den Schwarzen zu teilen, ihre Privilegien aufzugeben?

W 2: Ja, das sind sie. Wir sind wirklich bereit, unsere Jobs mit jedem zu teilen, der die erforderlichen Qualifikationen hat. Aber leider haben eben heute noch nicht sehr viele unseren Standard erreicht.

Und Sie sind überzeugt, alle derartigen Diskriminierungen wie etwa job reservation *werden jetzt verschwinden?*

W 2: Ja. Dabei müssen Sie aber sehen, daß das eine Zeitfrage ist. Bis die Schwarzen die notwendigen Fähigkeiten besitzen, braucht es noch Jahre und Jahre.

W 1: Das Problem ist, daß die Außenwelt den Fortschritt erzwingen will und Druck auf uns ausübt. Ich verstehe das in gewisser Weise, und in bestimmten Punkten haben die Ausländer recht. Aber andererseits haben diese Leute nie hier gelebt und haben unsere Probleme nie gesehen. Denn unser Problem besteht genau darin, daß man sich nicht von einem Tag auf den anderen ändern kann, wenn man in einer bestimmten Umgebung aufgewachsen ist.

Es ist doch so: wenn jemand in entlegenen ländlichen Gebieten aufgewachsen ist und dann im Alter von zwölf oder dreizehn Jahren nach Pretoria oder Johannesburg kommt, dann wird er niemals mehr für den Rest seines Lebens mir ebenbürtig werden können. Unsereins wächst in seinen ersten dreizehn Lebensjahren mit dem Radio auf, mit Fernsehen – und das ergibt einen bestimmten sozialen Hintergrund, schon in den ersten sechs oder zehn Lebensjahren. Das sind Dinge, die die Ausländer nicht verstehen.

Sie wollen die Dinge viel zu abrupt verändern. Veränderung muß einfach von innen kommen, anders geht es nicht.

Schauen Sie sich Europa vor hundert Jahren an, die Revolutionen und so. Die kamen auch von innen. Keiner außerhalb unseres Landes kann uns wirklich helfen.

Was wir hier im Land an Diskriminierung zwischen Schwarz und Weiß haben – ist das nicht einfach der natürliche Unterschied zwischen Menschen, etwas, was auch in Europa gilt? . . . Wenn Sie in Deutschland ein paar Millionen Schwarze hätten, dann würden Sie auch beobachten können, daß allenfalls 50 Prozent der Leute, wahrscheinlich weniger, sich gern mit denen vermischen würden, die anderen eben nicht. So wie manche Deutschen keine Bayern mögen . . .

Und auch in Amerika haben Sie dieses Problem. Vor zehn Jahren gab es dort Unruhen – und, ich sage es noch mal, ändern kann man diese Zustände nur durch den Dialog zwischen den Betroffenen selbst. Und wenn diese ihre Probleme dadurch nicht lösen können, kann ihnen auch kein Außenstehender helfen.

Nun, unser Rassenproblem ist ja teilweise beherrscht vom Ost-West-Konflikt. Und das macht es uns so schwer. Sehen Sie, wenn die Rhodesier jetzt nicht zu einem Vergleich kommen, liegt das nicht daran, daß die schwarzen oder die weißen Rhodesier das nicht wollen, sondern daran, daß die Russen ein Interesse daran haben, Sand ins Getriebe zu streuen. Lassen Sie mich Ihnen das versichern. Denn in Rhodesien stehen mindestens 50 bis 60 Prozent der schwarzen Bevölkerung hinter den Weißen. Und das heißt, daß die Mehrheit hinter ihnen steht. Und wenn dann kein Vergleich zustande kommt, liegt es doch auf der Hand, daß ein paar militante Linke in der Konferenz sind und sie auseinanderbrechen wollen, wie das schon viele Male passiert ist.

Glauben Sie, die aktuellen Unruhen in Südafrika sind von den Kommunisten organisiert?

W 1: Nein, nein. In dem Punkt stimme ich mit Ihnen überein. Diese Leute waren teilweise im Recht, als sie anfingen, mit Steinen zu werfen. Sie haben das Recht, ihren Standpunkt klarzumachen. Aber von einem bestimmten Augenblick an müssen sie auch sehen, was jetzt geschieht. Jetzt müssen sie mit dem Dialog beginnen. Man kann nicht mit dem Kopf durch die Wand wollen. Ich gebe ja zu, die städtischen Schwarzen sind benachteiligt worden.

Die Schwarzen haben doch keine Möglichkeit, mit Weißen in Kontakt zu kommen – solange sie in den Townships so völlig isoliert sind –, wie stellen Sie sich eine Entwicklung vor, die dahin führt, daß eines Tages die Schwarzen neben den Weißen in Spitzenpositionen aufsteigen könnten?

W 1: Oh, die sind doch heute schon dabei, sich hier in Südafrika in Spitzenpositionen niederzulassen. In speziellen Bereichen der privaten Wirtschaft, wenn ein Schwarzer da die geforderten Fähigkeiten mitbringt, erreicht er die entsprechende Position.

In Johannesburg? Gibt es da Schwarze in Spitzenpositionen?

W 1: In Johannesburg, in Pretoria etwa. Als Ärzte zum Beispiel – aber wir haben uns ja jetzt nicht über diese Berufe unterhalten, sondern über den einfachen Arbeiter von heute.

Das job reservation-*Gesetz verhindert doch den Aufstieg von Schwarzen.*

W 1: So etwas gibt es gar nicht – in keinem Gesetzblatt –, ich kenne keinen Gesetzestext, in dem das zu finden wäre. Ich kann ihnen versichern, daß es kein schriftlich fixiertes Gesetz gibt, das den Schwarzen unterdrückt. Wenn ein Mann ein Arbeiter ist und er hat die nötigen Qualifikationen und die Fähigkeit, nach oben zu kommen, dann kommt er auch nach oben. Und ich glaube, es findet auch deshalb ein rapider Wandel statt, weil die Schwarzen jetzt selbst den Wunsch haben, nach oben zu gelangen. Lange Zeit waren sie damit zufrieden, von einem Tag in den anderen zu leben . . . Das war ihre Art. Das war eine typisch ländliche Lebensweise. Sie kamen von den Farmen, aus dem Busch und waren zufrieden mit dem, was sie hatten. Aber die Dinge wandeln sich schnell und heute erkennen sie, daß man mehr Geld braucht, wenn man den Kindern Spielzeug kaufen will. Sie fangen an, am Luxus Geschmack zu finden. Sie sehen den Luxus, und dann arbeiten sie härter, um ihn sich leisten zu können. Sie erkennen, daß sie sich entwickeln müssen. Darin brauchen wir sie heute gar nicht mehr zu unterstützen, sie tun das jetzt schon aus eigenem Antrieb. Hier liegt eine der Ursachen der Unruhen, die gerade stattfanden: die Schwarzen fühlen, daß sie jetzt hart arbeiten, daß sie als Arbeiter auch Menschen sind, daß sie aber nicht als Menschen anerkannt werden. Sie wollen aber als Menschen anerkannt werden. Das ist sehr wichtig.

Was ist denn konkret geschehen, um die Lebensbedingungen der Schwarzen zu ändern, um die Gesetze zu verändern?

W 1: Nichts kann von der Regierung oder von irgendeiner offiziellen Institution in dieser Richtung getan werden, denn es hat niemals offiziell Diskriminierung gegeben. Es gibt kein Gesetz, das den Schwarzen als Unterlegenen behandelt. Es ist einfach die Art zu leben, wie sie sich in den letzten 300 Jahren in Südafrika herausgebildet hat. Das kommt alles von der Vergangenheit: unsere Geschichte ist die Ursache. Aber solche Gesetze gibt es nicht. Deshalb kann ich Ihnen auch nicht sagen, was jetzt konkret geändert wird.

Aber es gibt doch eine ganze Reihe von Gesetzen in diesem Land, die dem Schwarzen die Rechtsgleichheit mit dem Weißen absprechen.

W 1: Was für Gesetze?

Die Paßgesetze – sie dürfen sich nicht aufhalten, wo sie wollen – job reservation. Es ist ihnen verboten, in bestimmten Berufen zu arbeiten, die dem Weißen vorbehalten sind.

W 1: Sie brauchen nicht länger Paßbücher zu tragen. Nächstes Jahr wird das Paßgesetz aufgehoben; also, das spielt keine Rolle. Die Sache ist – sie werden durch gewisse Gesetze – sehr wenige Gesetze, es sind nicht viele – es ist einfach – ich bin auch ein Bürger, wenn ich irgendwo hinfahre, muß ich ein Ticket haben. Und wenn ich zu schnell fahre, bekomme ich einen Strafzettel. Sehen Sie, so ist das mit diesen Gesetzen. Als die Gesetze gemacht wurden, waren die Leute, die sie machten, überzeugt, daß sie gut sind. Heute sehen wir sie als überkommen an und werfen sie über Bord.

Aber es gibt offiziell noch nicht einmal gleichen Lohn für Schwarze und Weiße bei gleicher Arbeit . . .

W 1: Nein, das ist nicht wahr. Auch als Weißer bekommen Sie einen ganz niedrigen Lohn, wenn Sie ohne Qualifikation arbeiten. Was ich Ihnen erklären will – wenn sie die Qualifikation haben – und ich versichere Ihnen, daß das wahr ist –, dann bekommen sie auch gleiches Gehalt.

Also gut, es gibt diskriminierende Lohnverhältnisse, Lohnunterschie-

de, da will ich Ihnen zustimmen. Aber die gibt es auch zwischen Weißen. Schauen Sie, wenn Sie bereit sind, für mich für 100 Rand zu arbeiten und ich kann aus Ihrer Arbeit einen Nutzen von 1000 Rand ziehen, dann werde ich das natürlich tun. Wenn Sie jedoch nicht bereit sind, für 100 Rand für mich zu arbeiten, werden Sie mich um mehr Geld fragen. Also – warum haben die Schwarzen niemals nach Lohnerhöhung gefragt? Das haben sie niemals getan.

Sie durften nicht streiken – das war ihnen gesetzlich verboten.

W 1: Aber das gilt für Weiße auch. Es ist nicht so, daß die Weißen die Götter sind und die Schwarzen gar nichts sind. Wissen Sie, bei den Weißen gibt es die Probleme auch. Wenn ich nicht für 50 Rand im Monat arbeiten will – und ich will das nicht –, dann gehe ich eben woanders hin, wo ich mehr Geld bekomme – und die Schwarzen sind von ihrer Seite aus niemals – bisher haben wir unsere Seite betrachtet –, aber was haben denn die Schwarzen wirklich getan, um ihren Lebensstandard zu verbessern?

Sie haben Gewerkschaften gebildet, aber sie sind nicht anerkannt worden.

W 1: Ich stimme Ihnen nicht zu, daß Gewerkschaften zur Lösung von Problemen beitragen können. Ich kann wirklich nicht sehen, daß die Anerkennung der Menschenwürde des Schwarzen in der Anerkennung seiner Gewerkschaften liegt.

Meinen Sie nicht, daß die Lebensbedingungen der schwarzen Arbeiter davon abhängen, ob sie eine Organisation haben, die ihre Rechte vertritt?

W 1: Darüber kann ich mit Ihnen nicht streiten, denn wir in Südafrika haben nicht eine so kommerzialisierte Welt wie Sie in Europa. Hier haben wir noch nicht einmal Gewerkschaften für Weiße.

Aber sicher haben Sie Gewerkschaften für Weiße.

W 1: Aber nicht so, wie Sie in Europa. In Europa sind die Gewerkschaften von wirklicher politischer Macht. In Südafrika gibt es das nicht. Auch für die weißen Arbeiter nicht.

Aber Weiße dürfen streiken, Schwarze dürfen es nicht.

W 2: Was sagen Sie da? Weiße dürfen streiken und Schwarze nicht?

Ja.

W 2: Nein, Weiße dürfen auch nicht streiken. Streik ist prinzipiell in Südafrika verboten, auch für Weiße.

Ich denke, Sie haben Streikrecht.

W 2: Nein, ich denke nicht. Ich weiß es. Das sage ich Ihnen. Nein, wirklich, viele Dinge hier in Südafrika gelten sowohl für Weiße wie für Schwarze. Das scheint nicht so, das ist aber so. Sie können viele Tatsachen aufzählen, aber ich sage Ihnen, daß die Situation sich ändert, es ändert sich. Das ist ein geschichtlicher Prozeß.

Haben Sie jemals die Erfahrung gemacht, daß Sie jemanden mit vernünftigen Gegengründen überzeugen konnten, wenn er von Apartheid überzeugt war?

W 2: Nein, man kann niemanden mit vernünftigen Gründen überzeugen. Er muß sich selbst ändern, durch sich selbst. Sie können anfangen, ihm Tatsachen zu berichten; aber es gibt viele Leute in Südafrika, die glauben einfach an Apartheid und würden dafür sterben. Sie sehen den Schwarzen als Schwarzen, als nichts weiter, und wenn man mit ihnen darüber diskutiert, wird man schon als Teufel betrachtet. Nur wenn man persönliche Erfahrungen macht, kann man sich ändern.

W 3: Aber die junge Generation hat nun Kontakt mit den Schwarzen –

W 1: Deshalb bin ich so sicher, daß es sich jetzt ändert. – Es ändert sich ziemlich schnell. Die Leute fangen an nachzudenken, und sie fangen an, miteinander zu reden. Es wird für sie mit der Zeit zum Problem, und wir müssen also daran arbeiten, das Problem aus der Welt zu schaffen.

Glauben Sie, daß die Weißen sich bis zu einem Punkt verändern können, wo sie akzeptieren könnten, daß die Mehrheit regiert?

W 1: Nun – Mehrheitsregierung –, es ist schön zu sagen: laßt uns schwarze Mehrheitsregierung haben; aber unsere politische Situation ist nicht so, daß, wenn das Prinzip «ein Mann, eine Wählerstimme» herrschte, daß dann Mehrheitsregierung wäre. Die Weißen haben ihre eigene Regierung und wählen sie nach dem Mehrheitsprinzip. Die Schwarzen haben ihre eigene Regierung und wählen sie auch nach dem Mehrheitsprinzip.

Die Schwarzen in den Städten haben keine eigene Regierung. Sie leben unter weißer Herrschaft.

W 2: Sie arbeiten da – aber sie leben in ihren Heimatländern. Sie haben ihre Regierungen in den Heimatländern. Auch die städtischen Schwarzen gehören einer Nation an. Wo immer sich ein Schwarzer gerade aufhält, er hat sein eigenes Volk, sein eigenes Land und seine eigene Regierung – die Transkei z. B. und Zululand – und er stimmt für diese Regierung.

Aber die meisten Schwarzen wünschen nicht, Mitglieder irgendwelcher Staaten zu werden, sie betrachten sich als Südafrikaner und wollen gleiche Rechte hier haben.

W 2: Dann sind ihre Führer nicht aufrichtig, denn alle schwarzen Führer sagen, daß sie ein Land für sich wollen. Nehmen Sie z. B. die Zulus, sie wollen ihr eigenes Land.

Buthelezi, das Oberhaupt der Zulus, lehnt die Unabhängigkeit des Zululandes ab.

W 2: Das hat er aber niemals öffentlich gesagt.

Er hat es sogar zu Vorster gesagt.

W 2: Ich will nicht hören, was er zu Vorster gesagt hat, er muß es öffentlich sagen. Aber es gab niemals ein öffentliches Statement von ihm, an das ich mich erinnern kann. Wenn die Schwarzen eine Veränderung wollen, wenn sie etwas anders haben wollen, dann müssen sie das auch sagen. Aber das tun sie nicht.

Gut, ich will also akzeptieren, daß sie in dieser Sache ein öffentliches Statement abgegeben haben, aber 90 Prozent der Schwarzen wollen nicht unter einer weißen Flagge vereint werden.

Sicher nicht unter einer weißen Flagge; sie wollen gleiche Rechte haben.

W 1: Sie haben ihre eigene Regierung. Es ist ein furchtbar kompliziertes Problem, niemand kann es wirklich verstehen, wenn er nicht damit lebt.

Halten Sie es für möglich, daß die Weißen sich in den nächsten Jahren so weit ändern können, daß sie gleiche Rechte für die Schwarzen akzeptieren können?

W 1: Ja, die Amerikaner haben die Indianer akzeptiert und die Neger. Ich möchte Ihnen klarmachen, daß Menschen sich ändern. Aber zwingen Sie mich nicht, mich zu ändern, ich ändere mich schon . . .

Ich frage nur, weil Sie mir zu Anfang sagten, Sie seien der Boss und Sie wollten darauf auch nicht verzichten.

W 1: Ja, ich bin der Boss, aber deshalb, weil ich härter arbeite. Nun, man muß mich auch als Individuum nehmen. Ich stehe an der Spitze wegen meiner Qualifikation, und ich werde härter arbeiten – hier kommt der Wettbewerb hinein. Ich kann Ihnen nicht sagen, wir werden in zehn Jahren Mehrheitsregierung haben, ich kann Ihnen auch nicht sagen, daß wir sie in fünfzehn Jahren haben werden, ich kann Ihnen nur sagen, daß wir uns ändern.

Ich frage mich immer: Warum beschäftigt man sich heute überall in Europa so intensiv mit unseren sozialen Problemen? Haben diese Leute denn nicht genug eigene Probleme? –

Mit dem Homeland-Konzept versuchen wir es hinzubekommen, daß jeder Schwarze in der entsprechenden sozial und kulturell homogenen Gruppe glücklich werden kann. Indem wir jeder der zehn wichtigsten Bantu-Gruppen ein eigens Homeland geben, helfen wir ihnen dabei, ihre kulturelle Identität zu bewahren. Und dort können sie auch ihre politischen Rechte ausüben.

Und die Farbigen und Inder wollen wir jetzt in unsere Gesellschaft integrieren.

Und warum nicht die städtischen Schwarzen auch?

W 1: Die städtischen Schwarzen haben doch ihr eigenes Land, wo sie volle politische Rechte besitzen.

Aber sehr viele von ihnen leben seit Generationen in den Städten. Sie selbst, ihre Eltern, ihre Kinder jetzt sind hier geboren, aufgewachsen, arbeiten hier . . .

W 1: Ja, aber sie leben hier als Gastarbeiter.

Rein theoretisch könnte man den Farbigen und den Asiaten doch auch ein «Homeland» einrichten. *Warum ist man zwar bereit, jetzt die Farbigen und Inder in die «weiße Gesellschaft» zu integrieren, ihnen gleiche politische Rechte zu geben, nicht aber den Schwarzen?*

W 1: Die Unterschiede zwischen den Schwarzen und uns sind ganz einfach so ungeheuer groß.

Sehen Sie, die Schwarzen denken so vollständig anders als wir. Die können zum Beispiel nicht für die Zukunft planen; die können überhaupt nicht in der Zukunft denken. So etwas ist ihrer kulturellen Tradition völlig fremd, diese Art von Denken haben sie nie gelernt.

W 2: Warum wir in dieser Hinsicht einen Unterschied zwischen den Schwarzen einerseits und den Farbigen und Indern andererseits machen, ist ganz einfach zu erklären. Vor den Europäern gab es hier die Schwarzen, die Bantu. Dann kamen wir. Und Farbige wie Asiaten sind erst durch uns hierhergekommen, die sind gewissermaßen ein Produkt von uns Weißen.

W 1: Wissen Sie, worin der eigentliche Unterschied zwischen uns, den Europäern, und den Leuten besteht, die schon immer hier lebten? – In Winter und Sommer. – Sehen Sie, wenn Sie etwa in Nordeuropa nicht im Sommer dafür vorsorgen, daß Sie im Winter genug zu essen haben, verhungern Sie dort im Winter. Hier dagegen brauchen Sie ein Hemd, ein Stück Brot und vielleicht noch ein bißchen Tabak und kommen damit durchs ganze Jahr.

Diese unterschiedlichen Grundhaltungen bilden sich in einem kulturellen Prozeß heraus, der sich über Tausende von Jahren erstreckt.

Sie können diesen (klimatisch bedingten) Unterschied in der Einstellung der Menschen ja selbst innerhalb Europas beobachten. Denken Sie einmal an die ganz verschiedenen Lebensauffassungen eines Süditalieners und eines Skandinaviers.

W 2: Zwischen den Schwarzen und uns gibt es noch einen wichtigen Unterschied. Wir denken immer auch in Qualitäten, die Schwarzen ganz allein in Quantitäten. Eine Herde von tausend Rindern etwa, das ist in ihren Augen etwas Tolles. Wie gut diese Rinder sind, das ist ihnen völlig gleichgültig.

W 3: Wir könnten noch stundenlang über solche Unterschiede diskutieren und darüber, ob die Schwarzen wirklich ganz anders sind als wir. Aber beweisen, ob sie wirklich und unveränderbar anders sind als wir, können wir hier alle nicht. Dazu müßte man nämlich erst einmal das Experiment machen, daß man, sagen wir, tausend schwarze Säuglinge in einem rein weißen Milieu aufwachsen läßt. Ich persönlich bin überzeugt, daß diese Schwarzen mit der Zeit sich wie Weiße verhalten und auch so denken würden. Allerhöchstens würde das zwei, drei Generationen dauern.

W 2: Aber das hilft uns jetzt überhaupt nicht weiter. Jetzt haben wir es in Südafrika mit zwei völlig verschiedenen Nationen zu tun, und das müssen wir berücksichtigen.

Andererseits sind wir jetzt ja auch dabei, sie dazu zu bringen, daß sie sich ändern; daß sie lernen so zu denken wie wir, daß sie lernen, zu planen.

W 1: Mir fällt noch ein ganz wesentlicher Unterschied zwischen den Schwarzen und uns Weißen ein. Sehen Sie, die «Intelligenz einer Nation» ist zwar eine Größe, die keiner messen kann, aber niemand wird doch bestreiten, daß der Grund dafür, daß Länder wie die Vereinigten Staaten, Deutschland, Frankreich die führenden Nationen der Welt geworden sind, in den wissenschaftlichen Fähigkeiten der Menschen dieser Länder zu suchen ist. Genau deshalb sind diese Länder so stark.

Und das große Unglück der Schwarzen ist: Sie sind zwar ganz ausgezeichnet, wenn es ums Auswendiglernen geht, sie können sich sehr schnell einen umfangreichen Stoff gedächtnismäßig aneignen – deshalb findet man unter ihnen gute Ärzte oder Juristen. Aber – und Sie können das alles in den Statistiken nachprüfen – Sie werden so gut wie keinen Schwarzen finden, der etwa Mathematik oder ein anderes wissenschaftliches Fach studiert. Sie haben einfach – durch ihre Erziehung, durch ihren kulturellen Hintergrund – nicht die dafür notwendigen Fähigkeiten. Die Fähigkeit zum Beispiel, verschiedene Aspekte einer Sache, verschiedene Lösungsmöglichkeiten eines Problems zu sehen, in Alternativen zu denken. Und so etwas zu ändern, bedeutet eine soziale Revolution, einen Prozeß, der viele, viele Generationen lang dauert.

Von daher sind auch die Maßnahmen zu erklären, die *job reservation* betreffen. Sie könnten einen Schwarzen überhaupt nicht zum Ingenieur oder zum Wissenschaftler ausbilden. Die sehr wenigen schwarzen Ingenieure und Wissenschaftler, die es trotzdem im Lande gibt, kommen alle von außerhalb. Die Schwarzen sind ganz ausgezeichnete Leute, solange es sich um ein eng abgegrenztes Gebiet handelt, in dem sie ausgebildet wurden. Sowie sie aber mit irgendeinem unerwarteten Problem konfrontiert werden, versagen sie.

W 2: Die können einfach nicht mehr von sich geben, als das, was sie in ihrem Gedächtnis gespeichert haben . . .

W 1: Und das ist das akute Problem aller schwarzen Länder in Afrika. Schauen Sie sich die afrikanischen Länder rundherum an. In allen Ländern gibt es seit der Übernahme der politischen Macht durch die Schwarzen mehr Weiße als davor. Das zeigt: die kommen einfach nicht aus ohne die Weißen. Und ich bin sicher, wenn alle Weißen jetzt Südafrika verlassen würden, dann würde dieses Land total zurückfallen, und zwar für immer, nicht nur vorübergehend.

Wahrscheinlich liegt Ihnen schon der Einwand auf der Zunge, es gebe die Praxis von *job reservation*, und das weise darauf hin, daß es doch die Konkurrenz qualifizierter Schwarzer gebe – nun, einmal bin ich sicher, daß *job reservation* nicht mehr lange praktiziert werden wird . . .

Job reservation schützt ja nicht nur die Weißen, sondern gerade auch die Arbeitsplätze der Schwarzen.

Das müssen Sie mir aber genauer erklären.

W 1: Es ist doch so, daß die Weißen alle viel besser ausgebildet sind. Wenn die jetzt hingingen und die Arbeitsplätze der Schwarzen haben wollten, womit sollten die Schwarzen dann ihr Geld verdienen?

Ist es nicht so, daß job reservation eines der Instrumente ist, mit denen die weiße Minderheit ihre Privilegien verteidigt? In diesem Fall die besser bezahlten Jobs gegen die Konkurrenz vergleichbar qualifizierter Schwarzer?

W 1: Es ist doch in allen zivilisierten Ländern so, daß Minderheiten einen gewissen Schutz genießen.

Aber eine Minderheit braucht doch dann keinen besonderen Schutz mehr, wenn sie allein die politische Macht in Händen hat.

W 1: . . . Es ist doch nicht so, daß wir Weißen uns als etwas besseres dünken und auf die Schwarzen herabsehen. Wir haben es einfach zu tun mit dem Problem des ganz verschiedenen kulturellen Hintergrunds. Und was wir europäischen Weißen in einem kulturellen Prozeß von Tausenden von Jahren entwickelt haben, das kann man nicht in wenigen Jahren nachvollziehen. Wir tun etwas für die Schwarzen, wir tun sogar viel. Aber in einem Zeitraum von zehn Jahren ist das Ziel nicht erreichbar, das ist unrealistisch. Realistischer sind zehn Generationen.

W 3: Wir sind vier Millionen Weiße, und wir müssen die Lehrer von siebzehn Millionen Schwarzen sein. Es gibt fast vier Millionen schwarze Schulkinder in Südafrika; etwa jeden Tag entsteht eine neue Schule für Schwarze. – Wir haben einfach nicht genügend Menschen, um die Entwicklung der Schwarzen schneller voranzutreiben.

Woran, meinen Sie, liegt es, daß die Regierung für die Ausbildung eines weißen Kindes ein Vielfaches der Summe ausgibt, die sie für die Ausbildung eines schwarzen Kindes zur Verfügung stellt?

W 1: Es gibt vier Millionen schwarze Schulkinder, und wir Weißen sind insgesamt vier Millionen. Wir sind es, die die Ausbildung der Schwarzen bezahlen müssen. Durch unsere Steuerzahlungen. Die Minderheit von vier Millionen Weißen hat für alles und jedes im Lande zu zahlen.

Wenn die Weißen den überwiegenden Teil der Steuern aufbringen, so doch auch deshalb, weil sie alle gutdotierte Jobs und um ein vielfaches höhere Einkommen haben.

W 1: Nicht den überwiegenden Teil, sondern alle Steuern zahlen wir, jeden Pfennig.

W 2: Die Schwarzen müßten doch zuerst einmal die gleichen Qualifikationen haben, bevor sie erwarten können, das gleiche zu verdienen.

Es wird ja heute schon viel getan. Sie können das daran ablesen, daß die Unterschiede in den Löhnen in den letzten Jahren ungeheuer zusammengeschrumpft sind. Und die Einkommen der Schwarzen steigen viel, viel stärker als die der Weißen.

W 3: Ich möchte noch einmal auf die Homelands zurückkommen. In Wirklichkeit hat sich doch folgendes abgespielt: Diese in viele kleine Teile zersplitterten Stammesgebiete mit all ihren Problemen sind ein Erbe des vergangenen britischen Imperialismus. Wir haben dies Erbe übernommen, und wir sind jetzt dabei, diese Gebiete zu entwickeln. Und seit 1936 haben wir diese Gebiete flächenmäßig um 75 Prozent aufgestockt, um so vernünftige Grenzziehungen und die Zusammenlegung getrennter Gebietsteile zu erreichen. Damit die Schwarzen sich in ihren Homelands als kulturell homogene Gruppen selbst verwalten können. Sie sind dort vollkommen frei in dem, was sie tun, und sie können dort ihre eigenen politischen Vorstellungen verwirklichen.

Soweit ich informiert bin, lehnt aber die Mehrheit der Schwarzen das Homeland-Konzept ab. Sie sehen sich nicht als Bürger irgendeines Homelands, sondern fordern, als Südafrikaner anerkannt zu werden.

W 1: In gewisser Weise ist diese Forderung natürlich verständlich. Die weißen Gebiete sind hoch entwickelt, die Homelands müssen erst entwickelt werden. Der Lebensstandard hier ist viel höher. Aber wir können deshalb doch nicht einfach dieser Forderung nachgeben.

Und sehen Sie, die einzelnen Gruppen sind in sich so homogen und untereinander so verschieden. – Nehmen Sie die Xhosa und daneben die Zulu. Wo die auch nur zusammentreffen, gibt es sofort Streit. Immer ist Streit zwischen ihnen.

Halten Sie die flächenmäßige Aufteilung – 13 Prozent Südafrikas für die Mehrheit von 70 Prozent der Bevölkerung – für gerecht?

W 1: Sie können nicht einfach mit dieser Zahl argumentieren. Diese 13 Prozent liegen in einem Gebiet, das wir das «Blaue Dreieck» nennen. Und dabei handelt es sich um den wertvollsten Teil Südafrikas. Wenn man das berücksichtigt, muß man feststellen, daß 54 Prozent des wertvollsten Landes den Schwarzen gehören soll. Die verfügen damit über die fruchtbarsten Böden und über eine Menge Bodenschätze.

Sie würden also sagen, diese Aufteilung – 13 Prozent der Fläche Südafrikas für die schwarze Mehrheit von 18 Millionen, der Rest für die 4 Millionen Weißen und 3 Millionen Farbigen und Asiaten – stelle eine gerechte Verteilung dar?

W 1: Das wollte ich damit nicht sagen. – Nur daß die Größe eines Gebietes nicht die entscheidende Rolle spielt, sondern was man damit anfängt . . .

W 3: . . . Nehmen Sie die Niederlande. Ein Land, das nach unseren Maßstäben total überbevölkert ist. Aber die Leute dort haben einen hohen Lebensstandard. Wenn man über das notwendige Wissen verfügt und über Unternehmungsgeist, kann man aus dem Boden, den man zur Verfügung hat, eine Menge herausholen.

W 2: Sie ergreifen mit jedem Satz den Sie sagen, die Partei derer, die die Homeland-Politik ablehnen. Ich selbst neige ja auch dazu. Aber man muß sich dabei über eines klar sein. Darüber, daß es für die Lösung der sozialen Probleme hier in Südafrika genau zwei Alternativen gibt: Totale Integration der Schwarzen oder die Homelands. Die Regierung hat sich nun für die zweite Alternative entschieden und erprobt sie.

. . . Es bleibt ja gar nichts anderes übrig, als beide Alternativen – wie jetzt die Homeland-Politik – in der Praxis auszuprobieren. Nach zehn Jahren oder so kann man dann hingehen und an Hand der Ergebnisse entscheiden: war es der richtige Weg oder der falsche.

W 1: Wenn viele Schwarze gegen die Homelands sind, so liegt das sicher auch daran, daß sie in den Städten – obwohl ihre Löhne viel niedriger sind als die der Weißen – ein sehr angenehmes Leben haben. Sie haben geregelte Arbeitszeit, es gibt hier Kinos und Cafés . . .

W 3: Die leben hier in viel größerer sozialer Sicherheit, wissen Sie. Denn hier kümmern sich die Weißen um alles. Die Weißen bauen ihnen Häuser, sie sorgen für Schulen, sie sorgen eben für alles. Während sie all das in den Homelands erst durch eigene Arbeit schaffen müssen, wenn auch die Weißen das notwenige Geld dafür geben.

In den Homelands stellen ihnen die Weißen noch die finanziellen Mittel zur Verfügung und helfen ihnen auch sonst, aber die Schwarzen werden gezwungen, selbst alles aufzubauen.

W 2: Das soll alles keine Kritik an den Schwarzen sein. Wären wir an der Stelle der Schwarzen, so wären wir sicher genauso gegen die Homelands. Jeder wählt, wenn er kann, den bequemsten Weg. Das ist menschlich.

W 3: Es ist doch auf jeden Fall sinnvoller, zuerst die Homeland-Politik in der Praxis zu erproben und erst dann, wenn sich herausstellen sollte, daß sich die Probleme auf diese Weise nicht lösen lassen, die andere Alternative – Integration – zu probieren.

Denn wenn Sie jetzt versuchen, die Schwarzen in die weiße Gesellschaft zu integrieren und dabei feststellen, daß es Schwierigkeiten gibt, und Sie wollen sie dann in die Homelands schicken – nun, das funktioniert dann einfach nicht mehr.

Ist es nicht so, daß die südafrikanische Wirtschaft total abhängig ist von der Arbeitskraft der Schwarzen? Daß es zum Zusammenbruch kommen würde, zögen sich die Schwarzen wirklich morgen alle in diese Homelands zurück?

W 2: Das weiße Südafrika abhängig von den Schwarzen? Das ist doch eine völlig unhaltbare Behauptung. Alles was die Schwarzen heute tun, könnten wir doch mindestens so gut . . .

W 3: . . . Wir stellen ihnen hier Arbeitsplätze zur Verfügung, wir geben ihnen Arbeit, die sie sonst nirgends finden. – Sie müssen doch eine Arbeit haben, wovon sollten sie sonst leben?

W 1: Was die gegenwärtige Situation betrifft, so haben Sie schon Recht. Im Augenblick ist unsere Wirtschaft noch abhängig von den schwarzen Arbeitskräften. Wenn die Schwarzen alle sagen würden, morgen gehen wir in unsere Homelands, dann käme es zum Zusammenbruch.

Andererseits könnten wir durch verstärkte Mechanisierung und Automation die Produktion relativ schnell von diesen Arbeitskräften unabhängig machen.

Und das wird auch mit der Zeit geschehen; in dem Umfang, wie die ökonomische Entwicklung der Homelands Fortschritte macht. Zur Zeit ist die schwarze Arbeitskraft noch sehr billig zu haben, deshalb produzieren unsere Unternehmer sehr arbeitsintensiv. Die Unternehmer wählen immer die Möglichkeit mit den geringsten Produktionskosten. Das ist selbstverständlich. Außerdem muß man sich überlegen: ist es nicht sinnvoller, zehn Millionen Menschen zu beschäftigen für einen Lohn von täglich einem Rand, als ein paar Tausend für hundert Rand täglich? So haben doch wenigstens alle zehn Millionen so viel, daß sie satt werden. – Genauso liegen heute die Probleme hier im Lande.

Ein Genetiker, an einem Regierungsinstitut in Pretoria (deutsch)

GENETIKER: Ich bin kein Politiker. Ich bin ganz ehrlich, ich gebe nicht vor, daß ich Bescheid weiß. Das Problem ist so groß, und es ist nicht einfach, eine Lösung zu finden. Damit möchte ich anfangen und damit möchte ich auch abschließen. Ich bin kein Politiker. Die Meinung, die ich Ihnen sage, ist meine persönliche Meinung.

Es gibt Vorteile und es gibt Nachteile an der Politik der getrennten Entwicklung, wie bei allem in der Welt. Schlechthin gesagt, würde ich meinen, das ist der richtige Weg, den wir eingeschlagen haben.

Wie soll die Lebenssituation der schwarzen Bevölkerung innerhalb der weißen Gebiete aussehen, wenn auch dort getrennte Entwicklung praktiziert wird?

GENETIKER: Es ist doch nicht so, daß die da leben, sondern man kann es so sehen, daß sie sich da aufhalten wie Gastarbeiter, grob gesagt. Eine Art Gastarbeiter würde ich sagen, die ihre Heimat in den sogenannten Homelands haben.

Das würde bedeuten, daß sie von ihren Familien getrennt leben müssen?

GENETIKER: Ja, klar. Die Gastarbeiter in Europa tun das doch auch.

Sie meinen also, Südafrika ist nicht ein Staat mit verschiedenen

Bevölkerungsgruppen, sondern Südafrika ist ein weißes Land?

GENETIKER: Nein, nein. Südafrika – das südliche Afrika – besteht aus verschiedenen Bevölkerungsgruppen. Da sind die Weißen und die bestehen aus Juden, Italienern, Engländern, Afrikanern usw. Dann gibt es Mischlinge. Und dann gibt es die Schwarzen. Und die Schwarzen bestehen wieder aus verschiedenen ethnischen Gruppen, was sehr, sehr wichtig ist. Diese ethnischen Unterschiede sind fast so groß, wie etwa die zwischen Italienern und Juden oder Engländern und Afrikanern usw. Und dann gibt es noch die Inder und Asiaten. Alle diese Leute zusammen sind Teile Südafrikas.

Wenn Sie sagen, daß Südafrika aus allen diesen Bevölkerungsgruppen besteht, dann heißt das doch, daß alle diese Leute Südafrikaner sind?

GENETIKER: Ja, sie alle sind Teil Südafrikas.

Wenn die Schwarzen Teil der Bevölkerung von Südafrika sind, warum haben sie dann den Status von Gastarbeitern in den Städten?

GENETIKER: Gastarbeiter doch nur in einem ökonomischen Sinn, indem sie in den Städten arbeiten.

Aber sie sind Südafrikaner?

GENETIKER: Ja, klar.

Dann müßten sie doch südafrikanische Bürgerrechte haben?

GENETIKER: Das haben sie in ihren Homelands. Sie gehen zum Beispiel zur Wahl. Sie haben jetzt gerade gewählt, dort in ihren Homelands.

Sie wollen die Bürgerrechte aber nicht auf die Homelands beschränken, sondern in ganz Südafrika.

GENETIKER: Würden Sie mir Bürgerrechte, sagen wir, etwa in Deutschland geben?

Finden Sie, daß die gebietsmäßige Aufteilung gerecht ist? 13 Prozent der Fläche Südafrikas für die Homelands?

GENETIKER: Darüber kann ich nicht sprechen, ich kenne mich da nicht aus.

Was halten Sie von dem Problem der städtischen Schwarzen?

GENETIKER: Das ist ein Problem, das gebe ich zu. Das wissen wir alle. Ich glaube, sogar die Regierung weiß es.

Und wie soll dieses Problem gelöst werden?

GENETIKER: Das weiß ich nicht. Das ist einfach ein Problem. Es gibt ja Gebiete wie Soweto, wo die Schwarzen seit Generationen leben und in den Städten als Industriearbeiter arbeiten. Die Jüngeren sind alle dort geboren und haben jetzt schon selber wieder Kinder dort. Diese Leute haben ja eigentlich gar kein Homeland.

Und was für ein Status sollen diese Leute im Rahmen der Homeland-Politik haben?

GENETIKER: Das weiß ich nicht. Wie gesagt, in diesen Dingen kenne ich mich nicht aus. Aber es ist ja so, daß sie zu bestimmten ethnischen Gruppen gehören, etwa Zulus oder Xhosas sind, und dann können sie in den entsprechenden Homelands Grundbesitz erwerben. – Jetzt hat es aber gerade ein neues Gesetz gegeben, daß sie hier, wo sie leben, Grund besitzen dürfen. Das ist ganz neu.

Haben Sie Freunde unter den Schwarzen?

GENETIKER: Ja, aber natürlich keine privaten. Das werden Sie übrigens ganz selten finden bei allen Weißen. Wir haben unsere Freunde unter unseren eigenen Leuten. Wir haben Schwarze, die wir gut kennen. Ich kenne zum Beispiel einen Künstler und einen Wirtschaftsfachmann. Nun, ich kenne nicht viele, weil ich kaum mit ihnen zu tun habe.

Schon wegen des kulturhistorischen Hintergrundes haben so wenig Weiße Freunde unter den Schwarzen. Die Schwarzen sind nämlich meistens die Leute, die arbeiten, zum Beispiel die Hausarbeiten tun oder in den Gärten arbeiten, in der Fabrik oder was auch immer. Nehmen wir mal die Hausfrau, die eine schwarze Putzfrau hat. Weiter als diese Arbeitsbeziehung geht es da nicht. Die Hausfrau ist ganz freundlich, wir sperren die nicht ein oder so, wir haben eine gute Beziehung, es gibt keine schlimmen Gefühle, das Gehalt ist gut . . .

Wie hoch?

GENETIKER: Durchschnittlich 40 bis 50 Rand im Monat, aber das hängt auch von dem Wohnviertel ab, in dem sie beschäftigt sind und von der Arbeit, die sie tun. Wir bereiten uns schon darauf vor, ohne Hausgehilfin auszukommen, denn es wird langsam schwierig, sich eine Haushaltshilfe zu leisten. Das fängt an, teuer zu werden. Die wirtschaftliche Situation unseres Landes wird schlechter. Das hat ökonomische Gründe. Unsere Steuern werden langsam so hoch, das ist schlimm. Allmählich fängt das an, unhaltbar zu werden. Das Autofahren wird so teuer, daß wir nicht mehr unbeschränkt weite Strecken fahren können. Früher hatten wir einen Gärtner für unseren Garten, der kam jeden Tag. Heute können wir ihn uns nur noch einmal in der Woche leisten. Und ich muß jetzt selber im Garten arbeiten.

Die Kontakte zwischen Weißen und Schwarzen gehen also meist nicht über die Arbeitgeber–Arbeitnehmerbeziehung hinaus?

GENETIKER: Das kommt darauf an. Zwischen Hausfrau und Putzfrau gibt es doch ganz bestimmte Regeln, die normal sind. Sie dürfen nicht familiär sein, sie dürfen sich nicht einfach auf die Stühle setzen und sich Tee und Kaffee machen, als ob sie zu Hause wären oder einfach Freunde einladen. Das geht natürlich nicht. Das ist in Deutschland dasselbe. Es gibt einfach einen sozialen Unterschied.

Es ist doch auffallend, daß dieser soziale Unterschied mit der Hautfarbe Hand in Hand geht, daß die Schwarzen vorwiegend in den unteren Positionen sind.

GENETIKER: Das ist doch selbstverständlich. Warum? Da spielt der kulturhistorische Hintergrund eine Rolle, ihre Geschichte. 80 bis 90

Prozent dieser Leute kommen doch direkt aus dem Busch hierher. Sie können nichts. Sie können kaum schreiben oder irgendeine qualifizierte Arbeit tun, die in der Wirtschaft erforderlich ist. Nicht wahr, wenn man etwas haben will, ein Auto etwa, dann muß man arbeiten können. Nicht nur schaufeln oder so etwas, sondern man muß wirklich etwas können, schreiben oder Computertechnik oder wer weiß was. Wenn man Geld haben will, muß man etwas tun; man wird danach bezahlt, was man kann. Das ist doch bei Ihnen genauso.

Ist es nicht so, daß die schwarze Bevölkerung sehr gern eine qualifizierte Ausbildung hätte, dies aber durch bestimmte Gesetze sehr erschwert wird? Der südafrikanische Staat gibt zum Beispiel für die Ausbildung eines weißen Kindes im Jahr 460 Rand aus, für ein schwarzes 40 Rand.

GENETIKER: Ja, aber wer bezahlt das? Wer bezahlt dafür? Wo meinen Sie, würde das Geld herkommen, das man dafür benötigt, um für die Ausbildung eines Schwarzen 200 Rand aufzuwenden? Am Anfang meine ich, wer wird da bezahlen für die Ausbildung der Schwarzen? Die Weißen müssen das alles zahlen. Aus ihren Steuern.

Sie sagen, die staatlichen Ausgaben für die Ausbildung der Schwarzen zahlen die Weißen, weil sie den Hauptteil der Steuern aufbringen. Da kann ich nicht zustimmen. Die Schwarzen leisten doch einen großen Beitrag zum Wohlstand Südafrikas, indem sie ihre Arbeitskraft einsetzen.

GENETIKER: Wir zahlen aus unseren Steuern, würde ich sagen, genau daher. Was für Steuern zahlen die Schwarzen denn? Sie zahlen überhaupt keine Steuern. Sehen Sie, diese Frage, die Sie jetzt stellen, die stellt uns jeder Ausländer. Das ist ganz üblich. Ich bin nicht in der Lage, Ihnen die richtige Antwort zu geben. Ich bin kein Wirtschaftsexperte und kenne die genauen Fakten nicht, die wir brauchten, um hier weiter diskutieren zu können. Nehmen Sie sich mal das Statistische Jahrbuch Südafrikas vor, dort liegen die Zahlen vor, etwa über Verdiensthöhe im Zusammenhang mit Rassenzugehörigkeit. Und da müssen Sie verfolgen, wie sich das mit der Zeit verändert hat. Ich habe da selbst vor kurzem mal hineingeschaut und kann Ihnen sagen, ich hätte vorher nie geglaubt, daß wir so viel für die Schwarzen tun. In den letzten fünf bis zehn Jahren hat man versucht, diesen Gehaltsunterschied immer kleiner zu machen, den Schwarzen mehr und mehr zu geben. Die Weißen wissen das jetzt und sie sind auch damit einverstanden, eine immer schwerere Last zu tragen, immer höhere Steuern zu zahlen, damit wir den Schwarzen bessere Lebensbedingungen bieten können: Bessere Wohnungen etwa, bessere Bildung oder höheres Gehalt. Wie gesagt, das bezahlen alles wir Weißen mit unseren Steuern. Und für das nächste Jahr ist schon wieder eine Steuererhöhung festgesetzt. Und das geschieht, damit wir den Schwarzen mehr und mehr geben können.

Sehen Sie die Chance, daß die Weißen eines Tages bereit sein werden, mit den Schwarzen zusammenzuarbeiten – als Partner?

GENETIKER: Ja, das ist so, genau.

Meinen Sie also, daß für die Zukunft die «getrennte Entwicklung» nicht unbedingt das Konzept bleibt?

GENETIKER: Ja, deswegen sage ich, wir sind in dem Prozeß einer Evolution. Und das ist einfach eine Tatsache. Sie müssen doch einmal die Situation von vor fünf Jahren mit der heutigen vergleichen. Wieviel hat sich da geändert! Welche Anerkennung kriegen wir dafür vom Ausland? Immer nur schimpfen, schimpfen. Wir bekommen keinerlei Anerkennung dafür. Kein Ausländer hat jemals gesagt: Um Gottes willen, die armen Leute, die versuchen es doch. Die haben ihre Sportgesetze geändert, verschiedene andere Gesetze haben sie geändert, unheimlich viele. Und es ändert sich immer mehr. Und darüber hören wir nichts im Ausland. Wir versuchen doch, etwas zu tun. Wir haben doch Verständnis für die Schwarzen. Wir haben mehr Verständnis für die Schwarzen, als irgend jemand im Ausland. Was tun denn die Ausländer, hier in Südafrika und in Afrika überhaupt? Ich habe den Eindruck und finde es wichtig, daß ich diese Chance wahrnehme, meine Meinung einmal deutlich zu sagen: Die ganze UNO, die ja ganz großes Ansehen genießt in der Welt, diese ganz große United Nations, das ist ein Mist!

Was haben die erreicht? Gar nichts, nichts! Wir sind der Meinung, daß die United Nations nichts anderes sind als eine kommunistisch inspirierte Sache.

Was ist in Ost-Berlin passiert: Wie geht es den Leuten dort? Wirtschaftlich und psychologisch? Ist das dort etwa prima? Ich war in Prag, ich war in Ost-Berlin. Die Leute dort tun mir leid. Sie sind so traurig, auf der Straße und überall, das ist schrecklich.

Meinen Sie, daß hinter einem Aufstand im südlichen Afrika eine kommunistische Gefahr droht?

GENETIKER: Ich würde sagen, das ist nicht unbedingt eine kommunistische Gefahr, aber jedesmal, wenn wir Unruhen hatten, jedesmal, auch in der Vergangenheit, waren die kommunistisch inspiriert. Wir haben Beweise dafür. Leute haben das Land verlassen und haben in Moskau oder in irgendwelchen anderen kommunistischen Staaten eine militärische Ausbildung bekommen, um das Land hier umzustürzen. Terror-Methoden haben sie dort gelernt und sind jetzt wieder ins Land zurückgekommen, um hier Unruhe zu verbreiten und um die Regierung zu stürzen. Jedesmal war das so, wir haben für jeden Fall die Beweise. Auch jetzt bei diesen Unruhen in Soweto.

Was für Beweise?

GENETIKER: Gucken Sie mal: in Soweto haben wir etwa eine Million Leute. Und jetzt hat sich herausgestellt, daß die Mehrheit dieser Leute zur Arbeit gehen wollte. Aber eine Gruppe von ungefähr tausend Leuten hat sie aufgehetzt, indem sie zu ihnen gesagt hat: bleiben wir doch zu Hause und machen Unruhe, brennen wir die Schulen ab! So ist das – eine kleine Gruppe steckt dahinter.

Daß sie Veränderung wollen, will niemand diesen Leuten abstreiten. Aber es gibt doch eine menschliche Weise, wie man das tun kann. Und nun haben sie ihre eigenen Schulen abgebrannt. Sollte man so etwas tun? Nun, was man jetzt tun sollte: Jetzt gibt es die Chance, sich an einen Tisch zu setzen und sich über die Streitpunkte und Ungerechtigkeiten zu unterhalten.

Was für eine Basis gibt es denn für ein solches Gespräch? Es gibt ja nicht einmal anerkannte schwarze Gewerkschaften.

GENETIKER: Wieso? Braucht man denn dafür Gewerkschaften? Wie weit ist es denn gekommen mit diesen Gewerkschaften? Die sind doch alle – die meisten sind kommunistisch. In Italien zum Beispiel – wie sieht es da mit den Gewerkschaften aus?

Welche konkreten Möglichkeiten gibt es für die Schwarzen, mit den Weißen zu reden, trotz Apartheid?

GENETIKER: Sie tun das doch jeden Tag, jeden Tag! Die Führer dieser Schwarzen sind doch jeden Tag im Gespräch mit unseren Regierungsleuten. Jeden Tag!

Es geht ihnen nicht schnell genug. Man muß die ganze Sache jetzt eben gründlich durchsprechen, wie man etwas verändern kann. Wodurch, denken Sie, hat sich denn die Lage der Schwarzen hier in den letzten Jahren verbessert? Etwa durch Streiks? Nein. Sie hat sich gebessert, weil wir immer mehr für die Schwarzen tun. Wir versuchen, ihnen Gehaltserhöhungen zu geben. Die Weißen wissen Bescheid, was die Bedürfnisse dieser Schwarzen sind. Sie wissen, sie haben Schwierigkeiten in der Familie, sie brauchen mehr Geld. Sie wissen, daß es sich hauptsächlich um mehr Geld handelt. Damit sie mehr kaufen können und glücklicher sein können und eine bessere Erziehung erreichen können.

Wissen die Weißen auch, daß die Schwarzen anerkannt werden möchten als Partner – und als gleichberechtigte Menschen?

GENETIKER: Aber dafür haben sie doch ihre Homelands. Partner worin und wofür?

Im täglichen Zusammenleben. Am Arbeitsplatz. In den Städten.

GENETIKER: Wissen Sie, die Frage, die Sie da eben gestellt haben, das ist die typische oberflächliche Ausländerfragestellung. Man muß dieses Problem doch auf dem Hintergrund der zahlenmäßigen Unterschiede sehen und der wirtschaftlichen Bedingungen. Und man muß auch die Folgen der Veränderungen, die man sich wünscht, abschätzen. Und das ist nicht einfach.

Sehen Sie, wenn wir den Schwarzen Bürgerrechte geben und Mitbestimmung und all diese typischen Forderungen erfüllen, die so vom Ausland kommen – was meinen Sie, was passieren wird innerhalb einer

Woche?

Ich kann Sie ja sowieso nicht überzeugen. Ich verteidige die Zustände in Südafrika doch gar nicht. Ich möchte vieles anders haben, und dasselbe werden Sie auch von den jüngeren Leuten hören. Wir finden vieles falsch. Und wir versuchen, das abzubauen, diese altmodische Beziehung zwischen Herrschaft und Putzfrau. Das ändert sich jetzt alles. Aber das ist ein Prozeß und das verstehen die Ausländer nicht. Wir sind dabei.

Dr. K., ein weißer Arzt in Pretoria (deutsch)

DR. K.: Apartheid, dieses Wort ist mittlerweile zu einem Schimpfwort schlechthin geworden. Ich denke, daß die «getrennte Entwicklung» eine viel bessere Bezeichnung wäre und daß man davon absehen sollte, diesen Begriff ständig mit diesem Schimpfwort Apartheid zu koppeln. Man muß einfach davon ausgehen, wie unsere Wirklichkeit aussieht.

Wenn man sich unsere Wirklichkeit hier ansieht, denke ich, daß die grundsätzliche Überlegung sein muß, daß das Spektrum an Mensch, an Daseinsart es ist, woran sich ein Lösungsversuch zu orientieren hat, der es sich zum Ziel setzt, diese Gesellschaft zu regieren. Und nach meinem Dafürhalten sind da grundsätzlich nur zwei Möglichkeiten. Das eine ist eine Einheitsgesellschaft, die einen gemeinsamen geschichtlichen Hintergrund hat. Im Gegensatz dazu haben wir hier ein Spektrum, das entsetzlich viel weiter ist. Vor einiger Zeit ging die Geschichte von Barnard um die Welt, der in Kapstadt Herzen verpflanzt. Das als Beispiel einer hochentwickelten, abendländischen Entwicklung einer Menschengruppe, die abendländischen Ursprungs, aber inzwischen zu einem Afrika-Volk geworden ist. Und am anderen Ende gibt es noch Teile im Land, die von den Buschmännern bewohnt werden. Nicht mehr viele, aber 40 000 bis 50 000 werden's wohl noch sein, die im Grunde noch Steinzeitmenschen sind und ein Leben führen, wie wir es uns gar nicht vorstellen können. Und zwischen diesen beiden Extremen haben wir ein reiches Spektrum von Völkerschaften, die sich untereinander, auch die Schwarzen, so fremd sind wie Spanier und Engländer und Schweden und Polen. Sie sprechen verschiedene Sprachen.

Der politische Prozeß steht vor der Alternative eines Einheitsstaates oder er muß Wege finden, wonach die Identität der verschiedenen Völkerschaften gewahrt bleiben kann. Es spricht vielleicht manches dafür, daß die Prinzipien der Französischen Revolution allgemein gültig sind, also Freiheit, Gleichheit, Brüderlichkeit auf der ganzen Welt durch Menschenhand verwirklicht werden müssen. Ich für meinen Teil habe da meine Bedenken. Die weißen Südafrikaner sind größtenteils darüber schon hinweg zu glauben, daß das, was für das Abendland gilt als allgemeine Norm, daß das ohne weiteres übertragbar sei auf unsere Situation hier. Es ist besser, menschlicher, zeugt vielleicht sogar von mehr Achtung, wenn ich den ganz anderen in seinem Sosein, seinem Anderssein gelten lasse. Bei einem Einheitsstaat ist das nicht mehr möglich insofern, als dort eine einheitliche Gesetzgebung, ein einheitliches soziales Gefüge unweigerlich dazu führen wird, daß die dominante Art einfach die andere verdrängt. Und ich bin keineswegs der Meinung, daß die abendländische Lebensart so beispielhaft ist, daß man annehmen kann, daß damit den anderen gedient sein kann. Häufig ist es doch so, daß wir viel an technisch-wissenschaftlichem Wissen mitbringen und es vermitteln. Daß aber durch die Art, wie wir es dem anderen oktroyieren, der andere mehr darunter leidet, als wenn er die Möglichkeit bekäme, selbst zu beschließen, ob er die Sache überhaupt will. Und für jedes Technikum, das der Weiße dem Schwarzen vermitteln kann, denke ich, kann dieser dem Abendländer ein Humanum vermitteln, seine Kommunikationsfreudigkeit, seine Fähigkeit, menschliche Kontakte herzustellen, etwas, das der Abendländer einmal besessen hat in der Vergangenheit, das er aber zu verlieren beginnt. Es gibt eine Reihe Vokabeln, die jetzt aus dem Abendland zu uns herüberwehen, wie Rassismus, Imperialismus, Partnerschaft. Mir kommen diese Termini manchmal fremd vor. Zum Beispiel Partnerschaft. Man gebraucht doch den Begriff Partnerschaft, um den Weg zu ebnen für einen Einheitsstaat, in dem unweigerlich auf Grund der Zahlenverhältnisse der schwarze Mann die Oberhand hat und der Weiße in seiner Art auf das stärkste bedroht ist. Es ist absolut nicht sicher, daß er sein Leben, so wie er es für richtig hält, unter diesem Vorzeichen dann überhaupt noch verwirklichen kann. Mir scheint, es ist eine Tatsache, über die wir nicht hinwegspringen können, daß es nicht von ungefähr geschieht, daß wir die letzten fünfzehn bis zwanzig Jahre einem Druck ausgesetzt sind, der die Tatsache des Getrenntseins als solche anfeindet, verdächtig macht und den Südafrikaner zu einem Hundesohn in der Welt reduziert hat.

Meinen Sie mit getrennter Entwicklung, daß Schwarze und Weiße wirklich getrennt voneinander leben sollen? Daß das weiße Südafrika ohne die schwarzen Arbeitskräfte auskommen will?

Dr. K.: Sehen Sie, das ist etwas, das vielleicht aus den teutonischen Gegenden kommt: das Absolute. Die getrennte Entwicklung ist eben keine Ideologie, sie ist ein pragmatischer Lösungsversuch. Ich wehre mich dagegen, darauf festgelegt zu werden, die getrennte Entwicklung müsse nun absolut so oder so sein. Sie ist pragmatisch, anpassungsfähig.

Es ist eine Binsenweisheit zu sagen, der Weiße könne ohne die Arbeitskraft und den Einsatz der Schwarzen das Land ökonomisch nicht in Gang halten. Andererseits ist es aber doch so, daß der Schwarze ohne den «Geist des *entrepreneurs*», den schöpferischen Geist der Weißen, auch sich nicht entwickeln kann – wenn er das überhaupt will. Man muß deshalb Südafrika mit einem Bild als Zebra sehen. Da sind schwarze und weiße Streifen. Und wenn man darauf schießt, ob man da einen schwarzen oder einen weißen Streifen trifft, das Zebra geht so oder so zugrunde. Und in dieser Weise ist der Schwarze mit dem Weißen und umgekehrt in einer Schicksalsgemeinschaft verflochten, die als vorgegebene Tatsache konstatiert werden muß. Wie das im einzelnen in den Städten sich entwickeln wird und im Endeffekt aussehen wird, kann ich im Augenblick gar nicht übersehen, ich weiß es nicht.

Einerseits getrennte Entwicklung, andererseits, wie Sie selbst sagen, das Aufeinanderangewiesensein. Wie läßt sich beides vereinen?

DR. K.: Nun, ich halte es nicht für ausgeschlossen, daß auch dieses Problem, wie viele andere früher, pragmatisch gelöst wird, daß man zusammen kommt. Und solche Zusammenkünfte gibt es doch schon lange, nicht erst seit Soweto. Und inwieweit das, was jetzt in Soweto und anderswo passierte, in der Tat ein Aufbegehren der Jugend ist, ich denke, daß man da nach anderen Gründen suchen muß, als dem Afrikaans-Erlaß; das war nach meinem Dafürhalten ein niederträchtiger Schachzug, um etwas zu erreichen, indem man die Kinder mit der Polizei, mit den bestehenden Mächten konfrontierte. Daß das spontan von den Kindern kam, das kann man mir erzählen, aber für mich hat das nicht den leisesten Schein von Glaubwürdigkeit.

Was, meinen Sie, wollte man damit erreichen?

DR. K.: Ich muß zunächst einmal eingestehen, daß ich mich mit den Problemen der Schwarzen in den Städten nicht sehr gut auskenne. – Daß viele Mächte und Kräfte am Werke sind, um die bestehende Ordnung zu zerschlagen, das dürfte wohl klar sein. Die Aufstände beschränkten sich ja nicht auf Soweto, sondern zum gleichen Zeitpunkt wurden in verschiedenen anderen Teilen des Landes ähnliche Aufmärsche organisiert. Daß es fraglich ist, ob die schwarze Bevölkerung als solche so etwas unterstützt, sieht man doch daran, daß sich die arbeitende Mittelschicht der schwarzen Bevölkerung in Soweto gegen die Unruhen zur Wehr gesetzt hat und gesagt hat: Jetzt muß Schluß sein, ihr macht uns diesen Laden hier nicht kaputt. Sie hatten nämlich was zu verlieren. Und es gab erbitterte Kämpfe im schwarzen Raum. Für die Außenwelt sah es immer so aus und in den Zeitungen wurde es auch so hingestellt, als sei die Polarität schwarz–weiß. Das gilt, aber das gilt nur beschränkt. Daß Änderungen in einem Staat stattfinden müssen, um überhaupt weitermachen zu können, ist eine Binsenweisheit. Die Welt bleibt nicht stehen und offensichtlich muß man sich hier und da anpassen. Andererseits geht es um das wie. Und offensichtlich gibt es im schwarzen Raum und im braunen Raum und bei den Farbigen eine Menge Menschen, die auf evolutionäre Weise eine Anpassung sehen wollen. Demgegenüber gibt es eine Gruppe, die aus schwarz, weiß, braun und gelb besteht, die die einzige Möglichkeit einer Lösung darin sieht, daß, was unten ist, nach oben muß, also eine Revolution. Und um das zu erreichen, benötigen sie zur Untermauerung ihres Vorhabens auch eine Ideologie. Nun, der Marxismus bietet sich dafür an. Der Gegensatz ist nicht in erster Linie schwarz–weiß, sondern im jetzigen Zeitgeschehen der Gegensatz zwischen den Leuten, die Blutvergießen und Revolution wollen, weil danach das Himmelreich auf Erden entstehen soll, und auf der anderen Seite jenen Leuten, die ja auch die Notwendigkeit von Anpassung und Veränderung einsehen, dies aber auf eine evolutionäre Weise durchführen wollen. Ein Beispiel ist eben die Entwicklung der Homelands, wo das ohne Blutvergießen möglich ist.

Sie sprachen selbst vom Aufeinanderangewiesensein. Haben Sie Vorstellungen, wie man konkret die sozialen Konflikte in den Industriestädten lösen kann?

Dr. K.: Nach meiner Interpretation – und ich bin kein Theologe – bricht dieser Problemkreis auf an der Frage nach den zwei Reichen. Und anstatt nun den Sklaven, der sich an Jesus gewandt hatte, zu befreien, in dem Sinne, daß er nicht mehr Sklave sein solle – was das tragende soziale Element in diesem Gleichnis ist –, ging der Sklave zurück als Sklave. Und der Herr und der Sklave konnten sich als Brüder verstehen und begegnen. Was aber die bestehende Ordnung, die in jener Zeit galt, in keiner Weise aufhob. Und das sind die Zwischentöne, die heutzutage häufig unterschlagen werden.

Es wird seit langem ständig intensiv daran gearbeitet, das Los der Schwarzen zu verbessern. Auf dem Gebiet des Schulwesens zum Beispiel, was da an Leistungen vollbracht wurde, gemessen am Stand von vor etwa zwanzig Jahren – was da an horrenden Mitteln eingesetzt wurde, das Schulwesen, die soziale Fürsorge, die Wohnungssituation zu verbessern. Früher lebten bei uns die schwarzen Arbeiter in den Städten in den gleichen riesigen Slums, wie Sie sie heute in allen afrikanischen Großstädten finden. Wir haben, um dem abzuhelfen, horrende Wohnungsbauprogramme gestartet, ohne daß wir von irgendwoher Entwicklungshilfe oder dergleichen bekamen. Da fragen Sie, was geschieht? Was Sie jetzt sehen, das ist geschehen. Und das ist sehr viel.

Haben Sie persönliche Erfahrungen, daß die Entwicklung von Beziehungen zwischen Schwarzen und Weißen möglich ist bis zu einem Stadium, wo eine fruchtbare Auseinandersetzung stattfindet und wo das noch vorherrschende Verhältnis zwischen dem Weißen als dem Führenden und dem Schwarzen als dem Ausführenden überwunden ist?

Dr. K.: Das passiert doch ständig, das findet ständig statt . . . Das ist doch eines der großen Positiva der getrennten Entwicklung, daß in seinem Raum, seinem Kulturkreis keine Grenze gesetzt ist für die Entwicklung des Schwarzen. Der Schwarze ist bis zum Minister da, er ist Rechtsanwalt, er ist Arzt. Er bestimmt und er macht das, wie er das will. Das nenne ich Partnerschaft, wirkliche Selbstbestimmung. Das nenne ich

Evolution, ohne daß Blut vergossen wird und alles drunter und drüber geht, wie es das offensichtliche Anliegen jener ist, seien sie schwarz oder weiß, die die Gegenseite so verteufeln, daß denen wirklich nur noch das Fegefeuer übrigbleibt.

Das zielt aber alles doch nur wieder auf das Konzept der getrennten Entwicklung, wo hier die Schwarzen in den Homelands leben und dort getrennt davon der weiße südafrikanische Staat besteht?

DR. K.: Warum muß das absolut gesetzt werden?

Das muß es nicht. Aber sie sagten, daß Sie nur da, in den Homelands, die Verwirklichung der Selbstbestimmung der Schwarzen sehen.

DR. K.: Nein, ich sehe da eine der Möglichkeiten.

Steht den Schwarzen diese Möglichkeit auch innerhalb der weißen Gebiete offen?

DR. K.: Das geht im Rahmen eines Einheitsstaates bestimmt. Im Rahmen des Konzepts der getrennten Entwicklung nur beschränkt. Ich bin bereit, über diese Thematik zu sprechen, aber nicht als Angeklagter. Meine Schuld in diesem Raum sehe ich an als eine individuelle – ich erkenne nicht an ein Kollektivum an Schuld, etwa weiß zu sein ist schon von Haus aus schuldig sein; schwarz sein ist – mit einigen Ausnahmen – unschuldig sein; «weiß» heißt Unterdrückung, Ausbeutung, «schwarz» unterdrückt sein, ausgebeutet werden. Erkenne ich nicht an, das sind Pauschalurteile, für die ich hier überhaupt keinen Sinn sehe.

Es geschieht auf höchster Ebene, daß sich der Premierminister selber mit den Herren der Homelands zusammensetzt und fragt: Wo drückt euch der Schuh? Laßt uns das man jetzt besprechen. Und das ist typisch für die Art der Verhandlung. Daß also so der Schwarze ganz und voll mitbestimmen kann. Aber die Probleme sind vielschichtiger und komplizierter, als man es allgemein so hinstellt. Wenn ich eine Zukunftsschau wagen soll, dann sehe ich die Möglichkeit, daß unsere Revoluzzer doch die Überhand gewinnen, daß es dann tatsächlich zum Blitzen und Krachen kommt. Das ist eine Möglichkeit, der wir ins Auge sehen müssen. Es ist auch möglich, daß man sich entschließt, doch von der Apartheid abzusehen und mehr in Richtung einer föderativen Gesellschaft arbeitet, mit weißen Provinzen, zusätzlichen schwarzen Provinzen in Form von Homelands und einer ziemlich starken Zentralregierung. Es gibt noch eine dritte Möglichkeit, über die man sich bereits Gedanken macht, ein konföderatives System, in dem weiße Provinzen und schwarze Homelands mit weitgehender Autonomie nebeneinander existieren als Staaten. Und zusätzlich werden bestimmte Gebiete, etwa die großen industriellen Komplexe davon ausgeklammert und als konförderative Gebiete, gemeinsam – also mehr partnerschaftlich in Ihrem Sinne – verwaltet. So sehe ich die Möglichkeiten für die Zukunft.

Welcher dieser Möglichkeiten würden Sie persönlich den Vorzug geben?

Dr. K.: Als das Optimale würde ich die getrennte Entwicklung (Apartheid) ausgebaut sehen wollen, in der es wirklich zu einer Eigenständigkeit kommt und zu dem Maß an Selbstbestimmung, das für die ganze Welt gilt, außer für Südafrika.

Warum man sich in der Welt beschwert über die getrennte Entwicklung, ist mir nicht ganz klar. Als Indien und Pakistan, Nord- und Südkorea getrennte Staaten wurden, hat die ganze Welt das akzeptiert, dasselbe gilt für Vietnam.

Gleiche Bürgerrechte für Schwarze in den Städten wäre der erste Schritt zum Einheitsstaat, den wir nicht haben wollen, weil das nämlich unweigerlich zu demselben Zustand führen würde, wie im Falle Israels, wenn alle palästinensischen Flüchtlinge aus den Nachbarländern nach Israel zurückkehrten und das Land übernähmen. Dagegen wehrt sich Israel. Die Israelis wollen in einem Land leben, wo sie selbst bestimmen können, wo sie selbst sein können. Und dieses Prinzip gilt für die ganze Welt. Nur für Südafrika nicht. Und wenn der Südafrikaner diesen ersten Schritt erst gar nicht macht, der unweigerlich dazu führen muß, daß er am Ende nicht mehr diese Selbstbestimmung hat, die für die ganze Welt gilt, dann schimpft man ihn einen Rassisten. Ich sage, das ist ein Unrecht.

Können Sie nicht verstehen, daß einfach der Schwarze gleiche Bürgerrechte haben möchte?

Dr. K.: Er hat sie. In seinen Homelands. Wir marschieren getrennt. Er wählt dort. Oder er hat hier einen Abgeordneten. Oder das wird zu einem konföderativen Raum. Aber er bekommt im weißen Raum das Mitspracherecht über das weiße Schicksal nicht. Und das ist es, was nicht verstanden wird. Das gilt für Israel, für Pakistan und Indien, für Süd- und Nordkorea, und hier soll es nicht gelten.

Aber umgekehrt hat doch der Weiße das Mitspracherecht über die Schwarzen, zumindest in allen Gebieten, die nicht Homelands sind. Wie kann er da etwas beanspruchen, das er den Schwarzen nicht zugesteht?

Dr. K.: Weil das geschichtlich sein Raum ist. Geschichtlich ist es so, daß etwa das Gebiet, das von den Xhosa bewohnt wird, das sie sich im 19. Jahrhundert im Verlauf ihrer Nord-Süd-Wanderung erworben haben, die heutige Transkei ist. Das Zululand ist geschichtlich geworden. Daß aber die Weißen dieses abendländische Leistungsdenken haben, steht auch außer Frage. Die Schwarzen haben das nicht, das ist für die unmanierlich. Wenn nun ein Abendländer ohne Mittel, mittellos geht der in die Wüste – mein Onkel hat das vor zehn Jahren gemacht, und ich könnte ihnen da ein eindrucksvolles Bild geben von Fleiß, Beharrlichkeit, so die deutschen Tugenden der Kaiserzeit . . . nun, mein Onkel zog also los, er war 55 Jahre alt und hat 5000 ha Rohland in zehn Jahren umgewandelt in eine Farm, die heute eineinviertel Millionen Rand wert ist. Und das hat er mit seinen zwei Händen, zwei Ovambo-Helfern und zwei Eselchen gemacht, Graule und Vormann (Namen der Esel). – Das kann als typisch gelten, als Resultat einer bestimmten Einstellung und Haltung. Und diese Haltung ist die Folge von genetischen und Umwelteinwirkungen. Auf der anderen Seite leben Millionen Schwarze bereits seit -zig Jahrunderten in diesen Landstrichen und da ist sage und schreibe nichts passiert. Und jetzt kommt der Abendländer und sieht sich das an. Und sagt: der Schwarze ist ein fauler Hund. Der hockt in der Sonne und hockt sich den ganzen Tag nur immer weiter um seine Hütte herum, je nachdem, wie die Sonne steht, damit er im Schatten bleibt, aber mehr ist da nicht zu holen. Und er verurteilt ihn. Aber wer sagt denn, daß der Schwarze in seinem Sosein nicht auch ein erfülltes Leben nach seinen Begriffen führt? Weil das so ist, kann man nicht einfach nach seinen eigenen Maßstäben seine Urteile fällen. In Wirklichkeit ist er vielleicht ein viel glücklicherer Mensch als die meisten Weißen. Ich sage Ihnen, Selbstmorde gibt es bei den Schwarzen nicht. Wir Weißen haben hier auch soziale Probleme. Wir haben Zerrüttung von Familien und Ehen durch den Alkohol zermürbt und verschiedene andere sozialpathologische Erscheinungen. Das Bild beim Schwarzen sieht ganz anders aus, und man kann sich die Frage stellen: was soll diese gemeinsame Entwicklung? Soll er so werden wie ich? Bin ich denn so ein Musterbeispiel?

Und wenn er sich noch so aufdrängt und fordert: ich will gleiche Bürgerrechte haben. Ich sage, ist nicht zu machen.

Die Frage der Bürgerrechte in den Städten wird derart gelöst werden, daß das Konzept der getrennten Entwicklung in seiner Anwendung gewisse Abänderungen erfahren wird – etwa derart, daß man sagt, die sozialen Dienste und Einrichtungen müssen für alle auf ein gleiches Niveau gebracht werden . . .

Aber nehmen Sie zum Beispiel diese Forderung gleiche Arbeit, gleicher Lohn. Die wird uns vorgesetzt und dann sagt man, nun, wie verhaltet ihr euch dazu. Ich sage, daran gefällt mir zunächst die Art nicht, wie man mir diese Forderung auf den Tisch knallt. Aber zum anderen können wir uns darüber unterhalten. Und dann sage ich Ihnen folgendes.

Neulich brachte ich meinen Wagen in eine Garage zum Inspektionsdienst, ließ meinen Wagen da und ein schwarzer Angestellter fuhr mich zu meiner Dienststelle. Ich frage ihn: gefällt dir deine Arbeit? Ja, sagt er, der Baas ist ein grober Hund, aber sonst gefällt's mir und ich will da auch bleiben. Was verdienst du? 125 Rand. Und wo wohnst du? In . . . Das ist etwa 25 Meilen von hier. Arbeiten noch andere in deiner Familie? Ja, sagt er, A, B und C. Dein Haus hast du selbst gebaut? Nein, das miete ich; vier Räume. Ihr seid also eine größere Familie? Ja, sagt er. Wie weit ist es denn zur nächsten Wasserstelle von deinem Haus? Nix Wasserstelle, angelegt. Und elektrisch? Auch. Und was bezahlst du denn dafür an Miete? Sagt er, 25 Rand im Monat. Liegt das Haus aber nicht sehr weit draußen, frage ich ihn. Nicht so schlimm, ich fahre jeden Tag mit der Bahn. Und was kostet die Fahrkarte dafür? 5 Rand 80.

Hat der Mann also 125 Rand. 25 Miete und ca. 6 für Transport, bleiben ihm also noch hundert und etwas übrig. Und die Unterbringung der Familie ist damit auch schon abgedeckt. Wenn wir das mal übertragen auf die Verhältnisse im weißen Raum: ein Haus mit vier Schlafzimmern, das gibt es dort überhaupt nicht. Und es gibt auch keine Fahrkarte für einen Weißen für diesen Preis.

Nun, gestern brachten Sie das Beispiel des Bahnsteigs und fragten mich, wo Jesus einsteigen würde, im schwarzen oder im weißen Abteil. An den Eisenbahnabteilen steht außen also dran – entweder Whites oder Nonwhites. Aber auf diese Weise schafft der Schwarze die Strecke mit diesem Verkehrsmittel und zu einem Preis von einem Drittel dessen, was der Weiße für die gleiche Strecke bezahlt. Die Eisenbahn wurde nämlich zunächst gebaut für die Weißen, die hier ansässig waren. Und dann kam ein Schwarzer, klopfte an und sagte, ich will auch mitfahren. Ja, hast du denn Geld? Nein, ich habe kein Geld. Gut, hast du bißchen Geld? Ja, bißchen Geld hab ich. Da sagten sie: gut, dann bauen wir euch Waggons, die dem entsprechen, so daß ihr auch mitfahren könnt. Und das Wichtige ist, daß die Schwarzen so mit der Bahn fahren können, zu einem Preis, der für sie erschwinglich ist.

Das habe ich nicht gewußt, daß die Trennung in den Eisenbahnen historisch so entstanden ist.

DR. K.: Nun, ich erträume das. Ob das so zutrifft in den Einzelheiten, sei dahingestellt. Ich habe es mir so ausgemalt als Beispiel, um deutlich zu machen, daß es nicht angeht, gewisse Gebrechen – vornehmlich bei den Schwarzen – alle zu Lasten der weißen Unterdrücker zu sehen. Denn sie sind keine Unterdrücker.

Ich kann nicht recht behalten, weil ich nicht in das vorprogrammierte Konzept passe. Ich wehre mich dagegen, daß man von einer politischen Einsicht zu einer Interpretation der Heiligen Schrift kommt, die aber dann absolut gesetzt wird. Dem hat man nachzueifern als Christ, sonst ist man keiner. Und wenn ich als schlechter Christ, als bitterer schlechter Christ, zu anderen Einsichten komme, die in das Konzept nicht passen, darf ich nicht recht behalten. Und ich sage Ihnen, man ist dabei, mich zu vernichten. Man will mich vernichten. Jetzt werden Sie sagen, der Mann hat einen Verfolgungswahn. Der Mann nimmt sich zu wichtig. Da mögen Sie recht haben. Das hängt aber auch damit zusammen, daß über die letzten Jahre an diesem Lande herumgekrittelt wird, verdammt wird, Pauschalurteile über dieses Land gefällt werden, die einfach dazu führen, daß man zu scharf reagiert, zu sensibel wird. Mich macht das kaputt. Aber eher, als mich dem zu beugen, ist es mir recht, wenn ich zugrunde gehe. Ich werde kaputt gemacht durch Macht, ich glaube nicht, durch Recht.

Bischof Giesecke (ev.-lutherische Kirche in Südafrika) (deutsch)

GIESECKE: Meiner Ansicht nach ist die Kirche die letzte Hoffnung und die letzte Front. Wenn die Veränderung nicht in der Kirche gelingt, sehe ich keine Hoffnung, daß sie irgendwo anders gelingt.

Gerade in der Kirche ist doch die Voraussetzung, die Gegensätze zu überbrücken: wir haben einander zu lieben. Und obwohl wir verschiedene Meinungen haben und einen verschiedenen Hintergrund – die Liebe kann uns da hindurchtragen.

Es war für mich sehr eindrucksvoll, als diese Aufstände in Soweto waren und die schwarze Jugend manchmal sehr scharf gegen die Kirche Stellung bezog und uns sagte: «betet ruhig – wir kämpfen!» Aber wie es dann zum Sonntagsgottesdienst kam, waren erstaunlicherweise die Kirchen gestopft voll von eben diesen Jugendlichen.

Sie suchen einen Weg. Und sie wissen, daß sie ihn nicht allein finden können. Und das ist der Punkt, wo wir eingreifen und ihnen eine Hoffnung geben müßten. Aber das Schwierige ist eben, daß uns der Schwarze gerade den Vorwurf macht: «Du Weißer bist ja Christ und du machst gerade diese Trennung. Wie vereinbarst du deinen christlichen Glauben mit dieser Diskriminierung, die du ausübst? Wie kannst du als Christ eine solche Gesetzgebung verantworten?»

Hier sind wir vor die Entscheidung gestellt und müssen einfach eine Antwort geben. Die Schwierigkeit besteht darin, daß der andere, der Schwarze, wirklich nicht ganz als Mensch angesehen wird. Mag sein, daß man sagt: «Wir lassen ihn doch gelten, er ist auch ein Mensch.» Aber ist er wirklich ein «Ich und Du»? Oder ist er nicht vielmehr ein «Ich und Es»? Es ist zum Beispiel nicht vorstellbar, daß, wenn es weiße Jugend gewesen wäre, die diese Aufstände gemacht hätte, daß dann die Polizei so reagiert hätte. Und wenn man das ganz nüchtern den Leuten vor Augen stellt, dann müssen sie das zugeben. Und das ist eben der Beweis. Man muß wirklich dagegen kämpfen, wenn man das überwinden will, daß der Schwarze nur ein bißchen höher ist als ein Tier. Es ist ja nicht selten, daß man hört: «Denen sind ja nur die Schwänze abgefahren, das sind Leute, die auf die Bäume gehören.» Solche Redensarten sind noch da und sitzen tief drinnen. Öffentlich gibt man so etwas natürlich nicht zu, das ist klar.

Meinen Sie, daß die Aufstände von Soweto die Weißen zum Nachdenken bringen können, daß sie lehrreich waren?

GIESECKE: Nicht nur lehrreich, sondern vor allem heilsam. Das ist nötig gewesen. Wenn es nicht jetzt geschehen wäre, dann hätte es sich nur aufgestaut und später zu einem noch größeren Blutbad geführt.

Ich hoffe nur, daß die Opfer dieser Aufstände auch wirklich «Opfer» sein werden, daß damit bewirkt wird, daß den Leuten ins Gewissen geredet wird, daß sie endlich einmal zu fragen anfangen: tun wir eigentlich das Richtige?

Erst wenn der Weiße bereit ist, ein Opfer zu bringen, erst wenn er zufrieden ist mit kleineren Profiten, vielleicht sogar unter dem Durchschnitt der anderen afrikanischen Länder, erst dann wird sich wirklich eine Neigung zueinander entwickeln. Mit dem großen Unterschied, der jetzt herrscht, ist ein «Miteinander» einfach nicht möglich.

Es ist ja für den Weißen eine existentielle Frage: entweder du bist da und mußt dich radikal ändern, wenn du hier noch bleiben willst zusammen mit dem Schwarzen, oder sonst mußt du dich eben entschließen, ihn ganz auszurotten, so daß du allein übrigbleibst – oder wegziehen, daß er allein übrigbleibt.

Und das sind ja ganz existentielle Fragen. Der Schwarze ist dazu bereit – aber der Weiße, ist er dazu bereit? Der Weiße ist der Tonangebende. Er ist der Gesetzemacher. Er ist der Geldverwalter.

Auch die Mission hat daran eine große Schuld. Daher auch das Erwachen der schwarzen Kirchen jetzt, das die Weißen «separatistisch» nennen. Aber das ist eben der Anfang des Fragens der Schwarzen: Können wir nicht Gott auch selbst finden? Hatten wir ihn nicht schon immer? Wie könnt ihr Weißen sagen, daß ihr das Evangelium einzig richtig verstanden habt?

Wie mir mal einer sagte: Schade, daß Christus in Bethlehem geboren ist und in weißen Windel gewickelt war. Wäre er doch nur wie Mose geboren, am Nil, gebrannt von der Sonne und rot angekommen in der Welt, nicht weiß.

Nicht daß die Schwarzen mit dem Finger auf die Weißen zeigen. Aber sie sagen: Wir müssen das Evangelium, wie ihr es uns gebracht habt, umdenken. Wir müssen aus dem Evangelium erst eure sozialen Verhältnisse herausnehmen, wir müssen eure Gewehre aus dem Evangelium herausnehmen. Die Missionierung Südafrikas war eine totale, das heißt: für den Weißen. Denn was war der weiße Missionar? War er nicht Häuptling seiner Gemeinde? War er nicht der «Vater», derjenige, der alles hatte? Er hatte Medizin, obwohl er kein Zauberer war; er hatte Ziegel, Tisch und Stuhl, die kein anderer hatte. Alles hatte er. Er konnte sich bewegen mit seinem Wagen. Er konnte Mais heranschaffen in der großen Hungersnot von 1918. Das war eben das Heil, das auch äußerlich war. Und das wurde nicht deutlich genug getrennt von dem anderen Heil, das aus dem Menschen selbst kommen muß, um wirklich angenommen zu werden.

Ich kann diese Dinge kritisch sagen, denn ich arbeite in der dritten Generation in Südafrika, und es sind meine Vorfahren, die diese Fehler gemacht haben.

Allein, daß man meint, man kann helfen – welches Recht hat man eigentlich dazu? Das ist es, was die Dinge so schwierig macht. Kann der

Weiße wirklich so weit umdenken, sich selbst so umgestalten, daß er die Dinge von den Schwarzen her sehen kann? Mit jedem kleinen Schritt, den er tut, tritt er doch daneben und macht nur die Leute bös. Es ist so schwer, eine Kommunikation zu finden. Das ist heute nicht mehr nur eine Frage der Sprache. Es sind Geister, die sich nicht mehr finden.

Für mich ist das ein großes Problem. Drei-, viermal habe ich während der Krise versucht, nach Soweto hereinzukommen. Jedesmal wurde mir der Weg versperrt. Ich durfte nicht dort sein, wo meine Kirche ist. Aber wie kann ich Bischof sein, wenn ich nicht dort sein darf, wo Kirche ist? Meine Kirche ist schwarz – ich aber habe leider eine weiße Hautfarbe. Und deshalb kann ich nicht Bischof einer schwarzen Kirche sein. Das ist hier in Südafrika nicht möglich. Die Not sitzt nicht auf der Straße, vor den Häusern – sondern man muß in die Häuser gehen. Was heute an Konflikten stattfindet, sitzt tief drinnen in den Menschen. Und kommt man da heran als Weißer? Man kennt einander, man grüßt einander, man lebt zusammen, man ißt zusammen, wenn einem das erlaubt ist. Aber hat der Weiße wirklich einen Freund unter den Schwarzen? Hat der Schwarze wirklich einen Freund unter den Weißen?

Haben Sie persönliche Freunde unter den Schwarzen?

GIESECKE: Sehen Sie, ich habe afrikanische Dialekte gesprochen, bevor ich Deutsch lernte. Ich bin ganz unter den Schwarzen aufgewachsen, habe mit ihnen als Kind gespielt, wir sind zusammen groß geworden. Trotzdem kann ich nicht sagen, ich habe einen Freund unter ihnen. Viele lieben mich, ich liebe sie sehr. Ich bin bereit, alles für sie zu geben, aber ich kann nicht behaupten, daß ich einen wirklichen Freund unter ihnen habe. Aber gleichfalls habe ich, eben weil ich mich um sie bemühe, keinen Freund unter den Weißen. Man steht allein, man ist ganz für sich. Selbst in meiner Familie kommt es zu Brüchen, zwischen mir und meiner Frau, zwischen mir und meinen Kindern. Das kommt daher, daß man ein anderer wird, wenn man versucht, da hineinzusteigen. Man steht vor einer Kluft und fragt sich: werde ich jemals herüberkommen? Man springt in einen Strom und weiß nicht, ob man je ans andere Ufer kommt. Aber man schwimmt. Und in solchen Zeiten lebt man allein. Ich bin im Strom drin, aber ob ich am anderen Ufer ankommen werde, ich kann's nicht sagen. Ich hoffe es.

Was ist die Aufgabe der Kirche in dieser Situation? Auf Veränderung der Strukturen hinzuwirken?

GIESECKE: Ohne Zweifel. Ganz bestimmt. Diese Strukturen sind un-evangelisch. Sie können nicht so weiter bestehen. Sie müssen sich ändern. Alle unsere Briefe an die Regierung, alle unsere Gespräche mit Vorster, all das zielt dahin: könnt ihr nicht einsehen, daß dies ins Chaos führt? Es gibt kein Südafrika für die Zukunft mehr, wenn die Strukturen so bleiben, wie sie jetzt sind. Ganz egal, wer zugrunde geht, sie müssen sich ändern.

Die Kirche hat heute den Weißen eine Botschaft zu bringen: Ihr könnt euch ändern kraft eures Glaubens. Diese Botschaft muß ihnen gesagt werden. Ihr habt Angst, aber Christus hat die Welt überwunden. Ihr wollt die Welt retten, aber Christus hat sie schon gerettet. Ihr sprecht immer von den Unterschieden zwischen Schwarzen und Weißen, wenn ihr von der Wirtschaft und von der Kultur redet.

Aber warum muß die Kultur Menschen trennen? Warum müssen Sprachen Menschen trennen? Kann Liebe nicht Kulturen überbrücken? Kann sie nicht Sprache überbrücken? Sind wir denn nur auf die Sprache angewiesen bei der Kommunikation? Können wir nicht zueinander finden, auch wenn Sprache und Kultur uns trennen?

Ein Kirchenältester der Niederländisch-Reformierten weißen Kirche von Pretoria

Haben Sie schwarze Mitglieder in Ihrer Kirche?

ÄLTESTER: Nein. Aber wir haben eine getrennte Kirche für Schwarze geschaffen. Unsere Missionsarbeit hat drei Kirchen hervorgebracht: Die für die Bantu-Bevölkerung, die für die farbige Bevölkerung und die für die indische Bevölkerung.

Können Sie sich vorstellen, daß eines Tages alle drei Kirchen in Ihrer Kirche zusammen sein könnten?

ÄLTESTER: Nein, aber wir haben Kongresse zusammen, von Zeit zu Zeit.

In der Kirche, beim Gottesdienst, sind Sie nicht zusammen?

ÄLTESTER: Nein, in der Kirche nicht. In der Kirche selber nicht. Das ist ein Teil unseres Lebens. Ich weiß, daß das die übrige Welt nicht versteht.

Könnten Sie versuchen, es mir zu erklären?

ÄLTESTER: Das ist vor allem eine Trennung, die aus der historischen Entwicklung entstanden ist. Als wir vor dreihundert Jahren hierherkamen, lebten die Buschmänner in der Kap-Region. Sie starben aus, sie lebten auf einer so niedrigen Stufe, daß sie einfach nicht hochkommen konnten. Es tut mir leid, das sagen zu müssen, aber sie sind zum Untergang verurteilt, weil sie sich nicht entwickelt haben. Dann gab es die Hottentotten, die blieben in ihren Clans. Und dann die Bantus. Als wir herkamen, glaubten wir, daß sie sich ganz leicht an unsere Zivilisation anpassen könnten. Aber das geschah nicht. Es war eine ungeheure Kluft zwischen ihnen und uns. Sie lebten immer noch in Stämmen. Sie waren unzivilisiert, wenn man den Maßstab unserer Zivilisation anlegt, der westlichen Zivilisation. Und dann – all dies hat sich dann entwickelt, einfach so. Ich kann es nicht anders erklären ...

Wenn nun ein Schwarzer in die Kirche käme, um am Gottesdienst teilzunehmen, würde die Kirche dann erlauben, daß er hereinkäme?

ÄLTESTER: Sehen Sie, wir würden sagen: Diese Gemeinde hier, wir haben eine Mission in diesem Gebiet. Und wir würden ihm sagen: Wir haben für euch gesorgt, wir haben eine Kirche für dich gebaut, wir haben eine für dich in Soweto gebaut oder in Mamelodi, einer schwarzen Township bei Pretoria, und dort haben wir alle Einrichtungen geschaffen – und du wirst dort glücklich sein. Der Unterschied zwischen uns ist so groß, daß du dich bei uns niemals zu Hause fühlen wirst, und wir werden uns bei dir niemals zu Hause fühlen. Du wirst nicht fähig sein, dich bei uns zu deinen vollen Möglichkeiten zu entfalten – und wir werden auch nicht fähig sein –, so liegen die Dinge einfach; du wirst immer das Gefühl haben, daß du nicht zu uns gehörst, nicht Teil unserer Gemeinschaft bist, in der wir leben. Deshalb haben wir Einrichtungen für dich geschaffen. So betrachten wir die Sache. Ich weiß, daß es schwer zu verstehen ist für die ausländische Welt. Aber für uns ist es natürlich. Es ist, als ob wir Wasser trinken. Es ist einfach ein Teil von uns. Wir sind geboren und aufgewachsen in dieser Art zu leben, über Generationen hin. Sie müssen das verstehen. Wenn ein Eingeborener, ein Schwarzer, in unsere Kirche kommen würde, dann würden wir sicher sein, daß er nicht wirklich deshalb hierherkommt, um auf das Wort Gottes zu hören, wir würden wissen, daß er hier ist, um zu demonstrieren. Das ist die Wahrheit, die wir glauben würden.

Es könnte doch sein, daß er demonstrieren wollte, daß es eine Gemeinschaft zwischen Christen gibt?

ÄLTESTER: Wir würden nicht glauben, daß er das würde demonstrieren wollen. Wir wären sicher, daß er inspiriert wäre von den Widerstandsbewegungen. Wir wissen, daß es die gibt. Ich versichere Ihnen, das ist es, was wir glauben würden. Es mag solche geben, die aufrichtig wünschen – solche, die nicht im politischen Sinn demonstrieren wollten, aber für diese Leute ist unser Kirchenrat und unser Pastor verfügbar. Unser Pastor war ein Missionar. Wir haben ihn von einer schwarzen Gemeinde zurückgerufen, ihn gebeten, unser Pastor zu sein. Er hatte also eine schwarze Gemeinde, bevor er zu uns kam. Wir würden also zu dem Schwarzen sagen: Diskutiere mit uns. Unsere Situation ist so, daß wir eine Gemeinde unserer niederländisch-reformierten Kirche für Schwarze haben. Das ist deine Kirche. Gehe dorthin. Wir gehen ja als Weiße auch nicht in deine Kirche.

Sehen Sie, das ist so: Hundert Jahre zurück waren das unzivilisierte Stämme, als Pretoria etwa 1855 gegründet wurde. Das ist erst gestern. Die Eingeborenen, die zu der Zeit hier lebten, trugen keine Kleider wie wir. Sie waren unzivilisiert. Sie waren Barbaren. Ihre Art zu leben war völlig unannehmbar für zivilisierte Menschen, die an die westliche Art der Zivilisation gewöhnt waren. Bedenken Sie folgendes: Wir müssen sie nicht unzivilisiert nennen; ich betrachte sie nicht als unzivilisiert. Aber ihre Sitten, ihre Art zu leben und ihr Wesen, das wir primitiv nennen, das ist nur primitiv, weil wir es so nennen. Es ist für sie nicht wirklich primitiv. Es ist schön diese kulturelle Zurückgebliebenheit.

Können Sie sich vorstellen, daß es in den nächsten Jahren einen Fortschritt geben könnte, die Christen zu vereinen?

ÄLTESTER: Ich weiß nicht, was die Zukunft bringt, genausowenig wie Sie das wissen. Es ist völlig klar, daß die Weltmeinung sehr betroffen ist, daß sie sehr stark ist und uns in eine Richtung zu zwingen sucht, in die wir selbst uns nicht bewegt hätten. Wir haben unsere Identität. Wir legen großen Wert auf die Idee der Identität. Wir glauben, daß Identität notwendig ist, um schöpferisch zu sein.

Glauben Sie nicht, daß man seine eigene Identität bewahren kann, auch wenn man mit anderen, die verschieden sind, zusammen ist?

ÄLTESTER: Ja, das kann sein, das würde ich zugeben; denn wir haben Kongresse, auf denen wir die schwarzen Mitglieder unserer Kirche treffen. Aber das sind Konferenzen, das ist nicht das normale Leben in der Gemeinde.

Aber zusammen beten – meinen Sie nicht, daß das wichtig ist?

ÄLTESTER: Nichts in der Bibel besagt, daß das falsch ist. Und in der Tat beten wir ja auch zusammen. Ich selbst habe viele Predigten für Nichtweiße gehalten. Wir wissen eben einfach nur, daß es zu Reibungen kommt bei Leuten, die nicht den gleichen Ursprung haben. Wir haben übrigens auch keine Leute englischen Ursprungs in unserer Kirche, keine englischsprachigen Südafrikaner. Nun werden Sie einwenden, daß draußen vor unserer Kirche niemand steht, der Sie fragt, ob Sie Mitglied unserer Kirche sind oder nicht. Natürlich können Sie hereinkommen und Platz nehmen.

Aber die Schwarzen dürfen nicht hereinkommen?

ÄLTESTER: Ich würde nicht sagen, sie dürfen nicht hereinkommen, sie kommen nicht herein. Wenn ein Schwarzer hereinkäme, dann bin ich sicher, daß es keine – es würde nichts gegen ihn unternommen werden. Aber ich bin sicher, daß der Vorfall zur Sprache käme bei der nächsten Tagung des Kirchenrates. Sie würden sagen: Haben Sie bemerkt, was passiert ist? Was bedeutet das? Warum ist das geschehen? Kamen diese Leute, um – ist das ein Teil dieses ganzen Versuchs, die Ordnung zu zerbrechen? Wir haben doch alle Anstrengungen unternommen, damit die Schwarzen in ihrem eigenen Gebiet leben, in ihren eigenen Gemeinschaften. Sie müssen übrigens nicht denken, daß die Schwarzen eine Nation sind. Das ist nämlich ein Fehler, den viele Leute in Europa machen. Wir sind untereinander so verschieden wie Engländer und Franzosen und Deutsche. Das scheinen die meisten Leute nicht zu verstehen. Apartheid und getrennte Entwicklung wird meistens als etwas Teuflisches angesehen, geschaffen vom Teufel. Aber das ist nicht so. Es ist ein Teil dessen, wie wir das ausführen, was die Bibel sagt, daß wir nämlich anderen gewähren müssen, was wir für uns selbst erwarten; und wenn wir ein getrenntes eigenes Heim für uns wünschen, für uns selbst haben wollen, und wir also ein getrenntes nationales Zuhause für die anderen Völker Südafrikas gewähren, dann können wir nicht sehen, was daran falsch ist. Europa ist auch zerteilt. Die Franzosen leben für sich als Franzosen und die Deutschen als Deutsche und die Engländer als Engländer. Das ist nicht teuflisch. Das ist Getrenntsein. Es ist ein Teil von uns. Die Schwarzen wollen für sich sein, denn nur, wenn sie in ihren eigenen Gemeinschaften leben, getrennt von uns, können sie sich erfüllen, nur dann können sie zu ihrer vollen Entfaltung erblühen.

Dann gibt es also keine südafrikanische Gesellschaft, keine südafrikanische Nation?

Ältester: Es gibt keine südafrikanische Nation, nein, die existiert nicht. Eine solche Nation gibt es nicht. Es mag eine südafrikanische Staatsbürgerschaft geben. Aber die wird eines Tages zu Ende sein. Es wird die Staatsbürgerschaft der Transkei geben, und die von Bophutha Tswana; es wird eine Zulu-Staatsbürgerschaft geben und es wird eine südafrikanische Staatsbürgerschaft geben, die nur für Weiße sein wird, wie es unser Traum ist und wie wir es als Vision vor uns sehen.

Mr. Duncan, Chef einer Leichtmetallfabrik in Kapstadt

Duncan: Die übrige Welt hat doch keinerlei Erfahrungen mit den Schwarzen. Wenn die in unserer Haut steckten, sie würden sich genauso verhalten wie wir. Und der Schwarze – wenn er hier an der Spitze stehen würde, dann würde er in der gleichen Weise mit dem Weißen umgehen, wie der Weiße heute mit ihm umgeht. Das ist eben einfach die Art, wie Menschen mit anderen Menschen umgehen. Sowie sich jemand oben fühlt, wird er versuchen, auf die Leute unter sich einzuhämmern. Der Schwarze würde sich sicher genauso verhalten wie jetzt der Weiße. Nur die Positionen wären vertauscht.

Die Schwarzen neigen dazu zu argumentieren: «Was haben wir zu verlieren? Wir haben nichts zu verlieren als unsere Ketten.» Aber natürlich haben sie was zu verlieren. Wenn sie nämlich ihr Bein los sind oder ihr Augenlicht, dann haben sie für den Rest des Lebens die Möglichkeit verloren, selbst für ihren Lebensunterhalt zu sorgen. Wer also bei den Unruhen ums Leben kommt, ist noch glücklich dran. Ich sage meinen Leuten also immer: Rennt nicht weg mit dieser Vorstellung im Kopf, ihr hättet nichts zu verlieren.

Sie sind Unternehmer. Wie beurteilen Sie die Chance, politische Veränderungen durch Streiks herbeizuführen?

DUNCAN: Ich glaube nicht daran. Ich glaube nicht, daß die Schwarzen die notwendigen finanziellen Reserven haben. Und außerdem glaube ich nicht, daß sie das notwendige Selbstvertrauen besitzen. Selbstvertrauen fehlt ihnen nämlich in erschreckendem Maß. Sie reden zwar viel darüber, daß sie die Regierung des Landes selbst übernehmen wollen, aber sie haben das nie sorgfältig, Schritt für Schritt, durchdacht.

Dieses Land ist doch – jedenfalls nach afrikanischen Maßstäben – hochindustrialisiert. Und wenn die Schwarzen die Macht übernehmen würden, müßten sie am Ende doch wieder die Weißen beschäftigen, die als einzige das Know how besitzen, um dieses Land zu verwalten. Die Schwarzen verfügen noch nicht über das notwendige Know how, und deshalb würden sie sich in der gleichen Situation wiederfinden, in der sie heute sind; die Weißen hätten wieder alle Schlüsselpositionen inne.

Halten Sie Ihre Leute für fähig, diesen Betrieb zu übernehmen und weiterzuführen?

DUNCAN: Nein. Sehen Sie, in diesem Betrieb tun wir wirklich etwas in dieser Richtung. Wir versuchen, ihnen Mut zu machen. Wir erklären ihnen unsere Bilanzen. Wir geben ihnen Rechenschaft über die Gewinne, die wir machen, legen die betrieblichen Daten offen; aber ich glaube nicht, daß sie wirklich Interesse daran haben. Sie setzen einfach Vertrauen darauf, daß wir das richtige tun. Wenn sie uns nach etwas fragen, dann sagen wir: gut, wir erklären euch alles, ihr könnt alles sehen; und wenn sie merken, daß wir wirklich dazu bereit sind, wollen sie gar nichts mehr sehen.

Wir haben uns bemüht, die Leute weiterzubilden. Sie können Fortbildungskurse besuchen – in ihrer Freizeit. Wir schaffen ihnen also solche Möglichkeiten der Weiterbildung. Und sie machen auch Fortschritte. Andererseits: Wenn sich so ein Bursche ein bißchen neues Wissen angeeignet hat, merkt er auch gleichzeitig überhaupt erst, wie wahnsinnig viel ihm noch fehlt. Und unsere Leute hier – glaube ich – wissen inzwischen genug, um zu realisieren, daß sie dieses Land nicht führen können.

Warum haben Sie keine weißen Arbeiter im Betrieb?

DUNCAN: Ganz einfach, wir bekommen keine. Sehen Sie, für die Farbigen ist das ein guter Job. Für einen Weißen wäre er nicht gut genug. So ein weißer Bursche glaubt immer, er sei eine Primadonna oder etwas in der Art. Wenn mal ein Weißer kommt, dann sieht er sich die Arbeit einfach ein paar Tage lang an, dann kommt er und sagt, das sei kein Job für ihn. Mit den Farbigen haben wir solche Probleme nie. Ein Farbiger erledigt die Arbeit, vor die man ihn stellt, so gut er es nach seinen Fähigkeiten kann. Die fangen nie erst an zu überlegen, welche Arbeit gut für sie sei und welche nicht. Sie sind in diesem Gehorsam groß geworden und sie erledigen einfach, was jemand ihnen aufträgt, besonders wenn das ein Weißer ist.

Stellen Sie fest, daß sich diese Haltung jetzt ändert?

DUNCAN: Nein. Höchstens was das Verhalten der Leute untereinander angeht. Sie nehmen nicht mehr so gern Befehle von ihresgleichen an. Damit haben wir auch hier im Betrieb Probleme. Sehen Sie, als Weißer bekommen Sie hier im Lande immer die angenehmen Jobs, sind Sie schwarz, dann bekommen Sie die Dreckarbeit.

Wir wollten das ändern. Wir gingen daran und machten in unserem Betrieb immer den besten Burschen jeder Gruppe zum Vorarbeiter. Nun war das Problem, daß vorher alle gleichrangig waren, und sobald einer von ihnen aufstieg, kam es zur Eifersucht und zu Spannungen. Jeder versuchte, dem Aufgestiegenen zu beweisen, daß er im Grunde viel besser sei und der Aufgestiegene mußte dauernd den Beweis antreten, daß er wirklich der Beste sei. So mancher wirklich fähige Mann, den wir förderten und zum Gruppenführer machten, hat sich seinen Kameraden gegenüber nicht durchsetzen können. Ein paar gab es auch, die fingen an, den Boss herauszukehren und sich ein leichtes Leben zu machen, vor regulärem Arbeitsschluß einfach nach Hause zu gehen oder während der Arbeit zu trinken. Daß eine höhere Position auch höheren Einsatz und mehr Verantwortung bedeutet, das sahen sie gar nicht.

Was, meinen Sie, müßte geschehen, um diese typische «Ja-Boss-Mentalität» weiter abzubauen?

DUNCAN: Das ist schwer. Das ist in 320 Jahren gewachsen, und so etwas kann man nicht jetzt in fünf Minuten loswerden. Die Erfahrungen, die wir in unserem Betrieb mit den Farbigen gemacht haben, reichen nur zurück bis 1970. Vorher war es in der Tat ja so, daß auch bei uns sich ein Farbiger anstrengen konnte, wie er wollte, die höheren Positionen bekam immer ein Weißer. Und von daher erklärt sich diese Mentalität, sich gar nicht erst anzustrengen oder auseinanderzusetzen, sondern zu allen Anordnungen einfach «Ja, Boss» zu sagen.

Ich bin wirklich froh, daß das seit etwa fünf Jahren hier anders geworden ist, daß wir unsere Leute beruflich wirklich fördern. Als wir damit anfingen, war in allen noch dieses «Ja, Boss» drinnen. Seit fast sechs Jahren bin ich jetzt dabei, den Leuten immer wieder klarzumachen: ihr müßt dahin kommen, daß ihr nicht mehr nur einfach hinnehmt, was ich anordne. Ihr müßt euch fragen, warum verlangt er das? Wenn ich etwas auf ein Stück Papier schreibe, dann setzt bitte nicht voraus, daß das richtig ist, bloß weil ich es auf ein Stück Papier geschrieben habe. Wie könnt ihr annehmen, etwas sei richtig, bloß weil ich es auf ein Stück Papier geschrieben habe? Ihr glaubt ja auch nicht einfach alles, was ihr in der Zeitung lest.

Sie haben niemals gelernt, mich in Frage zu stellen. Und es ist ein höllisches Stück Arbeit, sie zu diesem kritischen Reagieren zu bringen.

Denn sie haben früher nie so reagieren dürfen. Außerdem haben sie niemals gelernt, in Alternativen zu denken. Sie können sich nicht hinsetzen und sich überlegen, packt man eine Sache am besten so an, wie könnte man es anders machen? Und sie haben nie gelernt zu planen: Was wird in sechs Wochen, in sechs Monaten oder in sechs Jahren sein? Solche Überlegungen haben die nie angestellt.

Sie haben sich zum Beispiel nie hingesetzt und sich überlegt: wenn wir Freiheit – die politische Freiheit – wollen, dann müssen wir uns erst einmal zusammensetzen und uns die konkreten Schritte überlegen, durch die wir in einer bestimmten Zeit, in zehn oder fünfzehn Jahren, dieses Ziel erreichen können. Wie gehen wir konkret vor? Und was genau werden wir dann mit unserem Stimmrecht anfangen? Wenn sie schon meinen, daß dieses Stimmrecht sie so entscheidend weiterbringt, was ich übrigens nicht glaube.

Würden Sie persönlich die Forderung nach gleichen politischen Rechten für die Schwarzen befürworten?

DUNCAN: Ob ich es gern sehen würde? Nein, das würde ich natürlich nicht. – Ach, Sie meinen, ich sollte? (Lacht.)

Warum nicht?

DUNCAN: Nein, ich würde das nicht mögen. Ich wäre nicht begeistert. Trotzdem würde ich gleichzeitig wissen, daß es unvermeidbar ist. Ich wäre also gar nicht glücklich.

Wenn ich zum Beispiel herzkrank bin, muß ich deshalb noch nicht unbedingt auf einer Herzoperation bestehen, ungeachtet der Tatsache, daß ich weiß, daß diese Operation unvermeidlich ist und daß sie eines Tages geschehen wird. Nun – (lacht) – verstehen Sie, man mag etwas nicht, man wehrt sich dagegen, aber es geschieht trotzdem.

Warum wären Sie denn unglücklich darüber?

DUNCAN: Nun gut, würden Sie etwa befürworten, daß die Kommunisten in West-Berlin regieren?

Haben Sie die Befürchtung, die Schwarzen sind Kommunisten?

DUNCAN: Ich könnte mir vorstellen, daß die Schwarzen den Kommunismus für eine gute Sache halten. Denn sehen Sie, wo immer es Probleme hier in Südafrika mit den Schwarzen gibt, auch bei den jüngsten Unruhen, sofort verkünden die Regierung oder die Polizei: das ist das Werk der Kommunisten, die stecken dahinter. Jedesmal wenn die Schwarzen etwas erreichen, das ihr Selbstvertrauen stärkt oder ihnen materiellen Vorteil bringt, kommt die Regierung und sagt: dahinter stecken die Kommunisten. Deshalb bin ich überzeugt, daß in den Köpfen der meisten Schwarzen die Vorstellung herrschen muß: Die Kommunisten müssen unsere Freunde sein. Das müssen gute Leute sein.

Die Ereignisse zeigen, daß die junge Generation der Schwarzen entschlossen ist, sich nicht länger hinhalten zu lassen. Wie, meinen Sie, wird der Durchschnittsweiße auf diese Entschlossenheit der Schwarzen reagieren?

DUNCAN: Ich glaube, es wird zu einer totalen Konfrontation kommen. Hier die Schwarzen, dort die Weißen und zwischen den Fronten keinerlei Verständigung mehr. Ich rede jetzt von den durchschnittlichen Weißen, also die erste Reaktion der Weißen wird immer sein: Wir wollen uns verteidigen.

Was werden die Weißen konkret tun?

DUNCAN: Man weiß, wie sie in jüngster Zeit reagiert haben, auf Soweto. Sie können heute in ganz Kapstadt keine Pistole, kein Gewehr mehr kaufen. Die Geschäfte haben Lieferfristen von mindestens sechs Wochen. Das besagt ja genug. In meinem Haus haben wir keine einzige Schußwaffe. Aber in fast jedem weißen Haushalt sonst gibt es mehrere. Und die Leute haben sich zusammengeschlossen in kleine Spezialeinheiten, die in den Straßen patrouillieren, nachts die Häuser bewachen und so.

Glauben Sie, die Weißen würden ihre Haltung ändern, wenn die offizielle Politik sich änderte, oder paßt die offizielle Politik sich nur der Einstellung des durchschnittlichen Weißen an?

DUNCAN: Das Problem besteht darin, daß die Weißen hier so lange Zeit in bestimmten Vorstellungen und Traditionen aufgewachsen sind. Das ist grad so, als ob man jemanden, der strenggläubig katholisch erzogen wurde, dazu bringen will, daß er seinen Glauben ändert.

Die Weißen sind hier einfach mit dem Glauben groß geworden, daß sie die Größten sind; jedenfalls viel, viel besser als jeder Schwarze. Wenn Sie mit Argumenten versuchen, durchschnittlichen Weißen ihre Position in Frage zu stellen – die hören gar nicht zu. Es interessiert sie nicht, weil es ihnen nicht paßt. Sie haben ihren Glauben, der ihnen gefällt, etwas anderes paßt ihnen nicht, und was sie nicht glauben wollen, das glauben sie nicht. Und der Durchschnittsweiße weigert sich einfach zu glauben, daß ein Schwarzer ihm ebenbürtig sein könne. Da ist verdammt noch mal nichts zu machen; sie glauben's nicht. Wie wollen sie solche Leute ändern? Ich weiß es nicht.

Generaldirektor eines großen deutschen Unternehmens in Johannesburg (deutsch)

Sie erwähnten, daß es unter Umständen für einen Unternehmer, der auch in sozialen Kategorien denkt, problematisch ist, in einem Land wie Südafrika zu arbeiten. Wie würden Sie diesen Konflikt für sich beschreiben?

GENERALDIREKTOR: Zunächst, das rein Wirtschaftliche sehe ich so, daß Südafrika eben ein ungeheures Potential hat, daß wir eine industrielle

Revolution durchmachen, wie in anderen Ländern auch, nur mit einem verstärkten Tempo und daß gewisse politische Kräfte in Bewegung geraten sind, so daß die wirtschaftlichen und sozialen Maßnahmen nicht immer Schritt halten mit den politischen Aspirationen.

Auf der anderen Seite ist es natürlich so, daß die menschlichen und geistigen und anderen Fähigkeiten sich ja auch entwickeln müssen. Und eines ist für mich eine Tatsache, daß nämlich ein großer Teil der Bevölkerung eben noch in der Buschmentalität lebt und ein, zwei Generationen braucht, um sich in eine moderne Industriegesellschaft hineinzuleben. Man kann nicht alles so schnell machen, wie man es gern möchte. Aber es gibt eine ganze Reihe von Wegen, zum Beispiel: Nehmen Sie bei uns im Werk die Ausbildung. Wir bilden also Lehrlinge als Facharbeiter aus, die wir auf Grund der bestehenden Vereinbarungen mit den Gewerkschaften nicht als Facharbeiter deklarieren können; aber die bekommen dieselben Löhne, ob sie schwarz, weiß oder braun sind.

Bilden Sie auch Leute aus, die eines Tages fähig sein werden, das Management zu übernehmen?

GENERALDIREKTOR: Ja, natürlich. Aber das Management einer hochmodernen Automobilindustrie erfordert so viele Erfahrungen und Kenntnisse, daß ich mir nicht vorstellen kann, daß in der nächsten Generation das Management von Schwarzen übernommen werden könnte. Sehen Sie sich die amerikanische Autoindustrie an und nennen Sie mir mal eine Reihe schwarzer Ingenieure, die in der amerikanischen Autoindustrie an erster Stelle stehen, so werden Sie mir zugeben müssen, daß es die noch nicht gibt.

Wann haben Sie angefangen, Schwarze im Management auszubilden und in welcher Größenordnung bewegt sich das im Verhältnis zu Weißen?

GENERALDIREKTOR: Da muß man zunächst definieren, was heißt Management. Ich spreche zunächst einmal von der Ausbildung Schwarzer auf der Facharbeiter-Ebene, im mittleren Management; Topmanagement, würde ich sagen, wenn wir vielleicht ein oder zwei haben, die die Qualifikation hätten, da ausgebildet zu werden, dann ist das im Augenblick viel. Das ist schon viel.

Wissen Sie, es ist für einen Schwarzen sehr leicht, eventuell in den Geisteswissenschaften die allerhöchsten Positionen zu erreichen. Sie haben ja da Professoren usw. usw. In den naturwissenschaftlichen Fächern ist das schon sehr viel schwieriger. Ich hab mir mal sagen lassen, daß es in Amerika auch heute noch sehr wenige Ingenieure gibt, ausgebildete Ingenieure, weil ihnen das Technische und Naturwissenschaftliche nicht so liegt wie das Geisteswissenschaftliche.

Hat das nicht doch andere Gründe? Es besteht doch von Regierungsseite aus kein großes Interesse, daß Schwarze in die Managementpositionen aufrücken?

GENERALDIREKTOR: Das ist vielleicht mit ein Grund, ja. Wenn man sich daran gewöhnt hat, das Management in weißen Händen zu lassen und man hat noch genügend Weiße, dann ist es wohl zu verstehen, daß man zunächst das Reservoir ausschöpft, das man hat. Aber seit etwa zwanzig Jahren ist man sich ja in Südafrika völlig klar, daß die südafrikanische Wirtschaft gar nicht aufrechterhalten werden kann, wenn man nicht auch alle Nichtweißen ausbildet; und ausbildet nicht nur für die Facharbeiten, sondern eben für alles, was in der Wirtschaft nötig ist.

Aber die Frage war ja die, ob und wann eventuell ein schwarzes Management fähig wäre, die Autoindustrie zu übernehmen. Und das, diese praktische Möglichkeit sehe ich eben für die nächste Generation nicht. Das ist eben ein ganz langwieriger Prozeß – und auch generell eine Eignungsfrage.

Arbeiten bei Ihnen Schwarze und Weiße auf gleicher Ebene?

GENERALDIREKTOR: Nehmen Sie unsere Lehrlingsausbildungsstätten. Da stehen schwarze, weiße und braune Lehrlinge nebeneinander, bekommen die absolut gleiche Ausbildung, und nach fünfjähriger Ausbildung, zum Beispiel als Werkzeugmacher, machen sie ihr Examen und werden dann aufgenommen in den Betrieb und verdienen alle denselben Lohn. Und arbeiten mit den Weißen zusammen.

Gibt es in Ihrem Betrieb die Möglichkeit, daß ein Schwarzer der Vorgesetzte von Weißen ist?

GENERALDIREKTOR: Hm – die Möglichkeit bestimmt. Lassen Sie mich mal nachdenken, ob ich Ihnen einen praktischen Fall nennen kann? Nein – das weiß ich nicht. Aber es ist möglich.

Ich habe gehört, daß vom Gesetz her so etwas verboten ist, und ich frage mich, ob Sie dieses Gesetz einfach umgehen können?

GENERALDIREKTOR: Umgehen natürlich nicht. Umgehen ist nicht der richtige Ausdruck. Sondern es gibt im Rahmen der gesetzlichen Möglichkeiten immer Wege, ja. Ich nannte Ihnen zum Beispiel die Lehrlinge – wir nennen die weißen Lehrlinge *apprentice* auf Grund des bestehenden Gesetzes, und wir nennen die nichtweißen *trainees*. Das ist einfach eine überlieferte Form und eine Vereinbarung mit den weißen Gewerkschaften, aber in der Ausbildung besteht kein Unterschied.

Sind Sie bereit, auch mit schwarzen Gewerkschaften zu verhandeln?

GENERALDIREKTOR: Schwarze Gewerkschaften gibt es bei uns ja nicht. Es gibt farbige Gewerkschaften.

Es gibt nach meinen Informationen schwarze Gewerkschaften, die allerdings nicht gesetzlich anerkannt, deshalb aber nicht illegal sind. Würden Sie auch mit solchen Gewerkschaften verhandeln?

GENERALDIREKTOR: Warum nicht? Ich würde mit jeder Arbeitnehmervertretung verhandeln, die verantwortungsbewußt im Interesse der Arbeitnehmer mit uns verhandeln will. Wir haben zum Beispiel bei uns im Werk die sogenannten *works-committees*, wo wir uns wöchentlich mit den Leuten treffen und die Dinge besprechen; denn wir müssen ja selbst wissen, wo drückt der Schuh – die Leute müssen ja alle glücklich und zufrieden sein.

Wie setzen sich diese committees *zusammen?*

GENERALDIREKTOR: Die werden von uns, von der Betriebsleitung, ernannt, aber nach Rücksprache mit den Arbeitern selbst. Es findet also keine Gewerkschaftswahl statt, das läuft mehr auf einer informellen Basis.

Meinen Sie, daß Streik eine legale Möglichkeit darstellen sollte für die schwarze Bevölkerung, ihre Situation zu verändern?

GENERALDIREKTOR: Ich könnte mir vorstellen, daß es gewisse Gedanken bei den Schwarzen gibt, derart, daß ein Streik, eine, sagen wir industrielle Lahmlegung des Landes, schneller zu einer politischen Lösung der Probleme führt – das kann ich mir vorstellen. Ob das in Wirklichkeit so geht, das käme auf einen Versuch an, der Versuch wäre natürlich sehr teuer.

Würden Sie das begrüßen?

GENERALDIREKTOR: Ich würde das nicht begüßen. Ich würde sagen, wahrscheinlich werden die Schwarzen unter den gegebenen Umständen mehr darunter leiden als die Weißen.

Aber wie stellen Sie persönlich sich nach Ihren Erfahrungen hier in Südafrika eine Veränderung dieses Systems ohne gewissen wirtschaftlichen Druck vor?

GENERALDIREKTOR: Na ja – ich hoffe also immer noch, daß alles auf dem Wege der Evolution geht.

Auf Grund welcher Erfahrungen haben Sie diese Hoffnung?

GENERALDIREKTOR: Zunächst glaube ich nicht, daß eine Revolution jenen Zustand herbeiführt, den man sich vielleicht jetzt als Ergebnis vorstellt. Denn Sie dürfen nicht vergessen, daß durch die wirtschaftliche und industrielle Entwicklung, für die ja in erster Linie die Weißen verantwortlich sind – obwohl ich den Wert der Leistung der schwarzen Arbeitnehmer nicht zu gering einschätzen will –, wenn sie jetzt diese Industrie durch Streiks oder Revolution kaputtschlagen, dann werden all die Arbeitsstätten, die Hunderttausenden Arbeit schaffen, die werden dann verschwinden. Und dann stehen Sie natürlich vor der Fage, wovon sollen die Menschen leben, was sollen sie essen. Ich spreche jetzt als Wirtschaftler, ich spreche davon, wie die Leute leben, ob sie zu essen haben, wie sie gekleidet sind. Sie können in irgendein anderes schwarzafrikanisches Land gehen, abgesehen von einer gehobenen Schicht lebt der Durchschnitt, wenn Sie in die Städte kommen, nicht so wie der Durchschnitt in Südafrika.

Materiell, ich rede jetzt vom Materiellen. Denn schließlich als Wirtschaftler sehe ich meine Aufgabe darin, daß die Leute Arbeit haben, daß sie was zu essen, daß sie ein Haus haben usw. Ich kümmere mich nicht in erster Linie um das rein Geistige.

Meinen Sie, daß durch eine soziale Befriedung derart, daß man ihnen das materielle Existenzminimum schafft, die Forderung der schwarzen Mehrheit nach gleichen politischen Rechten und Chancen aufgehalten werden kann?

GENERALDIREKTOR: Ich glaube, ich habe noch etwas behalten von den Geschichtskenntnissen, die ich als Kind gelernt habe. Und ich kann mir nicht vorstellen, daß der gegenwärtige Zustand im südlichen Afrika, bei alldem, was in der Welt passiert ist und in Afrika, einfach aufrechtzuerhalten ist. Ich bin der festen Überzeugung, daß die Gesamtbevölkerung – Schwarze, Weiße und Braune – in bezug auf bürgerliche Rechte gleichgestellt werden müssen. Ich stehe auf dem Standpunkt und habe das auch öffentlich bei verschiedenen Gelegenheiten gesagt, daß man schon lange den Schwarzen in all den Dingen, wo sie selbst betroffen sind, das Mitspracherecht in irgendeiner Form hätte geben sollen. Aber ich kenne auch die Verhältnisse in Südafrika und weiß, daß das nicht so einfach ist. Für mich sieht die Situation in Südafrika folgendermaßen aus: Auf der einen Seite haben Sie die Schwarzen in den Heimatgebieten, den Homelands, und ich kenne diese Gebiete, weil ich seit 25 Jahren da mitarbeite, niemand kann mir sagen, daß diese Menschen unglücklich sind. Die leben allerdings noch so, wie sie vor Hunderten von Jahren gelebt haben, in ihrer alten Stammesverbundenheit, aber daß diese Menschen unglücklich sind, so wie sie leben, das kann mir keiner sagen.

Halten Sie es für gerechtfertigt, daß durch das Homeland-Konzept die schwarzen Arbeiter zu Gastarbeitern in den weißen Gebieten erklärt werden und von ihren Familien getrennt leben müssen?

GENERALDIREKTOR: Haben Sie sich denn schon mal die Frage vorgelegt, was das für soziale Probleme mit sich brächte in den weißen Gebieten, wenn alle Arbeiter in den Goldminen etwa alle ihre Frauen und Kinder mitbrächten? Wie wollen Sie die ganzen Leute unterbringen?

Es würde sehr viele Investitionen kosten, davon bin ich überzeugt. Ich überlege nur, ob das nicht für die Bürger eines Landes getan werden müßte?

GENERALDIREKTOR: Ja, aber in der Richtung ist doch schon sehr viel getan. Wenn Sie zum Beispiel vor fünfzehn Jahren nach Südafrika gekommen wären und hätten gesehen, wie die Schwarzen damals gelebt haben, bei Kapstadt, bei Johannesburg, in Slums; und dann hat man versucht, ihnen diese Häuser zu bauen. – Ich gebe zu, ich möchte nicht in so einem Haus wohnen, aber wenn man sie vergleicht etwa mit anderen Häusern, damit etwa, wie die Leute in den Vorstädten in Mozambique oder von Nairobi wohnen, dann ist da ein großer Unterschied.

Die deutschen Investitionen im Lande sind nicht unerheblich. Halten Sie es für möglich, daß man auf Grund dieser Investitionen einen gewissen Druck auf die südafrikanische Regierung ausüben könnte, ihre

Politik zu ändern?

GENERALDIREKTOR: Nehmen wir einmal den Fall, daß deutsche Unternehmen der südafrikanischen Regierung sagen müßten, wenn die Situation weiter so bleibt, dann sehen wir unsere Investitionen gefährdet, wir könnten dann auf alle Fälle keine Ausweitung unserer Investitionen vornehmen, im Gegenteil müssen wir uns überlegen, ob wir sie einschränken – wenn Sie darunter verstehen, daß dies ein Druck ist, dann kann ich Ihnen sagen, daß ein solcher Druck wahrscheinlich die südafrikanische Regierung aufmerksam machen würde, daß etwas geschehen muß. Und ich kann Ihnen nur sagen, daß wir uns in jedem Moment mit diesem Problem beschäftigen und daß der Vorstand und die Mitglieder der Handelskammer bei jeder sich bietenden Gelegenheit unseren südafrikanischen Freunden ganz klar sagen, daß wir uns Sorgen machen über diese Situation, aber ob man das nun als Ausüben eines politischen Drucks ansehen kann, das weiß ich nicht.

Das wirkt natürlich nach beiden Seiten. Und zwar hat die Deutsch-Südafrikanische Handelskammer bei verschiedenen Gelegenheiten darauf hingewiesen, daß man die Entwicklung der deutsch-südafrikanischen Beziehungen nicht unbedingt als normal gegeben ansehen müßte und daß jede Lücke, die eine deutsche Firma hinterläßt, von anderen ausgefüllt werden würde. Ich könnte mir vorstellen, daß die Franzosen, Engländer und Amerikaner in diese Lücken hineingehen.

Sie haben das ja erlebt mit dem Atomkraftwerk, das den Deutschen verlorenging, und die Franzosen machen das jetzt – und so wird es mit vielen anderen Dingen sein.

Sie müssen sich darüber klar sein, daß das alles zweiseitig ist. Wenn also die Deutschen jetzt sagen würden, um eine neue politische Situation hier zuwege zu bringen, wir ziehen uns wirtschaftlich zurück, dann bedeutet das zunächst für die westdeutsche Wirtschaft den Verlust von einigen zigtausend Arbeitsplätzen, alle die, die für die Ausfuhr nach Südafrika arbeiten. Und daß weitere zigtausend Arbeitsplätze frei würden, weil man dann die Rohstoffe, die man jetzt aus Südafrika bezieht, nicht mehr verarbeiten kann. Ganz abgesehen von der Frage, wo man denn dann diese Rohstoffe herbeziehen sollte.

Wenn Sie die Amerikaner, die Franzosen, Engländer, Japaner davon überzeugen, daß sie die Lücken, die die deutsche Wirtschaft dann hinterläßt, nicht zu füllen bereit wären, dann hätte das eventuell praktischen Sinn.

Sind Sie sicher, daß die politische Situation in Südafrika heute so stabil ist, daß man völlig ungefährdet hier neu investieren kann?

GENERALDIREKTOR: Ich bin kein Sterngucker. Ich kann sagen, bisher war es so. Wie es in der Zukunft sein wird, weiß ich nicht.

Welchen persönlichen Eindruck haben Sie von den Unruhen der letzten Monate?

GENERALDIREKTOR: Ich habe den Eindruck, daß diese Unruhen zunächst auf eine lange Entwicklungsperiode zurückgehen. Daß sie nicht absolut spontan sind, daß sie zum Teil für politische Zwecke von innen und von außen angeblasen sind. Das bedeutet aber nicht, daß diese Unruhen nicht auch spontan ausgebrochen wären. Weil gewisse Druckstellen eben einfach da sind.

Was glauben Sie, von wem sie organisiert worden sind, soweit sie nicht spontan waren?

GENERALDIREKTOR: Nun, Südafrika ist ja nun einmal ein Land, das nicht nur im Widerstreit schwarz und weiß liegt, sondern es gibt den Widerstand Ost und West, Kommunismus und Kapitalismus, und ich könnte mir vorstellen, daß alle diejenigen, die ein Interesse daran haben, die bestehende Ordnung – sei es Kapitalismus, sei es Weiß, sei es der Westen – zu schädigen, ein Interesse daran haben, nicht nur, sagen wir, Unruhen hervorzurufen, sondern wenn Unruhen da sind, die vielleicht auch noch ein bißchen zu schüren.

Ich versuchte, Ihnen vorhin zu erklären wie die Situation ist, daß wir auf der einen Seite die Homelands haben – der Gegenpol sind die städtischen Eingeborenen. Für mich ist die augenblickliche südafrikanische Situation schwierig, weil es den Südafrikanern bisher nicht gelungen ist, eine annehmbare Lösung für die städtischen Schwarzen zu finden und eine annehmbare Lösung für die Inder und die Farbigen.

Und wenn es Südafrika nicht gelingt, dort annehmbare Lösungen zu finden, werden wir mit Zuständen, wie wir sie heute haben, lange leben müssen. Darüber bin ich mir vollkommen klar. Ich gehöre nicht zu den Leuten, die sagen, daß die Schwarzen in den weißen Städten nur vorübergehende Gastarbeiter sind, sondern als Wirtschaftler sage ich, die sind da, um zu bleiben. Und wenn man zu dieser Erkenntnis kommt, dann muß man Maßnahmen ergreifen, daß diese Menschen auch menschenwürdig leben können. Auf der anderen Seite dürfen Sie nicht vergessen, zu all diesen Maßnahmen gehört sehr viel Zeit und gehört auch unheimlich viel Geld. Wenn Sie sagen, Südafrika sei ein reiches Land, so stimmt das nur bedingt, gemessen an anderen afrikanischen Staaten. Und ich kann Ihnen nur wieder zur Antwort geben, es gibt keine Schwarzen – abgesehen einmal von den politischen Gesichtspunkten –, die im Durchschnitt besser leben als die Schwarzen Südafrikas. Wollen wir doch mal die Sache so sehen, wie sie in Wirklichkeit für die Schwarzen zunächst ist: Sie wollen wohnen, sie wollen was zu essen haben und sie wollen gekleidet sein – ich sage zunächst. Und dann wollen sie eine Erziehung haben, eine Ausbildung, eine Möglichkeit, in die Zukunft zu gehen – und dann kommen diese politischen Aspirationen.

Aber die Masse will doch zunächst einmal wohnen, gekleidet und ernährt sein.

Und gleichberechtigte Bürger sein.

GENERALDIREKTOR: Einen Augenblick. Ich würde sagen, wenn sie Prioritäten zu setzen hätten zwischen Essen, Kleiden, Wohnen und politischer Gleichberechtigung, dann könnte ich mir vorstellen, daß ein sehr großer Teil zunächst auf die politischen Rechte verzichten würde, wenn er erst einmal einen vollen Bauch und eine Wohnung hat und gekleidet ist.

Ich würde eben zunächst dafür sorgen, daß die Leute gesund sind, verpflegt werden, gut bezahlt werden für die Arbeit, die sie leisten, die Möglichkeit haben, etwas aufzubauen und ausgebildet werden, daß sie dann, wenn sie politische Rechte haben, diese Rechte auch mit Verantwortung ausüben können.

Haben Sie die Hoffnung, daß die weiße Bevölkerung jetzt bereit ist, eine solche Entwicklung einzuleiten, hin zu politischer Gleichberechtigung der schwarzen Bevölkerung?

GENERALDIREKTOR: Ich will nicht sagen, daß ich die Hoffnung habe, ich habe aber die Einsicht, daß die geschichtliche Entwicklung die Weißen einfach zwingt, diese Einsicht auch zu haben. Und daß man in seiner ganzen Einstellung zu dem Problem, vor allem was das Tempo der Entwicklung betrifft, ganz anders denkt, dazu hat natürlich dieser Druck beigetragen. Und nicht nur der Druck, sondern auch die Überzeugung. Wenn Sie sich heute unterhalten mit Weißen der jüngeren Generation, werden Sie feststellen, daß diese Leute zu den Problemen ganz anders Stellung nehmen als zum Beispiel meine Generation. Weil die jüngere Generation einfach nicht nur die Hoffnung hat – vielleicht aus Idealismus heraus –, sondern die Einsicht hat, so geht das nicht.

Die Weißen kaufen sich Gewehre, in allen Städten. Die Waffengeschäfte sind zur Zeit fast ausverkauft. Die Polizei hat auf Kinder geschossen. Sind die Weißen bereit, eine Entwicklung so schnell einzuleiten, daß diese Entwicklung noch friedlich verlaufen kann?

GENERALDIREKTOR: Also, ich würde zunächst für die Weißen sagen, daß in dem Augenblick, wo sie unter dem Eindruck stehen, jetzt wird's ernst, und man wird überfallen, daß man sich dann zunächst verteidigt, das ist eine ganz natürliche Reaktion.

Sind jetzt ernsthafte Schritte unternommen worden von den Weißen zu einer friedlichen Veränderung?

GENERALDIREKTOR: Vielleicht noch nicht ganz so in dem Ausmaß, wie es sein müßte, aber es ist schon sehr viel in der Richtung geschehen. Das Wichtigste, wissen Sie, ist doch die geistige Einstellung der Menschen zu diesem Problem. In dem Augenblick, wo sie das Gefühl bekommen, daß sich der Weiße, der bisher in einer gewissen Position hier gelebt hat, ernstlich Gedanken darüber macht, sei es nun aus Angst, sei es aus Verantwortung, sei es aus christlicher Verantwortung heraus, nur den Gedanken hat, etwas zu tun, bereit ist, etwas zu tun, dann hat man doch schon psychologisch etwas erreicht.

Sind Sie als Ökonom davon überzeugt, daß Menschen ohne Druck – sei dies Streik oder Gewalt – bereit sind, auf wirtschaftliche Privilegien zu verzichten?

GENERALDIREKTOR: Ich sage, das ist bei dem Menschen eben – wie es der frühere Premier Smuts mal gesagt hat «the divine dissatisfaction of the human being». Es ist eben diese «göttliche Unzufriedenheit» bei dem Weißen, daß er eben immer mehr haben will.

Carola, weiße südafrikanische Studentin an der englischsprachigen Universität von Johannesburg, Witwatersrand University

CAROLA: Seit Anfang des Jahres verstärkt sich der Rechtstrend an der Universität, denn viele der weißen Studenten werden aufgerufen, an der Grenze zu kämpfen. Innerhalb des Militärs wird viel Propaganda gemacht und ich glaube, die Soldaten können gar nicht anders, als sich in irgendeiner Weise damit zu identifizieren. Sie haben nicht die Möglichkeit der Kriegsdienstverweigerung und sie müssen irgendwie mit diesen Problemen fertig werden.

Was für ein Verhältnis haben denn die Studenten zu den Soldaten?

CAROLA: Die Studenten sind Soldaten. Jeder Student ist wehrdienstpflichtig und hat nicht die Möglichkeit der Wehrdienstverweigerung.

Dann leben sie praktisch in ständiger Bindung an das Militär?

CAROLA: Ja, und die Soweto-Unruhen haben das insofern bestärkt, als sich die Studenten jetzt unsicher fühlen. Sie müssen Partei ergreifen. Sie haben keine Wahl. Da ist es dann eigentlich ziemlich natürlich, daß sie sich auf die Seite der Weißen schlagen.

Warum haben sie keine Wahl?

CAROLA: Wenn sie den Kriegsdienst verweigern, werden sie eingelocht unter konzentrationslagerähnlichen Bedingungen. Ich habe mir erzählen lassen, daß sie sinnlose Schwerarbeit machen müssen, so ähnlich, wie ich mir das bei Gefangenen auf Robben Island vorstelle.

Die Studenten haben Angst?

CAROLA: Ja. In Zeiten, wo die politische Lage sichtbar ist und wo die Krisen nicht so zutage treten, da können sie es sich wahrscheinlich leisten, liberal zu sein. Da kostet es kein Opfer von ihnen. Jetzt, wo es Opfer kostet, und wo es eine Stellungnahme kostet, wo es Bedrohung und die Gefahr der Gefangennahme kostet, da können sie es sich nicht mehr leisten oder meinen, es sich nicht mehr leisten zu können, liberal zu sein.

Haben die Studenten auch Angst vor einer Gleichberechtigung der Schwarzen?

CAROLA: Ja, das glaube ich bestimmt, denn ich glaube nicht, daß die Studenten bereit wären, den Lebensstil, den sie bis jetzt gewohnt waren, aufzugeben. Sie sind sich dessen nicht bewußt – sie wissen nicht, was für Privilegien sie haben gegenüber den schwarzen Studenten an der Universität – oder sehr wenige – und Soweto ist weit weg – für uns alle eigentlich.

Sie sagten, es gibt wenige schwarze Studenten an Ihrer Universität – gibt es zu diesen wenigen soziale Kontakte oder sind auch die Studenten auf einer Universität getrennt?

CAROLA: Die schwarzen Studenten, die ich an der Uni beobachtet habe, haben einen ganz natürlichen Kontakt zu den weißen Studenten. Das Verhältnis ist nur insofern künstlich, als sie nicht zusammen leben können. Es gibt kein Studentenheim für Schwarze, und schwarze Studenten werden nicht in weiße Studentenheime aufgenommen. Sie studieren unter sehr schwierigen Bedingungen. Sie müssen sehen, wie sie vor Einbruch der Dunkelheit nach Hause kommen, weil sie fürchten müssen, sonst angefallen zu werden, denn in Soweto ist die Kriminalitätsrate sehr hoch. Jeder Schwarze fürchtet sich davor, sich abends auf der Straße zu zeigen. Und dann – in Soweto arbeiten sie natürlich auch unter schwierigen Bedingungen. Zum Teil keine Elektrizität. Sie können abends kaum arbeiten. Sie leben in überfüllten Häusern.

Dürfen sie abends in Johannesburg, im weißen Gebiet, bleiben?

CAROLA: Da muß ich gestehen, da bin ich nicht genau informiert, das weiß ich nicht. Ich weiß, in vielen Städten gibt es abends eine Sperrstunde für Schwarze, das ist aber von Stadt zu Stadt verschieden. In Pietermaritzburg war es um 23 Uhr. Ich weiß nicht, wann es hier ist – da müssen alle Schwarzen von der Straße verschwinden. Und oft sind eben auch Paßkontrollen, ob sie Erlaubnis haben, hier zu wohnen.

Wie war die spontane Reaktion, als die Unruhen in Soweto anfingen?

CAROLA: Es war große Unruhe. Ich kam zur Universität – ich begegnete an dem Tag einem unserer Studentenführer, der war ganz aufgeregt und sagte: Ich muß mir schnell eine Zeitung kaufen, die Polizei schießt in Soweto, zwei Kinder haben sie schon erschossen. Und auf dem ganzen Campus bildeten sich kleine Gruppen, die darüber diskutierten, und es gab heftige Auseinandersetzungen und dann haben wir beraten, ob wir demonstrieren wollten und ob wir unsere Betroffenheit zeigen wollten oder nicht und wie wir sie zeigen könnten; und da war eben diese eine Gruppe, die argumentierte: wenn wir uns mit Plakaten irgendwohin stellen, dann müssen wir das konkrete Problem im Auge behalten, daß die Weißen nicht sagen können: das sind Kommunisten – wie sie das sonst immer tun. Und andere sagten wieder: Ja, das konkrete Problem, an dem die Soweto-Unruhen ausgebrochen sind, das sind nicht die Sprachprobleme. Es geht nicht um Afrikaans, es geht um das System, das mit Afrikaans zusammenhängt, welche Eindrücke, welche Assoziationen die Schwarzen mit Afrikaans verbinden.

Das war also vielen Studenten von Anfang an klar?

CAROLA: Ja, aber dann hat sich ein großer Streit entzündet. Sie sagten: Wenn wir gegen das System demonstrieren, erreichen wir nicht unser Ziel, mit unseren weißen Landsleuten ins Gespräch zu kommen. Dann werden wir gleich abgeschoben. Aber es lief dann doch darauf hinaus – wir haben doch mit Plakaten gegen das System demonstriert. Es hieß zum Beispiel: «*It's not Afrikaans, it's the system.*» Und mit den Plakaten sind wir durch die Stadt marschiert und später kam die Polizei und fuhr nebenher und hinterher und vornean. Und dann kamen junge Leute – man vermutet von der afrikaansen Universität hier in die Stadt und haben die weißen Demonstranten durchgeprügelt mit Eisenstangen und Eisenketten.

Und die Polizei? Was hat die gemacht?

CAROLA: Viele von diesen Studenten, die die weißen (demonstrierenden) Studenten verprügelt haben, wurden gesehen, wie sie nachher in Polizeiautos einstiegen. Die Polizei hatte sie wahrscheinlich zum Demonstrationsort gebracht.

Und wie war die Reaktion der Bevölkerung auf die Demonstration?

CAROLA: Das war für die ein gefundenes Fressen. Sie kamen aus den Läden und Büroräumen rausgeströmt, um zu helfen, die weißen Demonstranten zu fangen und zu verprügeln und der Polizei zu übergeben.

Dann besteht kein wirklicher Kontakt der weißen Studenten zu der Bevölkerung?

CAROLA: Nein. Jedenfalls nicht bei den Studenten, die mit demonstriert haben; nicht bei der Gruppe, die Betroffenheit für die Lage zeigt.

Versuchen die Studenten bei der weißen Bevölkerung Verständnis dafür zu erwecken, wie es zu der heutigen Situation gekommen ist?

CAROLA: Die Aussichten dafür sind sehr gering. Wir hatten an einen Streik gedacht letzte Woche und dann ist die Abstimmung erfolgt und die Abstimmung hat gezeigt, daß die Mehrheit der Studenten dagegen war. Wenn dieser Streik stattgefunden hätte, dann hätten wir wahrscheinlich Möglichkeiten gefunden, die Öffentlichkeit zu informieren.

Es wurden Flugblätter verteilt und es wurde ausdrücklich gesagt, daß wir dieses Mal keine Demonstration wollen, um die weiße Bevölkerung nicht noch mehr abzuschrecken, sondern daß wir den Kontakt zur weißen Bevölkerung suchen, um ihnen Informationen bieten zu können. Wieweit nun die weiße Bevölkerung ansprechbar ist für diese Dinge, weiß ich nicht. Im Grunde genommen reagieren sie sehr ablehnend auf Informationen dieser Art. Und sie reagieren auch sehr feindlich auf Studenten.

Wie ist das Verhältnis bei den Demonstrationen zwischen weißen und schwarzen Studenten? Gibt es noch gemeinsame Aktionen?

CAROLA: Bei der Demonstration, die ich miterlebt habe, haben sich viele Schwarze angeschlossen und haben «*Amandla Awetu*» gerufen, also: «Die Macht ist unser» oder «Unsere Macht!» – oder wir haben zusammen gerufen: «*We want change, wie want justice*» und die Schwarzen – ihre Reaktion war positiv, und sie riefen denen, die am Wege standen, zu: Kommt! Kommt mit! Marschiert mit! Es geht um unsere Sache! Ich weiß nicht genau, wie hoch die Zahl derer war, die mitmarschiert sind, aber ich hatte den Eindruck, daß es recht viele waren. Ich hörte einen hinter mir rufen: Ihr Weißen, ihr könnt nicht mit uns rufen: «*Amandla Awetu*». Wir wollen die Macht haben, nicht ihr. Ihr sollt die Macht nicht länger haben. Also, ich weiß nicht, wieweit die Schwarzen diese Demonstration zu ihrer eigenen Sache machen wollten. Trotzdem waren die weißen Studenten froh darüber, daß die schwarzen Studenten mitmarschiert sind und viele Schwarze, mit denen ich nachher gesprochen habe, fanden es gut, daß es von den Weißen ausgegangen war.

Wie hat sich das seither entwickelt? Ich habe den Eindruck, daß im Moment wenig gemeinsame Aktionen von weißen und schwarzen Studenten stattfinden?

CAROLA: Ja, im Moment findet eigentlich überhaupt nichts statt, denn – ich weiß nicht, ich kann da keinen Grund finden – die weißen Studenten haben große Angst. Und im Moment haben wir ein Verbot öffentlicher Versammlungen. Wir haben keine Möglichkeit, viele Menschen zu erreichen mit Informationen. Sonst war es immer üblich gewesen, daß wir uns alle auf dem großen Rasen versammelt haben, wo sowieso die Mehrheit der Studenten sich in der Mittagspause aufhält. Dann wurden mit dem Mikrofon Diskussionen durchgeführt, an denen alle möglichen Leute teilnahmen, nicht nur die, die sowieso schon eingeweiht sind und wissen, was los ist, sondern auch die anderen.

Haben Sie auch Angst?

CAROLA: Ja.

Vor den Schwarzen oder vor den Weißen?

CAROLA: Vor beiden, denn wenn's – meine Hautfarbe schützt mich vor nichts – ich kann es den Schwarzen nicht übelnehmen, wenn sie die Weißen hassen, denn ich erlebe selbst jeden Tag, unter was für demütigenden Umständen Schwarze hier leben müssen und wie sich der Haß aufbaut und da kann ich nur ohnmächtig zusehen, ich weiß im Moment keine Möglichkeit, die Lage noch zu ändern oder zu retten, und ich glaube, vielen Weißen geht es genauso, auch den Weißen, die gerne wollen – die gern zusammenarbeiten wollen.

Haben Sie Beziehungen zu Schwarzen?

CAROLA: Wenig. Ich kenne Schwarze, die mit meinen Eltern zusammenarbeiten. Und ich kenne einen Schwarzen, mit dem ich zusammengearbeitet habe. Wir haben über unser Studium gesprochen; er lernte

Deutsch und ich habe ihm geholfen mit Deutsch, und ich habe Bantu-Sprachen gelernt und er hat mir mit Bantu-Sprachen geholfen und der ist nun verhaftet worden, und ich habe versucht, Päckchen für ihn abzugeben beim John-Vorster-Square.

John-Vorster-Square ist das Gefängnis, wo alle politischen Gefangenen zuerst hingebracht werden. Das ist die Zentralstelle. Von da aus werden sie dann verteilt, aber viele von den politischen Häftlingen werden auch dort festgehalten.

Und man kann dort Sachen für die Gefangenen abgeben?

CAROLA: So wurde mir gesagt, am Anfang. Aber jetzt hat sich herausgestellt, daß ich jedenfalls es nicht kann. Ich bin zur Rede gestellt worden und angeschrien worden von den weißen Angestellten vom John-Vorster-Square, wie ich es wagen kann zu fragen, warum die Leute dort unschuldig verhaftet werden.

Was durften Sie dort abgeben?

CAROLA: Das letzte Mal, als ich ihn getroffen habe – die Polizei war ihm schon ungefähr zwei Monate lang auf der Spur gewesen – und er wußte genau, daß sie ihn eines Tages kriegen würden, und er hat wohl damit gerechnet – und er sagte nur –, ich hab ihn gefragt, ob ich ihm mit irgend etwas helfen könnte, wenn sie ihn kriegen, und er hat gesagt: Ja, du kannst Süßigkeiten bringen, du kannst Seife bringen und lauter kleine Dinge – aber vor allem bring mir die Bibel, das ist das Allerwichtigste. Er sagte: «*It keeps your morals up. It's the only thing which can keep your morals up.*» Und ich habe ihm eine Bibel dort hingebracht und sie haben mich gefragt, warum ich die Bibel dorthin bringe, da habe ich gesagt, daß es dem Häftling sehr wichtig ist und daß es mir sehr wichtig ist, daß er eine Bibel bekommt. Und da haben sie gesagt: Wir haben Bibeln, und wir verteilen sie an alle Leute, die eine wünschen; und da habe ich ihnen gesagt: Ich weiß aber von einem Häftling, der lange Zeit um eine Bibel gebeten hat und hat nie eine bekommen. Und da sind sie aufgebraust; da war ein schwarzer Polizist, der ist aufgebraust und hat mich gefragt, ob ich ihm nicht traue, und dadurch ist ein großes Streitgespräch entstanden; ich bin dann mit Geschrei entlassen worden, er hat mich angeschrien und hat gesagt, ich soll gehen, er will mich nicht wiedersehen und er hat so laut geschrien, daß die weißen Polizisten kamen und wollten sehen, was los war und das nächste Mal, als ich dahinkam – da haben sie mich reingeholt, sie hatten schon auf mich gewartet, und haben mich ausgefragt und angeschrien und gesagt, ich solle mich nicht wieder blicken lassen. Ich glaube, weil ich ein Mädchen bin, wußten sie nicht recht, was sie mit mir machen sollten.

Werden viele schwarze Studenten verhaftet?

CAROLA: Ja.

Und wie reagieren die weißen Studenten darauf?

CAROLA: Gar nicht, das zeigt auch, wie effektiv die Regierung in ihren

Methoden ist. Das ist ja genau das, was sie wollen. Es hat große Debatten unter den Studenten gegeben, viel Gerede und große Streitgespräche, aber im Grunde genommen – wir sind Teil der weißen Gesellschaft, wir – ich denke, wir sollen uns nichts vormachen, jeder von uns hat seine Funktion in dieser Gesellschaft; und insofern ist unsere Rolle, die wir in der Zusammenarbeit um die Befreiung spielen können, verschwindend klein. Wir können eigentlich keine Rolle mehr dabei spielen. Wir haben unsere Rolle verspielt.

Meinen Sie nicht, daß Sie eine sehr wichtige Rolle spielen könnten in der Aufklärung der weißen Bevölkerung?

CAROLA: Ja, das stimmt. Und ich versuche es auch, auf der persönlichen Ebene. Ich versuche, wen immer ich treffe, daraufhin anzusprechen, ich versuche, den Leuten von meinen Erfahrungen zu erzählen, von dem, was ich weiß über die Dinge, die im John-Vorster-Square passieren und die in Soweto passieren; aber ich weiß nicht, wieviel Erfolg ich damit habe.

Und die weißen Professoren? Was sagen sie?

CAROLA: Die weißen Professoren sind Leute, die Posten haben und diese Posten bewahren wollen.

Gibt es Diskussionen zwischen den Studenten und den Professoren über das, was sich jetzt abspielt?

CAROLA: Nein, soweit ich das mitgekriegt habe. Da sind einige Fakultäten, die geben gute Informationen heraus und befassen sich mit südafrikanischen Problemen und andere wieder überhaupt nicht. Dazu gehört zum Beispiel die Englisch-Abteilung und zum Teil auch die Deutsch-Abteilung. Aber besonders die Englisch-Abteilung – das regt mich auf –, da wird weiterhin gesprochen von wahrer Liebe und echter Wahrheit und von all diesen Werten, deren Verfall wir hier so deutlich erfahren. Und das macht die Studenten passiv. Selbst in Philosophie; wir besprechen nicht den Existentialismus, wir. besprechen nicht die philosophischen Grundlagen der Marxschen Theorie, wir befassen uns mit Thomas von Aquin und Descartes und mit Leibniz, wenn's hochkommt.

Es gibt keine Lehrveranstaltungen, in denen versucht wird, den Rassenkonflikt hier in Südafrika zu analysieren?

CAROLA: Keine öffentlichen.

Auch keine in Soziologie?

CAROLA: Nein.

Oder in politischer Wissenschaft?

CAROLA: Das sollte man denken, ja. Aber ich habe auch dort von keinen Veranstaltungen gehört.

Halten Sie es für möglich, daß man nach einer Änderung der politischen Struktur hier in Südafrika wie ein Volk zusammen leben kann?

CAROLA: Ja. Ich – das kann ich sagen durch meine persönlichen Bekanntschaften mit Schwarzen. Das – ich habe Bekanntschaften gemacht, in denen man nicht mehr gespürt hat, wer von welcher Hautfarbe ist. Und ich glaube, daß das möglich ist. Aber inwieweit das nun zu verwirklichen ist, nachdem sich dieser Haß aufgestaut hat, dieser Haß, der ja zur Entladung drängt, das weiß ich nicht.

Und auf der anderen Seite hat sich Angst angestaut –

CAROLA: Ja. –

Haben Sie das Gefühl, man kann diese Angst noch abbauen bei den Weißen?

CAROLA: Nein, ich glaub's nicht.

Haben Sie jemals die Erfahrung gemacht, daß Sie auch nur bei einem einzigen Weißen, der wirklich von Apartheid überzeugt war, erreichen konnten, daß er anders dachte?

CAROLA: Nein – das System ist zu teuflisch, es läßt keine Lücken. Diese Ideologie ist so in sich geschlossen, daß die Leute, die davon überzeugt sind, sehr logisch argumentieren und das auch für sich akzeptieren können, weil es so logisch ist.

Meinen Sie, daß in einer zukünftigen gemeinsamen Gesellschaft beide Seiten etwas Wesentliches von sich selbst – von ihrer Identität, wie man hier immer sagt – aufgeben müssen bei einem Zusammenleben?

CAROLA: Im traditionellen System der Schwarzen ist sehr viel Wert gelegt worden auf die Gemeinschaft; zum Beispiel die Familie bestand nicht nur aus Vater, Mutter, Kindern, sondern es gehörte die ganze Sippschaft dazu. Ich habe kein Modell, das ich für die Zukunft präsentieren kann, aber ich glaube, daß ein Zusammenleben, das mehr auf Gemeinschaft ausgerichtet ist, durchaus zu erreichen ist, wenn eben die Weißen Zugeständnisse machen, wenn sie bereit sind, dafür Opfer zu bringen.

Können Sie sich vorstellen, sich selbst in diesem Punkt noch zu ändern? Können Sie auf ihren Individualismus verzichten?

CAROLA: Ich weiß nicht, wie ich auf die Situation reagieren würde und ob ich das könnte; aber ich hoffe, daß ich es kann.

Glauben Sie, daß sich der Konflikt noch friedlich wird lösen lassen?

CAROLA: Ich glaube, er könnte sich nur durch einen Generalstreik friedlich lösen lassen. Aber die Aussicht darauf ist jetzt unrealistisch. Wir haben ja gesehen, wie die Regierung auf Streik reagiert. Nur mit Gewalt. Und das war eigentlich die letzte Möglichkeit, auf die ich noch gehofft hatte. Aber die gibt's jetzt auch nicht mehr.

Wie werden denn die Weißen reagieren, wenn endlich die Schwarzen zur Gewalt greifen werden?

CAROLA: Die werden sich auf ihre Gewehre verlassen. Und auf ihr Militär, auf ihre Polizei. Ich glaube – es wird ein großes Blutvergießen geben. Und die Regierung bereitet die Bevölkerung auch schon darauf vor. Es werden in jedes Haus Flugblätter und Informationsbroschüren geschickt, was man tun muß im Fall von Brandstiftung; was man tun kann, wenn die Wasserzufuhr abgeschnitten wird, und was man tun kann, wenn die Elektrizität versagt, was man im Haus haben muß, für wieviel Tage man wieviel Vorrat haben muß usw.

Haben die Ereignisse in Rhodesien, Angola und Namibia die Weißen zum Nachdenken und zum Bedenken der eigenen politischen Position gebracht?

CAROLA: Das hat sie zum Nachdenken gebracht, aber nur zum Nachdenken gebracht innerhalb ihrer schon vorgefertigten Antworten. Die Ereignisse in diesen Staaten haben dieses System nur wieder bestärkt. Die Unsicherheit, unter der die Weißen leben – ihre Angst – bestärkt sie nur in ihrem Militarismus und in ihren Gewaltmaßnahmen.

Möchten Sie trotz alledem hier weiter leben oder würden Sie lieber weggehen?

CAROLA: Oft denke ich mir, ich möchte gerne weggehen. Und ich kriege es oft mit der Angst, wenn ich denke, daß die Angestellten vom John-Vorster-Square, mit denen ich Bekanntschaft gemacht habe, daß die unter den gleichen Bedingungen leben wie ich und daß sie von diesen Bedingungen ihre Rechtfertigung für das System beziehen, für ihre Gewaltmaßnahmen. Dann kriege ich oft einen Schreck und denke, vielleicht wäre ich imstande, genau dasselbe zu tun, mit meinem sozialen Hintergrund und mit den Bedingungen, denen wir hier in der Gesellschaft ausgesetzt sind. Und von daher denke ich, es wäre doch leichter, wenn man raus könnte. Aber ich möchte gerne hierbleiben. Ich habe das Land und die Leute hier sehr lieb, auch die nationalistischen Afrikaaner.

Wenn man hier lebt und hier geboren ist – kann man es überhaupt schaffen, diesem Denken in Hautfarben – Schwarz, Weiß, Farbig – zu entfliehen?

CAROLA: Nein, ich glaube, man kann es nicht. Das ist nicht möglich. Wo immer man hinkommt, was man sieht, ist darauf ausgerichtet. Ich weiß nicht, wieweit ich selbst in diesen Kategorien denke. Aber ich könnte mir denken, daß ich davon auch nicht unangetastet bin.

4. «Der Weiße braucht so sehr Befreiung wie wir selbst»
Gespräche mit schwarzen Südafrikanern und Berichte aus dem Gefängnis

Miriam G., eine Frau, von Aussehen weiß, aber als farbig eingestuft

Wieso sind Sie eigentlich als farbig eingestuft?

MIRIAM: Das hängt damit zusammen, wo man geboren ist. Ich bin auf einer Missionsstation für Farbige geboren, einer Missionsstation am Kap. Und das spielt bei der Registrierung eine Rolle. Meine Großeltern lebten noch auf Farmen, sie waren fast noch ganz weiß. Erst mein Vater und wir Kinder wurden als farbig eingestuft, wir sind jetzt richtig farbig, meine Geschwister waren auch schon mal mit Farbigen verheiratet. Die Brüder meiner Mutter lebten auch noch auf Farmen und man hat ihnen angeboten, sich auf Weiß umschreiben zu lassen; aber ihre Kinder sind jetzt eben schon alle mit Farbigen und Dunkelhäutigen verheiratet, und wenn sich die Eltern jetzt als Weiße registrieren lassen würden, würde das alles heillos durcheinanderbringen.

Wir hatten in unserer Bekanntschaft mehrere Fälle, wo sogar der Vater und die Mutter innerhalb einer Familie verschieden eingestuft waren, weiß und farbig.

Als was werden dann die Kinder eingestuft?

MIRIAM: Wenn die Kinder zusammen eingestuft werden – dann lieber als Farbige. Zum Beispiel die Frau meines jüngeren Bruders – deren ganze Familie galt zuerst als farbig und dann kam die Klassifikation, bei der wir alle diese Karten bekamen; und bei dieser Klassifikation wurde der Vater als weiß und die Mutter als farbig eingestuft und die drei älteren Kinder als weiß und die vier jüngeren Kinder als farbig.

Innerhalb einer Familie wurde nach Farben getrennt?

MIARIAM: Ja. Aber das war sehr schwierig. Sie mußten dann umziehen, denn sie wohnten zuerst in einem weißen Gebiet. Aber die letzten Kinder waren etwas dunkler und die hatten Schwierigkeiten in der Schule und überall.

Aber sie galten offiziell als weiß?

MIRIAM: Ja, aber sie waren alle in farbigen Schulen und lebten als Farbige, so würde ich sagen. Das war ganz tragisch. Sie konnten sich einfach nicht als Weiße einleben, glaube ich.

Warum nicht?

MIRIAM: Sie waren immer und überall Grenzfälle, verstehen Sie? Sie hatten doch immer als Farbige gelebt. Der Vater ist dann gestorben. Eine Tochter ist plötzlich auch gestorben, ich glaube, sie hat Selbstmord begangen. Denn die Familie konnte ja nicht mal mehr zusammen leben. Die vier jüngsten Kinder mußten irgendwo anders hingehen, weil es mit den Nachbarn Schwierigkeiten gab.

Und Sie selbst waren seit Ihrer Geburt als Farbige eingestuft?

MIRIAM: Ja, doch. Ich lebte erst auf einer Missionsstation. Aber heute kann man da nicht mehr leben, es gibt da keine Möglichkeiten. Wir sind dann in die Stadt umgezogen. Erst war mein Vater als Gastarbeiter allein dort, und dann sind wir nachgekommen. Das war ziemlich schwierig. Wir sind von einem Zimmer zum nächsten gezogen. Erst als wir alle Arbeit gefunden hatten, konnten wir es uns leisten, ein kleines Haus zu bauen. Aber da lebten wir nur drei, vier Jahre und dann waren wir plötzlich alle auseinander. Das war in Port Elizabeth. Da bin ich auch zur Schule gegangen, acht Jahre. Dann mußte ich arbeiten gehen. Ich habe gearbeitet und etwas verdient und bin dann zur Schule zurückgegangen, ich wurde als Lehrerin ausgebildet. Später habe ich dann weiterstudiert, um etwas bessere Qualifikationen zu bekommen. Ich habe dann lange als Lehrerin in einer farbigen Schule gearbeitet.

Woher hatten Sie das Geld für Ihr Studium?

MIRIAM: Ich habe abends studiert in Abendkursen. Da habe ich auch Abitur gemacht und Kurse in Buchhaltung. Und jetzt habe ich auch Kurse auf der Uni belegt, ich studiere immer noch weiter.

Wie haben Sie sich eigentlich selbst gefühlt beim Studium, als Farbige oder als Weiße? An der Universität waren Sie doch mit Weißen zusammen, nicht wahr?

MIRIAM: Nein, nein, das war ganz streng getrennt. Es gab farbige Universitäten und weiße Universitäten. Auch das Schulsystem ist ganz unterschiedlich. Die Weißen haben in ihren Schulen eine viel bessere Ausbildung als wir. Erst kommen die weißen Schulen, dann die farbigen, dann die schwarzen. Da geht es jedesmal eine Stufe niedriger.

Hatten Sie Kontakt mit Weißen damals?

MIRIAM: Sehr, sehr selten. Höchstens mit Ausländern. Farbige bekommen kaum Kontakt, wegen der getrennten Entwicklung.

Und mit Schwarzen auch nicht?

MIRIAM: Kaum. Wir haben es zwar immer versucht, durch gemeinsame Jugend-Ferienlager und Jugendarbeit. Aber das war ja direkt darauf gezielt, mit Schwarzen zusammenzukommen. Aber im täglichen Leben gab es kaum Kontakte.

Wann sind Sie zum erstenmal ins Ausland gegangen und wie kam das?

MIRIAM: Ja, das war eigentlich schade. Denn seit ich zurückkam, ging alles schief. 1965 wurde ich durch ein Jugendprogramm ins Ausland geschickt für ein halbes Jahr. Das war wirklich ein Erlebnis für mich. Ich konnte andere Länder kennenlernen, und, was mir sehr viel bedeutet hat, den Lebensstil und die Werte im Leben von Menschen aus anderen Ländern. Und man konnte wirklich leben. Nicht nur so oberflächlich, wie bei uns, wo jeder wirkliche Kontakt zwischen Menschen behindert ist. Und dann sieht man plötzlich, was das Leben anbietet, was man immer vermißt hat. Solange man das noch nicht wußte, war man ja noch zufrieden. Aber plötzlich sieht man den Unterschied.

Ich kam zurück mit anderen Gedanken, und alles, was ich gelernt hatte, konnte ich hier in Südafrika in der Jugendarbeit überhaupt nicht verwenden, weil hier alles so verkrampft ist, ganz und gar anders, ganz gesetzlich, die Rassengesetze und die Trennung nach Hautfarbe. Man lebt einfach anders im Ausland. Man macht dort das Beste aus dem Leben, was man kann.

Wie haben Sie sich in Europa gefühlt? Waren Sie sich auch dort dessen bewußt, daß Sie eine Farbige waren?

MIRIAM: Am Anfang doch. Nein, ganz zu Anfang eigentlich nicht. Da war alles ganz neu und ein Erlebnis für mich. Die großen Städte und die Leute, die mich einfach als Mensch angenommen haben, das war ein ganz neues Erlebnis. Aber eines Tages mußte ich einen Vortrag halten, das war in der Schweiz; hinterher kam es zur Diskussion. Und das war ein Erlebnis für mich. Da stand ein Mann auf und argumentierte für die Rassentrennung. Wohin das denn führen sollte, sagte er, wenn Schwarze und Weiße sich vermischen, das sei ja dann wie nach dem Krieg, als farbige Soldaten in Europa gewesen seien und heute noch die farbigen Kinder herumliefen. Er verteidigte also das Apartheidssystem. Die Leute wußten nicht, daß ich nicht weiß bin. Hinterher hatten sie Mitleid mit mir und verurteilten den Mann. Aber das war gut gewesen, denn dadurch wurde mir wieder alles vor Augen gestellt und das brachte mich in die Wirklichkeit zurück.

Später habe ich dann den Leuten immer gesagt, daß ich Farbige bin. Es war schwer, den Leuten das zu erklären, sie das verstehen zu lassen, was es bedeutet, als Farbige – oder als Schwarze sagen wir heute – eingestuft zu sein. Das war beinahe unmöglich.

Von da ab war mein ganzer Aufenthalt in Europa anders geworden, weil ich mir bewußt wurde, daß ich das erklären mußte und mir selbst des Unterschieds bewußt war.

Sie sind ganz weiß. Hat es denn in Europa trotzdem eine Rolle gespielt, daß Sie offiziell als Farbige eingestuft sind?

MIRIAM: Ich glaube, doch. Ja. Wenn man ins Gespräch kommt, und die Leute – leider ist das oft der Fall, daß die Leute mich zuerst als eine Weiße nehmen – dann kommt man – nicht nur in der Schweiz, das ist überall so – im Gespräch auf den wahren Sinn des Lebens. Ich habe am Anfang immer gesagt, man kann gar nicht erklären, was das ist, eine Farbige zu sein, man muß als eine geboren sein. Und das ist wahr. Man nimmt alles ganz anders auf. Schon wenn Leute irgendeine Kleinigkeit sagen, nimmt man das ganz ernst.

Warum sagten Sie, «leider» nähmen die Leute Sie zuerst als Weiße?

MIRIAM: Dann kamen sie immer mit den wahren Gefühlen gegenüber den Schwarzen heraus. Aber sobald sie wissen, ich bin gar nicht weiß, ist das dann eine andere Geschichte. Dann stellen sie alles anders dar. Aber manchmal – vielleicht ist das nicht richtig – aber manchmal tue ich es auch absichtlich, daß ich zunächst nichts sage, damit sie mich als Weiße nehmen. Nur um die Leute zu testen, um herauszufinden, was ihre wirklichen Gefühle eigentlich sind. Und es ist erstaunlich, wie viele Leute eigentlich im Grunde für die getrennte Entwicklung sind.

Können Sie sich vorstellen, daß Sie es mit der Zeit vergessen würden, daß Sie eine Farbige sind, wenn Sie ständig im Ausland leben würden?

MIRIAM: Nein, das kann man nicht. Und deshalb glaube ich auch nicht, daß ich im Ausland leben könnte. Mit meinen Brüdern ist es dasselbe, obwohl sie gar nicht mehr zurückkommen dürfen. Der eine ist in Amerika. Materiell geht es ihm sehr gut. Aber er ist nicht glücklich, man spürt aus seinen Briefen, daß er ständig zurückdenkt. Und daß er zurückkommen möchte.

Wie war das, als Sie wieder nach Südafrika zurückkamen?

MIRIAM: Ich fuhr auf einem Schiff nach Südafrika zurück. Es war eine lange Reise. Wir fuhren durch den Suez-Kanal, als eines der ersten Schiffe nach der Wiedereröffnung. Wir waren lange auf dem Schiff, und ich war die einzige Nichtweiße – negativ gesagt – auf diesem Schiff. Als wir in Kapstadt ankamen, war ich der einzige Passagier, der zu der Seite für Nichtweiße gehen mußte. Alle anderen Passagiere und die ganze Mannschaft ging auf die andere Seite. Und eine Gruppe Freunde und Bekannte, die kamen mir entgegen, um mich zu begrüßen, und die kleine Gruppe stand da und die ganze Menge vom Schiff ging auf die andere Seite und dann kam nur ich. Das hat mir die Augen geöffnet. Mir war klar, daß ich nicht zu den anderen gehörte.

Es hat lange gedauert, bis ich mich selbst als Person erkannt habe, und nicht als Farbige.

Wann war das?

MIRIAM: Ich glaube, das kam mit dem Alter. Mehr mit der Weisheit und durch die vielen Schwierigkeiten, und daß man einfach einen Weg finden muß, um durchzuhalten. Sonst, glaube ich, wird man zu frustriert und geht unter. Und man sieht keine Zukunft mehr.

Ich blamiere viele unserer leitenden Leute, Pastoren und so, weil sie noch die Farbe sehen in einer Person. Das ist die Schwierigkeit hier, daß wir immer auf die Farbe sehen und nicht unmittelbar den Menschen. Es ist so, daß man sich immer erst beweisen muß als Mensch und nicht sofort angenommen wird als Mensch. Das ist die Schwierigkeit, und darin liegen so viele unserer Probleme.

Es ist schwer, sich in Südafrika aus dieser Farbentrennung zu lösen. Es ist fast unmöglich. Man kann sich nur damit trösten, daß man sich selbst sagt: ich bin ein Mensch. Und man muß sich auch ständig selbst daran erinnern: sieh doch auch die anderen Leute einfach als Menschen an, sieh doch nicht immer auf die Farbe. Auch bei Weißen muß man sich das sagen. Sieh doch den Weißen nicht immer als Weißen an.

Hätten Sie eigentlich einen weißen Mann heiraten können?

Miriam: Nein! Nein, das gibt es gar nicht. Das ist ganz unmöglich. Es gibt Gesetze, die das verbieten. Es ist auch nicht möglich, nur einmal mit einem weißen Mann zusammen zu sein.

Wäre Ihnen das auch vom Gefühl her unmöglich?

Miriam: Hmm – ja, ich glaube, doch. Ja. Ich würde gar nicht daran denken. Auch in Europa habe ich niemals daran gedacht. Wissen Sie, als ich in Europa war, da sagte ich mir einmal, sitze doch nicht immer herum, geh mal aus. Und da ging ich in so einen Club, in einen Ausländer-Club. Und der einzige, der mir als Freund mal etwas näher stand, war ein Perser, den ich da traf. Nicht ein Deutscher, das könnte ich nicht, und mit dem Perser konnte ich mich gut unterhalten und ihn verstehen.

Mit einem Deutschen könnten Sie nicht befreundet sein?

Miriam: Nein – wie finden Sie das denn?

Eigentlich ist das furchtbar. Ich z. B. könnte mir gut vorstellen, mit einem Schwarzen zusammen zu sein.

Miriam: Ja, ja. Ich auch. Mit Weißen nicht so gern – vielleicht liegt das zu tief drinnen. Weiß ich nicht, woran das liegt. – Und deshalb muß ich mich oft selbst daran erinnern, sieh doch mal eine Person einfach als Mensch an.

Es könnte doch sein, daß Sie sich irgendwann auch einmal in einen Weißen verlieben?

Miriam: Ich glaube kaum, ach, da hängt zuviel dran. Da müßte ich ja mein ganzes Leben ändern. Mein ganzes Familienleben, alle meine Freunde, alles müßte ich aufgeben. Das ganze Leben zu ändern, das ist nicht so einfach. Und das vermeidet man am liebsten.

Wie war es, als Sie an Ihrem Arbeitsplatz ständig mit Weißen zusammengearbeitet haben? War da auch immer diese Schranke, oder konnten Sie Ihre Mitarbeiter als Freunde betrachten?

Miriam: Wissen Sie, das war schade, ich war immer in Kirchenbüros tätig gewesen. Aber einmal wollte ich etwas mehr Geld verdienen, und da war ich in einer Firma, in der nur Weiße arbeiteten, aber leider wieder nur Deutsche. Und dort dachte ich, ich arbeite erst mal so eine Zeitlang, und nach einer Weile erst sage ich: seht mal, ich bin eine Farbige. Aber die Leute waren nett und haben mich so wie einen Menschen behandelt, wirklich, ich muß sagen, wie ich es in den kirchlichen Stellen, wo ich gearbeitet habe, noch niemals empfunden habe. Wirklich als Mensch, und sie haben nie auf die Farbe gesehen, und sie haben mich niemals gefragt. Ich habe es immer vermieden, dort zu den gesellschaftlichen Ereignissen zu gehen. Einmal bin ich abgeholt worden. Es war ein Schiff aus Europa gekommen, und es gab eine große Gartenparty. Aber dann, kurz danach, konnte ich mit meinem Gewissen so nicht mehr leben. Ich wollte den Chef dort – na – nicht kränken und ihm nicht sagen, ich bin nicht weiß. Und da bin ich einfach nur weggegangen von dieser Firma.

Wann haben Sie Ihre Tochter Mary bekommen?

Miriam: Oh, das ist eine lange Geschichte. Das war sehr schwierig. Ich war allein und ich konnte Marys Vater nicht heiraten. Das mußte ich schon hinnehmen. Ich mußte das Kind dann so bekommen. Aber in unserem sozialen Zusammenleben ist ein uneheliches Kind so wie – Dreck, kann man sagen. Mir wurde das immer wieder vorgehalten: Du hast ein uneheliches Kind. Aber das ist nicht nur in unseren Kreisen so, glaube ich. Ich bin weggegangen in ein Heim für alleinstehende Mütter. Und da wurde ich schwerkrank. Ich hatte eigentlich vorgehabt, vor der Entbindung dieses Heim zu verlassen und in ein Krankenhaus zu gehen. Die Schwestern in dem Heim brachten mich sofort in ein weißes Krankenhaus. Und da wurde Mary als Weiße registriert. Und dann kam es plötzlich heraus, daß ich nicht weiß war. Mary war jetzt weiß, und ich war nicht weiß. Und sie konnte nicht mehr mit mir zusammen weggehen. Um mich zu bestrafen, haben die Beamten Mary zu weißen Pflegeeltern gegeben. Ich konnte sie nicht einmal mehr sehen. Sechs Monate lang. Dann war eine Gerichtsverhandlung und viele Schwierigkeiten. Ich mußte Strafe zahlen. Aber ich hatte Mary einmal in den Armen gehabt, und das hätte ich nicht tun sollen. Nun war mir Mary weggenommen worden und ich wußte nicht einmal, wohin.

Glücklicherweise kam eine Sozialarbeiterin, die nicht wußte, daß ich Marys Mutter war; von der erfuhr ich, wo sie war. Dann habe ich mich selbst als Sozialarbeiterin ausgegeben, bin dorthingegangen und habe gesagt, ich müsse Mary abholen, sie müsse zum Krankenhaus zur Untersuchung. Und ich habe sie mir geschnappt und habe mich mit ihr versteckt. Sie konnten mich nicht finden. Aber ich hatte keine Papiere für sie, ich habe mir dann einen falschen Paß gekauft. Ich mußte das Land verlassen, das war der einzige Ausweg. Ich dachte, ich könnte vielleicht in Europa neu anfangen. Ich bin in die Schweiz gefahren. Ich hatte keine Papiere, nichts hatte ich. Deshalb mußte ich zurückkommen. Ich konnte nichts beweisen. Unsere Pässe waren nicht in Ordnung. Das ging einfach nicht.

Ich bin also zurückgekommen nach Südafrika und mußte Mary zunächst in Europa lassen. Ich hatte die große Chance, wieder an meinem alten Arbeitsplatz anfangen zu können. Die Leute haben mir sehr geholfen. Wenn jemand nach mir fragte, sagten sie, ich wohne nicht hier, keiner kenne mich. Ich hatte also Zeit und konnte mir auf Umwegen Papiere besorgen für Mary. Jetzt ist sie farbig eingeschrieben. Sonst hätte ich wieder nicht mit ihr zusammen sein können. Sie wäre mir sofort wieder weggenommen worden. Gesetzlich hätte ich niemals mit ihr zusammen leben dürfen, verstehen Sie?

Aber die Zeit war sehr schwierig. Ich mußte erst eine ganze Zeitlang arbeiten und sparen, bis ich das Geld hatte, um Mary zurückzuholen. Wir waren drei Jahre getrennt. Drei Jahre, das war schlimm.

Eigentlich wäre es für sie das Beste, wenn sie irgendwo aufwächst, wo sie die Trennung in Hautfarben gar nicht erst kennenlernt. Deswegen habe ich auch Hemmungen, mit ihr in einem farbigen Gebiet zu wohnen. Hier, wo wir jetzt leben, wächst sie natürlich auf, spielt mit schwarzen Kindern, ist tagsüber mit weißen Kindern zusammen – unglücklicherweise –, aber sie akzeptiert das alles.

Warum unglücklicherweise?

MIRIAM: Ich weiß doch in meinem Herzen, daß sie nicht weiß ist und nun muß sie in ein weißes Heim tagsüber.

Können Sie sich nicht vorstellen, daß eines Tages die Hautfarbe keine Rolle mehr spielt?

MIRIAM: Ja – das braucht Zeit, glaube ich; ich glaube nicht, daß wir das so schnell begreifen werden.

Deshalb sagte ich, es ist schon schrecklich, daß auch wir immer die Farbe sehen.

Und den Schwarzen fühlen sie sich näher?

MIRIAM: Ja, doch. Ich fühle mich viel wohler bei ihnen.

Können Sie versuchen, mir das zu erklären?

MIRIAM: Ja, wie mache ich Ihnen das klar? Wissen Sie, ich sage mir, ich kenne meinen Platz, und ich möchte nicht immer dahingeschoben werden, das tut weh. Und wenn ich auf meinem Platz bleibe, dann weiß ich, ich bin dort sicher. Und wenn man schon so viele Erlebnisse hatte und so viele Schläge bekommen hat, dann hat man ein wenig Angst davor.

Wie wird es hier in Südafrika weitergehen? Ich kann mir vorstellen, daß die Weißen versuchen werden, die Farbigen auf ihre Seite zu ziehen.

MIRIAM: Dafür ist es, glaube ich, viel zu spät. Ob es überhaupt noch zu einer anderen Lösung kommen kann, außer einer gewaltsamen, das kann ich kaum noch hoffen.

Wie ist die Meinung in Ihrem Freundeskreis? Hat man noch Hoffnung auf eine gewaltfreie Lösung?

MIRIAM: Ich glaube, wir alle hatten immer noch die Hoffnung auf eine friedliche Lösung. Bis zum Juni. Bis zu den Dingen, die da in Soweto passierten. Jetzt sehen die meisten Leute nur noch den Weg der Gewalt. Für die jüngere Generation ist es einfach zu spät.

Glauben Sie, daß nach einer totalen Umänderung des Systems Schwarze und Farbige noch mit Weißen zusammen leben mögen?

MIRIAM: In dieser Generation, glaube ich, nicht. Das ist zu tief eingebrannt. Sehen Sie, genauso wie weiße Kinder schwarze ansehen, genauso sehen jetzt schwarze Kinder die weißen an, ich meine die Jugendlichen. Und das ändert sich erst nach einer Generation. Das braucht Zeit. Es gibt ja viele Unterschiede zwischen den Menschen und durch die gesetzlich verordnete Rassentrennung sind sie sehr betont worden.

Meinen Sie, daß nach Erhalt totaler politischer Gleichberechtigung die Schwarzen überhaupt in einem westlich orientierten Industriestaat werden leben wollen?

MIRIAM: Das ist ganz unterschiedlich in ländlichen und städtischen Gebieten. Wir haben zum Beispiel in unserer Jugendarbeit viel mit Musik gearbeitet. Wir haben versucht, den Jugendlichen traditionelle afrikanische Musik nahezubringen, um die alten kulturellen Werte zu bewahren. Wir hatten sehr viele Diskussionen mit den Jugendlichen in den städtischen Gebieten darüber. Sie waren ganz dagegen, zu der alten Musik zurückzukehren. Diese echte traditionelle Musik jetzt wieder zu pflegen, meinen sie, das wäre ein Rückschritt, ein Rückschritt dahin, wo sie mal vor fünfzig Jahren waren. Sie wollten moderne Musik. Auf dem Land war das ganz anders.

Die Jugendlichen in den Städten dagegen sehen sich nicht mehr als Afrikaner im traditionellen Sinn. Sie sind in der Stadt geboren, leben hier und sind eben ein Teil der industriellen Zivilisation. Deshalb akzeptieren sie ja auch die Homeland-Politik nicht, weil das ihre Heimat sein soll. Sie sagen: nein, unsere Heimat ist hier, in den Industriestädten, wo wir geboren sind. Sie sind im Grunde Stadtleute. Mit mir ist es eigentlich dasselbe. Früher war mein Zuhause die Missionsstation. Da haben wir unsere Ferien immer auf der Missionsstation verbracht. Heute ist das anders. Es wäre schrecklich für mich, dorthin zurückzukehren. Ich gehöre in die Stadt. Mit der Zeit ändern sich nun mal die Einstellungen und Denkweisen. Man kann nicht mehr zurück zu einer Zeit, die hinter einem liegt, die lange vergangen ist. Sonst bleibt man stehen.

Warum gehen Sie von Ihrer jetzigen Arbeitsstelle weg?

MIRIAM: Ich muß einfach mal mehr Geld verdienen, um zu leben. Hier in dem Kirchenbüro bekomme ich nur ein Farbigen-Gehalt. Das hängt mit der ganzen Kirchenstruktur zusammen. Auch in der Kirche sind die Gehälter nicht gleich. Einmal habe ich gesagt, daß wir doch ein Beispiel geben könnten. Aber die Leute meinten, daß die Schwarzen noch weniger bekämen als ich. Sie haben mein Gehalt sofort mit dem der Schwarzen verglichen, nicht mit ihrem eigenen. Diese Ungleichheit macht es schwer, einander als Menschen zu akzeptieren.

Aber mit der Zeit schaut man durch diese Äußerlichkeiten hindurch auf den anderen selbst. Wenn man das nicht fertigbringt, ist man genauso weit zurück wie der Weiße. Aber es kostet sehr viel Kraft, durch die äußere Ungleichheit hindurchzuschauen. Denn die Ungleichheit wirkt immer wie ein Bremsklotz zwischen den Menschen.

Vielleicht spüre ich es auch nur deshalb so stark, weil ich in der Mitte stehe, weil die Leute zunächst gar nicht wissen, daß ich schwarz bin. Manchmal sage ich mir selbst, das sollst du eigentlich nicht tun. Daß ich Leute immer testen muß und so herauszufinden versuche, wo sie stehen, und erst nach einiger Zeit sage, wer ich eigentlich bin, und dann sage: ich bin auch eine Schwarze. Diese Veränderung, die dann bei den meisten Leuten vor sich geht, die ist wirklich erstaunlich. Aber das können Sie sicher gar nicht nachempfinden. – Und die Leute, die wirklich eine dunkle Haut haben, auch nicht. Die wissen von vornherein, wo sie stehen.

Ich bin immer unsicher, als was ich von den Menschen akzeptiert werde, als Schwarze oder als Weiße. Ich bin wirklich ganz unsicher – und dann teste ich die Leute. Ich brauche nur ein paar ganz bestimmte Fragen zu stellen oder ein paar Sätze zu sagen, und aus den Antworten weiß ich schon, wo der Mensch steht. Und manchmal ist es für mich dann schon aus mit diesem Menschen. Er hat mich für weiß gehalten und war gut zu mir, und dann verändert er sich plötzlich. Und manchmal, wenn ich sage, daß ich farbig bin, wird er noch besonders freundlich. Das kann ich dann kaum aushalten.

Fühlen Sie sich bei den Farbigen zu Hause?

MIRIAM: Ja. Deshalb sagte ich auch, daß auch ich nicht ganz darüber hinweg bin, auf die Farbe zu schauen.

Werden Sie von Farbigen, die Sie nicht persönlich kennen, sofort als Farbige akzeptiert?

MIRIAM: Manchmal nicht. Aber es kommt darauf an, wo man sich trifft. Wenn ich mich in einem farbigen Wohngebiet befinde, wo alle Farbige sind, da bin ich ohne jede Frage einfach akzeptiert, obwohl ich äußerlich wie eine Weiße aussehe. Es ist in einem farbigen Wohngebiet so, man weiß, wie man sich benehmen muß, was man sagt und wie man redet. Man ist sofort eine andere Person, als wenn man in einem weißen Kreis ist, wo man sich wieder wie die Weißen benimmt. Man spielt immer nur eine Rolle und ist gar nicht man selbst, man läuft mit einer Maske vor dem Gesicht herum.

Und dann setzt man sich mal hin – und das ist bei mir oft der Fall – und kommt zu sich selbst. Und das ist dann furchtbar.

Können Sie sich vorstellen, daß die Menschen eines Tages diese Maske wieder ablegen werden können, wenn es für alle politisch gleiche Rechte gibt? Oder ist dieser Unterschied jetzt zu tief geworden?

MIRIAM: Ach nein. Sehen Sie, es gibt ja schon viele Grenzfälle, wo Weiße und Farbige und Schwarze zusammen leben. Aber sie leben wirklich eng zusammen, lange Zeit, und dann sieht man einfach einander als Mensch an.

Es ist ja nur die politische und wirtschaftliche Ungleichheit, die die Menschen trennt.

Ich habe auch die Erfahrung gemacht, wenn man selbstbewußt ist und mit den Weißen darüber spricht, was sie da tun, dann schämen sie sich sogar manchmal.

Ich mußte jeden Tag mit der Bahn in die Stadt fahren. Abends mußte ich immer noch eine weite Strecke durch die Felder bis nach Hause laufen, das war ganz gefährlich. Eines Abends, es war an einem Samstagabend, fuhr ich im Farbigen-Abteil nach Hause, und außer mir waren in diesem Abteil nur noch Männer. Sie feierten und tranken und haben mir was angeboten. Ich sagte: nein, danke. Sie waren gekränkt und sagten: «Ach so, unser Wein ist nicht gut genug für dich, aber du fährst in unserem Abteil.» Ich wollte sie nicht provozieren und bin einfach aufgestanden, ausgestiegen und in den nächsten Wagen eingestiegen und das war ein Wagen mit Abteilen für Weiße. Der Schaffner wußte, daß ich nebenan gefahren war und schnaubte mich an: sag mal, was denkst du dir eigentlich, was hast du hier zu suchen? Da habe ich ihm erzählt, warum ich in diesen Wagen eingestiegen bin. Aber ich merkte, daß alle Leute mich anschauten, ich sah nur noch die Gesichter, die mich anstarrten, und da bin ich aufgestanden und wollte rausgehen. Ich hatte gerade in einem Buch gelesen, und zuerst habe ich immer nur auf mein Buch heruntergeschaut, weil ich nicht wußte, was ich tun sollte. Und der Mann, der neben mir saß, sagte zum Schaffner: sie hat gar nichts getan, wieso behandeln Sie sie so? Er fragte mich nach meinem Namen. Mir war das alles schrecklich peinlich, ich mochte die Leute nicht anschauen und gab dem Mann schnell meine Adresse und stieg aus. Zwei Tage später war die Polizei bei mir. Sie machten eine große Sache daraus und klagten mich an, weil ich als Nichtweiße in einem Weißen-Abteil gefahren war. Und ich erklärte, daß ich das nur getan hatte, weil ich in Gefahr war in dem Farbigen-Abteil, daß ich die betrunkenen Männer in diesem Abteil nicht hätte provozieren wollen. Auf den nächsten Zug warten konnte ich auch nicht, das hätte ein Stunde gedauert, dann wäre es Nacht gewesen. Nach dieser Verhandlung hat sich der Mann, der mich angezeigt hatte, furchtbar geschämt; er ist zu mir gekommen und hat sich entschuldigt und gesagt: Bitte, wenn du wieder in einem Weißen-Abteil fahren willst, du darfst das, und wenn du dann Schwierigkeiten bekommst, dann ruf mich an, ich werde das dann regeln. Er war Sergeant bei der Polizei oder so etwas. Ich sagte: «Aber ich lege ja gar keinen Wert darauf, in einem Weißen-Abteil zu fahren.»

Kurze Zeit später ist es mir passiert, daß ich rennen mußte, um den Zug abends noch zu erwischen. Ich habe es gerade noch geschafft, in ein Weißen-Abteil hereinzuspringen, ich wollte durchlaufen zu den anderen Abteilen, aber da kam schon der Schaffner, der gleiche Schaffner. Er sagte: «So, hast du immer noch nicht gelernt, wo du hingehörst?» Ich sagte, völlig außer Atem vor Rennen: «Ja, ich erkläre Ihnen das gleich, aber lassen Sie mich doch erst einmal Atem holen.» Und da dachte ich, jetzt geht es aber so nicht weiter; ich habe angefangen – es waren nicht viele Leute im Abteil – und habe ihm erklärt, daß ich doch auch ein Mensch bin, und ich habe ihm erklärt, wie wir leben. Und plötzlich gab er mir seine Hand und sagte: «Bitte, ich möchte versuchen, dein Freund zu werden, wenn du Schwierigkeiten hast, kannst du immer auf mich rechnen.»

Ich weiß bis heute nicht, was ich ihm alles gesagt habe. Ein andermal, das war auch auf dem Bahnhof, als ich gerade in einen Zug einsteigen wollte, in ein nichtweißes Abteil, drohte mir ein Polizist und rief: hey, hey! Ich rief zurück: rufst du mich? Ich heiße doch nicht «hey hey». Da wurde er böse und hat mich reingeholt in die Wachstube; ich weiß nicht, was er mir anhängen wollte. Dann kam der Sergeant, und dem sagte ich, ich weiß nicht, warum ich hier reingeholt worden bin, es ist auch egal. Auf jeden Fall soll aber der Polizist höflicher zu mir sein das nächste Mal. Es ist ganz egal, wer ich bin oder was ich bin, jedenfalls hat der Mann kein Recht, mich auf diese Weise anzusprechen.

Wissen Sie, die werden dann, die schämen sich dann. Man muß nur selbst wissen, wer man ist und mal hart sein. Sonst wird man heruntergeworfen.

Brief von Miriam vom 8. 5. 1977

Liebe . . .

Wir haben uns sehr über Euren lieben Brief gefreut. Es war uns unheimlich viel wert. Recht herzlichen Dank dafür.

Seit vorigem Samstag bin ich nach einem dreiwöchigen «Aufenthalt» in Durban wieder zurück. Herr . . . war so freundlich und hat meinen Flug bezahlt. Als ich heimkam, war mein Vater sehr krank und nervlich fertig. Mary mußte ich ins Krankenhaus bringen, und meine Schwester ist in eine Klinik aufgenommen. Manchmal habe ich das Gefühl, daß ich nicht mehr länger so viel ertragen kann.

Da ich jetzt wieder lange weg war, bin ich noch ohne Arbeitsstelle, aber ich bin davon überzeugt, daß ich bald etwas finden werde. Ich darf nur nicht wählerisch sein. Ich muß jetzt unbedingt anfangen zu arbeiten.

Wißt Ihr, warum ich es so eilig habe, etwas zu finden? Weil ich anfangen will zu sparen, weil ich glaube, ich muß hier weg. Man verliert den Mut. Was ich jetzt jeden Tag hier in dem Zusammenleben erlebt habe, ist eigentlich für einen Menschen kaum noch auszuhalten. Man muß weniger als ein Mensch sein, man muß akzeptieren, ertragen, eine Last herumschleppen und betteln.

Ich habe jetzt schon als Nichtweiße gelebt und auch als Nichtschwarze. Ich suche einen Platz zu leben. Ich kann meine Meinungen und Prinzipien nicht ändern, deshalb bin ich hier für mich selbst eine Gefahr. Hier kriege ich das Gefühl, daß man es nicht schaffen kann. Ich weiß ganz genau warum, aber darauf kann ich jetzt nicht eingehen. In meinem Gewissen weiß ich, daß ich niemals wegrennen werde. Ich werde wieder zurückkommen – das ist mein Schwäche. Aber ich möchte, glaub ich, nur mal ab und zu raus hier, dann habe ich wenigstens so ein paar Krumeln vom Leben. Dann habe ich auch ein Ziel, für das ich arbeite und auf das ich aussehen kann. Ich werde Euch dann besuchen und freue mich so in Gedanken auf ein Wiedersehen und Unterhaltungen. Aber schade, wir werden hier immer weniger in dem Kampf. Vielleicht, weil so wenige ein Ziel sehen oder wissen wohin? Wißt Ihr, was passiert ist? Seitdem ich weg war, spricht Mary fließend Afrikaans – so was? Das auch noch!

Aber komischerweise spricht sie auch noch gut Englisch. Manche Leute sind erstaunt darüber, daß sie es nicht durcheinanderbringt. Am besten, sie behält so viele Sprachen wie möglich, wer weiß, wo wir uns noch im Leben aufhalten müssen. Oder gibt es keinen Platz für uns? Ich habe immer noch Hoffnung, keinen Haß im Herzen und bin davon überzeugt, daß die Schuld größtenteils bei uns liegt, da wir es bis heute erlaubt haben, daß alles immer so weitergeht.

Ich habe heute zu Hause Briefe von Bekannten und Unbekannten aus verschiedenen Ländern bekommen. Ich habe mich gefreut, es hat mir aber gezeigt, daß unsere Zukunft nicht von draußen kommt.

Laßt es Euch bitte gutgehen.

Viele Liebe . . .

Ich muß mich noch von mir selbst befreien.

Indres Naidoo, Mitglied des ANC

1973 im Zusammenhang mit einem mißglückten Sabotageakt zu zehn Jahren Robben Island verurteilt, anschließend für fünf Jahre unter strengen Hausarrest gestellt, Ende 1976 geflohen.

NAIDOO: Meine Überzeugung ist, ein Mensch kann niemals sagen, er habe genug gekämpft. Man hat niemals genug getan, man muß alles geben. Obwohl ich seit meiner Entlassung aus Robben Island ständig unter polizeilicher Aufsicht lebe, obwohl ich ständig im Hause Polizeikontrollen habe, obwohl die Polizei jede meiner Bewegungen beobachtet, trotz alldem habe ich politische Kontakte und setze den politischen Kampf fort.

Ich glaube eben, es gibt keine andere Möglichkeit, als alles zu geben, was man hat. Und ich bin entschlossen, den Kampf fortzusetzen. Wenn aus irgendeinem Grunde die Regierung meinen Bann morgen aufhebt, werde ich wieder bei meinen Leuten sein und zu ihnen sprechen, werde ich mich wieder an politischen Kampagnen beteiligen – wie früher, vor meiner Verhaftung. Sie werden niemals meine Entschlossenheit, für unsere Sache zu kämpfen, brechen können.

Natürlich muß ich in meiner jetzigen Situation furchtbar vorsichtig sein. Sie haben ja selbst gemerkt, daß wir uns nicht in meiner Wohnung verabreden konnten. Ihnen sind sicher einige der Vorsichtsmaßnahmen aufgefallen, die ich für unser Gespräch getroffen habe.

Eine Menge Leute haben mir geraten, das Land zu verlassen. Viele sind geflohen trotz der politischen Überwachung, und sie leben jetzt im Exil. Aber ich fühle für mich: das ist falsch. Ich meine, der Kampf findet hier statt, in Südafrika. Und nach meiner Überzeugung ist Flucht aus Südafrika nicht das Richtige.

Glauben Sie, daß es zur Zeit realistische Möglichkeiten gibt, die schwarze Mehrheit zu organisieren, um politischen Druck ausüben zu können? Wie schätzen Sie in dem Zusammenhang die Soweto-Unruhen ein?

NAIDOO: Zuerst einmal stimme ich nicht zu, daß man die gegenwärtigen Vorgänge als «Unruhen», als «Aufruhr» bezeichnet. Die Bezeichnung Unruhe ist eine falsche Bezeichnung. Es handelt sich hier um eine spontane Erhebung der Leute. Tiefere Ursache ist die Frustration der Menschen, die sich Jahr um Jahr angesammelt hat. Seitdem die politischen Führer alle im Gefängnis sitzen, unter Bann stehen oder das Land verlassen mußten, sind die Massen kaum noch politisch aktiv; und das Resultat ist, daß die Regierung ihre Unterdrückung ohne Widerstand fortsetzen konnte, sie sogar verschärfen konnte.

Das hat bei den betroffenen Menschen zu tiefer Frustration geführt. Am 16. Juni machten sie sich Luft, sie explodierten. Als Ergebnis haben wir den gegenwärtigen Aufstand.

Dieser Aufstand hat eine ganz wichtige Bedeutung. Er zeigt den Afrikanern und er zeigt der Welt, daß die Schwarzen in Südafrika fest entschlossen sind, eine politische Veränderung herbeizuführen. Ich persönlich glaube, daß keinerlei Hoffnung besteht, diese Veränderung noch auf gewaltlosem Weg durchzusetzen. Ich selbst bin seit Mitte der fünfziger Jahre in die Widerstandsbewegung verstrickt und ich habe immer an die Gewaltlosigkeit geglaubt. Aber nachdem 1960 alle Widerstandsorganisationen unter Bann gestellt worden sind und ständig neue Unterdrückungsgesetze und repressive Maßnahmen verabschiedet wurden, wurde mir und jedem politisch klar Denkenden deutlich, daß es fraglos nur noch eine revolutionäre Lösung geben kann und daß der einzige Weg zu einer Änderung unserer Lebenssituation der bewaffnete Kampf ist. Jeder, der eingesehen hat, daß Widerstand geleistet werden muß, bereitet sich darauf vor. Und das Volk weiß das. Alle warten darauf, daß dieser Tag kommt.

Glauben Sie, daß Sie Hilfe vom Ausland erwarten können?

NAIDOO: Auf Hilfe vom Ausland warten wir sehr; wir erwarten moralische und finanzielle Unterstützung. Wir erwarten und wünschen kein direktes Eingreifen von außen. Der Kampf ist der Kampf des Volkes in Südafrika. Es ist die Pflicht der Menschen hier, eine Änderung selber herbeizuführen, wie es in Vietnam war, wie es auch im südlichen Afrika war.

Wo muß Ihrer Meinung nach der Kampf begonnen werden, auf dem Land oder in den Städten?

Naidoo: Das ist schwer zu sagen, aber mir scheint, daß es ein Kampf in den Städten sein wird. Natürlich kann man trotzdem nicht von den ländlichen Gebieten absehen. Die Bevölkerung auf dem Land ist sich der Situation sehr bewußt. Sicher wissen Sie, daß in den sechziger Jahren die Revolte gegen die Einführung der Bantu-Heimatländer von den Bauern ausgegangen ist, die in die Städte gezogen war; wir haben den Aufstand der Leute im Sekukuni-Land erlebt.

Aber wie können Sie einen wirklichen Kontakt herstellen zwischen den Menschen, die auf dem Land leben und denen in der Stadt?

Naidoo: Wir haben Strategien entwickelt, diesen Kontakt herzustellen. Aber zu diesem Zeitpunkt kann ich Ihnen natürlich nichts Genaueres darüber sagen. Das müssen Sie verstehen.

Haben Sie eine Vorstellung darüber, wie lange Zeit es noch dauern wird bis zu einer politischen Veränderung hier im Land? Was erwarten Sie?

Naidoo: Natürlich ist es schwer vorauszusagen, wieviel Zeit wir für eine Veränderung brauchen werden. Aber sicher wird man sagen können, daß es in den nächsten fünf Jahren ungeheuer viel Schwierigkeiten in Südafrika geben wird. Südafrika wird sehr unstabil werden. Wie lange der Kampf dauern wird, kann man nicht sagen; es gibt keine Zeittabelle für die Revolution.

Haben Sie so viele persönliche Erfahrungen mit Weißen, daß Sie abschätzen können, ob die weiße Bevölkerung unter Druck bereit sein wird, einer Änderung zuzustimmen oder ob sie kämpfen wird?

Naidoo: Das ist eine ganz schwierige Frage. Die Mehrheit der Weißen ist natürlich ganz einverstanden mit dem Status quo. Sie profitierten ja wirtschaftlich von diesem System. Die großen Industriellen gewinnen ein Maximum an Arbeitskraft für ein Minimum von Lohn. Daher halten sie natürlich an dem Status quo fest. Trotzdem erleben wir gerade, daß Südafrika wirtschaftlich in einer sehr schlechten Phase ist, und daher denken jetzt sogar Industrielle vage an eine Änderung. Aber was ist das für eine Veränderung, an die solche Leute denken? Sie denken daran, die Petty-Apartheid aufzuheben. Was ist Petty-Apartheid? Wenn man Petty-Apartheid aufhebt, würde das bedeuten, den Schwarzen zu erlauben, bestimmte Hotels zu betreten, ihnen zu erlauben, bestimmte Parks zu betreten, ihnen zu erlauben, in Gebieten zu arbeiten, in denen sie in der Vergangenheit nicht arbeiten durften. Aber das alles – all diese neuen Freiheiten – berühren die Massen überhaupt nicht. Die Masse der Bevöl-

Macht unsre Bücher billiger!...

... forderte Tucholsky einst, 1932, in einem «Avis an meinen Verleger». Die Forderung ist inzwischen eingelöst.

Man spart viel Geld beim Kauf von Taschenbüchern. Und wird das Eingesparte gut gespart, dann zahlt die Bank oder Sparkasse den weiteren Bücherwerb: Für die Jahreszinsen eines einzigen 100-Mark-Pfandbriefs kann man sich zwei Taschenbücher kaufen.

kerung befindet sich nicht in der Lage, in ein Hotel gehen zu können, sie haben nicht das Geld dazu. Der größte Teil der Schwarzen, etwa 95 Prozent, wird niemals in der Lage sein, in ein weißes Hotel zu gehen, das würde ihre Mittel weit übersteigen. Sie verdienen 100 Rand im Monat, während das durchschnittliche Gehalt eines Weißen 500 Rand beträgt.

Können Sie sich vorstellen, daß nach einer politischen Veränderung des Systems noch eine Zusammenarbeit zwischen Schwarzen und Weißen möglich sein wird?

NAIDOO: Oh, das ist ganz einfach zu beantworten. Der Afrikanische Nationalkongreß hat 1955 die Freiheitscharta verabschiedet. Ich weiß nicht, ob Sie sie kennen. Die Freiheitscharta drückt die Forderung des Volkes aus. Drückt aus, wie die Menschen die Zukunft von Südafrika sehen. Ich persönlich halte die Forderung der Freiheitscharta für das Minimum, andere dagegen meinen, das ist alles, was sie wollen. Die Freiheitscharta bezieht alle Gruppen mit ein, ob sie weiß sind, schwarz, braun oder gelb, ihre Forderungen sollen dafür sorgen, daß all diese Gruppen in Harmonie miteinander leben können. Die Freiheitscharta trifft Vorsorge dafür, daß der Reichtum des Landes von allen geteilt wird, ganz abgesehen von Rasse, Farbe oder Glaube. Wir werden jeder Glaubensüberzeugung volle Entfaltung garantieren, wir werden jeder ethnischen Gruppe freie Entfaltung ihrer kulturellen Identität garantieren. Wir wollen nicht weißen Rassismus durch schwarzen Rassismus ersetzen. Nein, das ist es nicht, was wir wollen. Wir glauben lediglich, daß Südafrika allen gehört, die darin leben. Wir akzeptieren die Tatsache, daß der weiße Mann nach Südafrika gehört. Er ist kein Einwanderer, er ist kein ausländischer oder kolonialer Siedler in diesem Land, er ist Südafrikaner.

Glauben Sie nicht, daß nach allem, was geschehen ist, die Aggressionen so aufgestaut sind, daß ein Zusammenleben unmöglich geworden ist?

NAIDOO: Nein, ich glaube nicht, daß der Schwarze den Weißen haßt. Er haßt das System. Er ist darauf vorbereitet, dieses System zu zerschlagen. Sie können eine ganze Menge Weiße finden, die den Kampf um Veränderung mitkämpfen. Ich könnte Ihnen viele Weiße nennen, die dafür ihr Leben gegeben haben. Bram Fischer zum Beispiel, der zu den höchsten Würdenträgern von Südafrika hätte gehören können. Sein Großvater war der erste Präsident der Republik Südafrika, sein Vater Minister des Kabinetts, und trotzdem entschied sich Bram Fischer dafür, sein Los mit den Schwarzen zu teilen. Und das weiß der Schwarze. Sie können jeden Schwarzen auf der Straße fragen, wer Bram Fischer sei, und seine Antwort wird sein: Bram Fischer ist einer unserer Führer, ebenso wie Nelson Mandela.

Indres Naidoo berichtet von seinem eigenen Aufenthalt auf Robben

Island, wo er mit Nelson Mandela zusammen war, folgendes:

Ich wurde 1963 zu zehn Jahren Gefängnis verurteilt, weil ich zusammen mit Freunden Sabotageakte begangen hatte. Wir waren alle Mitglieder der Widerstandsorganisation «Speer der Nation». Diese Organisation hatte 1961 beschlossen, den bewaffneten Kampf zu beginnen, da alle gewaltlosen Strategien, alle friedlichen Diskussionen sich als völlig erfolglos erwiesen hatten. Wir hatten jahrelang an einen gewaltlosen Dialog geglaubt, an alle möglichen gewaltlosen Widerstandsformen, aber wir waren damit keinen Schritt weitergekommen. Ich und meine Freunde gehörten zu den ersten Widerstandskämpfern, die Sabotageakte unternahmen, aber unser Glaube an die Gewaltlosigkeit saß so tief, daß wir bei allen Sabotageakten darauf geachtet haben, keine Menschenleben zu gefährden, sondern nur wichtige öffentliche Einrichtungen zu zerstören – wie zum Beispiel Eisenbahnlinien. Wir haben ausdrücklich darauf geachtet, daß zu der Zeit des Anschlags keine Züge auf diesen Strecken verkehrten. Nachdem wir verurteilt waren, wurden wir nach Robben Island gebracht. Als wir auf die Insel kamen, also 1963, gab es dort etwa 1500 politische Gefangene. Die meisten von ihnen waren Mitglieder von ANC oder PAC.

Die Insel hat eine Fläche von etwa 3,5 Quadratmeilen, liegt zwei Meilen vor dem Festland und etwa 3,5 Meilen von Kapstadt entfernt.

Das Gefängnispersonal hat in Kapstadt sein eigenes Fährboot an einem abgeschirmten Kai liegen, das außer ihnen niemand betreten darf. Das Boot verkehrt dreimal täglich zwischen Kapstadt und der Insel, morgens, mittags und abends und bringt die Wachablösungen, Gefangene und die notwendigen Dinge auf die Insel. Das Gefängnis liegt ziemlich genau in der Mitte der Insel. Ungefähr eine Meile entfernt davon die Wohnsiedlungen für das Gefängnispersonal. Alle Wärter sind verheiratet und wohnen dort mit ihrer Familie. Eine Meile vom Gefängnis in der entgegengesetzten Richtung liegen die Arbeitsplätze. Um das Gefängnis herum ist ein doppelter Zaun gezogen, davor die Beobachtungsposten auf Türmen, den höchsten Bauten auf der Insel. Der Verbindungsweg zwischen Gefängnis und Arbeitsplätzen ist vollständig durch einen Zaun gesichert, ebenso die Arbeitsplätze. Mit einem Wort, der Gefangene bewegt sich die ganze Zeit über innerhalb von Umzäunungen.

Das Gefängnis selbst ist in vier Abteilungen aufgeteilt. Bis 1963 lebten die politischen Gefangenen mit den gewöhnlichen Häftlingen zusammen. Nelson Mandela und sechsunddreißig andere, die als Führer angesehen wurden, wurden vollständig isoliert von uns gehalten. Sie saßen in Einzelzellen. Diese Zellen sind jeweils zehn mal fünf Fuß groß. Nachmittags um fünf Uhr wurden sie in ihren Zellen eingeschlossen bis fünf Uhr früh.

Die zweite Gruppe von Häftlingen besteht aus Leuten, die sie dort «Terroristen» nennen, das sind Leute, die auf Grund des Terroristengesetzes verurteilt wurden. Alle möglichen Leute werden in dieser Gruppe gefangengehalten. Die dritte Gruppe besteht aus den gewöhnlichen politischen Gefangenen. Wir – in dieser Gruppe – wurden in vier verschiedene Sektionen eingeteilt, jede Sektion zu vier Zellen. Diese Zellen waren für etwa fünfundzwanzig Gefangene gedacht. Das hätte ganz bequem sein können. Aber 1964 lebten wir zu achtzig Mann in einer solchen Zelle. Wir hatten kaum Platz zum Schlafen. Nachts lagen wir dicht an dicht nebeneinander, ohne Zwischenraum. Wir beschwerten uns deswegen, aber dadurch änderte sich natürlich nichts.

Die Bedingungen auf der Insel waren schrecklich. Gleich bei unserer Ankunft wurden wir so behandelt, wie es auf Robben Island üblich war: Wir waren mit Handschellen aneinandergebunden und unsere Füße waren mit Ketten gefesselt. Wir kamen ungefähr um fünf Uhr nachmittags in Robben Island an. Wir wurden ausgezogen, untersucht, und uns wurde jede Kleinigkeit weggenommen, die mit unserem Leben in der Vergangenheit zu tun hatte. Ein Wärter kam zu mir und sprach mich an: «Wie heißt du, mein Freund?» Er fragte das in Afrikaans. Ich habe mich zu ihm umgedreht und gesagt: «Ich bin nicht Ihr Freund und außerdem spreche ich nicht Afrikaans. Könnten Sie mir Ihre Frage bitte in Englisch stellen?» Natürlich wiederholte er die Frage nicht in Englisch, aber er sagte – dieses Mal in Englisch: «Wenn du wissen möchtest, was gut für dich ist, mein Freund, dann lerne ganz schnell Afrikaans.» Und dann fuhr er fort: «Außerdem merke dir, daß ich für dich ‹Boss› bin, immer.» Wir beschlossen jedoch alle, daß wir die Wärter niemals mit «Boss» anreden würden; wir hatten deshalb einen ständigen Kampf mit ihnen auszufechten; wir führten von 1963 bis 1965 eine richtige Kampagne wegen dieser Anrede, die für uns der Inbegriff von alldem war, was in Südafrika so unmenschlich ist. Daß die einen die Herren sein wollen, der «Boss», der die anderen nur als Sklaven betrachtet. Wir haben niemals aufgehört, dagegen zu kämpfen, aber die Wärter haben damit auch nicht aufgehört und haben versucht, uns kleinzukriegen. Wir mußten eine Menge Strafen dafür in Kauf nehmen. Es kam oft vor, daß ein Gefangener mit Handschellen gefesselt und dann an der Decke aufgehängt wurde, so daß seine Füße den Boden gerade noch berühren konnten. Er wurde den ganzen Tag über so hängen gelassen, sein ganzes Gewicht zerrte an seinen Handgelenken – den ganzen Tag –, so daß sein Blut völlig abgeschnürt wurde. Am Abend waren seine Arme gefühllos, seine Hände ganz und und gar blutleer, er war fast abgestorben und konnte seine Arme nicht mehr hochhalten. Das machten sie täglich während der Arbeit mit einigen Gefangenen. Sie dachten sich auch noch andere Dinge aus: Sie gruben ein tiefes Loch in den Sand und gruben den Gefangenen bis zum Hals darin ein und ließen ihn dann dort eingegraben in der brütend heißen Sonne. Dafür waren die Kleinhansbrüder verantwortlich. Sie machten gar keinen Hehl daraus, daß wir für sie nichts anderes als

Schweine waren und daß es sie überhaupt nicht kümmern würde, wenn wir alle auf der Insel sterben würden. Sie ließen also den Gefangenen einen halben oder sogar einen ganzen Tag eingegraben im Sand, der brennenden Sonne ganz schutzlos ausgesetzt; und wenn der Gefangene dann um Wasser bat, kam der Wärter und zwang ihn, den Mund aufzumachen und pinkelte ihm in den Mund. Und er sagte ihm dann, daß das Whisky sei, der beste Whisky, den er jemals bekommen habe; Wasser gaben sie ihm niemals.

Gewöhnlich arbeiteten wir in einem Steinbruch und mußten den ganzen Tag über Felsbrocken zerkleinern. Die Aufgabe war folgende: Sie bekamen einen Fünf-Pfund-Hammer und mußten von sechs Uhr morgens bis vier Uhr nachmittags Felssteine zerstoßen. Wenn man das Soll nicht erfüllte, das Quantum Steine, das von einem gefordert wurde, dann wurde man bestraft, man bekam für den Rest des Tages nichts mehr zu essen; meistens bestraften sie einen am Wochenende, da es von Gesetzes wegen nicht erlaubt war, am Sonntag zu arbeiten, so daß man dann von Sonnabend nachmittag bis Montag früh nichts zu essen bekam. Aber es war ganz unmöglich, das Soll zu erfüllen, ich habe es während der zehn Jahre, die ich auf Robben Island verbracht habe, nicht ein einziges Mal geschafft. Einmal kam der stellvertretende kommandierende Offizier zur Inspektion. Einer der Gefangenen ging zu ihm und beklagte sich über die Bedingungen im Gefängnis, unter denen wir zu leben hatten. Die Antwort des Inspektors: Er fesselte dem Mann die Hände, band ihn hinter sein Pferd und schleifte ihn dann hinter sich her. Er schleifte ihn den ganzen Weg zum Gefängnisgebäude, ungefähr eine Meile lang, er ritt sehr schnell und schleifte den Gefangenen direkt ins Gefängnis. Dann sperrte er ihn in eine Isolationszelle und klagte ihn an, daß er die Arbeit verweigert habe. Das passierte übrigens sehr oft. Immer wenn ein Gefangener protestierte oder sein Soll nicht erfüllt hatte, beschuldigten sie ihn der Arbeitsverweigerung.

Die Wärter sind alle weiß. Bevor politische Gefangene auf die Insel kamen, hatten sie auch schwarze Wärter gehabt, dann aber hielten sie schwarze Wärter für ein zu hohes Sicherheitsrisiko. Als noch keine politischen Täter auf Robben Island festgehalten wurden, hatten sie dort nur gewöhnliche Schwerverbrecher. – ungefähr 500 Gefangene. Diese Gefangenen waren meistens zu zwei- oder dreimal lebenslänglich auf der Insel verurteilt und waren aus reinen Sicherheitsgründen auf der Insel und nicht in einem anderen Gefängnis.

Diese Gefangenen waren Jungens, deren Hauptbeschäftigung darin bestand, von der Insel zu entfliehen und so lange wie möglich draußen zu bleiben. Sie hatten auf der Insel ihre eigene Gesellschaft aufgebaut. Sie haben eine Reihe von Gangs und diese Gangs haben ihre eigenen ungeschriebenen Gesetze; zum Beispiel gibt es da die «Desperados – ihr Symbol ist der Sichelhammer; dann gibt es die *big five*, die *fast eleven* und die *twenty five* – alle mit eigenen Symbolen. Sie haben ungeschriebene Gesetze, so sagte ich. Man kann diese Gangs über ganz Südafrika verteilt finden. Sobald ein neuer Gefangener nach Robben Island kam, nannte er das Kennwort seiner Gang und machte sich so den Mitgliedern seiner Gang bekannt, führte sich damit sozusagen auf der Insel ein. Die Mitglieder dieser Gangs wollten jeden Tag Blut sehen im Gefängnis und hatten furchtbare Kämpfe untereinander.

Mord war etwas, was für sie ganz alltäglich war und sehr oft passierte. Das Leben auf Robben Island brachte sie dazu, tatsächlich auf die Stufe von Tieren herabzusinken, und genau deshalb sperrte man auch uns politische Gefangene zuerst mit diesen Schwerverbrechern zusammen, in der Hoffnung, daß wir genauso werden würden wie sie.

Die Wärter versuchten, das brutale Verhalten der normalen Gefangenen auf jede Weise zu unterstützen und ihre Gewalttätigkeit zu schüren. Einige Wärter wurden selbst zu Mitgliedern der Gangs und versuchten, eine Gang gegen die andere aufzuhetzen. Außerdem versuchten sie ständig, uns, die politischen Gefangenen, in die Kämpfe der Gangs zu verwickeln, um uns auf dieselbe Ebene zu bringen. Das war allerdings ein ziemlich hoffnungsloses Unterfangen, denn wir waren 1500 Leute, während die normalen Gefangenen nur 500 waren. Wir beschlossen, auch eine Gang zu bilden, gewissermaßen eine Gegengang. Unsere Gang sollte eine Gang politischer Gefangener sein, mit einer Mitgliederzahl von 1500 Leuten. Wir wollten uns damit gegen das brutale Verhalten der anderen zur Wehr setzen und absolut nichts mit ihnen zu tun haben. Aber mit der Zeit merkten wir, daß einige von ihnen ansprechbar waren und wir fingen vorsichtig an, uns ihnen zu nähern, wir fingen sogar an, mit ihnen über Politik zu diskutieren. Diese Diskussionen waren sehr absurd manchmal, weil wir so wenig gemeinsame Voraussetzungen hatten, aber sie brachten uns einander näher. Ein Gefangener zum Beispiel sagte mal zu mir: «Ach, Mann, du bist im Gefängnis, weil du immer nur geredet und geredet hast, weil du an Veranstaltungen teilgenommen hast und dir immerzu Dinge wünschst, die es nicht gibt: eine andere Regierung, andere Menschen, eine andere Gesellschaft. Du bist im Gefängnis, weil du redest: das ist nichts. Du weißt gar nicht, wofür du hier bist. Ich aber weiß es genau. Ich habe acht Frauen vergewaltigt. Das ist doch wenigstens ein Grund.» – Das waren so ihre Meinungen über uns.

Wir ließen uns nicht entmutigen und sprachen weiter mit ihnen. Immer wieder. Und langsam merkten wir, daß wir eine Sperre bei ihnen durchbrachen und wirklich mit ihnen Kontakt bekamen. Sie fingen langsam an, ihrerseits sich uns zu nähern. Immer mehr kamen zu uns, langsam versuchten sie, mit uns über ihre Probleme zu sprechen. Das dauerte natürlich alles ziemlich lange, aber nach und nach hatten wir recht vertraute Beziehungen zu ihnen und sie fingen an, uns zu helfen.

Sie arbeiteten nämlich in einem ganz anderen Gebiet als wir, völlig getrennt von uns. Wo sie arbeiteten, kamen sie an Zeitungen heran und auch an Zigaretten und Tabak, während wir nichts davon hatten; wir hatten überhaupt nichts. Nichts zu lesen, nichts zu schreiben, nur die Kleider, die wir angehabt hatten, als wir auf die Insel kamen, dünne Sommerhemden meistens, die auch das einzige waren, was wir anhatten, wenn wir im Winter bei schneidender Kälte draußen arbeiteten. Wir hatten praktisch nichts. Auch keine Zeitungen, und Zeitungen waren für uns das wichtigste auf der Welt.

Die anderen Gefangenen kamen an Zeitungen heran, und sie fingen an, sie zu uns zu schmuggeln. Sie können sich nicht vorstellen, wie wichtig das für uns war. Es erhielt uns buchstäblich am Leben zu wissen, was in der Welt passierte, wie die Entwicklung weiterging, teil zu haben an dieser Entwicklung, wenigstens dadurch, daß man davon wußte und davon lernen konnte. Ende 1963 war es so weit, daß wir fast jeden Tag eine Zeitung hatten, und wir hatten diese Zeitungen sogar schon einen Tag nach ihrem Erscheinen.

Es war ein ganz unglaubliches Risiko für die anderen Gefangenen, die Zeitungen für uns zu schmuggeln. Die Bestrafung dafür war sehr hart. Vierzehn Tage Sonderhaft und außerdem hätte man sie in eine Zwangsjacke getan und geschlagen. Ich weiß nicht, ob Sie sich vorstellen können, was es bedeutet, auf Robben Island geschlagen zu werden; man wird mit einem Eisenstab geschlagen, der einen sehr schwer verletzt. Ein einziges Mal bin ich dazu verurteilt worden. Man legte mich auf eine Eisenbank, ich wurde ausgezogen. Dann fingen sie an. Ich war zu fünf Schlägen verurteilt, sie hätten mich damit töten können. Gott sei Dank haben nur drei Schläge wirklich getroffen. Das Fleisch platzte auf, und ich konnte vierzehn Tage lang weder sitzen noch liegen; daß das ziemlich schlimm ist, wenn man tagsüber im Steinbruch arbeiten muß, ist klar. Ich erzähle das, damit Sie ermessen können, welches Risiko die Gefangenen auf sich nahmen, indem sie für uns Zeitungen schmuggelten. Sie wären geschlagen worden, wenn man sie erwischt hätte, aber trotz dieser Gefahr hörten sie nicht auf, mit uns zusammenzuarbeiten.

Es waren ungefähr hundert Leute, die Vertrauen zu uns gefaßt hatten und diese hundert änderten ihr Verhalten im Laufe der Zeit völlig. Sie wurden wie wir. Es kam so weit, daß sie uns «Kameraden» nannten – Kameraden –, so nannten wir uns auch untereinander, wir, die politischen Gefangenen. Und diese normalen Kriminellen fingen also an, diese Anrede zu übernehmen und wir hatten mit der Zeit ernsthafte politische Diskussionen mit ihnen. 1965 haben dann die Gefängnisbehörden endlich begriffen, daß ihre ganze Strategie nach hinten losgegangen war: daß nämlich nicht wir zu Kriminellen geworden waren, sondern daß umgekehrt die Kriminellen langsam zu politisch bewußten Menschen wurden. Natürlich reagierten sie darauf. Das Ergebnis war, daß sie einen Teil unserer neuen Freunde in ein anderes Gefängnis verlegten. In ein Gefängnis am Rand von Johannesburg. Aus diesem Gefängnis konnten sie fliehen. Sie gingen nach Botswana außer Landes. Und von Botswana aus gingen sie nach Daressalam und wurden Schüler der Ausbildungscamps der FRELIMO. Sie wurden zu Guerillakämpfern ausgebildet und erhielten politischen und militärischen Unterricht. Anschließend kamen sie zurück nach Südafrika und wurden Mitglieder unserer Widerstandsorganisation. Von nun an taten sie nichts anderes mehr, als für die Rechte unseres Volkes zu kämpfen. Können Sie sich vorstellen, was das bedeutete für sie? Sie waren aus ganz gewöhnlichen kriminellen Tätern zu verantwortungsvollen Kameraden geworden, die ihr Leben für andere einsetzten. Sie haben unserer Widerstandsbewegung sehr geholfen.

Es wurden auch noch andere Gruppen in andere Gefängnisse in Südafrika verlegt, und wir erfuhren später, daß diese Gefangenen mit ihren Mitgefangenen anfingen, politische Diskussionen zu führen. Es war also ein Prozeß in Gang gekommen, der auch ohne uns weiterging. Allerdings hatten unsere neuen Kameraden bei weitem nicht das Gefühl für Verschwiegenheit, das wir hatten. Sie waren viel zu indiskret und gingen zu jedem, erzählten ihm alles, ohne vorher zu prüfen, was man ihm anvertrauen konnte. Das Ergebnis war, daß die Behörden immer sehr schnell hinter alles kamen, was geplant war. Hunderte von ihnen wurden angeklagt und wurden verurteilt, sie kamen als politische Gefangene nach Robben Island zu uns zurück.

Die politischen Gefangenen hatten ihre eigene Gesellschaft; sie hielten äußerste Disziplin; es gab eigens ein Komitee, das dafür verantwortlich war, daß diese Disziplin geachtet wurde. Es gab auch noch andere Komitees, die natürlich alle illegal waren und unter äußerster Geheimhaltung arbeiten mußten. Sie alle sorgten durch ihre Arbeit dafür, daß der Zusammenhalt der politischen Gefangenen gewahrt blieb. Sie werden es zum Beispiel niemals auf Robben Island erleben, daß zwei politische Häftlinge einen Kampf miteinander führen. In den ganzen zehn Jahren meines Inseldaseins habe ich vielleicht zwei- oder dreimal einen Kampf zwischen politischen Gefangenen erlebt. Dabei hatten wir tausend Gründe, aneinanderzugeraten, denn zeitweise lebten wir zu achtzig in einer Zelle, die für fünfundzwanzig Leute bestimmt war und wir rieben uns natürlich im wörtlichsten Sinn aneinander.

Aber wir hatten uns eine eiserne Selbstkontrolle angewöhnt. Wir richteten politische Vorlesungen ein, geheim natürlich. Sie müssen bedenken, daß viele von uns sehr jung waren; es waren sogar Schüler dabei, mit wenig praktisch politischer Erfahrung, und deshalb fingen wir an, Unterricht zu geben. Die Älteren schrieben ihre Erfahrungen auf und gaben sie an die Jüngeren weiter.

Nachrichten und neue Informationen gehörten zu den Dingen, ohne die wir eigentlich nicht leben konnten, deshalb klügelten wir alle erdenklichen Systeme aus, um uns Nachrichten zu verschaffen. Das ging folgendermaßen vor sich: Der Kontaktmann, an den eine Nachricht geschmuggelt wurde, las sie, vernichtete sie dann und behielt sie unter *top secret*-Maßnahmen für sich. Er traf dann mit einer Gruppe von fünf Leuten zusammen, übermittelte ihnen die Nachricht mündlich; diese fünf Leute gaben jeweils die Nachricht an weitere fünf Leute weiter, und so ging es fort, bis jeder der 1500 politischen Gefangenen die Nachricht erhalten hatte. Wir beschränkten uns nicht nur auf politische Themen in unseren Diskussionen, sondern beschäftigten uns auch mit sozialen und philosophischen Problemen. Und zwar bearbeitete einer von uns ein Thema, prägte sich etwa zwanzig oder dreißig Einzelpunkte ganz genau ein; es wurden keinerlei Notizen gemacht, absolut keine schriftlichen Notizen. Derjenige, der den Lehrstoff bearbeitet hatte, gab alles, was er dazu vorbereitet hatte, an einen nächsten Mann weiter; der prägte sich das wiederum ein und gab es an den nächsten weiter und so fort, bis alle Gefangenen die «Lektion» bekommen hatten. Meistens war es so, daß der Lehrstoff noch bei dem allerletzten Gefangenen absolut vollständig und präzise, Wort für Wort, ankam, soweit das überhaupt möglich ist. Über die Jahre hinweg wurden wir darin immer perfekter und es gehörte zu unserer täglichen Routine, Nachrichten wortgetreu zu überliefern. Wir diskutierten sie dann, wir analysierten sie und ordneten sie in die uns bekannte Entwicklung ein; Nachrichten waren unser Lebenselixir. Natürlich haben die Behörden verzweifelt versucht, uns daran zu hindern, an Nachrichten heranzukommen. Ein oder zwei Gefangene wurden auch jeden Monat dabei gefaßt und schwer bestraft. Aber keine Strafe hat politische Gefangene auf der Insel jemals daran gehindert, sich Nachrichten zu verschaffen. Eines Sonntags kam ein Priester zu uns auf die Insel, ein anglikanischer Priester. Etwa vierzig Gefangene besuchten seinen Gottesdienst. Nachdem er seine Predigt gehalten hatte, öffnete er seinen Koffer und einer der Häftlinge entdeckte eine *Sunday Times* darin. Sofort gingen zwei unserer Leute zu ihm, baten, ihn begleiten zu dürfen, zwei andere fragten, ob sie ihm seinen Koffer tragen dürften. Während die ersten beiden den Priester beschäftigt hielten, öffneten die beiden anderen blitzschnell die Tasche, warfen die Zeitung zwei anderen Gefangenen zu, schlossen die Tasche wieder und gaben dem Priester beim Verlassen der Insel seine Tasche zurück. Dieser Priester kam jeden Monat zu uns. Einen Monat später also kam er zurück und die gleiche Szene wiederholte sich. Er hatte wieder eine *Sunday Times* bei sich; er hatte genau gemerkt, was los war, und brachte die nächsten sechs Monate jedesmal eine Zeitung mit. Sein Gottesdienst wurde von Mal zu Mal von mehr Leuten besucht, denn wir sagten uns: Das ist ein guter Pastor, er versucht, uns zu helfen. Eines Tages wurde er unglücklicherweise von den Gefängnisbehörden gestoppt und trotz seiner Weigerung einer Leibesvisitation unterzogen. Sie fanden die *Sunday Times*, und seit der Zeit durfte er die Insel nicht mehr betreten.

Es gab mehrere Möglichkeiten für uns, an eine Zeitung zu kommen. Von einigen kann ich Ihnen nicht erzählen, weil sie immer noch auf der Insel benutzt werden, aber andere sind inzwischen entdeckt.

Zum Beispiel gab es auf Robben Island vier hohe Wachttürme, die das Gefängnis umgaben. Diese Wachttürme waren rund um die Uhr besetzt mit Wachtposten. Mindestens ein Wärter ist ständig auf dem Posten. Nachts wird ein Wärter auf den Posten beordert und eingeschlossen. In den meisten Fällen sind die Wärter sehr jung, zwanzig bis einundzwanzig Jahre alt. Es gibt keine Toilette auf dem Posten, nur eine Rinne, die der Wärter benutzen konnte. Nachts war also so ein junger Wärter völlig allein dort oben, in absoluter Dunkelheit, hatte nichts zu tun und alles, was er bei sich hatte, war ein Gewehr im Anschlag. Das einzige, womit er sich beschäftigen konnte, war, eine Zeitung mitzunehmen. Er arbeitete sich also durch die Zeitung hindurch und benutzte sie anschließend als Klopapier, machte dann ein Paket aus ihr und warf sie aus dem Fenster. Wenn wir dann am nächsten Morgen vorbeikamen, sahen wir diese Zeitung. Sie war unsagbar wertvoll für uns, und wir machten alle Anstrengungen, sie zu uns herüberzuziehen, wischten sie sauber und lasen sie.

Als Vorster noch Justizminister war, kam er eines Tages nach Robben Island und beschwerte sich bei Nelson Mandela unter anderem darüber, daß wir Zeitungen stehlen. Nelson erwiderte, daß wir niemals aufhören würden, Zeitungen zu stehlen, solange wir auf der Insel seien. Er sagte zu Vorster: Sie können auf der einen Seite des Tisches hier eine Tausend-Rand-Note liegen lassen und auf der anderen Seite eine Zeitung. Wir würden immer die Zeitung nehmen und Ihnen sagen: Nehmen Sie Ihre tausend Rand wieder mit, die wollen wir gar nicht. Die Zeitung ist sehr viel wertvoller für uns als die tausend Rand.

Ich möchte Ihnen von einem ganz besonderen Häftling erzählen. Es war ein junger Mann, der gerade zwanzig Jahre alt geworden war. Er war vorher Wärter in einem anderen Gefängnis gewesen, und als er dort Dienst tat, traf er vier Gefangene, in denen er ehemalige Schulkameraden erkannte. Diese vier waren wegen Sabotage angeklagt und warteten auf ihren Prozeß. Der junge Wärter half ihnen bei einem Fluchtversuch. Unglücklicherweise wurde das Unternehmen entdeckt und der Wärter wegen Unterstützung eines Fluchtversuchs zu achtzehn Monaten Gefängnis verurteilt. Er kam auf die Insel. Er war ein ganz naiver Junge ohne jeden politischen Hintergrund. Er hatte sich durch seinen Dienst als Wärter Worte angewöhnt wie «Kolli», «Kaffer», «Buschmann» und er hatte keinerlei Respekt vor dem, was man menschliche Würde nennt. Als er nach Robben Island kam, traf er mit uns zusammen und suchte unsere Nähe. Er sah, wie wir lebten und fand unser Zusammenleben sehr kameradschaftlich. Er merkte, daß wir das bißchen Tabak, das wir uns manchmal beschaffen konnten, unter allen politischen Gefangenen teilten, auch die wenigen Toilettenartikel, die wir hatten, wurden unter allen geteilt. Er wurde automatisch in unser Zusammenleben miteinbezogen, und er war sehr irritiert darüber. Er konnte das nicht verstehen. Wir sangen jede Nacht in unseren Zellen, hatten ständige Diskussionen und er überlegte ganz offensichtlich, was für eine Art Menschen wir wohl seien. Nach und nach wurde er immer aufgeschlossener und freundschaftlicher. Ich erinnere mich, daß er eines Tages zu mir kam, etwa sechs Monate nach seiner Verurteilung, und mich fragte, ob wir Kommunisten seien. Tatsächlich gab es drei unter uns, die wegen Mitgliedschaft in der Kommunistischen Partei verurteilt waren. Ich sagte ihm das, fragte aber zurück: warum willst du das wissen? Er: man hat mir immer gesagt, daß ein Kommunist ein brutaler Mensch ist, ein Mensch, der blutrünstig ist und alles zerstören will. Die politischen Gefangenen hier werden Kommunisten genannt – jeder wird hier Kommunist genannt, ob er es nun wirklich ist oder nicht –, und nun finde ich aber, daß all diese Leute hier ein sehr rücksichtsvolles, freundschaftliches Leben führen. Sie gehen wie Brüder miteinander um, sie nennen sich «Kameraden», teilen alles, was sie haben, und ich finde, daß sie ein gutes Leben führen, ein Leben, das ich sehr gern auch leben würde. Aber alles, was man mir erzählt hat in der Schule und auch später, paßt überhaupt nicht zusammen mit dem, was ich hier erlebe. Am Abend vor seiner Entlassung kam er zu uns. Alle politischen Häftlinge hatten sich versammelt, und er sagte zu uns: In meinem ganzen Leben waren diese achtzehn Monate, die ich auf Robben Island zugebracht habe, die wichtigste Erziehung, die ich jemals erhalten habe. Ich bereue überhaupt nicht, daß ich hier eine Strafe zu verbüßen hatte. Im Gegenteil, ich bin wirklich glücklich darüber. Diese Erziehung werde ich niemals vergessen. Ich verspreche euch, für unser Volk zu arbeiten, wenn ich das Gefängnis verlassen habe.

Er verließ das Gefängnis, hielt aber den Kontakt zu uns weiterhin aufrecht. Er schrieb uns und schickte einigen Gefangenen ab und zu Geld und wir hörten von anderen, daß er ein ungewöhnlich intensiver Sozialarbeiter geworden ist. Das also war die Arbeit, die wir auf Robben Island taten. Jeder Gefangene ist stolz darauf, in Robben Island inhaftiert gewesen zu sein. Der Spitzname für Robben Island unter den Gefangenen war: «Makama-Universität», genannt nach dem ersten politischen Gefangenen, der auf der Insel war, Chief Makama, der Anfang des Jahrhunderts zu einer Haftstrafe auf Robben Island verurteilt worden war. Kein Zweifel: Robben Island ist eine Universität. Auch Schwarze außerhalb der Insel, also keine Gefangenen, betrachten die Insel als eine der besten politischen Hochschulen der Welt. Leute, die eine Strafe dort verbüßt haben, sind anschließend entschlossener und überzeugter in ihrer politischen Arbeit als zuvor.

Was passierte, als Sie Robben Island verließen? Was taten Sie?

NAIDOO: Die zehn Jahre auf Robben Island waren eine Zeit des Lernens und vieler neuer Erfahrungen. Obwohl ich ja vorher schon jahrelang in der politischen Arbeit war, kam ich nach Robben Island als ein ziemlich ungebildeter Mann. Als ich nach zehn Jahren herauskam, war ich ein gebildeter Mann. Ich habe ungeheuer viel im Gefängnis gelernt. Ich habe dort eine Menge Bücher gelesen und es gab ein umfangreiches Programm an Vorlesungen, die wir besuchten, und im Anschluß daran Diskussionen. Als ich aus dem Gefängnis entlassen wurde, war ich sicher, diese zehn Jahre waren keine vergeudete Zeit.

Wie brachten Sie es fertig, dort regelrecht zu studieren, Marxismus zum Beispiel? Sie hatten doch nicht einmal Bücher?

NAIDOO: Ja, das muß ich genauer erklären. Von 1963 bis Ende 1965 hatten wir nicht ein einziges Buch. Aber seit Ende 1965 erlaubten die Behörden einigen ausgewählten Gefangenen zu studieren. Die Gefängnisverwaltung richtete eine Bibliothek für uns ein. Diese Bibliothek umfaßt jetzt etwa zweitausend Bände. Ein großer Teil der Bücher sind Reisebeschreibungen, die meisten sind absolut wertlos, aber es gibt einige Bücher darunter, die gut sind.

Wenn ein Gefangener auf Robben Island studieren will, muß er ein Gesuch einreichen. Die Verwaltung entscheidet dann darüber nach Gutdünken. Ist der Antragsteller ihrer Meinung nach zum Beispiel aufsässig oder ein Anführer, dann lehnen sie das Gesuch ab. Sind sie der Meinung, der Antragsteller sei es wert oder sie wollen ihn belohnen, dann genehmigen sie das Gesuch.

Von den 1500 Gefangenen zu meiner Zeit erhielten ungefähr 200 eine offizielle Erlaubnis zu studieren. Diese Erlaubnis galt jedoch nur für bestimmte Fächer. Solche Fächer zum Beispiel wie politische Wissenschaften und Philosophie waren nicht erlaubt. Auch lesen durfte man natürlich nicht, was man wollte. Nur bestimmte Bücher waren erlaubt, und zwar nur die Bücher, die von der Universität als Pflichtlektüre für das jeweilige Studium vorgeschrieben waren.

Wir bestellten oft einfach auf gut Glück Bücher, von denen wir von vornherein wußten, daß sie nicht erlaubt waren, in der Hoffnung, daß ein paar davon durch die Kontrolle schlüpfen würden. Und wir hatten tatsächlich ab und zu Glück damit. Ich selbst hatte bei zehn derartigen Versuchen zweimal Erfolg, zum Beispiel kam ich auf diese Weise an ‹*Das Kapital*› heran. Wir verschafften uns mit dieser Methode noch ein paar weitere sehr gute Bücher. Ich sagte schon, daß etwa 200 Gefangene mit offizieller Genehmigung studierten. Aber wir gingen hin und teilten die ganze Belegschaft, alle 1500, in verschiedene Klassen, nach ihrem Bildungsstand. Sehr viele meiner Mitgefangenen waren absolute Analphabeten und konnten kein Wort schreiben und lesen. Für sie richteten wir z. B. Schreib- und Leseklassen ein. Außerdem richteten wir Klassen ein, wo Gefangene die höhere Schulbildung nachholen konnten. Das war natürlich alles völlig illegal. Genauer gesagt: Wenn die Gefängnisaufseher dahinterkamen, verhängten sie Strafen. Einige von uns wurden sehr hart bestraft, aber wir machten weiter. Wir entschieden, die Sache sei es Wert, dies Risiko in Kauf zu nehmen.

Ich erinnere mich an zwei Gefangene, die 1963 eingeliefert wurden. Sie konnten kein Wort Englisch. Sie begrüßten mich in Zulu, ich grüßte auf englisch zurück, das war alles, was wir damals an Unterhaltung zustande brachten. Bei ihrer Entlassung 1970 konnten beide fließend und fehlerfrei Englisch lesen und schreiben. Obwohl viele als Analphabeten auf die Insel kamen, gibt es heute praktisch keinen Gefangenen auf Robben Island mehr, der nach ein paar Jahren nicht mindestens ausreichend Englisch lesen und schreiben kann, ob er nun eine offizielle Genehmigung zum Studieren bekommen hat oder nicht.

1973 wurde ich von Robben Island entlassen. Wie alle, die mit mir entlassen wurden, wurde ich vor der Freilassung mit einer fünfjährigen Bannverordnung belegt; das ist eine Art Hausarrest. Hausarrest heißt, daß ich meine Wohnung von neunzehn Uhr abends bis sieben Uhr früh nicht verlassen darf. Von sieben Uhr morgens bis neunzehn Uhr abends darf ich mich außer Haus aufhalten und arbeiten gehen, allerdings nur von Montag bis Freitag. Samstag muß ich um vierzehn Uhr zu Hause sein und darf meine Wohnung erst wieder um sieben Uhr früh am Montag verlassen. Mir ist jeder Besuch verboten. Nur meine Frau und mein Kind darf ich bei mir haben. Wenn sie Besuch bekommen, immer wenn uns jemand besucht, muß ich unser Wohnzimmer verlassen und mich in mein Schlafzimmer zurückziehen, bis der Besuch gegangen ist.

Ich darf keine Fabrik betreten, keine Schule, keine Universität, keinen Kindergarten. Mir ist alles verboten, was mit Erziehung und Unterricht zu tun hat, ausgenommen lediglich die Erziehung meines Kindes.

Mir ist verboten, irgendein Gebäude zu betreten, wo Zeitungen, Magazine oder andere Publikationen hergestellt werden. Das Christliche Institut darf ich schon deshalb nicht betreten, weil sie dort verschiedene Zeitschriften herausgeben. Auch das Institut für Rassenbeziehungen darf ich aus diesem Grund nicht betreten. Mir ist es verboten, an einer politischen Veranstaltung teilzunehmen, auch an einer regierungsfreundlichen. Mir ist es verboten, mich in der Gesellschaft von mehr als einer Person aufzuhalten. Mir ist es verboten, den Distrikt von Johannesburg zu verlassen. Mir ist es verboten, irgendeine der afrikanischen Townships zu betreten. Mir ist es verboten, an irgendwelchen gesellschaftlichen Ereignissen teilzunehmen, sei es eine Beerdigung, eine Hochzeitsfeier, ein Geburtstag oder eine Hausparty. Mir ist es verboten, mit jemandem zu sprechen, der gleichfalls unter Bann steht oder mit jemandem, der zu den *listed persons* gehört. Das sind Leute, die irgendwann einmal der Kommunistischen Partei oder dem Kongreß der Demokraten als Mitglieder angehört haben. Mein Bruder gehört zu dieser

Gruppe. Es ist mir verboten, mit ihm zu reden.

Ich wurde 1973 unter Hausarrest gestellt. Er endet 1978. Das heißt aber noch lange nicht, daß er dann wirklich endet. Der Justizminister ist auf der einen Seite befugt, die Bannverordnung schon morgen aufzuheben. Auf der anderen Seite kann er sie nach Ablauf, also 1978, ohne jede Begründung für jeweils eine Periode von drei oder fünf Jahren verlängern. Das Verrückte an diesen Bannverordnungen ist ja, daß sie ohne jede konkrete rechtliche Begründung verhängt werden. Die Begründung in meinem Fall lautete einfach: er sympathisiert mit den Zielen der Kommunistischen Partei und ist eine Gefahr für die Gesellschaft. Man muß sich daran erinnern, daß ich wegen dieses Vorwurfs zehn Jahre auf Robben Island verbracht habe. Und noch bevor ich entlassen wurde, verhängten sie den Hausarrest. Ich war also zum Zeitpunkt der Verhängung des Hausarrestes Gefangener auf Robben Island und sie konnten zu der Zeit absolut kein stichhaltiges Indiz dafür haben, daß ich mich nach meiner Entlassung politisch betätigen würde und eine Gefahr für den Staat sein würde. Das zeigt, daß die Behörden willkürlich ohne rechtliche Grundlage Personen unter Bann stellen.

Trotz des Hausarrestes und aller anderen Beschränkungen habe ich den Eindruck, daß Sie Kontakt zu politischen Gruppen haben und politisch arbeiten. Wie schaffen Sie das?

NAIDOO: Ich habe ja schon gesagt, daß die Zeit auf Robben Island für alle Gefangenen so etwas wie eine politische Hochschule war und daß die Gefangenen von Robben Island politisch bewußter wiederkehren, als sie es je vorher waren. Und ich bin ein ehemaliger Robben Island-Häftling. Ich kam von der Insel und mein einziges Ziel war, mit dem Kampf fortzufahren.

Barney Ngakane, Mitarbeiter des Südafrikanischen Kirchenrates

NGAKANE: Von Hause aus bin ich Lehrer. Von 1920 bis 1936 habe ich als Lehrer gearbeitet; dann ging ich 1936 von der Schule fort, um eine neue Arbeit zu beginnen. Ich wollte eine Heimstatt für straffällige schwarze Jugendliche aufbauen, wir wollten eine neue Art der Erziehung dieser jungen Leute versuchen. Uns war klar: Wenn man zu viele Kinder hat, kann man ihnen nicht genug Aufmerksamkeit widmen. Wir stellten deshalb eine Gruppe von nur 25 Jungens zusammen. Sie wohnten zusammen mit uns, meine Frau und ich waren gewissermaßen ihre Eltern. Wir behandelten sie wie unsere eigenen Kinder. Wir aßen mit ihnen zusammen und ließen sie niemals allein. So gelang es uns mit der Zeit, diese Jungens in ein normales Leben zurückzuführen.

Nachdem wir diesen Versuch mit Erfolg durchgeführt hatten, bat man uns, eine ähnliche Einrichtung in East London aufzubauen. Aber hier war die Schule größer. Und es gab Jungen und Mädchen. Im Prinzip aber arbeiteten wir nach der gleichen Methode. Die jungen Leute lebten wie Bruder und Schwester, und wieder übernahmen wir die Funktion der Eltern. In East London arbeitete ich vier Jahre; dann ging ich nach Johannesburg zurück und wurde Außenarbeiter (*field officer*) am Institut für Rassenbeziehungen. Dort arbeitete ich dann elf Jahre.

Als Sie an das Institut für Rassenbeziehungen kamen – gab es damals schon bei den Massen der Schwarzen ein klares Bewußtsein ihrer politischen und wirtschaftlichen Unterdrückung?

NGAKANE: Ja, doch. Aber zu jener Zeit glaubten wir noch an den Erfolg von Verhandlungen mit den Weißen. Wir verfaßten Resolutionen und schickten sie an die Regierung, entsandten Abordnungen an die Regierung. Jedenfalls gab es damals keine politischen Aktionen irgendwelcher anderen Art. Was wir taten, war der Versuch eines Dialogs mit der weißen Regierung. Aber dieser Versuch hatte nicht den geringsten Erfolg.

Wie lange dauerte diese Periode?

NGAKANE: Nun, genau von 1912, der Gründung des ANC, bis 1962. Eine lange Zeit. Und keinerlei Ergebnis. Als einziges kam dabei heraus die Schaffung des sogenannten Native Representative Council durch die Regierung 1936. Dieser Council war gedacht als eine Art Parlament für die Schwarzen. Initiator war General Smuts. Er nahm an, damit würden sich die Schwarzen zufriedengeben. Die Schwarzen hatten dort selbstgewählte Sprecher und konnten ihre Probleme diskutieren. Es würden dort Entschlüsse gefaßt und Eingaben an die Regierung in Pretoria gemacht, an das Ministerium für Bantu-Angelegenheiten bzw. Ministery for Native Affairs, wie es damals noch hieß. Aber all diese Eingaben hatten das gleiche Schicksal: sie wurden zurückgesandt mit dem Argument, die Eingabe behandle eine politische Frage, der Native Representative Council habe aber lediglich die Befugnis, administrative Fragen zu verhandeln, nicht politische. Das war ein Trick, denn die Trennung von administrativen und politischen Dingen bei einem Problem ist doch unmöglich.

So lief das also eine ganze Zeit, und die Leute wurden laufend frustriert. Trotzdem machten sie weiter. Und dann kam 1948 die National Party an die Regierung und schaffte 1949 den Native Representative Council ab. Dort wird zuviel geredet, sagten sie. Nun, so waren die Nationalisten. Es hat in der Folgezeit dann kein ähnliches Forum für die Schwarzen mehr gegeben.

Die ganze Zeit über bestand der ANC und führte seine politische

Arbeit fort. Nach 1949 organisierte er die ersten militanten Aktionen, so 1949 erste Streiks und dann auch Anti-Paß-Kampagnen und Bus-Boykotts.

Haben Sie persönlich mit Nelson Mandela zusammengarbeitet?

NGAKANE: Ja, sehr eng. Das ergab sich schon dadurch, daß wir Haus an Haus wohnten. Wir arbeiteten eng zusammen. Die Jugendlichen waren zunächst in der Jugendliga des ANC und wurden dann Mitglied im ANC. Später passierte folgendes: Die Jungen wurden unzufrieden mit der politischen Linie des ANC, es frustrierte sie, daß die Älteren immer noch an einer Zusammenarbeit mit den Weißen festhielten.

So spalteten sie sich vom ANC ab und gründeten ihre eigene Organisation. Sie bildeten die Youth League, ihr Führer war Robert Sobukwe. Keine Zusammenarbeit mit Weißen, beschlossen sie, keine Mitarbeit mit Mitgliedern der Kommunistischen Partei. Und 1960 hatten wir Sharpeville. Als Reaktion darauf verhängte die Regierung den Ausnahmezustand und sperrte uns alle ein. Tausende mußten damals ins Gefängnis.

Ich war damals fünf Monate in Haft. So lange dauerte der Ausnahmezustand. Ein Teil der Gefangenen wurde schon früher wieder entlassen. Ich selbst war einer der acht letzten, die sie nach Aufhebung des Ausnahmezustandes freiließen.

Wieder in Freiheit, versuchten wir, eine Konferenz zu organisieren, die in Pietermaritzburg stattfinden sollte. Nelson Mandela war zu der Zeit außer Landes. Es wurde nach ihm gesucht, aber niemand wußte genau, wo er sich aufhielt. Ich war damals Sekretär des Organisationskomitees der Konferenz. Eines Tages wurde das ganze Komitee verhaftet. Ich lag gerade im Krankenhaus, als sie mich verhaften wollten. Zwei Wochen lang lag ich dort unter Polizeibewachung rund um die Uhr, und als ich das Bett verlassen konnte, nahmen sie mich mit, und ich landete wieder im Gefängnis.

Was war der offizielle Verhaftungsgrund?

NGAKANE: Einzig und allein die Organisation dieser Konferenz. Nun, man bezahlte einen Anwalt für mich, und wir konnten meinen Fall vor Gericht bringen. Ich gewann diesen Prozeß und kam wieder frei. 1963 wurde ich dann unter Bann gestellt. Zunächst für fünf Jahre, und nach Ablauf der Frist wurde der Bann für weitere fünf Jahre verlängert. So lebte ich insgesamt zehn Jahre, bis 1973, in Verbannung. Ich war ohne jede Arbeit, ich konnte keine Anstellung finden. Meine Frau mußte mich in diesen zehn Jahren ernähren. Sie war Lehrerin. Bis Mitte 1972 der Nationale Kirchenrat mir diese Beschäftigung anbot, die ich heute hier ausübe.

Hatten Sie in der Zeit Ihrer Verbannung im geheimen weiterhin politische Kontakte oder war jede politische Arbeit unmöglich?

NGAKANE: Es gab so gut wie keine Möglichkeit, zumal ja der gesamte ANC, wie auch PAC unter Bann standen, seit 1960. Und in der Zeit danach geschah so gut wie nichts. Bis die Regierung etwas tat, über dessen Tragweite sie sich sicher nicht klar war. Wir hatten die Fort Hare University, das war die einzige Universität für Schwarze. Die Dozenten dort, weiße Dozenten, waren in der Regel Liberale. Die Regierung war nun der Ansicht, diese Dozenten übten auf ihre schwarzen Studenten einen schlechten Einfluß aus. So gingen sie alle hin und tauschten die Dozenten aus. Ein prominenter Abgeordneter der National Party stellte sich zum Beispiel hin und erklärte: So lange die schwarzen Studenten von Liberalen unterrichtet werden, werden sie selbst Liberale werden und damit werden sie Gegner unserer nationalen Politik sein. Diese liberalen Dozenten tauschten sie also aus. Gleichzeitig gründeten sie die *tribal colleges*, Turfloop im Norden und Ngoya im Zululand.

Ihre Hoffnung war, die schwarze Jugend zu spalten und den Einfluß der liberalen englischen Weißen auszuschalten. So sind heute die meisten der Dozenten an schwarzen Universitäten und Colleges Afrikaner, also konservative Nationalisten. Auf diese Weise glaubt die Regierung, das Denken der Studenten unter Kontrolle zu behalten.

Die Dinge entwickelten sich aber ganz anders, als von der Regierung erhofft. Nehmen Sie die Universität, an der ich selbst studiert habe und später auch meine Kinder. Mein Sohn und meine Tochter waren an der Witwatersrand-Universität in Johannesburg. Schwarze und weiße Studenten verkehrten freundschaftlich miteinander. Die Schwarzen kamen dabei nie an den Punkt, wo sie sagen mußten: Ich bin schwarz, und deshalb gehe ich meinen eigenen Weg in die Zukunft als Schwarzer. Sie hatten damals immer in der einen oder anderen Weise persönliche Verbindungen mit den Weißen. Deshalb dachten sie niemals an eine von den Weißen getrennte Zukunft. Aber so wie man sie trennte, wurden die Universitäten die Heimstätten eines wachsenden schwarzen Nationalgefühls.

Die Regierung war es also, die durch die Rassentrennung *black consciousness* erzeugte. Zum erstenmal begannen die schwarzen Studenten zu begreifen: Wir sind schwarz, und wir müssen allein für unsere Zukunft als Schwarze arbeiten. Sie studierten die Philosophie der *negritude* und entwickelten das *black consciousness*. Und heute begreifen sich alle Schwarzen, vom Vorschüler bis zum Universitätsabsolventen, selbst schon die kleinen Kinder, als Schwarze, denken schwarz, sind stolz darauf, Schwarze zu sein. Es geschah also genau das Gegenteil von dem, was die Regierung hoffte, daß geschehen würde. Und die weiße Regierung ist, natürlich ohne dies gewollt zu haben, durch ihre Maßnahmen eigentlich verantwortlich für diese Entwicklung. Nun, das ist ein gutes Ergebnis. Dieser «schwarze Nationalismus» bringt die Menschen dazu, sich als Angehörige einer Nation zu begreifen.

Kann das nicht leicht an einen Punkt geraten, wo Schwarze alle Weißen nur noch hassen?

NGAKANE: Theoretisch besteht immer die Gefahr, daß Nationalismus so extrem wird, daß nichts mehr als gut empfunden wird, was nicht zuerst einmal nationalistisch ist; daß gut sein zum Beispiel zuallererst schwarz sein bedeutet.

Daß ein Nationalismus so extrem werden kann, zeigt sich am weißen Nationalismus heute hier im Land. Wenn Nationalismus in ein so extremes Stadium gerät, dann ist er natürlich gefährlich. Dann ist er nichts anderes als eine Form von Geisteskrankheit.

Glauben Sie, daß dieser schwarze Nationalismus, dieses schwarze Selbstbewußtsein, im Moment eine politische Macht ist?

NGAKANE: Ja, es ist eine politische Macht, eine politische Waffe.

Glauben Sie, daß man nach der Befreiung diesen schwarzen Nationalismus wieder überwinden wird?

NGAKANE: Ja, ich bin ganz sicher. Natürlich wird es eine Zeit dauern. Denn der schwarze Nationalismus ist für einige Zeit sehr nützlich. Er ist einfach ein sehr gutes Instrument, eine Massenbasis für den Kampf der Schwarzen aufzubauen. Aber ich bin ganz sicher, daß, wenn die Leute sich erst ihres Wertes bewußt geworden sind, wenn sie in der Welt als die, die sie sind, akzeptiert werden, als Schwarze, mit den gleichen Rechten wie jeder andere Mensch auch, daß sie dann zurückkehren werden und sagen okay, wir müssen zusammenarbeiten. Aber nicht mehr als Herr und Sklave, sondern als gleiche.

Und Sie sind sicher, daß auch die jüngere Generation der Schwarzen eines Tages Zusammenarbeit zwischen Schwarzen und Weißen wieder akzeptieren wird?

NGAKANE: Ja, davon bin ich überzeugt. Sehen Sie, sogar heute stellt niemand von den jungen Leuten die Forderung, die Weißen müßten aus dem Land vertrieben werden. Keine einzige Gruppe hat diese Forderung. Die Weißen versuchen zwar jetzt, ihnen so etwas zu unterstellen. Aber ich sage es noch mal, niemand von uns hat je so etwas verlangt. Was sie fordern, ist, mit den gleichen Rechten wie die Weißen in diesem Staat leben zu können, mit den Weißen zusammen.

Sie sehen nicht die Gefahr, daß die jetzige Entwicklung dazu führen kann, daß der Schwarze jeden Weißen nur noch haßt?

NGAKANE: Nun – ja –, sie hassen das System des Weißen. Sie hassen das gegenwärtige politische System der Weißen. Sie hassen alles, was dieses System und sein Regime repräsentiert.

Wenn wir aber einen Zustand erreicht haben, wo wir als gleiche akzeptiert werden, einen Zustand völliger Rechts- und Chancengleichheit aller Bürger, ich glaube nicht, daß Schwarze dann fortfahren werden, Weiße einfach zu hassen. Sehen Sie sich Mozambique an. Trotz aller Leiden der langen Kolonialzeit gibt es dort nach der Unabhängigkeit weiter eine Menge Weiße im Land, als Mozambiquaner. Die Schwarzen haben nicht gesagt: Geht weg! Sie haben gesagt: Wenn ihr unser System

197

akzeptiert, dann bleibt!

Genauso wird es hier auch sein. Jeder Weiße, der hier leben will, wird unter einer zukünftigen schwarzen oder gemischten Regierung selbstverständlich hier leben können und von jedem Schwarzen als südafrikanischer Bürger akzeptiert werden, wenn er hier leben will und die geltenden Gesetze anerkennt.

Glauben Sie, daß das Zusammenleben von Menschen so unterschiedlicher kultureller Traditionen problemlos möglich ist? Oder sehen Sie ganz im Gegenteil die Chance, daß diese Unterschiede, wie etwa ausgeprägter Individualismus des Weißen und starkes Gemeinschaftsdenken des Schwarzen, gerade für eine neue gerechte Gesellschaftsordnung fruchtbare Impulse liefern können?

NGAKANE: Sie haben recht, die Afrikaner sind von ihrer Tradition her dem Gemeinschaftsleben verhaftet. Aber man muß auch sehen, daß der «schwarze Kommunalismus» – genau wie der weiße Individualismus – ein Stadium in der historischen Entwicklung der Gesellschaft ist. Und ich kann mir sehr gut vorstellen, daß wir in einer bestimmten Situation der weiteren gesellschaftlichen Entwicklung das ökonomische System der Weißen in Teilen übernehmen. Zum Teil, das heißt ohne die Widersprüche von Reichtum und gleichzeitiger Armut, eine Art Sozialismus, der Elemente des «weißen Kapitalismus» wie des «schwarzen Kommunalismus» nebeneinander enthält. Selbst im Kapitalismus hält man doch heute Ausschau nach einem besseren System, nach einem, das mehr Gerechtigkeit garantiert. Sogar die Weißen suchen nach einem solchen System. Ganz Europa bewegt sich doch heute in die Richtung einer Art von neuem Sozialismus.

Die weißen Südafrikaner lehnen eine gemischtrassige Gesellschaft ab mit dem Argument, daß jede der beiden Gruppen dann ihre Identität verliert, daß auch die Schwarzen aus diesem Grund gar nicht mit den Weißen in einem Staat zusammen leben wollen. Was sagen Sie dazu?

NGAKANE: Diese Argumentation akzeptiere ich nicht. Studieren Sie die Geschichte des Judentums, und Sie werden feststellen, daß die Juden zwar über nahezu alle Teile der Welt verstreut leben und sich in andere Gesellschaften integriert haben, zugleich aber sehr wohl ihre eigene Identität über Jahrhunderte hinweg bewahrt haben, was ihre religiösen und ihre kulturellen Traditionen angeht. Wenn also die Weißen hier im Land so stark das Bedürfnis nach Wahrung ihrer Identität haben, gut, akzeptiert. Das ist doch überhaupt kein Problem. Sie können hingehen und ihren Kindern sagen: Schließt ruhig Bekanntschaften mit den Schwarzen, freundet euch mit ihnen an, aber heiratet sie nicht.

Wären Sie besorgt, wenn Ihr Sohn ein weißes Mädchen würde heiraten wollen?

NGAKANE: Nun – ich würde ihnen nicht zuraten. Aber wenn mein Sohn mit einem weißen Mädchen zusammen leben wollte, so würde ich das als persönliche Angelegenheit zwischen zwei Individuen respektieren und niemandem würde ich das Recht zugestehen, sich da einzumischen. Schon gar nicht der Gesetzgebung. Außerdem, wenn die Weißen heute von der Wahrung der personalen Identität reden, muß man darauf hinweisen, das eben diese Weißen heute eine doppelte Moral praktizieren, ganz besonders die Afrikaner.

Gehen Sie mal nach Oranje-Freistaat, nach Bloomfontein. In den Straßen, in den Bussen, treffen sie mehr farbige Kinder als irgendwo sonst. Ich spreche jetzt nicht von den *couloured townships* oder Orten wie Kapstadt, wo die Farbigen geschlossen als Gruppe leben. Dort – in Oranje – kann man sehen, wie Weiße laufend mit schwarzen Frauen farbige Kinder in die Welt setzen. Wo also herrschen die Vorurteile? Wenn diese Leute wirklich meinen, was sie sagen, dann würde es dieses Problem gar nicht geben. Oder gehen Sie in die ländlichen Gebiete, wo die Schwarzen noch vergleichsweise rückständig sind. Dort gibt es eine Menge Mulatten-Kinder von weißen Männern und schwarzen Frauen. In dem Maße aber, in dem der Schwarze kulturelles Selbstbewußtsein entwickelt, hält er sich von den Weißen fern. Das Problem der Mischbevölkerung verliert an Bedeutung.

Ich hatte den Eindruck, daß die Mehrheit der Schwarzen die Homeland-Politik der Regierung strikt ablehnt. Das Argument der Regierung für diese Politik ist ja zum Teil der Entwicklungsrückstand der ländlichen schwarzen Bevölkerung. Gibt es diese große Kluft zwischen ländlicher und städtischer schwarzer Bevölkerung und wie könnte man sie überbrücken?

NGAKANE: Man spricht immer von diesem Entwicklungsgefälle. Aber in der Realität existiert es heute kaum mehr. Beinahe alle, die in den Homelands leben, haben lange Zeit in den Städten gelebt. Wenn Sie sich in den Homelands umsehen, finden Sie dort vor allem alte Leute und kleine Kinder. Die Jugendlichen, die mittleren Jahrgänge, arbeiten in den Städten, abgesehen von den Landarbeitern auf den Farmen, aber die sind die Minderheit. Die Leute dort gehen in der Regel als Jugendliche in die Städte, arbeiten dort und kehren als alte Leute in die ländlichen Gebiete zurück, um hier ihren Lebensabend zu verbringen. Genau wie ich. Ich will auch zurück aufs Land. Nicht weil ich das Homeland mag, sondern weil ich dort meine Farm habe.

Wie stehen Sie zur Forderung des one man one vote angesichts der Tatsache des Analphabetismus in der schwarzen Bevölkerung?

NGAKANE: Bevor die Weißen hierherkamen, hatten wir schwarze Regierungen. Es gab in jedem Stamm das System von Paramountchief, Subchiefs und Headmen, wobei Subchiefs und Headmen etwa mit den heutigen Verwaltungsbeamten vergleichbar sind. Dieses afrikanische System war ein demokratisches. Entscheidungen wurden vom Paramountchief gefällt, aber nach vorheriger Diskussion in der Bevölkerung.

Die Verwaltung lag in den Händen der Subchiefs. Sie waren für die Umsetzung dieser Entscheidungen verantwortlich. Das westliche demokratische System ist also gar nicht so ausländisch, so fremd.

Nach meinen Informationen spielt der Tribalismus eine Rolle in Südafrika. Wie wird es damit nach einer Unabhängigkeit aussehen?

NGAKANE: Nun, dieses Stammessystem ist von der Regierung in Pretoria stark gefördert worden, für ihre eigenen Zwecke. Hätte sie nicht diese Institution des Häuptlingssystems systematisch gefördert, wäre es ihr nie gelungen, die Apartheid durchzusetzen. Denn sie hat die Häuptlinge dazu benutzt, Apartheid zu etablieren. Sie hat mit der Apartheidpolitik nur deshalb Erfolg gehabt, weil sie diese über die Köpfe der schwarzen Bevölkerung hinweg von Häuptlingen ausführen ließ, die nicht die Zustimmung der Bevölkerung dazu hatten.

So wie diese Institution, so haben sie auch den Tribalismus gefördert und benutzt zur Durchsetzung der Homeland-Politik. Und darum gibt es heute hier in Südafrika wieder neun Stämme oder zehn, wenn man die Weißen hinzurechnet.

Bevor die Apartheidpolitik praktiziert wurde, kamen die Leute mit Beginn der Industrialisierung vom Land in die Städte, um dort zu arbeiten. Genauer gesagt, sie wurden durch Gesetz gezwungen, sich ihr Brot in den Städten zu verdienen; durch ein Gesetz, das den Bauern eine Kopfsteuer auferlegte, die in Bargeld zu entrichten war. Um dieses Bargeld zu beschaffen, waren sie gezwungen, wenigstens zeitweilig gegen Lohn in den weißen Industrien zu arbeiten. Das war ja auch der Sinn dieses Gesetzes. Durch diesen Mechanismus zwang man die Menschen, in die Stadt zu kommen und für die Weißen zu arbeiten. Sie kamen also und lernten dabei die Möglichkeiten des monetären Zahlungssystems kennen; das zog weitere Leute in die Städte. Aber sie entdeckten schnell, daß sie als Schwarze nicht die gleichen politischen Rechte hier hatten wie die Weißen. Und das führte zur Gründung des ANC.

Zur Zeit der Gründung des ANC 1912 und auch innerhalb des ANC hat der Tribalismus niemals eine Rolle gespielt. Man wählte einen Präsidenten, fragte aber niemals, welchem Stamm er angehörte. Man wählte einfach den fähigsten Mann, den, vor dem man den größten Respekt hatte. Luthuli zum Beispiel war ein Zulu, und obwohl man früher die Vorherrschaft der Zulus immer ein wenig gefürchtet hatte, wurde er gewählt.

Welche Rolle haben die Zulu-Arbeiter während der Streiks in Soweto gespielt? In der ausländischen Presse las man, daß die Zulu-Arbeiter einen Stammeskrieg in Soweto vom Zaun gebrochen hätten.

NGAKANE: Das war ein großes Mißverständnis. In Soweto hat es niemals Auseinandersetzungen zwischen Stämmen gegeben. Soweto ist ein Schmelztiegel aller Stämme. Differenzen zwischen Stämmen haben niemals eine Rolle gespielt. Es ging bei diesen Zwischenfällen auch gar nicht um die Zulus als solche, sondern um eine Gruppe von Zulu-Arbeitern, die getrennt von ihren Familien in Arbeiterwohnheimen wohnen. Sie leben da ziemlich isoliert von der übrigen Soweto-Bevölkerung. Das liegt an der Struktur dieser Heime, die bewußt die Bewohner von der normalen Stadtbevölkerung trennen.

Als die Parole ausgegeben wurde – wir bleiben der Arbeit fern! – hatte man vergessen, die Zulu-Arbeiter aus den Wohnheimen darüber zu informieren. Die Polizei machte sich das zunutze, ging hin zu ihnen und erklärte ihnen: die jungen Bengel da auf der Straße wollen euch mit Gewalt daran hindern, zur Arbeit zu gehen! Die Polizei hetzte die Zulu-Arbeiter gegen die Schüler auf, da besteht gar kein Zweifel. Sie standen dabei, als die Arbeiter auf die Jugendlichen losgingen und gaben ihnen Knüppel in die Hand. Wir haben Bilder von diesen Vorgängen.

Das Mißverständnis hat sich später aufgeklärt. Die Leute aus Soweto sind zu den Zulu-Arbeitern gegangen und haben mit ihnen geredet. Sie haben sie informiert über das, was geplant war. Und wenn heute die Losung ausgegeben wird: Keiner geht zur Arbeit! – dann stehen am Nachmittag diese selben Zulus am Bahnhof, diskutieren mit den von der Arbeit aus Johannesburg heimkehrenden «Streikbrechern» und versuchen, sie von der Arbeit am nächsten Tag zurückzuhalten.

Es ist also nicht korrekt zu sagen, diese Auseinandersetzungen seien Stammesstreitigkeiten gewesen. Es war einfach ein Mangel an Information.

Was halten Sie von der Funktion der Homeland-Führer? Können Sie eine Rolle im Befreiungskampf spielen?

NGAKANE: Als die Häuptlinge der in Frage kommenden Gebiete ihre Zustimmung zur Homeland-Politik gaben, glaubten sie daran, daß sie ihre Stellung innerhalb dieser Politik als Plattform benutzen könnten für die Befreiung der Schwarzen in ganz Südafrika. Aber wer an diese Möglichkeit glaubt – und sie haben es wirklich geglaubt, sie haben verkündet, daß sie das ganze Apartheidsystem auf diese Weise von innen sabotieren könnten – also wer das glaubt, der unterschätzt die Afrikaner. Denn der Afrikaner ist äußerst schlau. Er benutzt die Homeland-Führer für seine Zwecke und hat sie völlig unter Kontrolle. Tatsache ist, daß der Afrikaner die Homeland-Führer benutzt und nicht umgekehrt.

Kaiser Mantanzima, der Führer der Transkei, hat mir selbst einmal erklärt – ich war früher befreundet mit ihm, aber das ist lange vorbei – er hat also erklärt: Ihr im ANC wollt die Freiheit für die Menschen; ich will sie auch. Ihr wollt diese Freiheit mit Blutvergießen erreichen, ich werde dasselbe auf friedlich Weise schaffen.

Nun – wie sieht die Wirklichkeit aus? Er hat jetzt nicht einmal die Freiheit für die Xhosas erreicht – von den anderen schwarzen Südafrikanern ganz zu schweigen. Im Gegenteil – die Xhosas sind eher endgültig durch die sogenannte «Unabhängigkeit» der Transkei zu Sklaven der weißen Regierung in Pretoria geworden. Uns wird zwar erzählt, daß die Transkei so fruchtbar ist, daß sie das Getreide für ganz Südafrika produzieren kann. Das mag ja wahr sein. Aber wer entwickelt denn die Landwirtschaft dort? Alle Xhosas im arbeitsfähigen Alter müssen in den Minen der Weißen arbeiten. Wenn sie in ihr Land heimkehren würden, um die Landwirtschaft der Transkei zu entwickeln, dann würde die Wirtschaft Südafrikas zusammenbrechen. Sie arbeiten also weiterhin als Wanderarbeiter in den Minen. Das verschweigt die weiße Regierung natürlich. Das gehört zu ihrer Politik.

Offiziell sind heute die Bürger der Transkei doch den südafrikanischen Gesetzen nicht mehr unterworfen. Wer kann sie hindern, die Minen zu verlassen und in die Transkei zurückzukehren?

NGAKANE: Wovon sollten sie dort leben? Sie könnten eines Tages von der Landwirtschaft leben – aber nicht bevor diese Landwirtschaft entwickelt worden ist. Um dort leben zu können, müßten sie zunächst einmal die Landwirtschaft entwickeln. Wie sollen sie das, bettelarm wie sie sind? Jahrzehntelang ist ihre Arbeitskraft in den Minen der Weißen ausgebeutet worden. Sie haben keinerlei Ersparnisse, keinerlei Kenntnisse moderner Methoden landwirtschaftlicher Produktion. Die müßten sie sich erst aneignen. Und dann – das Land ist, von einigen Ausnahmen abgesehen – Stammeseigentum. Und innerhalb dieser Struktur wird Eigeninitiative nicht gerade ermutigt. Erst wenn all diese Bedingungen geändert würden, hätte die Bevölkerung dort eine Chance, ökonomische Unabhängigkeit zu entwickeln.

Halten Sie eine schwarze Mehrheitsregierung zum jetzigen Zeitpunkt für möglich? Gibt es genügend qualifiziert ausgebildete Schwarze, um eine solche Regierung zu führen?

NGAKANE: Ich bin sicher, daß die schwarze Bevölkerung bereit und auch fähig ist für eine Mehrheitsregierung.

1854, also vor über 100 Jahren, wurde der Bevölkerung am Kap das Wahlrecht gewährt, gebunden an eine Bildungs- und Eigentumsqualifikation. Und keiner in diesem Land kann den Schwarzen nachsagen, sie hätten dieses Stimmrecht je mißbraucht. Die von ihnen Gewählten gehörten zu den Besten im südafrikanischen Parlament. Sie wählten Weiße, und sie wählten sie mit großem Verantwortungsbewußtsein. Sie gaben ihre Stimme nicht an irgendeinen, nur weil dieser eine große Wahlkampagne veranstaltete und ihnen große Versprechungen machte. 1936 dann, als der Native Representative Council gegründet wurde, ließ die weiße Regierung vier Abgeordnete der schwarzen Bevölkerung im Parlament der Kap-Provinz zu. Diese von der schwarzen Bevölkerung gewählten Abgeordneten waren ausgezeichnete Parlamentarier, zumindest waren sie weitaus fähiger als die meisten dieser weißen Farmer, die ins Parlament gelangten.

Wäre die junge schwarze Generation heute noch immer bereit, einen

Weißen zu wählen, wenn sie ihn für einen fähigen Mann halten würde?

NGAKANE: Ja – wenn sie ihn für einen fähigen Mann halten würde, ja.

Gibt es eine realistische Möglichkeit für solidarische Streiks? Durch Streik könnte man doch wahrscheinlich entscheidenden Druck auf die Regierung ausüben.

NGAKANE: Ja, das wäre möglich. Die wirkliche Macht des Schwarzen ist seine Arbeitskraft. Und das hat der Weiße natürlich immer genau gewußt. Deshalb hat er es den Schwarzen unmöglich gemacht, Gewerkschaften zu bilden. Anerkannte Gewerkschaftsorganisationen sind uns niemals erlaubt worden. Aber selbst ohne Gewerkschaften – wenn sich der Schwarze seiner Macht bewußt würde, der Macht, die er durch seine Arbeitskraft ausübt, dann könnte er eine Veränderung des Systems erzwingen. Zum Beispiel sagte neulich ein weißer Unternehmer, daß er durch den dreitägigen Streik der Soweto-Arbeiter nach dem 16. Juni den Profit von drei Monaten verloren hat!

Wenn diese Streikaktionen also auf einer Massenbasis weitergeführt würden, dann würde das zu einer Veränderung führen, weil die Taschen der Weißen leer werden würden.

Halten Sie es denn für möglich, daß solche Streikaktionen von der Stadt auch aufs Land übertragen werden könnten?

NGAKANE: Ja. Nach dem 16. Juni, nachdem die Kinder hier in Soweto mit dem Kampf begonnen hatten, bekamen wir zum Beispiel folgende Nachrichten aus Nord-Transvaal: Arbeiter – Männer und Frauen – hatten die Arbeit niedergelegt, waren nach Hause gegangen und hatten gesagt: Jetzt ist die Zeit gekommen. Es ist Zeit zum Protest. Dies ist die Stunde unserer Freiheit. Sie haben aufgehört zu arbeiten. Und das geschah in Nord-Transvaal.

Was – glauben Sie – ist noch genügend Geduld und genügend Zeit vorhanden für eine Lösung ohne Gewalt?

NGAKANE: Eine friedliche Lösung sehe ich persönlich für Südafrika nicht mehr. Es sei denn, es findet eine Revolution im Denken der Weißen statt. Diese Revolution müßte das Denken der Weißen von Grund auf verändern. Viele, viele Jahre lang haben wir nicht aufgehört zu sagen: Wir müssen zusammen leben, also laßt uns doch endlich zusammen leben! Es gab sogar eine Zeit, da haben wir gesagt: «Wenn ihr Angst habt, wir könnten euch überstimmen, dann gebt uns wenigstens ein qualifiziertes Wahlrecht.» Aber zu keiner Zeit war die weiße Regierung bereit, auf irgendeinen Vorschlag einzugehen. Sie ist auch heute nicht bereit, uns in irgendeiner Weise an der Regierung zu beteiligen. Die Weißen wollen die Kontrolle über das Land allein für sich behalten.

Wie könnte man diese Revolution, von der Sie sprechen, im Denken der Weißen in Gang setzen?

NGAKANE: Der Weiße wird sein Denken erst dann verändern, wenn er spürt, seine Position ist in Gefahr. Das ist der einzige Weg, ihn zum

Nachdenken zu zwingen.

Haben Sie persönlich niemals die Erfahrung gemacht, daß Sie einen Weißen zum Umdenken bringen konnten?

NGAKANE: Ich habe Weiße getroffen, mit denen ich sehr eng zusammengearbeitet habe, die sich von der Legitimität unseres politischen Anspruchs überzeugen ließen.

Aber sehen Sie, in diesem Land ist der Kontakt zwischen mir und dem Weißen praktisch nicht erlaubt. Da liegt das Problem.

Die Regierung, allen voran die Nationalisten, wünschen nicht, daß Weiße mit der afrikanischen Bevölkerung zusammenkommen. Sie fürchten, daß die afrikanische Bevölkerung die Weißen überzeugen könnte. Und deshalb halten sie ihre eigenen Leute mit allen Mitteln im Zustand der Ignoranz. Und diese Unwissenheit macht es den Weißen natürlich schwer, ihre Vorurteile zu revidieren. Sie kennen uns ja nicht.

Wir haben so gut wie keine Chancen, mit Afrikanern auf irgendeiner gesellschaftlich relevanten Ebene zusammenzutreffen. Wir treffen sie überhaupt nicht.

In ganz begrenztem Rahmen kommen wir mit weißen Jugendlichen zusammen und mit englischsprachigen Weißen, bei privaten Einladungen, bei Diskussionen und Gesprächen, in kleinen Gruppen. Aber mit Afrikanern niemals. Niemals, niemals.

Sehen Sie auch jetzt keine Chance, durch den politischen Druck der Soweto-Ereignisse mit dem Vorster-Regime in einen Dialog zu kommen?

NGAKANE: Schauen Sie, wir haben unter den Afrikanern Leute wie Beyers Naudé. Die Schwarzen lieben ihn, er wird angenommen als einer, der zu ihnen gehört. Seine eigenen Leute aber wollen ihn deshalb nicht mehr in ihrer Gesellschaft haben. Wenn Sie einem Afrikaner gegenüber nur den Namen von Dr. Beyers Naudé erwähnen, dann ist seine Antwort sofort: «Oh, der Teufel, bleiben Sie mir vom Hals mit diesem Teufel!» Sie nennen ihn einen Teufel: Beyers Naudé ist nämlich ein Mensch, der sich die Freiheit erlaubt, das Richtige zu denken und auch danach zu leben, und das ist: es führt ein einziger Weg zum Glück aller Menschen in Südafrika, nämlich daß wir uns zusammenfinden und als gleiche miteinander leben.

Als aber mein Sohn so etwas einmal zu einem Afrikaner sagte, war dessen Antwort nur: das hast du von den Kommunisten aufgeschnappt.

Ich erinnere mich an ein Gespräch mit einem Afrikaner während meiner Studentenzeit. Wir hatten niemals ein Wort miteinander gewechselt. Eines Tages nach einer Vorlesung sprach er mich beim Hinausgehen an: «Ich wünschte», sagte er, «ich hätte einen schwarzen Freund. Ich kenne dich nicht und du kennst mich nicht. Ich stehe auf der einen Seite der Mauer und du auf der anderen. Ich werfe Steine auf dich und du wirfst Steine auf mich, ohne daß wir beide uns jemals getroffen hätten, wie ein Mensch den anderen. Ich weiß nicht, was du denkst, ich weiß nur, was man mir erzählt, daß du es denkst.»

Meine Tochter hat etwas Ähnliches an der Universität erlebt. Sie war die einzige Schwarze in ihrer Klasse, sie studierte an der weißen Witwatersrand-Universität. Sie ist ein sehr kluges Mädchen, und sie gehörte zu den hervorragenden Studenten. Da war ein Afrikaner-Mädchen in ihrer Klasse, die sich zunächst immer ganz fern von ihr hielt. Mit der Zeit aber bekamen sie Kontakt miteinander, kamen einander immer näher, bis sie Freundinnen wurden. Eines Tages sagte dieses Mädchen zu meiner Tochter: «Du mußt wissen, daß ich nicht glücklich zu Hause bin mit meinen Eltern. Ich habe dich getroffen und wir sind Freundinnen geworden. Als ich meinen Eltern aber erzählt habe von dir, ihnen erzählt habe, daß es Menschen gibt wie dich, hat mein Vater gesagt: ‹Das ist unmöglich. Ich weiß, daß die Schwarzen alle Kriminelle sind.› Und als ich sagte: ‹Nein, Vater, ich habe eine schwarze Freundin, und sie ist besser als die meisten von uns›, da sagte er nur: ‹Du redest Unsinn!›»

Sehen Sie – das ist das Denken bei den Weißen, daß sie revolutionieren müssen!

Wird das noch ohne Blutvergießen möglich sein?

NGAKANE: Ich weiß es nicht. Ich sehe es nicht. Ich sehe es wirklich nicht. Wir haben es immer wieder versucht und haben gesagt: Laßt uns zusammenkommen. Sogar heute noch sagt John Vorster: es gibt keine Probleme in diesem Land. Sogar heute sagt Vorster so etwas immer noch. Sie glauben, daß sie mit ihrer Armee das schwarze Volk ewig unterdrükken können. Aber wie lange kann man das tun? Sie sehen selbst – unsere Kinder sind jetzt am Ende ihrer Geduld angelangt.

Rechtsanwalt, der in Kapstadt lebt und politische Gefangene verteidigt

ANWALT: Ich möchte Ihnen zuerst einen kurzen Überblick über einige der Gesetze geben, auf Grund derer ein Mensch hier aus politischen Gründen verhaftet werden kann.

Das wichtigste Staatssicherheitsgesetz hier in Südafrika ist das Terrorismusgesetz von 1967. Nach diesem Gesetz können Menschen vor Gericht des Terrorismus angeklagt werden auf Grund aller möglichen Aktionen. Wenn sie für schuldig befunden werden, haben sie eine Mindeststrafe von fünf Jahren Gefängnis zu verbüßen, die Höchststrafe ist Todesstrafe durch Erhängen.

Das Terrorismusgesetz wurde 1967 verabschiedet, geht aber auf 1962 zurück, es ist also mit anderen Worten ein rückwirkendes Gesetz.

Das trifft nur auf Sicherheitsgesetze und überhaupt auf politische Gesetze zu, daß sie rückwirkend verfaßt werden, und sie verstoßen damit gegen einen elementaren Grundsatz des Rechts, denn das Recht sagt, daß ein Gesetz erst wirksam werden darf vom Augenblick seiner Verabschiedung an.

Das Terrorismusgesetz jedoch ist in der Tat rückwirkend und das bedeutet, daß es einige Grundsätze des Rechts außer Kraft setzt. Tatsächlich sind Leute unter dem Terrorismusgesetz angeklagt worden wegen Handlungen, die sie vor Verabschiedung des Gesetzes getan haben. Und sie sind wegen dieser Handlungen zu Gefängnis verurteilt worden. Das Terrorismusgesetz erlaubt die Verhaftung nicht nur der Personen, die selbst des Terrorismus angeklagt werden, sondern auch aller Menschen, von denen man meint, sie könnten über Terroristen Informationen liefern. Es sind Hunderte und Tausende von Menschen unter dem Paragraphen 6 des Terrorismusgesetzes verhaftet worden, ein Paragraph, der es erlaubt, Menschen unbegrenzt, ohne Kontakt zur Außenwelt, festzuhalten.

Wenn zum Beispiel jemand unter dem Paragraph 6 des Terrorismusgesetzes verhaftet ist, dann ist es ihm nicht erlaubt, einen Rechtsanwalt zu sehen; es ist ihm nicht erlaubt, Kontakt zu Familienangehörigen zu haben. Er darf keine Kleidung geschickt bekommen, kein Essen, er darf praktisch gar nichts bekommen. Das einzige, was ihm zusteht, ist, daß er einmal innerhalb von zwei Wochen dem Magistrat vorgeführt wird, wenn das möglich ist, andernfalls ist er zu nichts berechtigt. Es sind Leute schon zwei Jahre und länger im Gefängnis festgehalten worden, ohne jeden Kontakt zu Familie, Rechtsanwalt oder Richter, ohne überhaupt zu wissen, was man ihnen vorwarf.

Als das Gesetz 1967 dem Parlament vorlag, gab es eine starke Opposition dagegen im ganzen Land. Die Oppositionsparteien protestierten sehr gegen das Gesetz. John Vorster, heute Premierminister, war damals Justizminister. Er sagte, daß man ganz unbesorgt sein könne, daß dieses Gesetz nicht gegen Südafrikaner angewendet werden würde, also nicht gegen Leute, die hier leben, sondern daß es nur für ausländische Terroristen bestimmt sei, die versuchen würden, mit Waffengewalt die Grenze zu überschreiten, nur für Personen, die tötende Gewalt anwenden würden, also für wirkliche Terroristen.

Es ist allerdings nicht überraschend, daß dieses Gesetz jedoch bisher noch nicht gegen einen einzigen Terroristen eingesetzt worden ist; es ist noch niemals gegen einen Menschen eingesetzt worden, auf den die Definition eines wirklichen Terroristen – wie man sich in der ganzen Welt auf eine solche Definition geeinigt hat – zutrifft. Es ist bisher nur benutzt worden gegen Leute, die ihre Stimme gegen die Politik der südafrikanischen Regierung erhoben haben, auch gegen die, die eine

Opposition mit ganz gewaltfreien Mitteln betreiben.

Zum Beispiel ist unter diesem Gesetz ein Junge mit Namen Mangena angeklagt worden. Er war achtzehn Jahre alt und hatte ein Gedicht geschrieben, in dem er die Apartheidpolitik dieses Landes verurteilte, ein achtzeiliges Gedicht. Er hatte es im Bus seiner Freundin überreicht, einem sechzehnjährigen Mädchen. Die Polizei erfuhr davon; weil er das Gedicht an jemanden weitergegeben hatte, bedeutete das für die Polizei, daß er es veröffentlicht hatte. Er wurde zu fünf Jahren Gefängnis verurteilt.

Im Moment gibt es einen Fall, in dem dreizehn Leute angeklagt sind. Gegen vier Leute wurde die Anklage inzwischen zurückgezogen, gegen die anderen neun wird im Moment verhandelt. Der Prozeß wird in Pretoria geführt, er ist beinahe beendet. Es sind neun junge Leute, im Schnitt 23 bis 24 Jahre alt. Sie sind Führer schwarzer Gruppen; zum Beispiel von BPC (Black People's Convention), SASO (South African Students Organisation), BAWU (Black Allied Workers Union), PET (People's Experimental Theatre), TECON (Theatre Council of Natal) und verschiedener anderer schwarzer Organisationen. Unter den Vorwürfen, die man gegen sie erhebt, ist nicht eine einzige Handlung, die mit Gewalt verbunden ist. Sie werden nicht beschuldigt, Waffen erhoben zu haben, Gebäude in Brand gesetzt oder Menschen angegriffen zu haben oder irgend etwas Derartiges getan zu haben. Sie werden lediglich angeklagt, weil sie gesagt haben, daß sich das schwarze Volk zusammentun und sich als geeinte Gruppe mit der Regierung auseinandersetzen muß und bestimmte Rechte verlangen muß.

Was ich Ihnen klarmachen möchte: Das Terrorismusgesetz richtet sich gegen politische Opposition, nicht gegen Terrorismus. Und alle Menschen, die unter dem Terrorismusgesetz angeklagt sind – vielleicht zwei oder drei Fälle ausgenommen – werden wegen solcher Dinge angeklagt, wie ich sie Ihnen eben erzählt habe, und eine ganze Menge von Leuten sind deswegen eingesperrt. Das Terrorismusgesetz muß als das härteste und schlimmste Gesetz gegen politische Opposition betrachtet werden, das es in der Welt überhaupt gibt. Im Moment werden Hunderte von ganz jungen Schwarzen, unter ihnen viele Kinder, in Gefängnissen in allen Teilen des Landes festgehalten. Ich habe keinen Zugang zu ihnen, obwohl ich viele von ihnen als Anwalt vertrete.

Das neueste Gesetz, das verabschiedet wurde, ist das Internal Security-Gesetz, das ist ein Gesetz, das dem Justizminister erlaubt, Menschen für sechs Monate im Gefängnis festzuhalten aus dem einzigen Grund, daß er der Meinung ist, daß die Handlungen dieser Menschen die öffentliche Ordnung berühren, die Sicherheit des Staates bedrohen. Für sechs Monate kann er sie einfach einsperren, braucht aber die Billigung des Präsidenten, wenn er diese Frist um weitere sechs Monate verlängern will. Natürlich kann er diese Zustimmung des Präsidenten leicht bekommen und kann also die Leute einsperren, so lange er will.

Die anderen Gesetze, unter denen der Minister eine Person verhaften lassen kann, sind: Paragraph 215 des General Law Amendmend-Gesetzes das Criminal Procedure-Gesetz, das sogenannte 180-Tage-Gesetz. Dieses Gesetz erlaubt dem Minister, eine Person bis zu 180 Tagen im Gefängnis einzusperren, ein Zeitraum, der jedoch unbegrenzt verlängert werden kann. Die Person muß nicht nach 180 Tagen entlassen werden.

Außerdem kann der Minister auch, wenn er der Meinung ist, jemand sei ein Zeuge, könne jedoch von anderen zur Zeugnisverweigerung überredet werden, dann kann er auch diesen Zeugen für 180 Tage in Haft nehmen. Also, auch wenn jemand überhaupt nichts getan hat, lediglich ein Zeuge ist, kann er für 180 Tage eingesperrt werden, ohne daß ihm erlaubt wird, einen Rechtsanwalt zu sehen, Familienangehörige, Freunde oder sonst jemanden. Und das ist, tatsächlich, schon oft passiert.

Dann gibt es noch Paragraph 22 des General Amendmend-Gesetzes, das eine Verhaftung von 14 Tagen erlaubt. Mit Hilfe dieses Gesetzes kann jeder für 14 Tage verhaftet werden. Wenn der Minister die Person länger halten will, braucht er wiederum die Genehmigung des Präsidenten. Üblich ist es, jemanden für 14 Tage einzusperren, und wenn man dann das Gefühl hat, daß er etwas getan hat, ihn dann unter dem Terrorismusgesetz weiterhin festzuhalten, einfach, indem man sagt: Ab sofort halten wir Sie unter dem Terroristengesetz fest. Sie können das ohne weiteres tun und sie tun das auch ohne weiteres.

Im Moment sind in Südafrika vorwiegend junge schwarze Führer der Black Consciousness-Gruppen im Gefängnis. So etwas, wie Black Power-Gruppen, scheint mir, gibt es in Südafrika überhaupt nicht. Es gibt eine Black Consciousness-Bewegung hier im Land, die daran arbeitet, daß die schwarze Bevölkerung ihre eigene Kraft, ihre eigenen Möglichkeiten entdeckt, die daran arbeitet, daß es zu Solidarität unter der schwarzen Bevölkerung kommt.

Und wenn ich das Wort «schwarz» definieren sollte, würde ich sagen: schwarz ist jeder Mensch in diesem Land, gegen den Gesetze erlassen sind, ohne daß dieser Mensch die Möglichkeit hat, zum Schutz das Parlament anzurufen. Das ist jeder, der nicht weiß ist. Die Black Consciousness-Bewegung betrachtet also jeden Menschen in Südafrika als schwarz, wenn er nicht weiß ist, ganz gleichgültig, welche Farbe er hat. Und hauptsächlich werden also Mitglieder dieser Black Consciousness-Bewegung in die Gefängnisse gebracht, Mitglieder einer Bewegung, deren Ziel eine multirassische Gesellschaft ist, zum Wohl aller Menschen, die in diesem Land leben. Und sie kämpfen um dieses Ziel mit gewaltfreien Mitteln. Sie wollen die schwarze Bevölkerung in einer solidarischen Gruppe zusammenschließen, damit sie als eine geeinte Gruppe ihre Forderungen an die Regierung stellen kann. Die Black Consciousness-Bewegung erkennt die Heimatländer (Homelands) nicht an und arbeitet außerhalb etablierter Organisationen.

Die Black Consciousness-Bewegung ist überzeugt, daß letztlich die Lösung der Probleme in diesem Land im Denken, in den Händen und Herzen der schwarzen Bevölkerung liegt. Der Weiße ist im Moment total irrelevant im Kampf der Schwarzen in diesem Land. In der gegenwärtigen Phase ist der Weiße Teil des Problems, nicht Teil der Lösung. Wenn jedoch Freiheit und Befreiung der Schwarzen gewonnen und erkämpft sein werden, dann wird in diesem Land Platz sein für jeden Südafrikaner, und ein Südafrikaner ist, wer in Südafrika geboren ist, ganz gleich, welche Farbe er hat, welche Nationalität, welche religiöse Überzeugung oder welches Geschlecht.

Black Consciousness also ist ein modus operandi, nicht eine endgültige Lösung. Es ist ein Weg zu einem Ziel, es ist ein Mittel zum Zweck, es ist eine Art, Dinge zu tun. Black Consciousness glaubt an die Würde des schwarzen Menschen, und der Schwarze fühlt, bevor man für die Befreiung kämpfen kann, bevor man Forderungen an die Regierung stellen kann, bevor man nach irgend etwas fragen kann, muß man zuerst in sich selbst hineinschauen und die eigenen Probleme lösen.

Schwarze müssen zusammen kämpfen, denn nur, wenn sie geeint sind, wenn sie als solidarische Gruppe sich dem weißen Regime entgegenstellen und ihre Forderungen erheben, können sie eine Veränderung erzwingen. Wenn jeder auf eigene Faust handelt, wenn einer ein Buthelezi ist, ein anderer ein Mangope, ein dritter Mantanzima, wenn einer für die Zulus spricht, ein anderer für die Xhosas, für die Inder oder die Farbigen, dann wird der Weiße weiterhin dieses Land nach dem Motto «teile und herrsche» regieren und die Schwarzen werden nichts erreichen.

Black Consciousness ist also einfach ein Mittel zum Ziel – nichts weiter. Es darf nicht verwechselt werden mit Black Consciousness oder Black Power in Amerika oder in anderen Ländern.

Die südafrikanische Situation ist einzigartig. Die Menschen sind einzigartig, die Geschichte ist einzigartig, die soziologische, historische und psychische Entwicklung der Menschen ist einzigartig; sie ist verschieden von jedem anderen Land der Welt. Und deshalb kann Südafrika mit keinem anderen Land verglichen werden. Es kann nicht mit Amerika verglichen werden aus dem einfachen Grund, weil dort die Schwarzen 10 Prozent der Bevölkerung ausmachen und die Struktur der Gesellschaft eine völlig andere ist als hier. Sie haben dort eine Verfassung, die die Rechte der Schwarzen schützt, anders als hier in Südafrika, wo 85 Prozent der Bevölkerung keinerlei Rechte haben. So also denkt der Schwarze. Er manifestiert Black Consciousness in den verschiedensten Formen: In Theologie, im Theater, in seiner Dichtung, seiner Literatur, in seinen Organisationen, seinen Selbsthilfe-Projekten, in Krankenhäusern, in allen möglichen Arten.

Es gibt in Südafrika viele Rechtsanwälte, annähernd 6000. Die Tragödie ist nur, daß nur etwa 200 dieser Rechtsanwälte Schwarze sind, und mit schwarz meine ich Afrikaner, Inder und Farbige. Es sind nur 200 im Vergleich zu etwa 5500 weißen Rechtsanwälten. Sie sehen also, daß das Verhältnis phantastisch ist. Wenn Sie in Rechnung stellen, daß über 5000 Anwälte sich um die Interessen von weniger als 4 Millionen Leute kümmern und daß 200 Anwälte sich um die Interessen von etwa 20 Millionen kümmern, dann können Sie das Problem verstehen.

Natürlich arbeitet eine große Zahl von weißen Anwälten angesichts der Rassengesetze für die Schwarzen. Daran gibt es gar keinen Zweifel. Und schwarze Anwälte können auch Weiße vertreten. Aber in der Praxis geschieht das selten. Nur wenige schwarze Anwälte vertreten Weiße, wohingegen viele weiße Anwälte Schwarze vertreten.

Die schwarzen Anwälte sind also überlastet mit Arbeit. Schwarze beginnen, mehr und mehr die Hilfe schwarzer Anwälte zu suchen, sie zu bitten, ihre Probleme zu lösen. Sie wollen keinen weißen Anwalt. Nicht weil sie glauben, er habe keine Sympathie für sie, nein; aber was sie von ihm trennt ist die Totalität der Erfahrungen, die nur ein Schwarzer in diesem Land machen kann. Ich gehe zum Beispiel zu einem weißen Anwalt: er versucht zu verstehen; er sympathisiert mit mir, er tut sein Bestes, er kämpft so hart und so gut er kann. Aber er kann nicht wirklich die Erfahrung nachvollziehen, die ein Schwarzer täglich macht in diesem Land. Er lebt nicht in Soweto. Er muß nicht diese Busse besteigen, er muß nicht ständig, jede Minute seines Lebens, mit der Frustration kämpfen. Er muß sich nicht rumschubsen lassen, sich nicht treten lassen von Weißen, sich nicht aus weißen Büros herauswerfen lassen. Und deshalb kann er die Erfahrung des Schwarzen niemals ganz teilen. Deshalb ist die schwarze Bevölkerung mehr und mehr in die Situation des Schwarzbewußtseins gedrängt worden.

Lassen Sie mich aber hinzufügen; es gibt sehr viel wichtige weiße Anwälte hier in Südafrika, die eine phantastische Arbeit in der schwarzen Gesellschaft leisten, das muß ich sagen. Es sind meine Kollegen, es sind meine Freunde, und ich erkenne ihre Arbeit durchaus an.

Wie ist die rechtliche Situation des schwarzen Bürgers im Kontext von Homeland und Township?

ANWALT: Die Regierung versucht zur Zeit, die Leute dazu zu zwingen, eine Bürgerschaft in einem Homeland anzunehmen. Sie tut das auf folgende Weise: Wenn ein Schwarzer heute irgend etwas tun will – offiziell –, dann muß er erst beweisen, daß er Bürger eines Homelands ist. Wenn er ein Haus mieten will, wenn er sein Kind registrieren lassen will, wenn er heiraten will, wenn er einen Job annehmen will oder ein Geschäft oder eine Praxis aufmachen will – was immer er tun will –, er muß der Behörde erst nachweisen, daß er die Bürgerschaft in einem Homeland beantragt hat. Er muß erst die Bürgerschaft in einem Homeland erworben haben, bevor er einen Job bekommen kann, sein Kind registrieren lassen kann, ein Haus mieten kann. So zwingt man die Menschen, eine Bürgerschaft anzunehmen, die sie gar nicht wollen.

Aber das Problem: Welchen Status haben die Menschen in den städtischen Gebieten? Im Gegensatz zum Status derjenigen aus den Homelands?

ANWALT: Die Lage der Menschen ist sehr sehr unsicher. Zum Beispiel: Wenn jemand ein Zulu ist, wenn er sein Kind registrieren lassen will, dann muß er in dem Antrag auf einen Geburtsschein für sein Kind sagen: Ich habe meine Staatsbürgerschaft in Zululand beantragt. Dann wird sein Kind registriert. Dieses Kind also bekommt Homeland-Bürgerschaft im Zululand, obwohl es in der Stadt geboren ist und dort aufwächst und niemanden in Zululand kennt. Die Menschen haben ein.Art Ausländerstatus in den städtischen Gebieten, weil ihre Arbeit hier gebraucht wird. Die Minen müssen ja ausgebeutet werden. Aber als ständiger Bürger ist der Schwarze hier nicht erwünscht. Die Weißen wollen die Schwarzen nur auf der Basis von Wanderarbeitern hier haben, Wanderarbeiter, die zwischen Homeland und Stadt hin- und herpendeln. Einen definierten Status werden sie nur im Homeland haben. Für eine vorübergehende Zeit werden sie hierherkommen, sie werden hier arbeiten und ihre besten Jahre weggeben, dann gehen sie zurück. Der Status in den städtischen Gebieten ist also folgender: Es ist ein zeitlich begrenzter Aufenthalt unter der Bedingung, daß man Bürger eines Homelands ist; es ist Arbeit und dann Rückkehr.

Wenn Sie im städtischen Gebiet leben und arbeiten und dann heiraten wollen, haben Sie dann das Recht, mit Ihrer Frau in der Stadt zusammen zu leben?

ANWALT: Nein, wenn die Frau aus dem Homeland stammt und keine Arbeitserlaubnis in der Stadt hat, dann haben sie kein Recht, mit ihr zusammen zu leben. Es gibt kein solches Recht. Es gibt Tausende und aber Tausende von Menschen, die hier ihr Leben in Junggesellenlagern gepfercht verbringen, obwohl sie verheiratet sind und Kinder haben. Sie sind Ehemann und Familienvater, aber sie leben allein, in einem Heim; sie arbeiten, dann gehen sie zurück in die Homelands – Hunderttausende.

Vor einem Anwalt gemachte Aussagen von Schülern der Morris Isaacson School, Soweto, über Folterungen während ihrer Haft

A, 19 Jahre

Am 22. Oktober 1976 wurde ich in der Morris Isaacson School vom Überfallkommando und Leuten der Sicherheitspolizei festgenommen. Es waren Schwarze und Weiße dabei. 76 von uns wurden festgenommen, auch Lehrer. Sie brachten uns nach Brotea. B war bei mir. Wir wurden in einem Zelt festgehalten und von der Polizei bewacht. Dann kamen sie und nahmen wahllos Leute zum Verhör heraus.

Ich wurde in einen der Räume geführt. Sie sagten mir, ich solle Namen von Vertrauensschülern und von Mitgliedern des Soweto Students Representative Council (SSRC) angeben. Anfangs bestritt ich, daß ich jemanden davon kenne. Darauf begannen sie, mich zu verprügeln. Es waren drei – zwei Weiße und ein Schwarzer. Die zwei Weißen schlugen mich, der Schwarze nicht. Sie waren vom Überfallkommando. Sie schlugen mir mit den Fäusten ins Gesicht. Dann schlugen sie mich mit einer Nilpferdpeitsche und einem dicken Gürtel am ganzen Körper. Nach dem Prügeln gab ich ihnen zwei Namen an. Einer befand sich schon in Haft, der andere hatte die Schule verlassen. Dann fragten sie mich über die Versammlung aus, die tags zuvor am 21. Oktober nach der Schule stattgefunden hatte. Ich sollte sagen, wer zu der Versammlung gesprochen hatte und was sie gesagt hatten. Nachdem ich das getan hatte, führten sie mich in einen anderen Raum, in dem sich Schüler befanden, die schon verhört worden waren. Einige davon hatten geschwollene Gesichter und waren zusammengeschlagen worden. Nach ein paar Stunden brachten sie uns auf eine andere Polizeistation. Wir waren etwa 30 Tage dort; dann brachten sie uns zurück nach Brotea. Dann verhörten sie uns wieder und ließen uns am selben Tag noch frei.

B, 20 Jahre

Ich war diese ganze Zeit mit A zusammen und wurde festgenommen und in Haft behalten wie er auch. Am ersten Tag meiner Haft wurde ich zum Verhör geführt. Es waren sechs weiße und ein schwarzer Polizist da. Sie fragten mich, wer Herr V. sei. Ich sagte, er sei der Premierminister von Südafrika. Sie sagten, ich solle keinen Blödsinn reden, V. sei genauso ein Schwein wie ich auch. Dann befahlen sie mir, mich auszuziehen, bis ich ganz nackt war. Sie nahmen dann einen kleinen nassen schwarzen Sack und legten ihn mir über den Kopf. Ich mußte auf ihren Befehl hin die ganze Zeit auf der Stelle laufen. Dann schnürte einer den Sack um meinen Hals, so daß ich hinfiel. Sie fragten mich, wo Khotso und weitere

Mitglieder des SSRC seien. Als ich hinfiel, wurde ich auf den Rücken geschlagen. Später, als der Sack weggenommen worden war, sah ich, wie einer von ihnen einen dicken weißen Plastikstock in der Hand hielt. Dann legten sie den Sack wieder über meinen Kopf und verprügelten mich noch dreimal. Ich sollte ihnen sagen, daß andere Schüler bestimmte Dinge getan hatten, aber ich tat es nicht. Dann stießen sie mich hin und her und traten mich mit den Füßen. Einer stieß mich zum anderen; der gab mir dann einen Tritt, daß ich beim nächsten landete. Sie nannten uns Kommunisten und Handlanger des Kommunismus. Ein weiterer weißer Polizist kam herein, warf mich gegen die Wand und legte seine Hände um meinen Hals. Dann drückte er fest zu. Er fragte mich, wo Tietsie während seiner Zeit im Untergrund gewesen war. Als ich sagte, daß ich es nicht wüßte, drückte er noch fester.

Später dann wurde ich auf eine andere Polizeistation gebracht, ebenso wie A. und die übrigen. Ich durfte meine Kleider wieder anziehen, bevor ich zu denen gebracht wurde, die schon verhört worden waren. Mein Rücken blutete und schmerzte rasend. Nachts konnte ich kaum schlafen. (D. zeigte uns seinen Rücken. Er hatte an sechs Stellen Narben. Einige davon waren etwa 20 Zentimeter lang, eine war breiter als drei Zentimeter. Das war 54 Tage nach seiner Mißhandlung.)

Etwa eine Woche später wurde ich wieder verhört. Sie ließen mich die Arme in die Luft strecken und stießen mich in den Magen und in die Rippen. Nachdem ich etwa einen Monat festgehalten worden war, wurde ich wieder freigelassen.

D, 18 Jahre

Ich wurde am 22. Oktober, am selben Tag wie A und B, festgenommen. Ich wurde in ein Zelt gesteckt und nach den Personalien gefragt. Dann verhörte mich die Polizei, vier Weiße und ein Schwarzer. Sie gaben mir jedoch keine Gelegenheit, auf ihre Fragen zu antworten. Sie schlugen mich mit den Fäusten und stießen mich mit den Füßen. Sie fragten mich über Tietsie, Khotso (Vorsitzende des SSRC von August bis Oktober 1976) und die übrigen. Einer der Polizisten sagte mir, ich solle mich ausziehen. Als ich mich hartnäckig weigerte, kamen sie alle herbei und schlugen mich zusammen. Sie stellten dabei nicht einmal mehr Fragen.

Als sie aufhörten, wurde ich auf eine andere Polizeistation gebracht. Zwei Tage darauf kamen sie wieder und brachten mich nach Brotea. Sie fragten mich, was ich in der Zeit nach dem Ausbruch der Unruhen gemacht habe und wollten mich dazu bringen zu sagen, ich sei bei Brandstiftungen beteiligt gewesen. Als ich dies verneinte, drohte einer von ihnen damit, mich zu erschießen, falls ich kein Geständnis ablegen würde. Dann legten sie mir Sachen auf den Kopf und gaben mir Schocks. Ich schrie und heulte. Als ich wieder aufstand, war ich benommen. Einer von ihnen sagte, ich solle auf dem Stuhl sitzen, aber dort, wo er hinzeigte, war kein Stuhl. Ich mußte auf einem imaginären Stuhl sitzen. Er sagte weiter, ich müsse dort zwei Stunden sitzen bleiben. Das war unmöglich. Ich fiel hin, und sie lachten. Ein weiterer Polizist kam herein und schlug mich mit einem Stock auf den Rücken. Sie zwangen mich, eine Erklärung zu unterschreiben und brachten mich auf die Polizeistation zurück. Nach 31 Tagen Haft wurde ich freigelassen.

E, 20 Jahre

Ich wurde am 22. Oktober mit A, B und C festgenommen und nach Brotea gebracht. Etwa um 9 Uhr 30 wurde ich zu einem Verhör in ein Büro gerufen. In dem Büro befanden sich ein weißer Polizist und ein schwarzer Mann, der aussagte, sein Sohn sei von der Polizei in seinem Hof erschossen worden. Der Polizist, der die Aussage zu Protokoll nahm, trat dann hinter mich und schlug mich auf den Kopf. Später wurde ich über das Begräbnis in Avalon (einer der drei Friedhöfe von Soweto) verhört, bei dem Autos verbrannt und Gebäude mit Steinen beworfen worden waren. Ich war nicht bei dem Begräbnis gewesen und versuchte, das 30 Minuten lang zu erklären. Der Polizist sagte mir auf afrikaans, ich würde Mist erzählen, aber er würde es mir schon zeigen. Er ging hinaus. Nach einiger Zeit kamen vier Sonderpolizisten (Special Branch). Sie verhörten mich nicht. Sie schlugen und stießen mich lediglich. Sie rissen mich hoch und warfen mich wieder hin. Sie prügelten mich etwa zehn Minuten lang und gingen dann wieder. (E zeigte uns eine Narbe auf seinem linken Schienbein, die etwa die Größe eines Zehn-Cent-Stückes hatte).

Später bemerkte ich, daß sie mein linkes Ohr verletzt hatten, denn seither kann ich nicht mehr richtig hören. Dann wurde ich wieder über das Begräbnis verhört und versuchte wieder deutlich zu machen, daß ich nicht dort war. Er drohte mir, ich müsse 180 Tage im Gefängnis bleiben. Er sagte, ich würde im Gefängnis verrotten und Selbstmord begehen. Er zeigt mir ein Loch und sagte, sie könnten mich erschießen und mich in das Loch werfen. Ich hatte Angst, denn ich wußte, daß sie so etwas tun. Er nahm sich einen Federhalter und sagte, ich müsse jetzt über das Begräbnis reden. Ich weigerte mich erneut, und er brachte mich darauf hin in einen anderen Büroraum, in dem sich vier Weiße aufhielten. Sie schlugen mich wieder auf den Körper, und ich schrie laut.

Ein anderer Polizist trat ein und sagte, der Justizminister sei im Haus, und sie sollten vorsichtig sein. Deshalb hörten sie auf zu schlagen und befahlen mir, mich in eine Ecke zu hocken. Es war gegen Mittag und sie begannen zu essen. Ich hörte einen Hubschrauber abheben, und sie fingen wieder an, mich auszufragen. Sie setzten mich auf einen Stuhl und stülpten einen Sack über meinen Kopf. Ich wurde mit Handgelenken und Knöcheln an den Stuhl gefesselt. Sie banden auch etwas an meinen Kopf. Ich hatte ein Gefühl, als würde ich mit Nadeln gestochen, und es tat sehr weh. Die Stiche waren im ganzen Körper zu spüren. Das Ganze dauerte 15 Minuten lang, dann wurde der Sack entfernt. Jetzt fragten sie mich wieder nach dem Begräbnis. Sie drohten mir, die Tortur nochmals eine Stunde lang durchzuführen. So sagte ich schließlich, ich sei bei der Beerdigung gewesen, obwohl das eine Lüge war. Sie begannen aufzuschreiben, was ich über das Begräbnis aussagte. Dann fragten sie mich, was ich selbst getan habe, und ich antwortete, ich habe nichts getan. Wieder stülpten sie mir den Sack über den Kopf und gaben mir noch mal 15 Minuten lang Elektroschocks. Als sie innehielten, sagte ich, ich hätte Steine geworfen. Das stimmte zwar nicht, aber aus Furcht sagte ich es trotzdem. Sie schrieben es auf, sagten, sie hätten, was sie wollten und ich könne gehen. Ich solle aber niemand etwas über meine Behandlung erzählen. Ich wurde dann zu dem anderen Polizeirevier zurückgebracht und blieb dort 32 Tage lang.

F, 20 Jahre

Ich wurde am 22. Oktober zusammen mit A, B, C und D festgenommen und unter den selben Bedingungen festgehalten. Als ich zum Verhör geholt wurde, riß einer der Polizisten einen Witz, und ich lachte. Er behauptete, ich lache ihn aus und ich wurde in ein leeres Zimmer gebracht, in dem nur ein Stuhl stand und wurde von fünf weißen Polizisten zusammengeschlagen. Sie behaupteten, ich wolle die Regierung stürzen. Sie wollten mich zwingen zuzugeben, daß ich das Haus von Credo Mutwa (ein bekannter Zauberdoktor – witch-doctor – in Soweto, dessen Haus angezündet worden war, weil er den Einsatz der Polizei befürwortet hatte) niedergebrannt habe. Aber ich gab es nicht zu, weil es nicht stimmte. Dann befragten sie mich über das Begräbnis von Mbatha (ein in der Haft verstorbener Student). Ich sagte, daß ich nicht dort war. Sie schlugen weiter auf mich ein. Sie fragten mich nach Vertrauensschülern an meiner Schule, und ich nannte ihnen Namen. Daraufhin befragten sie mich nach Mitgliedern des SSRC an meiner Schule und über Veranstaltungen, bei denen ich gewesen war.

Ich sagte ihnen, ich hätte an keiner Veranstaltung teilgenommen. Daraufhin schlugen sie mich zusammen. Sie fragten mich, warum ich überhaupt zur Schule gehe, und ich antwortete, ich hätte meine Prüfungsgebühren bezahlt. Dann schlugen sie mich wieder zusammen. Ich schrie auf. Sie stopften mir Zeitungspapier in den Mund. Sie fragten, was ich werden wolle, und ich sagte: Arzt. Sie sagten: «Wie Doctor Mathlare» (erster Vorsitzender der Schwarzen Elternvereinigung von Soweto), «er ist im Gefängnis.» Sie fragten mich auch nach Khotso, und ich sagte, daß ich ihn nie gesehen habe. Dann schlugen sie mich zusammen. Sie sagten, sie geben mir fünf Minuten, um darüber nachzudenken. Dann kamen sie zurück und fragten mich dasselbe noch einmal. Wieder sagte ich nein und wieder schlugen sie mich zusammen. Sie befahlen mir hinauszugehen, und ein Polizist folgte mir und prügelte mich mit einem Stock auf den Rücken. Ich wurde in ein anderes Zimmer gebracht, um dort auf meine Kameraden zu warten. Dann wurden wir in ein anderes Polizeirevier gebracht. Die Sonderpolizei (Special Branch) kam während der ersten Nacht jede halbe Stunde in die Zelle und ließ uns aufstehen und zusammenkommen. Wir konnten nicht schlafen. Nach drei Tagen wurden wir zurück nach Brotea gebracht. Ein Sonderpolizist sagte uns, wir würden nur zum Verprügeln dorthin gebracht und kämen dann wieder zurück. 28 von uns, darunter auch Lehrer, wurden in ein Zimmer gebracht und mußten sich dort aufstellen. Sie brachten mich in das Verhörzimmer und befahlen, mich auszuziehen. Ich tat es und mußte mich dann auf einen Stuhl setzen, an den ich mit den Handgelenken festgebunden wurde. Sie setzten mir eine Art Mütze auf. Ich konnte nichts sehen, was es genau war. Dann stopften sie mir ein nasses Stück Stoff in den Mund. Dann spürte ich Elektroschocks in meinem Körper. Nach fünf Minuten hörten die Elektroschocks auf und sie fragten mich, ob ich bereit sei, die Wahrheit zu sagen. Ich bejahte die Frage. Dann begannen die Elektroschocks von neuem und wurden wieder unterbrochen. Sie fragten mich nach der ersten Demonstration am 16. Juni. Ich sagte ihnen, ich sei in der Schule gewesen und bei Beginn der Demonstration nach Hause gegangen. Sie fragten mich, warum ich nicht mitgemacht habe. Ich sagte, ich habe kein Afrikaans in der Schule und die Sache sei deshalb uninteressant für mich. Sie fragten mich, warum ich nicht an den Versammlungen teilgenommen habe, und ich antwortete, ich hätte mich nicht interessiert, weil sie nachmittags gewesen seien.

Sie fragten mich, warum ich keine Schuluniform getragen habe, als ich in die Schule ging, und ich antwortete: Aus Furcht, von der Polizei erschossen zu werden. Ich sei nach dem 16. Juni fünf Tage lang nicht in die Schule gegangen, weil keine Lehrer da waren. Ich sei auch nicht in die Stadt gegangen oder nach New Canada marschiert.

Ich wollte mit diesem Marsch nichts zu tun haben. Daraufhin brachten sie mich zurück in das andere Polizeirevier. Insgesamt wurde ich 14 Tage festgehalten. Ich verlangte nach einem Arzt, aber ich bekam nie einen zu Gesicht.

C, 18 Jahre (Molapo-Schule)

Ich wurde am 29. Oktober in Zeerust (im westlichen Transvaal) von drei Leuten der Sicherheitspolizei festgenommen, als ich dort gerade meine Tante besuchte. Sie sagten, ich sei in Soweto dabeigewesen. Sie nahmen noch jemand fest, der auch bei meiner Tante war. Wir wurden in die Zellen an der Grenze zu Bophutha Tswana eingeliefert. Das war so um 9 Uhr 30 morgens. Am Tag darauf wurden wir sehr früh zur Polizeistation in Zeerust gebracht. Dort fragten sie uns über Tsietsie aus. Wir sagten, wir wüßten nichts von ihm. Dann wurde ich in eine Dunkelzelle gebracht und dort zwei Tage lang gelassen. Dann brachten sie mich in ein kleines Amtszimmer und fragten mich nach Tsietsie. Es war dort ein Wandspiegel, in den ich hineinschauen mußte. Ich sagte, ich wisse von nichts. Plötzlich kam ein Lichtblitz aus dem Spiegel. Ich wurde vor Furcht ohnmächtig. In meiner Zelle wachte ich wieder auf. Zwei Tage darauf kamen zwei Weiße und ein Schwarzer herein. Sie fragten mich nach Tsietsie und Khotso. Ich sagte, ich wisse nichts. Dann gaben sie mir Elektroschocks. Sie legten etwas, das so aussah wie elektrische Kontakte, aber keine Zinken hatte, an meine Handgelenke. Es war sehr schmerzhaft. Ich heulte.

Ich wurde noch etwa eine Woche festgehalten. Sie setzten sich mit Brotea und Soweto in Verbindung, um zu erfahren, ob ich dort gesucht würde. Dann wurde ich nach Brotea zurückgebracht. Ich mußte eine Erklärung schreiben. Sie nahmen meine Fingerabdrücke und schrieben meine Adresse auf. Dann ließen sie mich gehen. Sie sagten mir noch, ich müsse mich amtlich melden, falls ich Soweto verlassen wollte und daß ich nicht nach Swaziland, Lesotho und Botswana gehen dürfe.

Diskussion mit Jugendlichen aus Soweto. In einer weißen Vorstadt von Johannesburg

A.: Es wird irgend etwas passieren müssen, was ein bißchen weißes Blut kostet. Es wird jetzt darüber diskutiert, ob man weiße Vorstädte angreifen sollte. Ich weiß nicht, wie das gehen sollte, ich bin mir noch nicht klar darüber. Was wir wollen, ist, die weiße Wirtschaft durch unsere Angriffe treffen, nicht die weißen Wohnhäuser. Wenn wir die Wirtschaft auch nur ein bißchen lähmen könnten, dann würden die Topmanager vielleicht mit Vorster reden.

Erwartet ihr irgendwelche politische Veränderung durch Vorster? Daß man Druck auf ihn ausübt und er dann eine Änderung in Gang setzt, sie überhaupt in Gang setzen kann?

A.: Das ist natürlich nur ein Aspekt der ganzen Operation. Natürlich sind noch andere Schritte nötig bis hin zu dem Punkt, an dem es eine direkte Konfrontation geben wird. Aber wenn Vorster seinen Sinn ändern würde – wirklich ändern würde – dann wäre noch Raum für eine Veränderung in diesem Land. Aber er hat natürlich auch Rücksicht zu nehmen auf die Nationalisten. Wir allerdings wissen genau, was wir wollen. Und wir werden uns mit irgendwelchen Konzessionen und Kompromissen nicht mehr abspeisen lassen; darauf fallen wir nicht mehr herein. Konzessionen ist nicht das, was wir wollen.

G.: Ich glaube, wenn wir also in die weißen Vorstädte kommen, dann werden die Menschen dort merken, daß etwas Entscheidendes passiert. Solange sich alles in Soweto oder in der City von Johannesburg abspielt, werden sie sich letztlich doch noch immer sicher fühlen. Ich habe darüber mit Freunden in Soweto gesprochen. Nicht einmal dort hat man gemerkt, daß eine Revolution im Gange ist, bis zu dem Augenblick, wo vor den eigenen Augen die Verwandten und Freunde erschossen wurden, wo man die Menschen, die man liebte, verloren hatte. Auch in Soweto also haben die Menschen erst dann begonnen zu verstehen, als man sie unmittelbar geschlagen hat, auf sie geschossen hat. Dann fühlten sie, daß etwas im Gange ist. Wenn man es nur in der Zeitung liest, begreift man es nicht wirklich, man fühlt es nicht, bevor einen der Schlag direkt trifft. Ihr müßt davon ausgehen, daß die meisten Menschen keine Ahnung haben, was los ist. Die meisten Weißen sehen einfach eine wildgewordene Menge von jungen Leuten, einen «Mob» in Soweto und sie sehen ein paar verrückte Studenten in die Stadt marschieren. Mehr sehen sie nicht und mehr wissen sie auch nicht. Deshalb sagen sie: erschießt sie doch alle!

Aber ich glaube, wenn man diese Vorgänge auf die weißen Vorstädte übertragen könnte, dann könnte man sie erschüttern. Dann erst werden sie merken, was vor sich geht. Wenn man also in die weißen Vorstädte eindringen könnte, dann würden die Menschen am eigenen Leib fühlen, was es heißt, die Menschen, die man liebt, zu verlieren. Dann könnten sie sich vielleicht noch verändern, ehe es zum Krieg kommen muß. Vielleicht würde es sie dazu bringen, selbst Widerstand zu leisten und mit Vorster zu reden. Vielleicht könnte dadurch das große Blutvergießen verhindert werden. Vielleicht könnte dann noch eine Veränderung in Gang gesetzt werden.

A.: Wir haben keinen Einfluß; die Weißen glauben, für uns denken zu müssen und durch diesen Hochmut sind sie an dem Punkt angelangt, an dem sie sich heute befinden.

Alles, was jetzt passiert, ist nur der Anfang, wir haben nur den Kurs bestimmt, den wir steuern wollen. Die Zukunft wirft ihre Schatten schon voraus.

R.: Ich würde in der jetzigen Phase lieber in einer weißen Vorstadt sterben als in Soweto. Und ich will euch auch sagen warum: unsere Kinder in Soweto haben genug Blut gesehen, während die Kinder in den weißen Vorstädten nichts anderes sehen als Swimming-pools, Tennisbälle, Teddybären, Fernsehen und all diese Dinge. Ich würde also lieber in dem Garten eines weißen Hauses sterben und die Kinder des Weißen mitansehen lassen, wie ich sterbe. Ich meine das nicht auf der individuellen Ebene. Das ist doch alles in Soweto und in den anderen Townships passiert. Die Leute sind auf der Straße marschiert und sind erschossen worden. Ich spreche ja gerade vom Gesichtspunkt eurer Kinder aus. Denn das bekümmert mich. Unsere Kinder sind gezwungen worden, täglich Menschen sterben zu sehen.

Wenn dasselbe in den weißen Vorstädten passiert, wenn dort jeden Tag Schwarze erschossen werden, dann werden die weißen Kinder in der gleichen Weise leiden, wie unsere Kinder gelitten haben. Und wenn die Kinder das nicht selbst erleben, dann die Frauen, die tagsüber in diesen Gebieten bleiben; sie und ihre Kinder werden die gleiche Erfahrung machen wie unsere Kinder.

Und was die Frage von Schußwaffen angeht – dagegen sind wir nirgends hier im Land geschützt, auch in Soweto nicht. Das ist überall das gleiche. Ob wir nun hierher in die weißen Vorstädte marschieren und hier erschossen werden oder in Soweto – das macht doch keinen Unterschied. Der einzige Unterschied ist, daß wir an einem anderen Platz sterben werden. Das ist alles. Wir sind in Soweto nicht sicher. Und hier sind wir es auch nicht. Es ist also alles gleich.

E.: In Soweto schießt die Polizei sehr rücksichtslos. Man trifft ständig auf Hippos (gepanzerte Wagen der Polizei), und die Polizei schießt oft auf jeden, den sie auf der Straße sieht, sogar auf die Leute, die sich innerhalb der Umzäunung ihres Hauses befinden. Wann immer irgendwo ein Hippo auftaucht, laufen die Leute entsetzt weg und suchen Schutz. Aber wenn dasselbe in einer weißen Vorstadt passieren würde, dann würde die Polizei natürlich nicht rücksichtslos schießen. Dann könnte ja eine Kugel aus Versehen einen Weißen treffen. Das ist eben der Unterschied.

Aber die Regierung wird sich nicht ändern. Sie werden alles, was wir tun, interpretieren, wie sie es wollen, sie werden alles umdrehen.

Wenn sie sich dazu entschließen, jedem Weißen das Recht zuzugestehen, jeden Schwarzen niederzuschießen, dann wird es zu einer direkten Konfrontation kommen. Deshalb sagte ich, daß wir uns darauf einstellen müssen. Gegenwärtig befinden wir uns in einer Phase, in der wir den Krieg vor uns haben, wir werden eine andere Phase erreichen, in der wir mitten im Krieg sein werden. Aber es gibt eine geringe Chance, daß die Regierung zwischen diesen beiden Phasen zur Einsicht kommt, sich wirklich ändert, sich bedroht fühlt und einsehen wird, daß die einzige Alternative zum Krieg sein wird, den Menschen die elementaren Grundrechte zuzugestehen. Grundsätzlich wünscht sich die Bevölkerung von Südafrika gleiche Rechte für alle, für Schwarze und Weiße. Ich persönlich würde ganz von der Farbe absehen, ich würde einen Weißen wählen, wenn ich ihn für den besten Premierminister halten würde, und ich würde einen Schwarzen wählen, wenn ich ihn für besser halten würde. Das ist keine Frage der Farbe. Aber die Regierung macht die Farbe zum Problem.

H.: Ich unterschätze nicht, welchen Effekt es auf die Menschen haben könnte, in die weißen Vorstädte einzudringen, und ich identifiziere mich ganz und gar mit der Sache unseres Volkes. Wenn ich es für richtig halten würde, würde ich zu Fuß bis hier in die Vorstädte marschieren. Aber glaubt ihr nicht auch, daß es viel sinnvoller wäre, in die City von Johannesburg zu gehen, in die großen Zentren, wo alle Geschäfte und Firmen und Banken konzentriert sind, wo alle Leute zusammenkommen aus allen Gegenden, wo also auch alle Bewohner aller Vorstädte anwesend sind? Sollten wir nicht lieber dort angreifen? Ich habe das Gefühl, daß das viel sinnvoller wäre. Öffentliche Gebäude mitten in der City abzubrennen, das kann einen starken Effekt haben. Es würde sogar der wirtschaftlichen Stabilität schaden. So viele Menschen, Weiße, sind in der Stadt versammelt, laufen dort ständig hin und her, viel mehr als in den Vorstädten. In der Vorstadt finde ich nur wieder meine eigene Mutter, die dort die Rolle des Kindermädchens spielt, die Kinder wäscht und sie umsorgt. Die Kinder sind in der Schule, die ganz kleinen im Kindergarten, es ist fast niemand zu Hause in den weißen Vorstädten. Alle sind in der City. Wir wissen genau, wann die meisten Leute dort sind, wann sie einkaufen und ihre Geschäfte erledigen. Und wenn es dann Lärm gibt, irgendwelchen ungewöhnlichen Lärm, dann wird jeder schnell raus auf die Straße kommen, um zu sehen, was los ist. Und wenn die Polizei dann Tränengas wirft – denn ich glaube nicht, daß sie schießen wird mitten in Johannesburg City –, dann wird also jeder betroffen sein, nicht nur wir; die Geschäftsleute zu allererst. Sie werden betroffen sein. Was immer wir also in der City tun werden, es wird nicht nur die Schwarzen treffen, es wird die Weißen in Mitleidenschaft ziehen. Wenn wir zum Beispiel hier in die Vorstädte kommen – das ist schwer, das Gebiet ist viel zu groß und übersichtlich. Es gibt ungefähr 1000 Häuser hier. Die Abstände zwischen den Häusern sind groß. Die Polizei kann uns sehr leicht umzingeln hier. Wie sollen wir dann wieder raus und nach Hause kommen? Die Polizei wird einfach alles abriegeln, das ganze Gebiet; und es wird noch nicht einmal wirklich was genützt haben, daß wir uns in diese Situation begeben haben. In der Stadt wird alles effektiver sein, es gibt so viele Fluchtmöglichkeiten dort, man kann in Nebenstraßen ausweichen, in ein Taxi steigen oder sonst was Ähnliches tun. Aber hier können sie uns umzingeln und uns dann angreifen, und nur ein paar Leute werden das mitkriegen. Alles, was die Polizei uns antun wird, kann ganz leicht geheim gehalten werden, wenn es in den Vorstädten passiert.

K.: Im Gegensatz zu dir finde ich es am sinnvollsten, in die Vorstädte zu gehen. Wir können uns hier im ganzen Viertel verteilen.

R.: Ja, wir haben ja gesehen, wie die Weißen unsere Frauen und Kinder angegriffen haben. Hier in der Vorstadt sind die Weißen zu Hause. Das ist ihr Heim. Und genau hier muß man sie angreifen. Ihre Autos müssen zerstört werden, ihre Häuser werden zerstört werden, sie werden die verlieren, die sie lieben. Mir scheint es besser, hierherzukommen und all das zu zerstören, an dem ihr Herz hängt. Das ist besser, als ihre Büros zu zerstören, wo sie arbeiten. Das würde sie gar nicht so sehr kümmern. Wenn sie aber nach Hause kommen aus ihrem Büro, werden sie plötzlich erleben, daß sie kein Zuhause mehr haben.

P.: Ja, ich glaube, wenn wir es so machen, werden wir unser Ziel erreichen. Ich würde nicht in die City gehen wollen, die ist viel zu sehr von Polizei gesichert. Wenn wir hier zuschlagen, wo die Menschen leben, dann kann es sein, daß Vorster nachgibt. Wir werden genau dorthin gehen, wo sein Sohn ist oder sein Enkel. Vorster wird nachgeben. Die Vorstädte anzugreifen, damit können wir am allermeisten erreichen.

H.: Ich hab ein bißchen das Gefühl, daß Euch bei dem, was Ihr jetzt diskutiert, der Gedanke an Rache leitet. Ihr wollt zerstören, was der weiße Mann besitzt.

Aber darum geht es doch gar nicht. Geht es nicht ganz allein darum, die Regierung dahinzubringen, ihre Politik zu ändern? Sind wir uns einig darüber? Ja, Ihr habt recht, man hat unsere Kinder in eine fürchterliche Situation hineingezwungen; es ist furchtbar, daß man sie zwingt, Menschen sterben zu sehen, daß man ihnen solche Angst macht, daß sie schon mit Entsetzen weglaufen, wenn sie nur ein Auto schnell vorbeifahren sehen. Aber bitte, laßt uns trotzdem versuchen, nur an die Sache zu denken, um die es wirklich geht. Laßt uns nicht wie die Afrikaner (Buren) handeln, die sich nur von Gefühlen leiten lassen, die immer das Gefühl haben, Boss sein zu müssen. Bei allem, was wir tun, müssen wir strategisch vorgehen, wir müssen unser Ziel im Auge haben, und unser Ziel ist einzig und allein, einen Regierungswandel herbeizuzwingen.

Wir haben genug gesehen; genug erlebt. Wir haben viel zu viele Menschen sterben gesehen. Laßt uns sterben, Freunde, aber laßt uns sterben, indem wir damit etwas erreicht haben. Ich wäre nicht sehr glücklich, wenn ich verhaftet würde, nur weil ich einen Weißen geschlagen habe. Das ist zuwenig. Laßt uns die Sache bedenken, die wir erreichen wollen; laßt uns dafür sorgen, daß das Blut, das vergossen wird, für die richtige Sache vergossen wird, für etwas, das uns weiterbringt. Nicht für die Befriedigung von Rache.

Wir wissen viel zu genau, wie unmenschlich die Weißen sind; das wissen wir nicht erst jetzt, seitdem in Soweto geschossen wird, seit langer, langer Zeit haben sie uns schon getötet. Sie haben uns mit vielen Dingen getötet, nicht nur mit Waffen.

Jetzt laßt uns ganz gesammelt sein, laßt uns etwas tun, das einen Sinn hat, von dem etwas Neues ausgehen kann, das ein Anfang sein kann. Laßt uns gut organisiert sein. Ihr habt vorhin selbst zugegeben, daß der letzte *stay-away* und der letzte Marsch ein wenig ungeordnet waren. Und außerdem dürfen wir nicht vergessen, in welche Vorstadt wir auch gehen, man wird es vorher wissen. Wir werden am Straßenrand ein paar Autos finden, geparkt, die schon auf uns warten.

E.: Das ist in der City dasselbe. Wenn wir nur ihre wirtschaftliche

Sicherheit stören – das Land ist so reich – wenn wir nur ihre Autos zerstören – das wird ihnen gar nicht so viel ausmachen. Sie werden ein neues kaufen. Damit können wir sie nicht treffen, mit finanziellem Schaden.

H.: Ich – wenn, wenn – ich denke an Plätze wie X-Street, und von dort in alle Richtungen. Das sind die Orte, an denen produziert wird.

R.: Das Problem mit der City ist: sie haben dort so ungeheuere Sicherheitsmaßnahmen; so furchtbar viele Geheimpolizei. Du kannst nicht eine Straße überqueren, ohne eine Gruppe von Weißen zu treffen, die kurze Hosen anhaben, und du kannst in kein Büro gehen, ohne dabei auf eine Gruppe von Weißen zu stoßen, die Overalls anhaben, als ob sie Arbeiter wären. Die Polizei ist unsichtbar überall anwesend.

Aber wenn wir in die Vorstädte kommen, dann ist das anders. Und wir sind ja nicht nur daran interessiert, der Wirtschaft des Landes Schaden zuzufügen, sondern wir wollen die Menschen zwingen, uns zuzuhören, sich dessen bewußt zu werden, daß wir eine Änderung verlangen, daß wir unsere Rechte wollen.

K.: In die weiße Vorstadt zu kommen, ist sehr leicht. Sie können nicht jeden stoppen, der dahin will. Zum Beispiel arbeitet meine Mutter in einer weißen Vorstadt, und an dem Tag, an dem wir Weiße dort getötet haben, werde ich in ihrem Raum schlafen.

A.: O nein, wenn du das tust, werden sie dich töten.

H.: Zwei Tage, bevor wir etwas planen und organisieren, weiß es die Polizei schon alles im voraus. Mir ist ganz klar –

E.: Wieso kommst du dann darauf, daß wir in die City gehen sollten? Wenn sie doch alles im voraus wissen, werden sie uns dort auch aufhalten. Dann müssen wir prinzipiell mit all diesen Dingen aufhören. Aber ich bin nicht bereit, aufzuhören mit dem Kampf.

H.: Ich bin mir gar nicht endgültig schlüssig, ich mache nur meine Vorschläge. In der City – jeder ist dort. Es ist überhaupt nicht auffallend, wenn eine große Zahl von Leuten dort herumläuft.

E. (ganz aufgeregt): Ja, aber in den Vorstädten leben sie. Da wohnen sie. Da sind sie. Und da sind ihre Kinder. Und viele von unseren eigenen Leuten aus Soweto sind auch dort, die dort arbeiten. Da gibt es gar kein Problem.

A.: Unglücklicherweise sind Kindergärten die leichteste Zielscheibe. Unschuldige Kinder zu töten . . . für eine gute Sache . . .

E. (aufgeregt): Nein, für mich sind sie nicht unschuldig. Man hat ihnen schon beigebracht, daß ein Schwarzer ein Tier ist, den man so behandeln kann, wie man uns behandelt. Wenn wir die Kindergärten treffen, werden wir unsere zukünftigen Unterdrücker treffen.

H.: Das ist wirklich eine große Schwierigkeit. Wenn wir in die Kindergärten gehen und die Kinder töten, dann werden die Leute sagen: Vorster, diese Leute haben unsere Kinder getötet. Geht nach Soweto und schießt sie alle tot! Und Vorster wird sehr glücklich sein, wenn wir ihm diesen Vorwand liefern, das tun zu können.

E.: Was tun zu können?

H.: Uns alle töten zu können. Er wird daraufhin eine halbe Million Menschen umbringen können, ohne daß Protest erhoben wird.

K.: Ich will euch was erzählen. Sie verriegelten die Klassenräume, dann riefen sie die Polizei. Die kam und begann zu schießen. In den Räumen. Es gibt gar keine Diskussion darüber. Sie haben uns getötet. Immer schon. Seit langer, langer Zeit. Was willst du also?

H.: Was ich sagen will –

K.: Sie töten uns doch, was willst du eigentlich? Wir werden sie auch töten!

E.: Für einen Weißen, der getötet wird, werden gleich vier Schwarze verhaftet.

H.: Siehst du, Tatsache ist, daß die Schwarzen in einer schrecklichen Situation sind. Sie werden einfach geopfert. Wir alle hier wissen das, die ganze Gruppe. Wir helfen diesen Leuten ja, deren Angehörige erschossen werden. Wir versuchen, sie zu trösten und die Beerdigungen für sie zu arrangieren. Aber worum es geht, ist doch: laßt uns meinetwegen sterben, aber laßt uns doch sterben, indem wir etwas Sinnvolles erreicht haben. Meinetwegen in den Vorstädten. Das ist gleichgültig. Aber wir müssen immer ganz genau wissen, warum wir Tod verursachen; es darf nicht für etwas sein, das überflüssig ist. Tod dürfen wir nicht herbeiführen, wenn es nicht notwendig ist. Gut, laßt Menschen sterben. Ja, vielleicht ist es notwendig. Auch wir sind bereit zu sterben. Aber laßt uns für etwas Gutes sterben.

E.: Mein Gott, wir haben doch schon alles in Soweto versucht. Wir haben ihre Büros abgebrannt, die Bierstuben, wir haben doch alles versucht, sie aufzuwecken. Du sagtest, mit der Zerstörung ihres Eigentums könnte man sie zur Besinnung bringen? Hat das denn irgend etwas bewirkt? Hat das ihrer Wirtschaft geschadet? Nein!

K.: Während des letzten *stay aways* – was ist passiert? Sie haben einfach geschossen. Ohne daß etwas passiert war von unserer Seite. Einige Kugeln gingen durch die Fenster und haben ganz unschuldige Menschen getötet, in ihrem eigenen Haus. Ich glaube also, wir sind gar nicht sicher. Nirgends. Ob wir nun für eine gute Sache sterben, indem wir etwas Sinnvolles erreicht haben – darum kann ich mir nicht ernsthaft Gedanken machen, worum ich mich wirklich sorge –

H.: Du wirst auf die Straße gehen und etwas tun, das ist besser, als sitzen und nichts tun. Du kannst nicht einfach tatenlos dem Tod entgegengehen. Du hast gesagt – ob wir nun – ob wir sterben – schau, was ich sagen will – laßt uns nicht einfach frustriert sein, laßt uns um Gottes willen an die Sache denken, die wir vorantreiben wollen.

R.: Was um Himmels willen sollen wir denn tun? Was meinst du denn mit «an die Sache denken»?

H.: Das ist eine gute Frage. Sie muß beantwortet werden. Die Antwort ist: Laßt uns sterben. Aber laßt uns bedenken: Was können wir damit erreichen? Ich bin nicht gegen eure Pläne, indem ich euch meine Einwände sage. Laßt uns in ein endgültiges Stadium eintreten, wenn wir das tun, was wir vorhaben. Es ist noch nicht einmal notwendig, daß wir den Mob organisieren, den Aufstand. Ich glaube, wir paar Leute hier, die wir hier sind, wir können sehr effektive Dinge tun, sehr, sehr effektive Dinge; wir können unendlich viel erreichen. Es kommt auf die Strategie an. Danach hat auch Martin Luther King gehandelt: sehr strategisch. Alles war sehr gut organisiert, es war ein sehr gut organisierter Marsch, den er initiiert hat.

R.: Amerika ist etwas ganz anderes.

H.: Ja, natürlich. Aber laß mich doch antworten. Wenn du sagst, ob wir nun sterben oder nicht, es ist ganz gleich, wie wir sterben – das bedeutet, du gibst dich diesen Leuten völlig in die Hand, getötet zu werden –

R.: Ja, ich will zugeben, ich bin frustriert, ich bin hier in Südafrika frustriert, da kann ich gar nichts gegen tun. Ich kann mir nicht helfen. Ich bin frustriert, wenn ich hier sitze, ich bin frustriert, weil ich nicht weiß, was geschehen wird, wenn ich nach Hause fahre. Ich weiß nicht, wer jetzt in diesem Moment vielleicht draußen steht und auf mich wartet. Ich bin mißtrauisch. Ich traue nicht einmal diesem Tonband, das da läuft. Ich weiß nicht, was mit diesem Tonband geschieht. Ich kann mir einfach nicht helfen – ich bin frustriert.

Ich habe ein Paßbuch – ich habe kein Essen zu Hause, ich habe keine Decken – es ist kalt zu Hause – es gibt kein elektrisches Licht bei mir zu Hause – ich kann leider nichts dagegen tun – ich bin frustriert. Also, die Frage von Frustration ist etwas, das wir nicht diskutieren können.

Schauen Sie, ich kann mit Ihnen im selben Büro arbeiten, aber Sie haben einfach einen besseren Lebensstandard in diesem Land, einfach deshalb, weil Sie weiß sind. Und ich besitze überhaupt nichts in diesem Land, einfach weil ich schwarz bin. Also, ich kann einfach nicht anders, als frustriert sein.

A.: Laßt mich etwas klarstellen. Verwechselt nicht zwei verschiedene Dinge miteinander.

Woran wir die ganze Zeit gearbeitet haben, ist, eine elementare Änderung in diesem Land zu erreichen, damit uns die Unterdrückung nicht endgültig kaputt macht. Verwechselt das bitte nicht mit Befreiung. Befreiung ist etwas anderes. Wenn wir in Begriffen von Befreiung reden, dann ist das eine direkte Konfrontation mit der Regierung, und das meint einen wirklichen Krieg. Worum es wirklich geht, ist nicht die Hautfarbe, wenn man von Befreiung redet. Aber unsere Unterdrückung hier basiert tatsächlich auf Hautfarbe. Wenn wir also von Veränderung reden, reden wir in Begriffen von Schwarz und Weiß.

Was wir also getan haben – wir haben Bierhallen in Brand gesetzt, Verwaltungsbüros, wir sind in die Stadt marschiert, haben Plakate zerrissen – das alles haben wir getan, um eine elementare Veränderung zu fordern, nicht um zu töten, sondern um Leben zu erhalten; wir hatten nur eine grundsätzliche Änderung gefordert, die es uns ermöglicht, am Leben zu bleiben. Aber damit sind wir noch nicht zu den Tatsachen vorgestoßen, die uns wirklich befreien würden. Bisher haben wir nur von Befreiung gesprochen. Wir wollen unser Land wiedergewinnen, denn historisch gesehen ist es unser Land. Das weiß der Afrikaaner (Bure) sehr genau, daß dies unser Land ist. Deshalb hat er Angst davor, uns irgendwelche Rechte zu geben. Also werft diese Dinge nicht durcheinander – Veränderung und Befreiung.

E.: Ich glaube immer noch, daß Streiks, *stay aways*, koordiniert im ganzen Land, eine ungeheure Wirkung haben würden. Es wird die Wirtschaft so berühren, es wird das Denken der Weißen berühren, und es wird also notgedrungen auch die Regierung berühren müssen.

A.: Schau, 1952 gab es eine Kampagne der Verweigerung, im ganzen Land, organisiert vom ANC. Diese Kampagne hat durch passive, gewaltlose Verweigerung gegen die unterdrückerischen Gesetze im Land gekämpft. Sie war gut organisiert und im ganzen Land unterstützt. Da die Regierung aber auf diese Art von Widerstand überhaupt nicht reagiert hat, bedeutet das doch, daß es keinen Raum mehr gibt für Änderung durch passiven Widerstand.

Die Regierung hat kundgetan, daß sie niemals auf die Stimme eines schwarzen Mannes hören wird, es sei denn, diese Stimme ist mit Gewalt verbunden. Das ist die Erfahrung des Schwarzen. Und nun glaubt er eben, daß er nur mit Gewalt die Weißen in irgendeiner Weise anrühren kann, das wird effektiver sein, das wird etwas erreichen. Nur deshalb denken wir doch in solchen Begriffen wie Kindergärten und weiße Mütter. Sie werden es sein, die die Regierung zwingen werden, sich zu ändern. Sie werden mit der Regierung reden und es sie fühlen lassen, was los ist.

E.: Eine der Schwierigkeiten, die ich sehe, ist – lange haben wir geglaubt, daß das Beste, was wir zur Lösung unserer Probleme tun können, ist, uns hinzusetzen an einen Tisch und zu diskutieren, aber nichts ist dabei herausgekommen. Es wäre natürlich die beste Lösung gewesen, miteinander zu reden. Aber das ist gescheitert, alles, was gewaltlos war, ist gescheitert. Und nun bleibt uns nichts anderes mehr, als zu den verfassungswidrigen Mitteln von Gegengewalt zu greifen; denn sogar indem wir über das Diskutierte diskutieren, indem wir frustriert sind durch die Erfolglosigkeit des Diskutierens, merken wir, daß nichts uns mehr voranbringen kann, nur noch der Griff nach der Waffe. Nichts anderes.

Wie lange haben wir geredet? Diskutiert? Geplant? Dies oder jenes? Konzessionen gemacht, die nutzlos waren? Und niemals damit auch nur die elementarsten Grundrechte gewonnen? Was hat es genützt? Was nützt das alles?

H.: Was ich gerne beantwortet haben möchte: wenn wir uns danach sehnen zu sterben, aus dem einfachen Grund, weil viele gestorben sind, dann wird der Tod etwas sein, das immer wiederkehren wird, endlos, ohne Ziel.

E.: Ich glaube, das ist etwas, daß dir ganz klar sein sollte, indem du da sitzt und sprichst, ist eine Todesdrohung ständig über dir, jederzeit.

H.: Wir sind übriggeblieben, wir sind nicht gestorben.

E.: Wir können noch sterben, jeden Tag.

H.: Nicht, als ob wir deshalb ein glücklicheres Los hätten, weil wir übriggeblieben sind.

Ja, es kann sein, daß wir Glück haben, in einem Sinn – wir sind in der guten Lage, planen zu können, unseren Tod planen zu können, daß er oder der nächste Tod sinnvoll sein könnte, daß etwas durch ihn erreicht werden kann, daß der nächste Tod nicht mehr notwendig sein muß. Ich sage damit nicht, daß all die anderen sinnlos gestorben sind, weil ihr Tod nicht geplant war.

E.: Die Erfahrung hat uns gezeigt, daß sie durch Tod nicht erschüttert werden konnten.

A.: In der Geschichte unseres Volkes war Gewaltlosigkeit immer das Grundprinzip. Immer haben wir uns darauf verpflichtet gefühlt, bis zu einem extremen Ausmaß. Aber wir haben nun alle Mittel der Gewaltlosigkeit erschöpft, und wir haben nur noch wenig Zeit. Wir haben Jahr um Jahr gebetet, Leben um Leben haben wir damit verschwendet.

Wir haben Leben verschwendet, glaubt es mir, Gewaltlosigkeit kann keine Änderung mehr bringen. Wir sind daran gescheitert. Wir sollten nicht mehr in Begriffen von Gewaltlosigkeit reden und denken, wir sollten Gewalt nicht mehr beschwichtigen, das Entstehen von Gewalt nicht mehr verhindern. Wenn es zur Gewalt kommt, sollte es offene, erklärte Gewalt sein.

H.: Die Gewalt, die ich meine, sollte strategisch benutzt werden, daß sie einen Effekt erzielt. Sie sollte erreichen, daß, wenn denn jemand sterben muß, die Zurückbleibenden durch diesen Tod einen Schritt weiterkommen. Ich meine, das ist besser, als einfach zu sterben, nur so, im Bett erschossen werden von Polizeikugeln. Also laßt uns etwas tun, das Sinn hat –

E.: Das ist genau der Punkt – seit dem 16. Juni bis heute hat die schwarze Bevölkerung keine Gewalt angewendet – wenn wir das Wort Gewalt richtig verstehen. Sie sind friedlich marschiert. Polizei kam, sie brauchte Gewalt, sie hat geschossen. Und die Menschen liefen weg. Aber für die Weißen ist das eine keine Gewalt und das andere keine Gegengewalt. Die Menschen sind marschiert. Friedlich. Und sie machten das Friedenszeichen. Jeder kennt es und weiß, daß es das Zeichen für Frieden ist. Ich mach dieses Zeichen auch. Aber sie haben einfach angefangen zu schießen. Wenn wir über Gewalt sprechen – wir haben überhaupt noch niemals Gewalt gebraucht, wir sind noch nicht einen Zoll weit in Richtung Gewalt gegangen, bisher. Wenn es zu Gewalt kommt, ist das etwas ganz anderes. Gewalt bedeutet, töten. Bisher haben wir noch niemals Gewalt angewendet.

Wie sicher sind wir in Soweto? Wenn sie die Armee einsetzen? Sie können jeden töten, jeden in Soweto. Sie können sogar Wasser dazu gebrauchen, vergiftetes Wasser. Dann werden wir sterben.

R.: Sie werden das tun.

H.: Natürlich werden sie es tun.

R.: Wir wissen ganz genau, warum man uns nicht zum Militärdienst heranzieht. Warum man uns so getrennt hält.

H.: Das wissen wir alle. Noch einmal: laßt uns an die Sache denken. Wir haben nicht mehr viel Zeit. Wir kennen die Vergangenheit genau. Wir wissen, was geschehen ist. Laßt uns etwas Neues aufbauen. Laßt uns Dinge tun, die etwas Neues bewirken, laßt uns nicht immer wieder die Vergangenheit wiederholen.

Gisela Albrecht

Der Aufstand in den Köpfen. Steve Biko und die Bewegung der Black Consciousness

«Wir werden uns selber führen – sei es ins Meer, sei es zu den Gipfeln der Berge oder in die Einöde der Wüste. Aber wir wollen mit Weißen nichts zu tun haben.

Und keinen Versuch, uns an der Entfaltung unserer menschlichen Persönlichkeit zu hindern, werden wir am Ende dieses Weges mehr dulden.

Wenn wir das erreicht haben, werden wir wissen, daß der wirkliche Mensch in der schwarzen Person durchzuscheinen beginnt.» (Steve Biko)

Als sich am 16. Juni 1976 etwa 20 000 schwarze Schüler vor einer ihrer Schulen in Soweto zum Protest gegen die weiße Regierung versammelten, haben sie wahr gemacht, was fünf Jahre zuvor Steve Biko angekündigt hatte: Sie haben ihren Weg selbst gewählt und sie haben sich auch durch Polizeigewalt nicht hindern lassen, ihn weiterzugehen. Sie haben keinen Zweifel daran gelassen, daß sie tatsächlich bereit sind, bis in die Einöde der Wüste zu gehen, um ihr Selbstbewußtsein als Schwarze gegen die Unterdrückung durch Weiße zu verteidigen. Sie haben sich töten lassen. Sie sind ins Gefängnis gegangen. Sie sind hingegangen und haben sich benommen wie Menschen, die frei sind, zu tun, was sie für richtig halten. Damit haben sie den Aufstand ausgelöst. Denn in Südafrika ist es unerhört, wenn Schwarze so tun, als ob sie freie Menschen wären. Daß sie es trotzdem getan haben, daß sie unbekümmert darum, ob man es ihnen erlaubt oder nicht, auf ihrer Freiheit bestanden haben, wird vielleicht das erstarrte Verhältnis zwischen Schwarzen und Weißen aufbrechen können. Denn wenn jemand sich von Herrschaft befreit, kann das nicht ohne Rückwirkung bleiben auf den Herrschenden.

«Wir wollen mit Weißen nichts zu tun haben» – Südafrikas Weiße haben Grund, nachzudenken über die Folgen, die diese kühle Feststellung des jungen schwarzen südafrikanischen Politikers Steve Biko nicht nur für die politische Struktur der südafrikanischen Gesellschaft haben wird, sondern auch für sie selbst. Zum erstenmal sind sie Objekt eines Geschehens, dessen Urheber sie bisher gewesen sind. Seit drei Jahrhunderten haben sie sich als Subjekte der Geschichte in Südafrika erfahren; sie haben den Schwarzen unterworfen und ausgeschlossen, zugegeben, sie haben auch für ihn gesorgt, aber – im guten oder im schlechten – sie haben an ihm gehandelt. Jetzt haben die Schwarzen begonnen, selbst zu handeln, und die Weißen haben es hinnehmen müssen, nicht mehr gefragt zu werden. Mit Waffengewalt und wirtschaftlicher Überlegenheit haben sie den Schwarzen ausbeuten, zurückdrängen, erniedrigen können. Sie haben ihn sogar bis zur Entstellung seiner selbst manipulieren und kontrollieren können, ihn zum «Boy» herabsetzen können, zum «Wilden», zum «Bantu» und zum «Eingeborenen» – das alles haben sie tausendfach getan, denn dieses Bild vom Schwarzen geistert in ihren Köpfen – die psychische und geistige Offenheit seines frei von ihm definierten Selbstbewußtseins jedoch können sie nicht erzwingen. Und das ist die Erfahrung, die sich ihnen in den Worten der jungen Schwarzen ankündigt, die sich um die Parole «Black Consciousness» – «Schwarzes Selbstbewußtsein» sammeln, eine Erfahrung, die nicht ohne Folgen für ihr eigenes Selbstbewußtsein, ihre eigene Identität in ihrer Rolle als «Boss» bleiben kann, da ihre Herrschaftsrolle unabdingbar an die Übernahme der Knechtsrolle durch den Schwarzen gebunden ist. Die Zurückweisung des Weißen durch den Schwarzen signalisiert also dem Weißen nicht nur eine Revolution im Denken und Handeln der Schwarzen – das auch, denn seit 1912, seit der Gründung des ANC, hatten die Schwarzen unermüdlich auf den Dialog mit den Weißen gehofft –, sondern gleichzeitig einen Prozeß der Veränderung seiner selbst.

Und doch, wie begrüßenswert auch immer sogar einigen Weißen eine Bewegung innerhalb der im Rassismus erstarrten südafrikanischen Gesellschaft scheinen mag: Black Consciousness – Schwarzes Selbstbewußtsein – wie unverhüllt rassistisch das in den Ohren der Weißen klingt. Verletzt nehmen gutwillige Weiße die Darlegungen über Black Consciousness zur Kenntnis, die 1971 eine Gruppe junger schwarzer Studenten unter ihrem Wortführer Steve Biko bei Gründung ihrer rein schwarzen Studentenorganisation SASO formulieren:

«Dem weißen Mann muß klargemacht werden, daß man entweder Teil des Problems oder Teil seiner Lösung ist. Der Weiße hat sich in diesem Zusammenhang durch die Privilegien, die ihm zugestanden wurden, und durch die fortgesetzte Beibehaltung eines oppressiven Regimes als Teil des Problems bestimmt. Deshalb sind wir überzeugt, daß der Weiße bei allen Angelegenheiten, die den Kampf um die Lösung des Problems betreffen, ausgeschlossen werden muß.»

Aber damit nicht genug. Hören wir weiter zu, wie fünf Jahre später die Kinder von Soweto ihren Kampf erklären: «Der Schwarze hat die Erfahrung gemacht, daß der Weiße niemals auf die Stimme eines Schwarzen hört, es sei denn, diese Stimme ist mit Gewalt verbunden. Der Schwarze hat begonnen einzusehen, daß das weiße Südafrika Gewalt braucht. Man hat uns das Land mit Blutvergießen weggenommen, wir werden es mit Blut zurückgewinnen.»

Ein entrüsteter Aufschrei wird die Weißen bei solchen Worten vereinen. «Wie recht wir hatten, uns vor der Gewalt der Schwarzen durch strenge Herrschaft zu schützen» – werden die einen sagen und sich bestätigt fühlen. «Was für niedrige Rachegefühle» – werden die anderen abgestoßen denken, und die dritten werden es resigniert für den unabänderlichen Gang der Geschichte halten, daß unweigerlich auf Aktion Reaktion folgt. Und nichts wäre naheliegender als das. Denn tatsächlich – «Schwarzes Selbstbewußtsein» – ist das nicht lediglich ein Reflex, mit dem der Schwarze sich gegen weiße Überlegenheit zu wehren sucht? Hat nun das weiße Südafrika endlich erreicht, was es seit Jahrzehnten provoziert hat? Vor 12 Jahren warnte Freimut Duve, daß sich die rassistische Politik in Südafrika einen rassistischen Gegenpol schaffen würde. Ist das nun geschehen? Hat das weiße Südafrika endlich den Rassismus der Schwarzen heraufbeschworen, diese psychologisch fast notwendige Reaktion auf den weißen Rassismus, der nicht aufgehört hat, die Menschen in Südafrika nach ihrer Hautfarbe zu teilen? Haben die Schwarzen begonnen, den Spieß umzudrehen, den Weißen den Spiegel vorzuhalten in der Nachahmung ihrer Unmenschlichkeit? Haben sie sich nur als gelehrige Schüler erwiesen, haben sie noch nachträglich ihre Rolle der Abhängigkeit nun besiegelt, in dem sie sich haben zum Gegenzug zwingen lassen? «Wir wollen mit Weißen nichts zu tun haben» – ist das ihre Antwort auf das geduldige Bemühen der Liberalen, die ihnen klarzumachen versucht haben, daß nur ein Absehen von der Hautfarbe die Überwindung des Rassismus und den Ausweg aus dem südafrikanischen Dilemma bringen kann? Baut sich der Schwarze, indem er diese gutgemeinten Ratschläge in den Wind schlägt und nun seinerseits auf seine Hautfarbe pocht, nun nicht sein eigenes Getto, unfreier als das, von dem er Befreiung suchte?

Mit Gleichmut schauen die Schwarzen zu, wie «Black Consciousness» unter dem Blick der Weißen in «schwarzen Rassismus» sich wandelt. «Der Weiße kann nicht anders», sagen sie schulterzuckend, «immer und überall verfällt er der Projektion seiner selbst.» Und nüchtern stellen sie richtig: Black Consciousness ist kein Gegenrassismus, keine endgültige Lösung. Nur ein modus operandi, ein Weg zum Ziel, wie in einem Gespräch ruhig ein Rechtsanwalt zu mir sagt. Das ist schwer zu verstehen für uns Weiße. Dieses skandalöse Betonen des Schwarzseins, ist denn das etwas anderes als der zornige Protest gegen das erdrückende Weiß Südafrikas, etwas anderes, als das trotzige Auftrumpfen des Ohnmächtigen, seine erträumte Selbstbehauptung in der Niederlage? Nein – das gerade nicht. Black Consciousness ist kein Protest. Ist nicht auf die Weißen bezogen. Auch nicht negativ. So interessant sind die Weißen nicht mehr. Verständnislos schauen einen die Schwarzen an, wenn man sie nach ihrem Verhältnis zu den Weißen befragt. Auch ich habe das immer wieder beschwörend getan. Leidenschaftslos und etwas kühl ihre Antwort: «Der Weiße ist im Moment total irrelevant im Kampf der Schwarzen in diesem Land.» Aber auch ein solcher Satz ganz ohne Ressentiment, ohne Aggression. Nur die sachliche Feststellung eines Tatbestandes, der nicht verletzend gemeint ist. Eher kam die Antwort ein bißchen nachsichtig, wie wenn einer geduldig Nachhilfeunterricht erteilt. Die Phase der geistigen Auseinandersetzung mit den Weißen scheint vorbei zu sein. Sie sind mit ihren Gedanken ganz woanders: bei sich selbst. Eine ganz alltägliche, aber symptomatische Erfahrung hatte 1968 diesen Rückzug der Schwarzen von den Weißen ausgelöst. Auf einer Konferenz der gemischtrassigen Studentenorganisation NUSAS hatten die weißen Studenten progressive Reden gehalten, hatten sich zum Anwalt der Sache der Schwarzen gemacht und waren abends in ihre Villen zurückgekehrt, während die schwarzen Kommilitonen sich in ihr Getto zurückbegeben mußten. Die Gemeinsamkeit des multirassischen Vorgehens blieb verbal und ließ den Schwarzen in der existentiellen Erfahrung der Unterdrückung allein. Das haben die Schwarzen konstatiert und haben die Konsequenz daraus gezogen. Sie haben in ihre schwarze Solidarität alle die einbezogen, die von der Unterdrückung betroffen sind: Schwarze, Inder und Farbige – und haben damit erstmals eine Einheit dieser Gruppen hergestellt.

Zugegeben: Das Wort «schwarz» irritiert als Attribut von Bewußtsein. Wir Weißen haben wohlweislich auf so etwas immer verzichtet. Wir haben niemals von «weißem Bewußtsein» gesprochen. Natürlich haben wir in Begriffen von *white power* gedacht und gehandelt. Aber das Aussprechen dieses Begriffs haben wir den Folterbeamten in den Gefängnissen überlassen. Kwezie K. berichtet von seinem Verhör in einem Johannesburger Gefängnis durch zwei weiße Beamte: «Du mußt niederknien, und dann geben sie sich die Hand und schreien *white power*! Und dann mußt du *white power* anbeten, und wenn du das nicht tust, dann schlagen sie dich zusammen.»

Belastet mit Illusionen über uns selbst, war uns der Begriff «menschlich» zur Bezeichnung unseres Bewußtseins gerade gut genug.

Die Schwarzen haben mehr Sinn für Tatsachen. Sie stellen sich ihrer Realität illusionsloser als die Weißen: Der nicht erreichten Totalität, dem Vorläufigen, dem Noch-Nicht. «Schwarzes» Selbstbewußtsein ist das offene Eingeständnis partiellen Mangels an der Identität der gesuchten Menschlichkeit, ist die Konzession an die Apartheid-Gesellschaft, die Einsicht, daß in der Praxis der Apartheid die Hautfarbe – die schwarze wie die weiße – zum Grund von Entstellung von Menschlichkeit geworden ist, daß Menschlichkeit in der Apartheid-Gesellschaft neu gewonnen werden kann nur in der Konfrontation mit ihr, also mit dem sie begründenden weißen Rassismus, als Antithese zu diesem. Und das heißt: Die äußere Erscheinungsform von Menschlichkeit innerhalb der Apartheid-Gesellschaft kommt von ihrem antithetischen Charakter nicht los und erscheint als Bewußtsein des Schwarzseins. Daß das nicht die Spontaneität ihrer Menschlichkeit ist, wissen die Schwarzen; deshalb ist ihnen Menschlichkeit in der Apartheid-Gesellschaft Ziel und nicht erfahrene Realität. Die Schlüsselworte ihrer Theorie hellen das auf: Black Consciousness ist «keine endgültige Lösung», ist «ein Weg zum Ziel» und «am Ende dieses Weges werden wir wissen, daß der wirkliche Mensch in der schwarzen Person durchzuscheinen beginnt».

Das meinen sie ernst. Sie idealisieren und mystifizieren nichts. Sie wissen, daß die Menschlichkeit der unterdrückten Massen verkrüppelt ist bis hin zum moralischen Verfall: zu Diebstahl, Lüge, Kriminalität. Can Themba, schwarzer Journalist aus Soweto, beschreibt schon vor Jahren den Mechanismus der Deformation, der durch methodische Benachteiligung in der Apartheid-Gesellschaft hervorgerufen wird: «In der Hierarchie der Arbeiterschaft bekommt der schwarze Arbeiter immer noch weniger als der weiße. Wie bessert er sein Einkommen auf? Bei den nicht-europäischen Arbeitern scheint fast ohne Ausnahme das Motto zu gelten: ‹Du bezahlst mich schlecht, ich bestehl dich gut . . .› Es ist hier nicht wichtig, daß die Afrikaner stehlen: das ist eine abgedroschene nichtssagende Feststellung. Die schreckliche Wahrheit ist vielmehr, daß eine ganze Gesellschaft, daß Schwarz und Weiß auf den blasphemischen Grundsatz eingeschworen ist: ‹Was Gott nicht sieht, kann der Mensch durchgehen lassen›.»

Was sie erkannt haben: Der Prozeß des Verlustes von Identität macht nicht halt bei diesen Stationen äußeren Verfalls. Sie sind nur die Symptome von Zerstörung, die tiefer geht als die äußere Desintegration. Die Weißen haben sich mit offener Unterwerfung und materieller Beraubung nicht zufriedengegeben. Sie haben nicht nur Land weggenommen, nicht nur Gettos aufgerichtet und Rassengesetze verhängt, sie haben nicht nur ein politisches System ausgedacht, das den Schwarzen zum Ausländer im eigenen Land macht, ihm die Bürgerrechte verweigert, seine Familien auseinanderreißt – sie haben, was vielleicht das Schlimmste war, den Menschen schwarzer Hautfarbe «die Freiheit zu denken, weggenommen», wie Flory K., Arbeiterin aus Kapstadt, sagt. «Es tut mir leid, das sagen zu müssen, aber die meisten Weißen haben niemals realisiert, daß Gott sichtbar wird auch in dem Geist schwarzer Menschen und sie waren immer die einzigen, die alles wußten und uns sagen mußten, was wir zu tun hätten.» Damit erkennen die Schwarzen die Apartheid als Ideologie, die einer ganzen Rasse das ebenbürtige Menschsein abstreitet und sie decken den Grund dafür auf: der Glaube des Weißen an seine gottgegebene Überlegenheit.

Sich sein Selbstbewußtsein zurückzugewinnen trotz der herrschenden Ideologie von seiner Minderwertigkeit war für den Schwarzen nicht leicht. Geblendet von der Tüchtigkeit und dem Wohlstand des Weißen, drängte sich ihm das eigene Elend als subjektives Versagen auf. Er konnte sich dem Vergleich mit dem Weißen nicht entziehen, denn er sah nur die Oberfläche: auf der Seite des Weißen helle Häuser, weißgekleidete Menschen auf Tennisplätzen, saubere und glückliche Kinder, blühende Gärten mit Springbrunnen – und er sieht auf der anderen Seite sich selbst: er hat nicht einmal Wasser im Haus zum Waschen, von Wasser für Blumen ganz zu schweigen, er ist eingeschlossen in Monotonie, Enge und Schmutz. Und er hört die Weißen sagen, wie jene Hausfrau aus Soweto es beschreibt: «Der Schwarze wäscht sich nicht, er ist unsauber, er stinkt.» Er hört den Urteilen über sich zu und sieht, daß sie wahr sind. Seine Umgebung ist schmutzig, seine Straßen voller Müll, seine Kinder oft verwahrlost, die Kriminalitätsrate hoch in Soweto. Wie soll er sich dagegen wehren, daß Weiß als Hautfarbe für ihn zum Symbol für Helligkeit und Licht wird? Und wie soll er sich dagegen wehren, daraus die Schlußfolgerung zu ziehen, an die eigene Minderwertigkeit zu glauben, die Überlegenheit des Weißen aus eigener Einsicht zu akzeptieren und so endlich durch freiwillige Unterwerfung zum Komplicen des Weißen zu werden, indem er diesem das Herrsein ständig bestätigt? Er kann sich nicht wehren. Er hat keine Möglichkeit, die Entstehung der Rangordnung zwischen sich und dem Weißen nachzuvollziehen und als das zu erkennen, was sie ist: als Resultat eines Systems, das die Helligkeit und das Licht der weißen Welt auf der Dunkelheit und dem Schatten der schwarzen aufbaut. Er kann nicht erkennen, daß es seine Arbeit ist, die diese Helligkeit mitgeschaffen hat. Ihm fehlt der freie Zugang zur Bildung – er bekommt eine eigens für ihn entworfene «Bantu-Erziehung», die ihm das Bild des Weißen von seiner Geschichte vermittelt – ihm fehlt Raum – seine Häuser sind überfüllt, er ist niemals allein – und ihm fehlt Zeit – der Kampf um das physische Überleben seiner großen Familie hält ihn in Atem; die Muße, die er brauchen würde, um seine eigene Geschichte zurückzuverfolgen bis dorthin, wo sie stehenblieb, als sich der Weiße ihrer bemächtigte, hat er nicht. Und selbst wenn er Zeit hätte und Raum und Bildung – wie soll er eine Geschichte rekonstruieren, die nicht stattgefunden hat? Eine Geschichte, deren freie Entfaltung abbrach in dem Moment, als der Weiße Gesetze über ihn verhängte, an deren Zustandekommen er keinen Anteil hatte, Gesetze, die ihm seine Geschichte vorschrieben, da sie ihm nur die Alternative ließen, in die Illegalität auszuweichen oder den Weg zu gehen, den man für ihn bestimmte? Wie soll er sich nun nach 300 Jahren an die Freiheit und Würde seiner ursprünglichen Existenz erinnern, in der er seine Geschichte selbst bestimmte, wie soll er sich den Menschen ausmalen, der er geworden wäre, wenn nicht fremde Herrschaft ihn in eine Richtung gezwungen hätte, die er selbst nicht gewählt hätte? Wie soll er wissen – und wie können die Weißen wissen – wer er geworden wäre, wenn man ihm erlaubt hätte, den aufgezwungenen Weg selbständig fortzusetzen, Technik und Zivilisation der Weißen frei mit seiner eigenen Vergangenheit zu verbinden, wenn ihn nicht ständig die Mißachtung seiner Menschenwürde durch die Rassengesetze begrenzt und gedemütigt hätte? Tatsächlich erfährt er sein Schwarzsein in der Apartheid-Gesellschaft nur als Verhängnis, auf Grund dessen er ausgestoßen und dem Gesetz ausgeliefert ist, wie denn auch der Rechtsanwalt aus Kapstadt nicht die Hautfarbe, sondern diese Auslieferung zum Kriterium des Schwarzseins macht: «Schwarz ist jeder Mensch in diesem Land, gegen den Gesetze erlassen sind, ohne daß dieser Mensch die Möglichkeit hätte, zum Schutz das Parlament anzurufen. Das ist jeder, der nicht weiß ist, ganz gleichgültig, welche Hautfarbe er hat.» Wie soll der Schwarze einschätzen, mit welchem Verlust an Menschlichkeit der Weiße seine Herrschaft bezahlt? Er hat keine Möglichkeit, seine Illusionen über den Weißen zu korrigieren. Er kennt ihn ja nicht. Getrennte Restaurants, Kinos, Theater und Clubs, getrennte Taxis, Busse und Eisenbahn, getrennte Toiletten und Badestrände und Gottesdienste, getrennte Schulen und Universitäten – wie soll eine Begegnung stattfinden, in der nicht nur die Hautfarbe erfahren und eine Rolle vorgezeigt wird?

Jedes Apartheidsschild, auf dem er sich bezeichnet findet als «Nicht-Weißer», erinnert ihn daran, daß es ihm nicht gelungen ist, das Getto der Negation, das Getto des «Nicht-Weiß» aufzubrechen. Daß es ihm nicht gelingen konnte, weil er selbst sich mit der Negation durch den Weißen identifiziert hat, weil er die Verachtung des Weißen mit Selbstverachtung bestätigt hat, die Herrschaft des Weißen mit Unterwerfung gestützt hat und auf den Überlegenheitskomplex des Weißen mit einem Minderwertigkeitskomplex reagiert hat – das ist die Einsicht, die die jungen Schwarzen in einem schmerzhaften Erkenntnisprozeß gewonnen haben. «Der Weiße hat es fertiggebracht, das Denken des Schwarzen zu verändern. Der Geist des Schwarzen ist eine Art Roboter geworden. Die Erziehung, die man ihm aufgezwungen hat, war darauf ausgerichtet, ein besseres Werkzeug des Weißen aus ihm zu machen», sagt der Soweto-Schüler Barney Mokgatle und beschreibt damit, wie sich den jungen Schwarzen der Prozeß der Selbstentfremdung des Schwarzen darstellt, der so lange wie eine Marionette die Bewegungen ausführte, die der Weiße ihm vorschrieb, der so lange sich im Alter von 80 Jahren als «boy» titulieren ließ und auch als solcher agierte, solange getreulich dem Bild entsprach, das der Weiße sich von ihm machte, bis beide, Schwarze und Weiße, an dieses Bild wie an Wirklichkeit glaubten. Damit befanden sich beide in einem Mißverhältnis zur Wirklichkeit. Vieles jedoch weist daraufhin, daß eben in diesem gemeinsamen Realitätsverlust das Gleichgewicht und das Funktionieren der Apartheid-Gesellschaft beruht, deren offensichtlich irrationale Züge das System nur deshalb nicht haben einstürzen lassen, weil die Akteure, derer das System sich bediente, Schwarze und Weiße, beide gleichermaßen diese Irrationalität verinnerlicht hatten.

Steve Biko hat den Identifikationsprozeß, den der Schwarze vollzogen hat, aufgedeckt und damit umkehrbar gemacht: «die stärkste Waffe in der Hand des Unterdrückers ist der Geist des Unterdrückten» – diese Erkenntnis wirkt revolutionär im Unterworfenen und ist der Beginn seiner Rückkehr zu sich selbst. Indem sich der weiße Rassismus der Zustimmung des Schwarzen versichert hatte, hatte er die Unterwerfung beinahe perfekt gemacht. Beinahe – denn wenn das so ist, wenn tatsächlich die Manipulation des Bewußtseins des Schwarzen ein Eckpfeiler für die Herrschaft des Weißen ist, dann ist die Befreiung des Selbstbewußtseins gleichzeitig der Punkt, von dem aus das System aus den Angeln zu heben ist. Denn nicht nur der Schwarze ist fixiert auf das Bild seiner Minderwertigkeit, der Weiße ist es ebenso. Steve Biko beschreibt also einen Prozeß geistiger Abhängigkeit zwischen Schwarzen und Weißen, der ein gegenseitiger Prozeß von Abhängigkeit ist. Und genau darin liegt die politisch-revolutionäre Relevanz von Black Consciousness. Da der Weiße die Struktur seiner Gesellschaft darauf aufgebaut hat, daß die Minderwertigkeit des Schwarzen eine von beiden Seiten anerkannte Tatsache ist, ist er in gewisser Weise abhängig davon, daß sie eine Tatsache bleibt. Wird von einer der beiden Seiten – und nun erst gar von der Seite der schwarzen Mehrheit – die zum Funktionieren notwendige Voraussetzung grundsätzlich und mit der Entschlossenheit ihrer Veränderung in Frage gestellt, so wird das Gleichgewicht der Apartheid-Gesellschaft empfindlich gestört: sie wird zum Gegenzug, zur offen gewaltsamen Konfrontation, gezwungen. Zum gewaltfreien Einsturz würde die Apartheid-Gesellschaft nur dann gebracht, wenn es dem «befreiten Bewußtsein» des Schwarzen – dem schwarzen Selbstbewußtsein – gelingen würde, auch das weiße Bewußtsein zu verändern, es zur Anerkennung des schwarzen Selbstbewußtseins zu zwingen und damit auch zur Revision seines eigenen «Superioritätskomplexes», auf dem die Praxis der Apartheid ebenso wie auf dem Minderwertigkeitskomplex des Schwarzen beruht, beinhaltet sie doch, daß der Schwarze als Mensch zweiter Klasse angesehen wird, wenn nicht als «Nicht-Mensch», wie es so unverhüllt in der Apartheid-Bezeichnung «Nicht-Weißer» zum Ausdruck kommt. Genau hier liegt einer der Gründe, warum die gewaltlosen Widerstandsstrategien des ANC gescheitert sind. Heribert Adam analysierte 1969 das Scheitern des internen Widerstands in Südafrika: «Erfolg verspricht gewaltlose Résistance nur dort, wo zwischen Herrschenden und Opponenten wenigstens ein minimaler Konsensus über gemeinsame Grundprinzipien besteht, die von den Protestanten bewußt gemacht werden.» Die Widerstandsstrategie des ANC war nicht imstande, diesen «minimalen Konsensus über gemeinsame Grundprinzipien» zwischen Schwarzen und Weißen herzustellen, der notwendig gewesen wäre, um die passiven Aktionen der Schwarzen als moralischen Appell ins Bewußtsein der Weißen dringen zu lassen. Diesen Konsensus über Grundprinzipien der Menschlichkeit zu schaffen konnte dem ANC deshalb nicht gelingen, weil es keinen Konsensus in der südafrikanischen Gesellschaft darüber gab, daß der Schwarze ein dem Weißen ebenbürtiger Mensch ist. Dem ANC war es nicht gelungen, das Bild vom «Wilden» in den Köpfen der Weißen zu zerbrechen und in den schwarzen Massen das Selbstbewußtsein ihrer Menschenwürde zu erwecken. Genau das aber hat die Bewegung Black Consciousness angefangen zu tun und Soweto hat gezeigt, daß Südafrikas Schwarze bereit und imstande sind, das neu gewonnene Selbstbewußtsein in politische Aktion umzusetzen.

Die jungen Schwarzen haben sich darangemacht, die Schlußfolgerungen zu ziehen aus den Niederlagen ihrer Väter, aus dem Scheitern der Strategie des Bittens und Bettelns um Aufnahme in die weiße Gesellschaft. «Solange wir bei den Weißen mit der Mütze in der Hand um unsere eigene Emanzipation betteln, erbitten wir damit nur die Verachtung derer, die Macht über uns haben und geben ihnen weiterhin unsere Billigung, mit ihrem rassistischen und unterdrückerischen System fortzufahren. Wir müssen uns darüber im klaren sein, daß unsere Situation von seiten der Weißen nicht ein Fehler, sondern ein bewußter Akt ist und daß kein noch so großer Aufwand an moralischen Lektionen den Weißen überreden kann, die Situation zu ‹korrigieren›» – das ist die Einsicht, die Steve Biko aus der kritischen Analyse der Methode vergangener schwarzer Opposition in Südafrika gewinnt, und die junge schwarze Generation hat die Konsequenz daraus gezogen: sie hat den Weißen jede Zusammenarbeit während der Phase des Widerstands aufgekündigt, nicht aus persönlichem Ressentiment, nicht aus emotionaler Abwehr gegen Weiße, sondern einfach, weil sie aus der Geschichte gelernt hat; seit ihrer Gründung hatte sich die traditionelle Widerstandsorganisation des Afrikanischen Nationalkongresses (ANC) um Dialog und Zusammenarbeit mit den Weißen bemüht und war gescheitert. Sie war keinen Schritt weitergekommen, im Gegenteil. Die Rassengesetze waren verschärft, der ANC zerschlagen worden. Die Schwarzen haben das zur Kenntnis genommen, die Gespräche in diesem Buch belegen das. Eine Hausfrau aus Soweto: «Die ältere Generation hat jahrzehntelang an das Gespräch, an den Dialog geglaubt – auch ich. Alle Generationen haben ständig versucht, mit dieser Methode, mit den ständigen Diskussionen, ihren Kummer und ihre Probleme zu äußern. Niemand hat ihnen zugehört. Nun, die Jugend hat das lange Zeit beobachtet, sie hat Geschichte studiert und sie hat dabei entdeckt, daß diese ganzen Diskussionen eine reine Zeitverschwendung waren, denn gerade die Leute, die mit uns diskutiert haben, die Liberalen, haben unsere Freiheit immer weiter hinausgeschoben. Heute will die Jugend auf keinen Liberalen mehr hören – ich auch nicht. Sie haben uns genug Zucker zu kosten gegeben, während wir blieben, wo wir waren und sie den Status quo verfestigt haben. Sie haben nichts getan, um die Notlage des schwarzen Mannes zu erleichtern. Nun wollen wir für uns bleiben und allein um unsere Rechte kämpfen. Die Jugend hat die Führung übernommen und die Jugendlichen fühlen, daß Diskussionen und Organisationen, in denen Weiße und Schwarze zusammenarbeiten, sinnlos sind, da all die Jahre in der Vergangenheit solche Zusammenarbeit nichts genutzt hat. Sie hat die Schwarzen nicht befreit.»

Kompromißlos hat die Black Consciousness-Bewegung mit dem Traum von Integration gebrochen. Sie hat sie als Trugschluß erkannt, der die Vorherrschaft des Weißen noch im Widerstand und im Protest gegen sie bestätigt und so das eigene Scheitern zwangsläufig hervorruft. Nüchtern rechnen die jungen Schwarzen ihren schwarzen Mitbürgern vor, daß es weiße Werte sind, weiße gesellschaftliche Vorstellungen, weiße Ideen und kulturelle Ausdrucksformen und schließlich ein von Weißen geprägtes Parlament und also eine weiße politische Struktur, der sich der Schwarze beugt und in die er sich einordnen läßt, wenn er Integration begehrt, bevor das System der südafrikanischen Gesellschaft von Grund auf neu geordnet ist, daß Integration also nichts anderes ist als die Fortsetzung weißer Vorherrschaft. Und sie machen weiter klar, daß der Schwarze niemals die Achtung seiner Menschenwürde durch die Weißen und damit politische Gleichberechtigung in Südafrika erlangen wird, bevor er nicht seine eigene Menschlichkeit definiert und sie den Weißen entgegengestellt hat.

Als die Schüler von Soweto sich am 16. Juni 1976 der Konfrontation mit der weißen Regierung gestellt haben, haben sie diese Forderung erfüllt; sie haben darauf bestanden, ihre eigenen Entschlüsse zu fassen und sie haben die Freiheit zum eigenen Entschluß mit ihrem Leben verteidigt.

Die gewaltsame Konfrontation haben sie von sich aus nicht gesucht, Barney Mogkatle berichtet das: «Wir haben die Unruhen nicht ausgelöst, wir haben lediglich friedlich demonstriert; die Regierung hat den Aufstand provoziert, indem sie geschossen hat» – aber als die Konfrontation da war, sind sie nicht zurückgewichen. Indem sie gegen die Bantu-Erziehung protestiert haben, haben sie «Schwarzes Selbstbewußtsein» realisiert in dem Bereich, in dem es am empfindlichsten von den Weißen kontrolliert und manipuliert wird: im Bereich der Bildung. Worin sie vielleicht wirklich über ihre Väter hinausgekommen sind: Was sie tun, tun sie nicht mehr im Hinblick auf die Weißen. Black Consciousness ist kein weiterer Schachzug, um doch noch die Anerkennung des Weißen zu erringen, ihm endlich Respekt abzunötigen, nein, eher das Gegenteil. Wenn sie überhaupt über das Verhältnis zum Weißen reflektieren, dann so: Nicht der Schwarze braucht Hilfe vom Weißen, sondern es ist genau umgekehrt. Der Weiße braucht Befreiung, der Weiße muß aufgenommen werden vom Schwarzen. Das mag in den Ohren der Weißen ungeheuerlich klingen, aber es ist so. Oshadi Pakathi, eine junge Frau aus Soweto, schreibt aus dem Gefängnis: «Unterdrückung ist unmenschlich. Indem er mich unterdrückt, ist der Weiße selbst versklavt. Deshalb braucht der Weiße so gut Befreiung wie ich selbst.» Es muß kaum erwähnt werden, daß es eines langjährigen Emanzipationsprozesses bedarf, bis auch die Masse der Schwarzen die gleiche Freiheit von Aggression und Ressentiment gegenüber den Weißen erreichen kann. Tatsache ist, daß Black Consciousness bei seinen souveränsten Vertretern – und damit sind nicht nur Intellektuelle, sondern auch Arbeiter und Hausfrauen gemeint – schon heute zu dieser Freiheit geführt hat, deren Grund schwer auszuloten ist, da noch kein äußerer Befreiungsprozeß diesen geistigen Emanzipationsprozeß stützt. Wie es den jungen Schwarzen gelungen ist, trotz weiter bestehender Unterdrückung den Sprung in die psychische Unabhängigkeit ohne den Umweg über den Rassismus zu schaffen, ist schwer nachzuvollziehen. Daß er vielen von ihnen gelungen ist, belegen die hier vorliegenden Berichte über ihr Denken und auch über ihr Handeln. Gelassen akzeptieren sie den Weißen noch heute als Partner einer neu zu schaffenden Gesellschaft; ganz selbstverständlich machen sie sich die Forderungen der Freiheitscharta von Kliptown von 1955 zu eigen, die Forderungen nach einer Gesellschaft, in der die Hautfarbe keine Rolle mehr spielt. «Ich persönlich würde ganz von der Hautfarbe absehen, ich würde einen Weißen wählen, wenn ich ihn für den besten Premier halten würde und ich würde einen Schwarzen wählen, wenn ich ihn für besser hielte», sagte ein Student aus Soweto nach dem 16. Juni und man muß einen Augenblick seine Phantasie zusammennehmen und sich seine Situation vorstellen: Hunderte seiner Freunde waren erschossen worden, er selbst, wie alle seine Freunde, täglich auf der Flucht vor der Polizei. Mit acht Geschwistern in eines dieser Barakkenhäuser gedrängt, kein Raum, um jemals allein zu sein, kein elektrisches Licht, um abends zu lesen und Schularbeiten zu machen. Dazu ständig die Erfahrung des Gettos, die der Weiße ihn niemals vergessen läßt, weil er mit jedem Schritt, den er tut, an die Grenzen stößt, die das Paßgesetz ihm auferlegt, denn aufhalten darf er sich nur, wo das Paßbuch es ausdrücklich als erlaubt vermerkt. «Das Paßgesetz ist nicht gut», sagte eine sechzehnjährige Schülerin aus Soweto, «aber wenn du tot bist, und sie finden dich auf der Straße, dann wissen sie, wer du bist» – man könnte hinzufügen: wenn du nicht tot bist und sie finden dich auf der Straße, an einem Ort, wo du nicht hingehörst, dann bringen sie dich ins Gefängnis. (von 1948 bis 1967 wurden 10 Millionen Schwarze, das ist über die Hälfte der gesamten schwarzen Bevölkerung, wegen Paßvergehens bestraft.) Wenn man sich für ein paar Augenblicke vergegenwärtigt, daß Weiße diese Situation heraufbeschworen haben, daß Weiße auf sie geschossen haben, sie ins Getto gesperrt haben, Gesetze über sie verhängt haben, sie verhaftet und gefoltert haben, dann ist es gar nicht selbstverständlich, daß die jungen Schwarzen so selbstverständlich die Weißen als künftige Partner akzeptieren, und es ist erklärbar wohl nur dadurch, daß sie in der Auseinandersetzung mit dem Rassismus der Weißen die moralische Überlegenheit gewonnen haben und daß sie das wissen. Steve Biko schon 1971: «Mit den Jahren haben wir die moralische Überlegenheit über den weißen Mann erhalten. Jetzt können wir dasitzen und über die ganze Unmenschlichkeit unserer mächtigen Herrn lachen, weil wir nur zu gut wissen, daß sie mit ihrem unverschämten Zynismus nicht uns, sondern sich selbst zerstören. Jetzt können wir einem Barnett Potters zuhören, wie er mit offensichtlicher Fröhlichkeit und einer Art sadistischem Triumph schlußfolgert, daß die Defekte des schwarzen Mannes in dessen Genen ihre Ursachen haben und wir können beobachten, wie vom Rest der weißen Gesellschaft das ‹Amen› zurückschallt. Wir können dem allem zuhören und werden nicht mehr in diese reagierende Art von Wut getrieben. Wir werden beobachten, wie die Zeit die Papierfestungen des weißen Mannes zerstört und wir wissen, daß all diese kleinen Possen nur die irrsinnigen Versuche verängstigter kleiner Leute waren, einander davon zu überzeugen, daß sie fähig sind, für immer Geist und Körper der einheimischen Bevölkerung zu kontrollieren.»

Die Vertreter von Black Consciousness lassen sich nicht mehr kontrollieren. Jetzt sind sie es, die analysieren, die definieren, die eine Diagnose stellen; die ihr eigenes Wertsystem aufrichten und die auch noch die Stirn haben, den Weißen daran zu messen. Und der Weiße schneidet so gut nicht ab dabei, kein Grund mehr für die unterwürfige Bewunderung seiner imaginären Überlegenheit: er ist krank – sein Nationalismus ist so extrem, daß er schon eine «Geisteskrankheit» ist, wie Barney Ngakane sagt – er ist unfrei, Gefangener seiner eigenen Ideologie – Barney Mogkatle: «Wir müssen den Weißen von seinem imperialistischen Denken befreien» – er ist unmenschlich und unwissend, und so fällt er durch die Negation des Schwarzen auch ständig in die Negation seiner selbst; das haben die Schwarzen erkannt und deshalb ist der Weiße – vielleicht werden die Weißen erschrecken, wie sehr sie die Macht über den Geist des Schwarzen verloren haben –, er ist mitleiderregend für sie. «Was immer der Weiße zu erreichen sucht, es ist so schrecklich falsch, daß wir Mitleid für ihn empfinden», sagt Flory K. Aber auch dieses Mitleid, das so leicht in Arroganz umschlagen könnte, übertreiben sie nicht. Sie malen kein Zerrbild an die Wand. Drake Koka: «Wir wissen genau, was für eine wichtige Rolle die Weißen in der Wirtschaft dieses Landes spielen. Wir vergessen auch nicht, daß sie ein Teil dieses Landes sind und hierhergehören. Das einzige, wogegen wir kämpfen, ist das System, von dem wir regiert werden.» Den Zorn und den Haß auf Personen haben sie als irrelevant erkannt in der realistischen Einsicht, daß innerhalb der Apartheid-Gesellschaft individuelle Schuld kaum abzumessen ist. «Der Mensch macht seine Geschichte, aber er macht sie nicht aus freien

Stücken» – man hat fast den Eindruck, daß Black Consciousness die Dialektik dieses Marx-Satzes nachvollzieht und durchhält. Denn genau diese Dialektik von Schuld und Nicht-Schuld, von Freiheit und Nicht-Freiheit, von Verantwortung und Nicht-Verantwortlichkeit, die sie dem Weißen als einem Gefangenen des Apartheid-Systems zubilligen, entscheidet über ihr Verhältnis zu ihm. Der Konflikt zwischen dem System und dem einzelnen geht zuungunsten des einzelnen aus. Die Strukturen der einmal organisierten Gesellschaft sind stärker als der freie Wille des Individuums. Und das heißt: der Weiße ist ausgeliefert an sein System, ausgeliefert auch an seine Privilegien. Black Consciousness beschreibt die weiße Unterdrückung als eine totale, aus der es keinen Ausbruch gibt. Das klingt erschreckend radikal, aber wir müssen zugeben, daß es nur die illusionslose Beschreibung der Wirklichkeit in Südafrika ist, in der jeder Weiße automatisch mit seiner Hautfarbe die biologisch garantierte Eintrittskarte zu allen Privilegien besitzt, von denen der Schwarze ebenso automatisch seiner Hautfarbe wegen ausgeschlossen ist. Weil sie den Weißen unausweichlich in diese Dialektik verstrickt sehen, hassen sie ihn nicht, aber aus ebendiesem Grund weisen sie jede Zusammenarbeit mit ihm zurück. Denn wenn die Struktur der Apartheid keinem einzelnen Weißen, so gutwillig er persönlich auch immer sein mag, die totale Solidarität mit den Schwarzen gestattet, wenn es also eine Identifikation von Weißen mit Schwarzen im Kampf um eine neue Gesellschaft nicht geben kann innerhalb der Apartheid-Gesellschaft, dann scheidet der Weiße folgerichtig so lange als Bündnispartner aus, bis die Apartheid-Struktur gebrochen ist und das heißt: er scheidet aus für die Zeit des Kampfes, und zwar ohne Ausnahme. Dieses «ausnahmslos» will einem nicht in den Kopf und man hat besonders als Weißer eine ganze Reihe von Einwänden parat; wie unklug, auf Verbündete im Lager des Gegners zu verzichten, und darüber hinaus höchst ungerecht, jeden Weißen zu identifizieren mit dem System, in dem er nun mal, gar nicht freiwillig, geboren ist. Glauben die Schwarzen denn, ein Monopol auf den Widerstand gegen Apartheid zu haben, gibt es nicht Weiße, die Kämpfer gegen Rassismus sind wie sie selbst?

«Natürlich», antworten sie, «die gibt es. Aber schaut euch doch an, welche Wirkung sie erzielt haben!» Ja – nichts anderes mehr zählt für die Schwarzen als das, was objektiv geleistet worden ist. Nicht der gute Wille, nicht das schlechte Gewissen, nicht die eigene Verzweiflung des Weißen im Apartheidsystem – das alles billigen sie ihm zu und das mag auch Grundlage persönlicher Freundschaft für ihn sein, aber das qualifiziert ihn nicht mehr zum Verbündeten. Jahrzehntelang haben sie mit Weißen zusammengearbeitet. Nun haben sie Bilanz gezogen, und sie kommen an der Tatsache nicht vorbei, daß es dem Weißen nicht gelungen ist, einen Beitrag zu leisten zur Veränderung des Rassensystems. Und sie analysieren auch die Gründe des Scheiterns. Die Weißen mußten erfolglos bleiben, weil Adressat ihrer Bemühungen – in der logischen Nachfolge des weißen Patriarchalismus – immer die Schwarzen gewesen sind statt der Weißen, die doch als Organisatoren und daher Schuldige des Systems diejenigen waren, an die sie sich hätten wenden müssen. Steve Biko: «Die Weißen müssen allein kämpfen und für sich selbst. Wenn sie wirklich Liberale sind, dann müssen sie erkennen, daß sie selbst unterdrückt sind, daß sie daher für ihre eigene Freiheit zu kämpfen haben, und nicht für die Freiheit eines nebelhaften anderen, mit dem sie sich schwerlich identifizieren können.» Das, was ihre Aufgabe war: das Bild des Weißen vom minderwertigen Schwarzen dem Weißen als Vorurteil bewußt zu machen, für eine Veränderung des «weißen» Bewußtseins zu sorgen, auf Grund dessen sich die Veränderung von Politik nur abspielen kann – diese Aufgabe haben sie nicht erfüllt. Nichts haben sie erreicht, was auch nur ansatzweise der Entwicklung gleichzusetzen wäre, die Black Consciousness im Bewußtsein der Schwarzen eingeleitet hat. Indem die weißen Liberalen «die Sache der Schwarzen» zu «ihrer» Sache gemacht haben, haben sie im Gegenteil das Vorurteil vom führungsbedürftigen Schwarzen eher bestätigt als aufgebrochen. Sie haben die Unterwerfung total gemacht, indem sie auch noch die Verteidigung der Schwarzen unter ihre Kontrolle gebracht haben, denn ihre gutgemeinten Ratschläge, wie sie es machen würden, erstickten auch noch den letzten Rest von Spontaneität in der Geste des schwarzen Widerstands. Die Strategien des Protestes, die sie entwickelt haben, waren Strategien des Dialogs und des moralischen Appells, die sinnvoll nur sind unter der Voraussetzung prinzipieller Gleichheit von Schwarzen und Weißen. Da gerade das in Südafrika nicht der Fall war, haben die weißen Liberalen den Teufelskreis des weißen Rassismus an keiner Stelle wirklich durchbrochen, sie haben ihm im Gegenteil noch eine Spirale hinzugefügt, wie Steve Biko es beschreibt: «In Südafrika war die politische Macht immer auf seiten der Weißen. Dabei sind die Weißen nicht nur schuldig geworden, indem sie diese Macht benutzten, vielmehr haben sie es durch geschickte Tricks auch noch erreicht, die Reaktionen der Schwarzen auf diese Herausforderung unter ihre Kontrolle zu bringen. Sie haben dem Schwarzen nicht nur ständig Fußtritte versetzt, sondern sie haben ihm überdies auch noch vorgeschrieben, wie er darauf zu reagieren habe. Lange Zeit hat der Schwarze geduldig den Ratschlägen zugehört, wie er am besten auf die Fußtritte reagieren soll. Qualvoll langsam beginnt er jetzt zu zeigen, daß es nicht nur sein Recht ist, sondern auch seine Pflicht, auf die Fußtritte zu reagieren in einer Weise, die ihm richtig erscheint.» Keinesfalls kann Black Consciousness ohne verändernde Rückwirkung auf das System, in dem es sich manifestiert, Bestand haben. In diesem Punkt sind die Vertreter von Black Consciousness ganz klar. Es hätte nicht ihrer Auseinandersetzung mit Marx, Fanon und der amerikanischen Black Power-Bewegung bedurft, um zu wissen, daß psychische

Befreiung ohne physische Befreiung nicht gewonnen werden kann. Niemand also muß fürchten, daß Black Consciousness aus der realen Unterdrückung in eine imaginierte geistige Befreiung flieht. Soweto hat gezeigt, daß sogar sechzehn- bis achtzehnjährige Schüler diesen Zusammenhang von materieller und geistiger Unterdrückung durchschaut haben. Und sie haben gekämpft, weil sie nicht so naiv waren zu glauben, daß sich ihr Selbstbewußtsein realisieren läßt, ohne daß dieses befreite Bewußtsein sich eine Wirklichkeit schafft, die ihm seine Freiheit beläßt. Wie den Weißen so sehen sie auch sich selbst als Gefangene der Strukturen des Systems. Aber sie sind ebenso überzeugt, daß Black Consciousness sporadisch dieses Verhältnis umkehren kann, daß das Bewußtsein Strukturen durchbrechen und zur Initialzündung für deren Veränderung werden kann. Sie haben den geistigen Befreiungsprozeß nicht einer Führungsgruppe überlassen, die dann die Massen der Schwarzen zu ihrer Befreiung führt, sondern sie haben versucht, Befreiung in den Köpfen der Menschen selbst zu verankern derart, daß diese ihre Befreiung selbst vollziehen. «Ohne Veränderung des Bewußtseins ist Umsturz für das Volk nur Gefängnistausch» – dieser Satz aus dem Programm von Black People's Convention zeigt, daß sich die Führer der Black Consciousness-Bewegung des Dilemmas bewußt sind, in das jede Gesellschaft gerät, die sich aufmacht, Freiheit zu realisieren, ohne daß ihre Mitglieder diese Freiheit überhaupt ausüben können. Daß die Black Consciousness-Bewegung bewußt auf Parteibildung, auf straffe Organisation, Kaderstruktur und zentral gesteuerte Führung verzichtet, geschieht sicher nicht nur aus der taktischen Erwägung, daß eine unstrukturierte Bewegung unverletzbarer ist für den Angriff der Unterdrückungsmacht, sondern hat ganz sicher seinen Grund auch darin, daß die Black Consciousness-Bewegung es ernst meint mit der Dialektik von gesellschaftlicher und individueller Freiheit, daß ihr an dem Vollzug der Freiheit durch die Menschen selbst gelegen ist. Ob ein solcher Verzicht auf straffe Organisation auf die Dauer eine tragfähige Basis für einen Kampf gegen ein System abgeben kann, steht hier nicht zur Diskussion; es soll auch nicht entschieden werden, wieweit sich die Black Consciousness-Bewegung selbst nur als stützende Ergänzung des organisierten Afrikanischen Nationalkongresses versteht, es soll nur darauf aufmerksam gemacht werden, daß die Black Consciousness-Bewegung bewußt die Spontaneität der Massen provoziert und sie in den Kampf einbezieht. In Soweto ist deutlich geworden, daß die Spontaneität des Selbstbewußtseins die Masse der städtischen Bevölkerung und sogar einen Teil der Homeland-Bevölkerung ergriffen hat – das machen die Gespräche klar. Daß es den Schülern und Studenten während der Soweto-Ereignisse gelungen ist, die Solidarität auch der Arbeiter und der übrigen Bevölkerung zu gewinnen, hat seinen Grund sicher in der besonderen Gettosituation der schwarzen Bevölkerung, die alle Schichten und Klassen der Schwarzen in der gemeinsamen Erfahrung der Diskriminierung vereint. Noch die wenigen Millionäre, die es in Soweto gibt, sind eher potentielle Bündnispartner im Kampf der schwarzen Arbeiter, als der weiße Kollege in der Fabrik, dessen Privilegien ursächlich mit der Benachteiligung des schwarzen Arbeiters zusammenhängen.

Die Hautfarbe ist in der augenblicklichen südafrikanischen Situation der alles bestimmende Faktor in der Auseinandersetzung. Deshalb haben die Schüler und Studenten keine elitäre Führungsfunktion ausgeübt, wie es in anderen Ländern der Fall war. Sie sind schwarz, und sie sind die Kinder der Arbeiter und sie teilen mit ihnen die Erfahrung des Gettos, die Erfahrung täglicher Demütigung und die Erfahrung eines gemeinsam begonnenen Selbstbewußtseinsprozesses – die Schüler von Soweto berichten davon: «Die Mehrheit weiß genau, worum es geht. Jeder erlebt täglich dieses System, indem er einfach wegen seiner Hautfarbe benachteiligt, ausgestoßen und mit Rassengesetzen belegt wird. Wir Jüngeren diskutieren pausenlos und überall mit unseren Leuten darüber. Es ist doch wichtig, daß man sich als Mensch wichtig nimmt, ohne sich ständig mit anderen zu vergleichen. Daß man froh ist, auf der Welt zu sein. Wir kämpfen jetzt darum, daß die Schwarzen sich zusammenschließen gegen die Weißen, nicht damit sie Feinde der Weißen werden, sondern damit sie sich als autonome Wesen erfahren, die für ihre Zukunft selbst verantwortlich sind.»

Daß dieser Bewußtwerdungsprozeß entgegen dem Willen seiner Initiatoren trotzdem immer wieder die Züge von Feindschaft gegen die Weißen annimmt, gehört zu der Entstellung, für die der Unterdrücker verantwortlich ist, gehört wie das Wort «schwarz» im Schlüsselbegriff des neuen Selbstbewußtseins zu den erzwungenen Konzessionen an die Apartheid-Gesellschaft, die die Befreiung nicht erlaubt, ohne mit tödlicher Unterdrückung zu antworten – und das ist wörtlich gemeint, wie Soweto gezeigt hat – und die damit den Sich-Befreienden in die Verteidigung zwingt. Von ihrer Geburt an sind die Schwarzen der Gewalt derer ausgesetzt, die ihnen ihre Menschlichkeit bestreiten. Sie haben Gewalt nicht frei gewählt. «Ihr ganzes Leben waren sie einem Gewaltsystem ausgesetzt. Ich habe oft gedacht, daß Südafrikas Schwarze zu friedlich sind für die Weißen. Sie sind friedlich in einem gewalttätigen Land», das bestätigt die Krankenschwester aus Soweto den schwarzen Jugendlichen. Und hören wir doch den Studenten aus Soweto zu, wie sie über die Gewalt beraten. Sie machen es sich wahrhaftig nicht leicht: «Alles, was gewaltlos war, ist gescheitert. Wir haben nur noch wenig Zeit. Wir haben Jahr um Jahr gebetet, Leben um Leben haben wir damit verschwendet. Wir haben Leben verschwendet, glaubt es mir. Gewaltlosigkeit kann keine Änderung mehr bringen.»

Seien wir doch nicht so fassungslos, wenn sie nun auch einmal daran denken, «weißes Blut» zu vergießen. «Es muß etwas geschehen, was ein bißchen weißes Blut kostet.» Was erwarten wir eigentlich? Hunderte derer, die sie liebten, hat man vor ihren Augen erschossen. Doch – wir sollten fassungslos sein über den Grad der Verzweiflung, den Weiße in ihnen ausgelöst haben, darüber, daß man sie so weit gebracht hat, an Gewalt auch nur zu denken, obwohl doch, wie sie uns sagen, Gewaltlosigkeit immer ein extremes Grundprinzip ihres Handelns gewesen ist. Und das ist wahr. Sogar jetzt noch. An Gewalt haben sie bisher nur gedacht, sie haben sie nicht geübt. Sie sprechen das aus – «Wir haben überhaupt noch niemals Gewalt gebraucht, wir sind noch nicht einen Zoll weit in Richtung Gewalt gegangen bisher. Wenn es zu Gewalt kommt, ist das etwas ganz anderes. Gewalt bedeutet töten.» – Und Drake Koka berichtet, daß sie auch so gehandelt haben. Als sie beim Marsch in die City von Johannesburg Weiße in ihrer Gewalt hatten, haben sie sie nicht verletzt. «Wir haben das Friedenszeichen gemacht. Jeder kennt es. Aber sie haben nur geschossen.» Immer noch denken sie mehr an Selbstopfer als ans Töten: «Laßt uns sterben, Freunde, aber laßt uns sterben, indem wir etwas erreicht haben, damit der nächste Tod nicht mehr notwendig sein muß.» Der das sagte, war vier Wochen später im Gefängnis, gefoltert, eingeschlossen liegend in einem Käfig, in dem er sich nicht bewegen konnte. Drei Monate lang. Was eigentlich gibt uns das Recht zu ungetrübter Freude über diese Gewaltlosigkeit, die doch nur von der Gewalt der Weißen beantwortet wird? Glauben wir, daß wir nichts damit zu tun haben?

Glauben wir etwa, daß Rassismus eine Sache nur der weißen Südafrikaner ist? Wir brauchen den Weißen doch nur zuzuhören, um zu sehen, wie sehr wir uns irren. Wir stolpern doch geradezu über unsere eigenen Vorurteile. Den Mythos von der weißen Überlegenheit haben doch auch wir längst noch nicht abgeschüttelt. «Die Menschen fürchten von jeher das Dunkel. Helligkeit gegen Dunkelheit und die Angst vor dem Dunkel», sagt Margaret Mead 1970 in einem Gespräch zu James Baldwin, und sie fährt fort: «Man muß sich im Hinblick auf die Weißen etwas vergegenwärtigen: nämlich, daß eine weiße Hautfarbe eine ungeheure Versuchung ist. Die Toten sind in aller Welt weiß. Dann gibt es Engel, und auch die sind weiß. Als Cortez in Mexiko landete, wurde er als weißer Gott begrüßt. Nun ist es aber nicht gut für den Charakter, wenn man mit Engeln identifiziert wird. Daher glaube ich, daß Weiße unwiderstehlich versucht sind, sich biologisch überlegen zu fühlen.» Allein mit Machtpolitik, allein mit dem Interesse an wirtschaftlichen Privilegien ist der weiße Herrschaftsanspruch in Südafrika nicht zu erklären. Deshalb reichen Vokabeln wie «Ausbeutung», «Kapitalismus» und «Kolonialismus» nicht aus, um die südafrikanische Situation durchschaubar zu machen. Mag ökonomisches Interesse zu Beginn der Motor des Unterwerfungsfeldzuges gewesen sein, inzwischen jedoch hat sich der Glaube an die eigene Überlegenheit bei den Weißen als Rassismus verselbständigt und hat sich dazu noch mit dem Glauben an eine Fürsorgepflicht für die Schwarzen vermischt. «Apartheid ist ein Teil dessen, wie wir das ausführen, was die Bibel sagt», meint der Kirchenälteste der Niederländisch-Reformierten Kirche in Pretoria, und er glaubt daran. Man würde der subjektiven Ehrlichkeit des Glaubens vieler weißer Südafrikaner an die moralische Integrität der Apartheid nicht gerecht werden, wenn man diesen Glauben ausschließlich für eine nachträgliche, fadenscheinige Rechtfertigung der Apartheidsideologie halten würde. Zumindest ist er in einem jahrhundertelangen Prozeß so verinnerlicht worden, daß er auch isoliert von wirtschaftlichen Erwägungen – manchmal sogar gegen sie – die Apartheid funktionieren läßt. Und diesen geistigen Hochmut, das Maß aller Dinge zu sein, den legen wir doch nicht minder an den Tag in unserer Politik gegenüber Ländern der Dritten Welt, über die wir beliebig Wirtschaftsbedingungen und Sanktionen verhängen. Wir sollten den Mechanismus der Rassenbeziehungen in Südafrika genau studieren und die Konflikte, die aus dem Rassismus entstehen. Vielleicht können wir lernen daraus, denn aus der Distanz sieht man klarer. Wir sollten über den «Superioritätskomplex» der weißen Südafrikaner nicht entrüstet sein, ihn nicht betrachten wie eine exotische Krankheit, von der wir frei sind. Er ist eine Krankheit. Er hat bei vielen Südafrikanern zu einem fast totalen Realitätsverlust geführt, wie an den Gesprächen mit den Weißen abzulesen ist. Sie nehmen Tatsachen einfach nicht wahr. «Wir praktizieren getrennte Entwicklung», sagen sie; dabei sind ihre Straßen voll von schwarzen Arbeitnehmern, ihre Fabriken, ihre Bergwerke, die Hinterhöfe ihrer Villen, das können sie täglich sehen. «Wir wollen den Schwarzen ihre Identität lassen», sagen sie, dabei wissen sie, daß sie sich das gar nicht leisten können und wollen, weil ihre Wirtschaft ohne die Schwarzen zusammenbrechen würde. Entgegen allem Augenschein fixieren sie den Schwarzen immer noch auf einen Zustand von vor 300 Jahren, als ob er keine Geschichte durchgemacht hätte. «Die kommen direkt aus dem Busch» – dabei lebt über die Hälfte aller Schwarzen seit Generationen in den Städten und unter ihren Führern sind Friedensnobelpreisträger. «Die können nichts, was erforderlich ist für die Wirtschaft», meint der Genetiker aus Pretoria – dabei sind über 70 % aller in der Wirtschaft Südafrikas Beschäftigten schwarz. «Es gibt kein Gesetz in Südafrika, das den Schwarzen unten hält», meint sogar ein weißer Lehrer. Dabei sind seit 1948 über 100 neue Rassengesetze verhängt worden und man sollte meinen, daß der Weiße auf Schritt und Tritt auf sie stößt, aber er bemerkt sie nicht. Und wenn sogar ganz liberal gesonnene Fabrikherren, die eigentlich «alles» für «ihre» Schwarzen tun, an eine genetisch bedingte Rangordnung zwischen Schwarzen und Weißen glauben, z. B. an die genetisch bedingte mangelnde Begabung des Schwarzen für Naturwissenschaften, dann darf man es den Schwarzen nicht übelnehmen, wenn sie die Krankheit des weißen Rassismus als eine totale beschreiben. Und – das ist wichtig für uns – es ist eine Krankheit, gegen die auch wir nicht geschützt sind. Wir sitzen auf demselben Vulkan des Rassenkonflikts – wenn man ihn im Weltzusammenhang betrachtet – wie die weißen Südafrikaner. Das wissen Südafrikas Schwarze, und sie verstehen ihren Kampf als einen, der nicht isoliert in Südafrika geführt wird, sondern der beispielhaft für den Konflikt zwischen erster und dritter Welt ausgetragen wird. Das brachte der Rechtsanwalt aus Kapstadt zum Ausdruck. «Ich kann nicht fliehen», sagte er mir, «wir haben hier eine Aufgabe zu erfüllen. Wir müssen es einfach schaffen, das Rassenproblem zu lösen. Wenn wir es schaffen, schafft es die Welt auch.» Und Can Themba, der Journalist aus Soweto, sagte dasselbe schon vor 12 Jahren: «Eines ist sicher, das gewissenhafte Streben nach einer Lösung des Rassen- und Farbigenproblems ist eines der aufregendsten Unterfangen des menschlichen Geistes. Wer einen Weg fände, wie man die Menschen aller Rassen und Farben dazu brächte, zusammenzuleben ohne einen Funken der Angst, ohne das leiseste Vorurteil . . . Südafrika wäre für diese Aufgabe genau das Laboratorium; alle Probleme dieser Welt haben wir hier bei uns: die Konflikte, die Animositäten, den Egoismus, den Größenwahn, die Spannungen, den ganzen Mischmasch der Rassen und Hautfarben, den Wettkampf der Religionen . . . die Weltgeschichte könnten wir beschämen, wenn wir nur gewillt wären, das Problem in einer medizinisch-wissenschaftlichen Weise zu lösen. Laßt uns beweisen, daß wir das Problem auf die Weise Jesu Christi angehen können und laßt uns endlich mit dem billigen Hollywoodtrick, überall Golgathas zu errichten, endlich aufhören.»

Ist es realistisch, zu hoffen, daß Südafrika es schaffen könnte, diese Probleme zu lösen, ohne ein Golgatha aufzurichten?

Tatsächlich ist die Situation Südafrikas einzigartig, wie auch Weiße zu betonen niemals versäumen. Es geht nicht um Dekolonisation, nicht um Abzug der Weißen. Niemand von den Schwarzen behauptet das. Es sind nur die Weißen, die sich laufend wie Kolonialherren benehmen. Es geht in Südafrika um das Miteinanderteilen der Macht zwischen Menschen verschiedener Rasse. Das stellt eine ungeheure Herausforderung an Schwarze und an Weiße. Die Geschichte bisher hat bewiesen, daß die Weißen nicht bereit sind, sich dieser Herausforderung in einer positiven, schöpferischen Form zu stellen. Wir sollen die Schwarzen allein, gegen den Willen der Weißen, das «Miteinander» verwirklichen? Sie befinden sich auf der Gratwanderung, die zwar Gewalt vermeiden will, sich auf Gewaltlosigkeit aber nicht mehr bedenkenlos einlassen kann, weil nahezu alle Mittel gewaltlosen Widerstands erschöpft sind. Sie gehen den Weg, der überall in der Welt auf der Seite der Habenden und Herrschenden so schwer verstanden wird als das, was er ist: die Antwort des ohnmächtigen Menschen auf eine unmenschliche Situation, die in jedem Augenblick sich neu formuliert und nach Ausdrucksformen ihrer Realisierung sucht, bis sie endlich an die Grenze ihrer Unterdrückung stößt, die ihr Verhaltensweisen aufzwingt, die sie selbst nicht gesucht hat.

Daß der Schwarze Südafrikas die Gewalt nicht sucht – immer noch nicht – ist gar nicht selbstverständlich, denn vieles deutet darauf hin, daß in einer Situation jahrzehntelanger Unterdrückung Gewalt für den Unterdrückten schon deshalb unausweichlich wird, weil er ihrer reinigenden Wirkung bedarf, um sich von der erlittenen Erniedrigung zu befreien. Fast hat Gewalt in diesem Zusammenhang etwas von Katharsis. Diese «Erlösungsfunktion» der Gewalt beschreibt Frantz Fanon als einen wesentlichen Faktor im Befreiungsprozeß des Kolonisierten. Er ist selbst ein ehemals «Kolonisierter» und er ist Psychiater. Er weiß, wovon er spricht. Es ist eben der Ausbruch dieser Gewalt, den die Krankenschwester aus Soweto bei fortdauernder Unterdrückung in nächster Zeit bei ihren schwarzen Mitbürgern befürchtet, eine Gewalt, die dann auch vor den eigenen Leuten nicht mehr haltmacht, weil man in ihnen das Bild der Demütigung haßt, die man selbst erleidet. «Ich fürchte, das nächste Ziel ihrer aufgestauten Aggression könnte die eigene Mittelklasse sein, das werden die nächsten Leute sein, die sie töten. Nicht weil sie wirklich diese Leute töten wollen, sondern weil sie das Bild der Weißen in ihnen zu entdecken glauben.» Wenn nichts erreicht wird, um sich durch gewonnene Freiheit als Mensch zu bestätigen, bleibt eines Tages nichts anderes mehr, als im Akt der Gewalt wenigstens die unausgesprochene Komplizenschaft schweigender Geduld mit den Herrschenden aufzukündigen, um die nötige Selbstachtung wiederherzustellen. Das sollten die Weißen sich klarmachen. «Menschen können einen Grad von Bitterkeit erreichen, daß nichts sie mehr kontrollieren kann», gibt Drake Koka zu. Der Ausbruch von Gewalt ist möglich, auch bei Südafrikas «zu friedlichen» Schwarzen. Es gibt Angst, Aggression, Bitterkeit und sogar Haß. Vielleicht ist der Ausbruch von Gewalt auf seiten der Schwarzen nun endlich sogar wahrscheinlich, nach allem was geschehen ist und täglich weiterhin geschieht. Aber er ist, wie mir scheint – und das wäre wahrhaftig eine Revolution des Bewußtseins, die den Schwarzen gelungen ist –, er ist nicht mehr notwendig. Wenn man den Antworten der Schwarzen auf die Frage nach der Gewalt zuhört und wenn man diese Antworten ernst nimmt, dann spricht alles dafür, daß Black Consciousness die Gewalt als psychische Notwendigkeit überflüssig gemacht hat, daß die Schwarzen mit ihrem «schwarzen» Selbstbewußtsein eine innere Freiheit gewonnen haben, die des Hasses zur eigenen Befreiung nicht mehr bedarf. Das ist mit allen Vorbehalten gesagt, denn die Eskalation von Gefühlen, die ständig verletzt werden, kann man nicht mit Bestimmtheit abwägen. Aber vielleicht lebenswichtig für die weiße Gesellschaft wäre es, zu erkennen, daß ihre Angst vor Vertreibung – noch – unbegründet ist, daß Black Consciousness vielleicht die letzte Chance für die Weißen ist, lieber mit den Schwarzen als mit ebenbürtigen Menschen über ein Zusammenleben verhandeln zu können, als die Verantwortung dafür tragen zu müssen, daß Schwarze und Weiße einander und auch ihr eigenes Land im Bürgerkrieg zerstören.

Daß der mit der Black Consciousness-Bewegung begonnene Prozeß durch Militär und Polizei nicht mehr unterdrückt werden kann, daß die Apartheidpolitik der Abdrängung der schwarzen Mehrheit in die «Reservate» ohne sich ständig steigernden Terror von seiten der Regierung nicht mehr durchzusetzen ist, daß müßten die Weißen eigentlich verstanden haben, ein Jahr nach Soweto, nachdem der Widerstandskampf der schwarzen Jugend nicht mehr aufgehört hat. »Es muß eine Revolution in den Köpfen der Weißen stattfinden, damit wir zueinanderfinden können», sagt der alte Barney Ngakane, der sein Leben lang für ein Zusammenleben der Rassen gekämpft hat. Gibt es eine Hoffnung, daß diese Revolution im Denken der Weißen stattfinden wird? Warum sollten die Weißen nicht die gleichen Fähigkeiten haben wie die Schwarzen, könnte man ironisch hoffnungsvoll fragen. Dem Schwarzen ist es gelungen, Selbstbewußtsein zu entwickeln, ohne Fixierung auf einen weißen Herrn. Warum sollte es dem Weißen nicht auch gelingen, Selbstbewußtsein zu entwickeln ohne Fixierung auf einen schwarzen Sklaven? Die Schwarzen waren fähig, zu erkennen, daß der Weiße ihnen ihre Menschenwürde, ihre menschlichen Grundrechte gar nicht geben kann, daß der Schwarze sie sie ihm also auch nicht abverlangen kann. Davon handelt Black Consciousness: daß der Schwarze diese «menschlichen Werte» in sich selbst entdecken und für sich selbst schaffen muß. Das hat dann allerdings praktische Konsequenzen. Und das zeigt die Strategie von Black Consciousness. Der Schwarze fordert nun nicht mehr Teilhabe an wirtschaftlichem Wohlstand, an gesellschaftlichen Einrichtungen oder an besserer Ausbildung. Er fordert nicht mehr irgendwelche Güter oder Vorteile, die er nicht besitzt und die ihm vorenthalten werden – darüber ließe sich ja verhandeln. Aber darüber verhandelt Black Consciousness nicht mehr. Der Schwarze hat im Prozeß von Black Consciousness erkannt, wer er ist. Wenn er jetzt kämpft, erhebt er nicht mehr die Forderung nach dem, was er nicht hat, sondern er erhebt sich zur Verteidigung dessen, was er ist. Er fordert, daß man respektiert, was ihm zusteht: Menschenwürde, freie Entfaltung seiner Individualität. Er versucht nicht, etwas zu erobern, sondern durchzusetzen, daß man achtet, was er schon hat. Und in diesem Punkt übt Black Consciousness Solidarität auch mit den Weißen, denn die Forderung nach Achtung der Menschenwürde, die Black Consciousness erhebt, ist grundsätzlich und bezieht jeden Menschen mit ein. Um nichts anderes kämpft Black Consciousness als darum, daß die in der Charta der Vereinten Nationen niedergelegten Grundrechte, die Freiheit und Gleichheit aller Menschen, auch in Südafrika geachtet werden.

«Wir sind aufgebrochen, uns um wahre Humanität zu mühen, und irgendwo weit hinten am Horizont erkennen wir den schimmernden Preis. Laßt uns mit Mut und Entschlossenheit voranschreiten, wobei wir unsere Stärke aus dem gemeinsamen Elend und unserer Bruderschaft gewinnen. Mit der Zeit werden wir in der Lage sein, Südafrika die größte mögliche Gabe zu geben: ein menschlicheres Antlitz.»

Das schrieb Steve Biko. Am 12. September dieses Jahres haben ihn die Weißen in einem Gefängnis in Pretoria sterben lassen.

Literaturverzeichnis

Baldwin, Alan: Wohnrecht auf Widerruf.
 Zur Lage der schwarzen Mehrheit in Südafrikas Städten. Edition Südliches
 Afrika 2, Hrsg. Informationsstelle Südliches Afrika, Bonn, 1977
Bernstein, H.: Die Gesetze der Apartheid
 Hrsg. von ISSA, International Defence and Aid Fund Edition Südliches Afrika
 1, Bonn 1976
Boesack, A.: Farewell to Innocence
 A social-ethical Study of Black Theology and Black Power. Johannesburg 1976
Bilger, R.: Südafrika
 Verlagsanstalt Konstanz, Mai 1976
Braun, M.: Das schwarze Johannesburg
 Lembeck Verlag, Frankfurt 1973
Brückner, R.: Südafrikas schwarze Zukunft. Die Jugendunruhen seit 1976. Ihre
 Ursachen und Folgen.
 Lembeck Verlag 1977
Bunting, B.: The rise of the South African Reich
 Penguin African Library 1969
Dure, F.: Kap ohne Hoffnung oder Die Politik der Apartheid. (rororo aktuell 780),
 Reinbek 1965
Glass, H.: Der Kampf um Südafrika. In: Monthly Review. Unabhängige Soziali-
 stische Zeitschrift Nr. 6 Jan./Febr. 1977
Jaenecke, H.: Die weißen Herren. 300 Jahre Krieg und Gewalt in Südafrika.
 Hamburg 1976
Klerk, W. A.: The puritans in Africa
 Penguin Books, Harmondsworth, Middlesex, England 1975
Mandela, N.: No easy walk to freedom 1965
 reprinted by Heinemann, London 1976
Manganyi, N. C.: Being Black in the world.
 Spro-cas/Ravan Johannesburg 1973
Mbanjwa, Th. (Hrsg.): Apartheid. Hope or Despair for Blacks?
 Blacks Viewpoint Nr. 3
 Black Community Programmes, Durban 1976
Ripken, P.: Die südafrikanische Propaganda in der Bundesrepublik
 In: ISSA Archiv Aktuelle Nr. 7, Bonn, August 1977
Roux, E.: Time longer than rope. A history of the Black man's struggle for
 freedom in South Africa.
 University of Wisconsin Press 1972
Rogers, B.: White Wealth and Black Poverty. American Investments in Southern
 Africa. Center on International Race Relations, University of Denver, Studies
 in Human Rights Nr. 2, Westport/London 1976
Runge, F.: Südafrika. Rassendiktatur zwischen Elend und Widerstand. Rowohlt.
 1974
Sachs, A.: Die Gesetze der Apartheid, Bonn 1976
Sepamla, S.: The Soweto I love
 London/Cape Town 1977
Slovo, J.: South Africa – no middle road. In: Southern Africa:
 The new politics of revolution. Penguin Books, African Affairs, 1976

Student perspectives of South Africa

Hrsg. H. van der Merve/D. Welsh Cape Town 1972

(mit einem Aufsatz von Steve Biko «White Racism and Black Consciousness)

Sundermeier, T.: Christus, der schwarze Befreier.

Aufsätze zum Schwarzen Bewußtsein und zur Schwarzen Theologie in Südafrika. Erlangen 1973

Walshe, P.: The rise of African Nationalism in South Africa.

The African National Congress 1912–1952. University of California Press 1971

Wellmer, G.: Südafrikas Bantustans. Geschichte, Ideologie und Wirklichkeit.

ISSA Wissenschaftliche Reihe 4, Bonn 1976

Zwelonke, D. M. Robben Island, in: Heinemann African Writers Series London 1973

Dazu noch Dokumentationsreihen und Jahrbücher:

EPD-Dokumentation Nr. 48/76: Südafrika – ein Polizeistaat?

EPD-Dokumentation Nr. 25/77: Aber nach dem Leiden wird der Sieg kommen.

EPD-Dokumentation Nr. 18/77: Investitionen im Land des Apartheid-Systems. Südafrika unter wirtschaftlichem Druck. Frankfurt 1977

Evangelische Akademie Arnoldshain (Hrsg.): Auszüge aus dem Weißbuch der südafrikanischen Minderheitsregierung. In: Militärpolitik. Dokumentation Nr. 3/1977

ANC – SA Repression, Torture & Death – South Africa. London 1977

Counter Information Services. South Africa explodes. London 1976

South African Institute of Race Relations

Jahrbücher: Survey on Race relations, Johannesburg 2000, P. O. B. 97

Black Review, (Hrsg.): Mafika P. Gwala, Mbanjwa, Th. Durban

SÜDAFRIKA

James Matthews **So ist das nun mal, Baby!** Der Alltag der Schwarzen in Südafrika. Erzählungen. Edition Likembe Afrika Band 1. 128 Seiten – DM 12.–

Kay-Michael Schreiner **Sklave im eigenen Land.** Unterdrückung und Widerstand im südlichen Afrika. edition pacific. 196 Seiten – DM 12.–

Rudolf Weßler (Hg.) **Südafrikas Christen vor Gericht.** Der Fall Beyers Naudé und das Christliche Institut. 204 Seiten – DM 12.80

rororo aktuell

Die größte politische Taschenbuchreihe
der Bundesrepublik

Herausgegeben von Freimut Duve

Kritische Aufklärung

Dutschke, Rudi/Wilke, Manfred (Hg.)
**Die Sowjetunion, Solschenizyn
und die westliche Linke** (1875)

Elsenhans, Hartmut/Jänicke, Martin (Hg.)
Innere Systemkrisen der Gegenwart
Ein Studienbuch zur Zeitgeschichte (1827)

Fuchs, Jürgen
Gedächtnisprotokolle. Mit Liedern von
Gerulf Pannach (4122)

Galtung, Johan
Strukturelle Gewalt. Beiträge zur Friedens-
und Konfliktforschung (1877)

Havemann, Robert
Dialektik ohne Dogma? Naturwissenschaft
und Weltanschauung (683)

Kahl, Joachim
**Das Elend des Christentums oder
Plädoyer für eine Humanität ohne Gott**
Mit einer Einführung von Gerhard Szczesny
(1093)

Kühl, Reinhard
Formen bürgerlicher Herrschaft
Liberalismus – Faschismus (1342)
Formen bürgerlicher Herrschaft II
Der bürgerliche Staat der Gegenwart (1536)

Kühnl, Reinhard (Hg.)
Texte zur Faschismusdiskussion I
Positionen und Kontroversen (1824)

Geschichte und Ideologie
Kritische Analyse bundesdeutscher Geschichts-
bücher (1656)

**Thesenstreit um „Stamokap" oder Die
Dokumente zur Grundsatzdiskussion der
Jungsozialisten** (1662)

Menschenrechte
Ein Jahrbuch zu Osteuropa. Hg. Jiří Pelikán
und Manfred Wilke (4192 – Nov. 77)

aktueller Leitfaden

Däubler, Wolfgang
Das Arbeitsrecht. Von der Kinderarbeit zur
Betriebsverfassung. Ein Leitfaden für Arbeit-
nehmer (4057)

Hofmann, Werner
**Grundelemente der Wirtschaftsgesell-
schaft.** Ein Leitfaden für Lehrende (1149)

Israel, Joachim
Die sozialen Beziehungen. Grundelemente
der Sozialwissenschaft. Ein Leitfaden (4063)

rororo aktuell

Herausgegeben von Freimut Duve

Liberalität

Albertz, Heinrich/Böll, Heinrich, Gollwitzer, Helmut u. a.
„Pfarrer, die dem Terror dienen?"
Bischof Scharf und der Berliner Kirchenstreit 1974. Eine Dokumentation (1885)

Amery, Carl/Kölsch, Jochen (Hg.)
Bayern – ein Rechts-Staat?
Das politische Porträt eines deutschen Bundeslandes (1820)

Anti-Sozialismus aus Tradition?
Memorandum des Bensberger Kreises zum Verhältnis von Christentum und Sozialismus (4003)

Duve, Freimut/Kopitzsch, Wolfgang (Hg.)
Weimar ist kein Argument oder Brachten Radikale im öffentlichen Dienst Hitler an die Macht? Texte zu einer gefährlichen Geschichtsdeutung. Vorwort: Alfred Grosser (4002)

Fetscher, Iring/Richter, Horst E. (Hg.)
Worte machen keine Politik
Beiträge zu einem Kampf um politische Begriffe (4005)

Flach, Karl-Hermann/Maihofer, Werner/Scheel, Walter
Die Freiburger Thesen der Liberalen (1545)

Frister, Erich/Jochimsen, Luc
Wie links dürfen Lehrer sein? (1555)

Greiffenhagen, Martin (Hg.)
Der neue Konservatismus der siebziger Jahre (1822)

Greiffenhagen, Martin/Scheer, Hermann (Hg.)
Die Gegenreform. Zur Frage der Reformierbarkeit von Staat und Gesellschaft (1943)

Hereth, Michael
Der Fall Rudel oder Die Hoffähigkeit der Nazi-Diktatur. Protokoll einer Bundestagsdebatte (4180)

Kleinert, Ulfried
Seelsorger oder Bewacher?
Pfarrer als Opfer der Gegenreform im Strafvollzug (4116)

Narr, Wolf-Dieter (Hg.)
Wir Bürger als Sicherheitsrisiko
Berufsverbot und Lauschangriff – Beiträge zur Verfassung unserer Republik (4181)

Politiker zur Zeitgeschichte

Albertz, Heinrich
Dagegen gelebt – von den Schwierigkeiten, ein politischer Christ zu sein.
Gespräche mit Gerhard Rein (4001)

Brandt, Willy/Schmidt, Helmut
Deutschland 1976. Zwei Sozialdemokraten im Gespräch (4008)

Goldmann, Nahum
Israel muß umdenken. Die Lage der Juden 1976 (4061)

Mansholt, Sicco
Die Krise. Europa und die Grenzen des Wachstums (1823)

Europa

Ciagar, Maugri/Koob, Hannelore
Ferienland Spanien? Ein Bild der Diktatur nach Briefen politischer Gefangener (1770)

Galtung, Johan
Kapitalistische Großmacht Europa oder Die Gemeinschaft der Konzerne?
„A Superpower in the Making" (1651)

Rosenbaum, Petra
Italien 1976 – Christdemokraten mit Kommunisten? Eine Einführung in das italienische Parteiensystem (1944)